The Russian Economy
Resources,
Corporate Governance
and the State

現代ロシア経済

資源・国家・企業統治

安達祐子 ……［著］
ADACHI Yuko

名古屋大学出版会

現代ロシア経済

目　　次

序　章　ロシア型資本主義への道 …………………………………… 1

第Ⅰ部　経済の体制転換とロシア企業の発展

第1章　ロシア企業の成立過程と成長条件 ……………………… 18

　　はじめに　18
　　1　ロシアの企業組織に関する分析視角──企業とは　18
　　2　「ソ連型企業」は「企業」ではないのか　23
　　3　「資本主義企業」転換への課題　32
　　おわりに　40

第2章　ロシア経済のインフォーマル・メカニズム ……………… 42

　　はじめに　42
　　1　ロシアの見えない掟──「インフォーマル」とは　43
　　2　企業統治に関するインフォーマル・メカニズム──1990年代の展開　49
　　3　ロシアにおけるコーポレート・ガバナンスと法の支配　82
　　おわりに　85

第Ⅱ部　市場経済化政策とロシアの資本主義化

第3章　計画経済から市場経済へ ………………………………… 88
　　　　──新たな企業家の生成と企業グループの誕生

　　はじめに　88
　　1　ソ連型企業の私有化・民営化とその評価　89
　　2　大企業グループの誕生　105
　　3　「ビジネスエリート」としての企業家の生成　112
　　おわりに──エリツィン時代のオリガルヒからプーチン時代へ　125

第4章　ロシア新興財閥の成長 …………………………………… 127
　　　　──エリツィン時代

　はじめに　127
　1　ユーコス──整合的な垂直統合石油企業の形成　127
　2　シバール（ルサール）──地方のアルミニウム工場から世界的企業へ　158
　3　ノリリスク・ニッケル──国家コンツェルンからの発展　199
　おわりに　239

第III部　ロシア型国家資本主義の台頭

第5章　進む戦略的分野の国家主導 …………………………………… 242

　はじめに　242
　1　資源開発における国家と企業　243
　2　資源の国家管理をめぐる利害関心　252
　3　戦略産業のコントロール　271
　おわりに──戦略的分野の国家管理　279

第6章　ロシア新興財閥の変容 ………………………………………… 281
　　　　──プーチン時代

　はじめに　281
　1　「ユーコス事件」と国家と企業　281
　2　ノリリスク・ニッケルをめぐる攻防──ルサールとの争い　295
　3　「プーチン社長」と「ロシア株式会社」　305
　おわりに　319

第7章　経済の国家関与強化と企業システムの発展 ……………… 320

　はじめに──プーチン時代の「国家資本主義」　320
　1　経済への国家関与──プーチン-メドヴェージェフ双頭体制から第二次プーチン政権へ　321

2　政府系企業の躍進——ガスプロムとロスネフチ　326
　　3　国家主導型資本主義への動き——国策会社の創設へ　344
　　おわりに　357

終　章　変わるロシア，変わらないロシア……………………359

　　参考文献　365
　　あとがき　401
　　図表一覧　404
　　人名索引　407
　　事項索引　410

序　章
ロシア型資本主義への道

　本書は，資源大国ロシアの現代経済を大企業の発展から読み解くものである。ウィンストン・チャーチルのよく知られた言葉に，ロシアは「不可解の中でミステリーに包まれた謎である（a riddle, wrapped in a mystery, inside an enigma）」というものがある。実際のところ，当のロシア人ですら，ロシアの不可解さを強調する。ロシアの詩人フョードル・チュッチェフは，かの有名な詩で次のようにいう。

　　頭では　ロシアは理解　できぬもの
　　共通の　物差しをして　測れぬもの
　　ロシアには　独自固有の　立ち姿
　　ロシアとは　信じることしか　できぬもの[1]

確かに，「ロシアを読み解く数式」を提示するのは不可能だし（池田［2006］），かといって謎めいたロシアをむやみに信じるのも難しい。とはいえ，何らかの手がかりが必要である。
　日本ではロシアといえば「暗い・怖い・寒い」の三拍子で表現されることがあり，世論調査結果を見ても一般的にネガティブな印象がまとわりついている。そんなとっつきにくいロシアであるが，目まぐるしく変わる経済の実像に触れることにより，ロシアに対する見方も多少変わってくるかもしれない。最近はウクライナ問題の影響によりイメージアップを図るのは当分難しそうだが，国

---

1) 井上幸義訳。この詩の詩法については井上［2011］214 を参照。

際社会における存在感が増していることは確かである。この日本の「遠い隣国」をどう理解するか。変貌を遂げるロシア経済のありようを知り，理解を深めることは，私たちにとっては重要な課題である。

1991年にソ連が解体した後，ロシアは市場経済化を推し進めてきた。ソ連型計画経済を軸とする社会主義経済体制から，資本主義市場経済体制への体制転換の道のりは決して平たんではない。ほぼ四半世紀，資本主義へ向かう歩みの中で，ロシアの経済システムの発展の形は，ロシア初代大統領ボリス・エリツィンの政権下での，「欧米型」へ向けて突き進むものから，大統領を引き継いだウラジーミル・プーチンの政権下での，より「ロシア型」要素を意識した発展の方策を模索する動きへとシフトしていった。この間，ロシアの経済発展の原動力となってきたのは石油・ガスなどのロシアが豊富に有する天然資源であり，そして資源関連の大企業が重要な役割を果たしてきた。本書はここに焦点を当てる。個々の企業の発展過程や企業と政権との関係の変化といったミクロの問題を体制転換の大きな流れの枠組みで捉え直すことは現代ロシアの本質を理解する上で不可欠であり，そのための手がかりを与えることを主な目的とする。

1) ロシア経済を捉える──企業を取り巻く環境

次章以降の議論へ向けての準備として，ここではソ連解体後のロシア経済と企業の変貌に関わる大きな流れを概観する。

①ソ連解体後のロシア経済──混乱と危機と成長と

ソ連時代の計画経済システムでは，生産手段は原則的に国家所有であり，需要と供給の調整を市場の価格メカニズムに委ねるのではなく，中央の行政指令により計画的に行っていた。その中でソ連型企業の役割は，当局の策定する計画に従った生産目標を実現することにあった。ソ連解体後の新生ロシアでは，ソ連時代とはまったく異質のルールが支配する市場経済システムへの転換（移行）を目指すことになった。その目的に向かって，国有資産を私的所有に移譲する私有化や，統制されていた価格の自由化を中心とする大掛かりな市場経済化政策が実施された。

ソ連型経済体制の崩壊後，ロシア経済は混乱に陥り，国内企業は深刻な経済的逆境に陥った。ロシアの GDP（国内総生産）は 1992 年には対前年比で 14 ％以上も低下し，1998 年までにソ連末期 1989 年の 55 ％の水準まで落ち込んだといわれる。ポスト共産主義ロシア経済の急激な減速の背景には，総需要の縮小，価格自由化に伴う混乱，経済相互援助会議（通称コメコン）の解体，ソ連の基軸通貨であったルーブル通貨圏の崩壊，さらに，ソ連型生産チェーンの崩壊による「分裂・無秩序化」などの複数の要因があった[2]。

　このような経済体制の転換に伴う「転換不況」の中（Kornai [1994]），幅広い産業において企業は厳しい財政状況に陥った。現金や資本は不足し，結果的にバーター取引（物々交換）を中心とする非貨幣経済がロシアで蔓延した。1998 年には産業全体の 7 割が非貨幣経済によって成り立っていたという推計もある（Woodruff [1999] xi）。また，金融システムの機能が未発達だったことは状況を悪化させた。ロシアの銀行は通常の銀行業を行うことができず，貯蓄と投資との間の仲介者として機能していなかった（Tompson [1997]）。さらにハイパーインフレに代表される不安定なマクロ経済状況は銀行による長期の信用供与を阻んだ。銀行にしてみれば，短期国債に投資するほうが長期の貸出しを行うよりも確実に利益を得ることができた。加えて，資本市場は流動性が低く発展が不十分であり，資金調達の経路とはならなかった。その結果，企業は自衛的に行動せざるをえず，内部留保に頼らざるをえなかった[3]。

　ソ連解体後のロシア企業は，実体経済でも金融面でも困難に直面していた。将来に対する不確実性が大きい中で，企業は長期的なビジョンを持つ余地がなく，短期的な生き残りを図ることが課題となった。企業経営者とオーナー（企業所有者）の関心は目先の利益の確保に集中した。また，資産の海外オフショアへの移転やキャッシュフローの迂回などによって，短期間で蓄積した個人資産を守ることに躍起となった[4]。

---

2) 「分裂・無秩序化（ディスオーガニゼーション）」（Blanchard and Kremer [1997]）については，第 1 章で詳述する。
3) ロシアの金融・資本市場の脆弱性については，Hanson [1997], IMF [1999] を参照。
4) 1990 年代の企業の短期志向については，Dolgopyatova and Evseyeva（Boeva）[1995], Kuznetsov and Kuznetsova [2003], Tompson [2001a], World Bank [2004] を参照。

表序-1　基礎的経済指標（1998～2014年）

	1998	1999	2000	2001	2002	2003	2004	2005	2006
実質GDP成長率（%）	-5.3	6.4	10.0	5.1	4.7	7.3	7.2	6.4	8.2
鉱工業生産伸び率（前年同月比）	-4.8	8.9	8.7	2.9	3.1	8.9	8.0	5.1	6.3
消費者物価上昇率（期末比）	84.4	36.5	20.2	18.6	15.1	12	11.7	10.9	9.0
失業率（%）（ILO基準）	11.8	11.7	10.2	9.0	7.1	8.9	8.5	7.1	7.1
経常収支（10億米ドル）	0.2	24.6	46.8	33.9	29.1	35.4	59.5	84.4	92.3
為替レート（ルーブル）（対米ドル・平均）	9.71	24.62	28.13	29.17	31.35	30.69	28.81	35.26	27.18
一般政府財政収支*（対GDP比（%））	-8.0	-3.8	3.3	3.2	0.7	1.4	4.9	8.2	8.3
出生時平均寿命（女性）	72.5	72.4	72.3	72.2	71.9	71.9	72.4	72.5	73.3
〃　　　（男性）	61.3	60.0	59.0	58.9	58.7	58.5	58.9	58.9	60.4
人口（百万人）	146.5	146.0	145.2	146.3	145.2	145.0	144.3	143.8	143.2

	2007	2008	2009	2010	2011	2012	2013	2014
実質GDP成長率（%）	8.5	5.2	-7.8	4.5	4.3	3.4	1.3	0.6
鉱工業生産伸び率（前年同月比）	6.8	0.6	-10.7	7.3	5.0	3.4	0.4	1.7
消費者物価上昇率（期末比）	11.9	13.3	8.8	8.8	6.1	6.6	6.5	11.4
失業率（%）（ILO基準）	6.0	6.2	8.3	7.3	6.5	5.5	5.5	5.2
経常収支（10億米ドル）	72.2	103.9	50.4	67.5	97.3	71.3	34.8	58.4
為替レート（ルーブル）（対米ドル・平均）	25.57	24.81	31.68	30.36	29.35	31.07	31.82	37.97
一般政府財政収支*（対GDP比（%））	6.8	4.9	-6.3	-3.4	1.5	0.4	-1.3	-1.2
出生時平均寿命（女性）	74.0	74.3	74.8	74.9	75.6	75.9	76.3	76.5
〃　　　（男性）	61.5	61.9	62.9	63.1	64.0	64.6	65.1	65.3
人口（百万人）	142.8	142.8	142.7	142.8	142.9	143.0	143.3	143.7

注）＊連邦予算，連邦構成主体予算，市町村予算，予算外基金。
出所）ロシア連邦国家統計局のウェブサイト（http://www.gks.ru），ロシア連邦中央銀行のウェブサイト（http://www.cbr.ru），IMF（WEO2015）のウェブサイト（http://www.imf.org），ジェトロのウェブサイト（http://www.jetro.go.jp）。

　経済面でのこの「短期主義」を助長したのは，エリツィン時代の政治的不安定さであった。連邦政府は効果的に中央から国家全体を統制する体制を整えることができておらず，地方政府はそれぞれ独立した活動を行っていた。大統領と議会との対立が続いたのもエリツィン政権の特徴であった。ソ連崩壊後，市場経済化を促進するため，自由化と民営化を柱とした急進的な改革が進められたが，ロシアにおける経済自由化政策に対する議会の抵抗は続いた。このようなエリツィン政権に自由主義的な市場経済化政策を継続して強力に推進するために必要な求心力はなく，改革政策を実行する政府の能力に対する市場の信頼は大いに揺らいだ。

　マイナス成長が続いた新生ロシア経済ではあったが，エリツィン大統領が1996年に再選し，1997年に初めてプラスの経済成長を達成し，ようやく安定がもたらされるとの期待が高まった（表序-1を参照）。しかし，1997年に端を

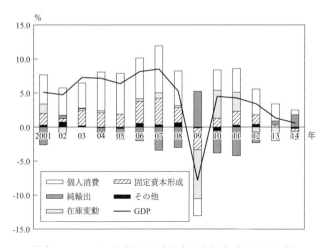

図序-1 ロシアの実質 GDP 成長率と寄与度（2001〜14 年）
出所）ロシア連邦国家統計局のウェブサイト（http://www.gks.ru）。

発したアジア通貨危機はロシアにも波及し，1998 年のロシア危機へとつながった。ロシアの財政金融システムが脆弱であったこともあり，ロシア政府は財政赤字を補塡するために高利回りの短期国債を乱発し，原油価格の低下による税収の伸び悩みからくる財政赤字の拡大も凌いでいたが，アジア通貨危機の余波を受けて 1998 年 8 月にデフォルト（対外債務の支払い停止）を引き起こした。

しかし 1998 年の危機以降，ロシア経済は復活を果たし，着実に成長を遂げる。表序-1 および図序-1 で見てとれるように，GDP は上昇を続けた。一人当たり GDP も伸びた（図序-2）。ルーブルが切り下げられたことにより，輸入価格の上昇と輸入の減少が起こったが，ロシア国内で輸入代替品の生産が増加した。また，石油を中心とした資源価格が回復しはじめると，輸出の増加が起こった。さらに 2000 年以降は，国内の民間消費と国内投資が主な牽引役となって，ロシアに経済成長をもたらした（図序-1 を参照）。ブラジル，インド，中国と共に経済成長著しい新興国 BRICs の一角として注目されるようになったのも 2000 年以降である（表序-2 および図序-2 を参照）。

2000 年にはそれまで無名であったプーチンが大統領に選出される。復活するロシア経済に，プーチン登場によってもたらされた国内の政治的安定が相

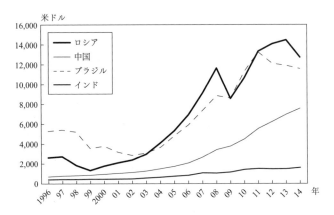

図序-2 BRICs 諸国の一人当たり名目 GDP（1996〜2014 年）

出所）IMF のウェブサイト（http://www.imf.org）。

表序-2 BRICs 比較

	ロシア	ブラジル	インド	中国
国土面積（平方キロメートル） 世界順位	17,098,242 1	8,514,877 5	3,287,263 7	9,596,960 4
人口（百万人）2014 年 世界順位	146.3 10	202.77 6	1,275.9 2	1,367.8 1
2014 年の名目 GDP 総額（10 億米ドル）	1,860.6	2,346.6	2,051.2	10,356.5
2014 年の一人当たり GDP（米ドル）	12,717.7	11,572.7	1,607.6	7,571.5

出所）IMF（WEO2015）のウェブサイト（http://www.imf.org），CIA ワールドファクトブックのウェブサイト（http://www.cia.gov）。

まって，その後 2008 年までの連続プラスの経済成長へとつながっていく。

　プーチン時代の経済は，原油をはじめとした資源価格上昇を追い風に（図序-3 を参照），着実な成長路線を歩んだ。エリツィン時代に赤字続きだった連邦財政は 2000 年から黒字化を実現した。税制改革が功を奏し，徴税率が改善した。税法典第二部が 2000 年に施行され，所得税が一律 13％になり，法人税が 36％から 24％に下がるなど，主要な税に関して税率が引き下げられた。資源分野の税制改正も行われ，2002 年に鉱物資源採掘税や原油輸出税について，原油価格の上昇に合わせて税率が上がる方式がとられるようになった。その結果，

図序-3 油価とロシアの株価指数（RTS）の推移（1995年9月～2015年9月）

出所）油価についてはIMFのウェブサイト（http://www.imf.org），株価指数はモスクワ取引証券所のウェブサイト（http://www.moex.ru）。

注）株価は月始め。油価はIMFの原油スポット平均価格（APSP：ブレント，ドバイ，WTI〔ウェスト・テキサス・インターミディエイト〕の単純平均値），月平均。

2003年以降の原油価格の高騰の影響もあり，税収増をもたらした[5]。

プーチン政権は，アレクセイ・クドリン財務大臣のもと堅実な財政運営を続け，将来原油価格が下落して歳入不足に陥ったときの備えとして，安定化基金が2004年に創設された。これは，原油価格が一定の基準を超えた場合，超過分の原油輸出税，鉱物資源採掘税の一部を積み立てる仕組みになっている。2008年に安定化基金は準備基金と国民福祉基金とに分かれた（図序-4を参照）。資源価格の上昇は，対外債務返済の財源となる外貨準備高の増強につながった[6]（図序-5）。旧ソ連の対外債務をすべて継承したロシアは，1990年代にはその返済負担に悩まされていたが，ロシア政府は2006年に225億ドルのパリクラブ（主要国債権国会合）公的債務の期限前の返済を行うことによって，国際

---

5) プーチン政権下における徴税能力の向上について，Appel［2008］を参照。
6) なお，外貨準備高には，準備基金や国民福祉基金の外貨分が組み入れられている。つまり，準備基金と国民福祉基金の外貨分は外貨準備の内数，内貨（ルーブル）分は外数である。基金の使途については明確な規定があり，準備基金は政府国庫予算の赤字補塡にしか使えないことになっている。

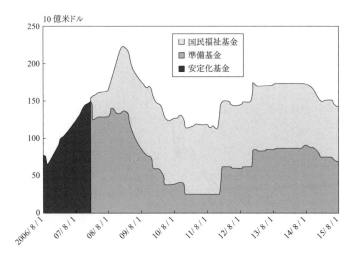

図序-4 安定化基金から準備基金と国民福祉基金へ（2006年8月～2015年8月）

出所）ロシア連邦中央銀行のウェブサイト（http://www.cbr.ru）。

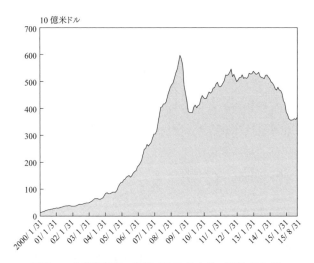

図序-5 外貨準備高の推移（2000年1月～2015年8月）

出所）ロシア連邦中央銀行のウェブサイト（http://www.cbr.ru）。
注）外貨・金・SDR・IMFリザーブポジションを含む。

社会の信頼回復に努めた。同じく 2006 年には資本取引が自由化され通貨ルーブルの交換性が確保されることになり，市場経済国ロシアとしての地位をさらに高めた。ロシアの株式市場も盛り上がりを見せた。株価は 2008 年 5 月に史上最高値をつけた。1998 年 10 月には 37.74 ポイントに過ぎなかった株価指数（RTS）は，その後，継続的に上昇を続け，2008 年 5 月にはおよそ 67 倍の 2,500 ポイント近く（2,487）に達した（図序-3 を参照）。この結果，時価総額は 1.5 兆ドルに達し，GDP とほぼ同規模になった。

2008 年に米国発の金融危機が波及すると，ロシア国内の金融システムは緊張下に置かれ，1998 年以来の深刻な危機を迎える。ロシアは BRICs 諸国の中で最悪の落ち込みを経験した。2008 年 9 月以降資本流出が加速した。外国人投資家はロシアから資金を引き揚げ，株価の急落を引き起こした[7]。金融不安の影響は実体経済に及び，株価低迷の中で企業の資金調達が困難になったり，借入依存度の高い企業が流動性不足に陥ることや，対外債務を抱える企業が借り換えに必要な資金確保の困難に直面するなどの厳しい状況が続いた。ロシア政府・中央銀行は 2008 年 9 月以降，迅速に金融経済安定化政策を打ち出し，金融危機対策のための優先政策パッケージを発表した。その甲斐もあって経済は持ち直した。2010 年になると経済成長は安定期を迎え，4％前後の安定した成長が続くことが予測されていた。

しかし，2012 年後半になると，原油価格の低下やルーブル安を背景にロシア経済は再び失速するようになった。それに加え，2014 年からウクライナ問題をめぐって米国と EU が対ロシア経済制裁を実施していることが逆風となっている[8]。

このような大まかな流れで，ソ連解体後，市場経済化される中でのロシア経済やロシア企業が置かれる環境が推移している。ここで，ロシア経済とは切っても切れない関係にある天然資源をロシアがどのくらい有しているのか，簡単

---

7) ロシアの代表的な株価指数の一つであるロシア取引システムの RTS インデックスは 2008 年 5 月に 2,480 ポイントを超える史上最高値を記録したが，10 月には 1,000 ポイント割れをした後，540 ポイント台にまで下落した。
8) 制裁後のロシア経済動向について，金野［2015］，田畑［2015］を参照。

表序-3　ロシアの資源と世界シェア（2013 / 14 年）

		石油						天然ガス			
順位	2014 年	生産量(百万トン)	世界シェア(%)	確認埋蔵量(十億トン)	世界シェア(%)	順位	2014 年	生産量(百万石油換算トン)	世界シェア(%)	確認埋蔵量(1兆立方メートル)	世界シェア(%)
1	サウジアラビア	543.4	12.9	36.7	15.7	1	米国	668.2	21.4	9.8	5.2
2	ロシア	534.1	12.7	14.1	6.1	2	ロシア	520.9	16.7	32.6	17.4
3	米国	519.9	12.3	5.9	2.9	3	カタール	159.5	5.1	24.5	13.1
4	中国	211.4	5.0	2.5	1.1	4	イラン	155.3	5.0	34.0	18.2
5	カナダ	209.8	5.0	27.9	10.2	5	カナダ	145.8	4.7	2.0	1.1
6	イラン	169.2	4.0	21.7	9.3	6	中国	121.0	3.9	3.5	1.8
7	UAE	167.3	4.0	13.0	5.8	7	EU	119.1	3.8	1.5	0.8
8	イラク	160.3	3.8	20.2	8.8	8	ノルウェー	97.9	3.1	1.9	1.0
9	クウェート	150.8	3.6	14.0	6.0	9	サウジアラビア	97.4	3.1	0.3	0.2
10	ベネズエラ	139.5	3.3	46.6	17.5	10	アルジェリア	75.0	2.4	4.5	2.4

		ニッケル						金			
順位	2013 年	生産量(トン)	世界シェア(%)	埋蔵量(トン)	世界シェア(%)	順位	2013 年	生産量(トン)	世界シェア(%)	埋蔵量(トン)	世界シェア(%)
1	フィリピン	446,000	17.0	3,100,000	3.8	1	中国	430	15.4	1,900	3.5
2	インドネシア	440,000	16.7	4,500,000	5.6	2	オーストラリア	265	9.5	9,800	17.8
3	ロシア	275,000	10.5	7,900,000	9.8	3	ロシア	230	8.2	5,000	9.1
4	オーストラリア	234,000	8.9	19,000,000	23.5	4	米国	230	8.2	3,000	5.5
5	カナダ	223,000	8.5	2,900,000	3.6	5	南アフリカ	160	5.7	6,000	10.9
6	ブラジル	138,000	5.2	9,100,000	11.2	6	ペルー	151	5.4	2,100	3.8
7	中国	95,000	3.6	2,900,000	3.6	7	カナダ	124	4.4	2,000	3.6
8	コロンビア	75,000	2.9	3,000,000	3.7	8	メキシコ	98	3.5	1,400	2.5
9	キューバ	66,000	2.5	5,500,000	6.8	9	ウズベキスタン	98	3.5	1,700	3.1
10	南アフリカ	512,000	19.5	3,700,000	4.6	10	ガーナ	90	3.2	2,000	3.6

		アルミニウム						鉄鉱石			
順位	2013 年	生産量(千トン)	世界シェア(%)	年末生産能力(千トン)	世界シェア(%)	順位	2013 年	生産量(百万トン)	世界シェア(%)	埋蔵量(百万トン)	世界シェア(%)
1	中国	22,100	46.4	32,000	50.9	1	中国	1,450	46.6	23,000	12.1
2	ロシア	3,720	7.8	4,040	6.4	2	オーストラリア	609	19.6	53,000	27.9
3	カナダ	2,970	6.2	3,020	4.8	3	ブラジル	317	10.2	31,000	16.3
4	米国	1,946	4.1	2,700	4.3	4	インド	150	4.8	8,100	4.3
5	UAE	1,860	3.9	1,900	3.0	5	ロシア	105	3.4	25,000	13.2
6	オーストラリア	1,780	3.7	1,820	2.9	6	ウクライナ	82	2.6	6,500	3.4
7	インド	1,700	3.6	2,580	4.1	7	南アフリカ	72	2.3	1,000	0.5
8	ブラジル	1,300	2.7	1,700	2.7	8	米国	53	1.7	6,900	3.6
9	ノルウェー	1,100	2.3	1,230	2.0	9	イラン	50	1.6	2,500	1.3
10	バーレーン	913	1.9	970	1.5	10	カナダ	43	1.4	6,300	3.3

出所）BP［2015］，USGS［2015］，Herne［2015］．
注）石油・天然ガスについては BP［2015］．その他（ニッケル，金，アルミニウム，鉄鉱石）については USGS［2015］．石油生産量にはオイルシェール，オイルサンド，NGL（天然ガス液）が含まれる．石油埋蔵量には，ガスコンデンセート，NGL を含む．

に整理しておこう[9]。表序-3に示す通り，2014年は，ロシアは天然ガスについては埋蔵量も生産量も世界2位であり，石油に関しては生産量が第2位である（BP［2015］）。石油や天然ガスに限らず，ニッケル，金，鉄鉱石，アルミニウムに関してもロシアの生産量の世界シェアは5位以内に入っており，他のBRICs諸国に比べても資源の豊富さが見てとれる（表序-3）。輸出については，天然ガスでは世界最大の輸出国であり，原油に関しては世界第2位の輸出国である（UN［2014］）[10]。原油，天然ガス，石油製品は，2013年にはロシアの輸出収入の68％を占めた（EIA［2013］）。後の章で詳述するように，ロシアの主要な企業は石油・天然ガス・金属（非鉄・鉄）などの資源部門に集中している。これら豊富な資源は，11の標準時（タイム・ゾーン）を持つ世界最大の国土に存在している[11]。

②ロシアの大企業・国家間の関係

「オリガルヒ」として知られるようになった新興財閥の一人，ミハイル・フリードマンは次のように発言したことがある。

> 私が仮に莫大な財産を有していたとして，国家当局と問題を抱えていたら，いったい何の意味があるんだい？（Bekker［2001］）

オリガルヒとは，市場経済化を契機に台頭した政治的影響力を備えた実業家たちであり，エリツィン時代以降ロシアの大企業グループの総帥としてロシア経済において存在感を示し大きな役割を果たしてきた。現代ロシア経済の研究には，ソ連消滅以降展開してきた国家・企業間関係の把握が不可欠であるが，この発言はその関係性をうまく表している。

---

9) 天然資源の賦存量と経済成長とは比例しないとする「資源の呪い」や，資源部分の成長が経済発展を妨げるとする「オランダ病」のロシアへの適応性については，Ahrend［2005］, Tompson［2006］, Tabata［2012］, Ellman (ed.)［2006］, Nakamura［2006］を参照。
10) 日本との関わりで言及すると，原油，液化天然ガス，石炭について，日本の輸入先上位5位の中にロシアが入っている。
11) 天然資源のみならず，ロシアはいわゆる人的資源も豊富である。数学の基礎教育が高いこともあり，テクノロジーの分野では世界のIT企業の注目を集める（大坪［2011］）（グーグルの創業者の一人セルゲイ・ブリンや，エバーノートCEOのフィル・リービンもロシア生まれである）。

ソ連解体直後の1990年代のロシアは，国家としての行政能力と自律性の欠如に悩まされた。新生ロシア国家の「弱さ」については，「国家の能力」と「国家の自律性」の概念を使ってMcFaul [1997] やTompson [2002c] が論じている。「国家の能力」とは，政府が定めた目標を実現するための業務遂行能力であり，ロシアにおけるその「弱さ」は，特に徴税能力の欠如に反映された (Hanson [1997])。さらに，信頼できる法制度に基づく安定した財産権保護体制の未確立にもあらわれていた (Frydman and Rapaczynski [1996])。Mau [2011] は，ロシア国家の弱さと脆弱な財産権保護体制とを結びつけて議論し，この条件下で市場経済化政策を実施せざるをえなかった困難性を指摘する。

　「国家の自律性」とは，国家機構が特定の社会的グループの利益にどの程度捕らわれているか否かを示す。自律性が欠如しているような状態だったからこそ，「国家捕獲（ステート・キャプチャー）」という現象が起きた (Hellman et al. [2000])。つまり，実業界（ビジネス界）が，国家機構を「捕獲」できるほど，両者の力関係が実業界側にシフトしていた。例えば，エリツィン時代，強力な大企業や実業家，特定の利益団体は，自らが有利な立場となるような法律や各種規制を具体化することができた。政府と企業との間の敷居を低くすべく，実業界側は，国家機構に食い込み，政治に介入する動きを加速していた。このように，政府や議会に自分たちの利益を代表し促進してくれる人物を送り込むなどの傾向が顕著になっていたのである (Yakovlev [2003] 26)。以降見ていくように，このバランスに変化が訪れるのがプーチン時代である。

　ロシアの「国家」は非自律的で「捕獲」されてしまっていたかもしれないが，同時に，国家官僚は強力な「収奪の手（グラビング・ハンド）」を持っていた。つまり，当局側は，過度の官僚主義を武器にし，実業界側にとって収奪的な規則や規制を企業に課す権限を与えられ，その力を発揮することができた (Frye and Shleifer [1997])。ロシア政治経済研究で著名なウィリアム・トンプソンは，ロシアは「弱い国家，強い当局者」が特徴的であると指摘する (Tompson [2002c] 937)。国家当局者各個人が行使できる裁量権や，分配できる利益供与や援助の度合いは高く，国家機構全般の行政能力の弱さにつけ込むことができた。

　エリツィン時代，オリガルヒが所有および経営する大企業と国家（政府・大

統領府）との間に生まれたものは，特定の種類の相互作用と交流関係だった。それは，暗黙の了解，明記されていない協定と相互関係，不文律によって成り立っている入り組んだ関係に基づいていた。エリツィン政権はソ連解体後の混沌の中で，ロシアの大企業の台頭を助け，その拡張を保護した。第4章で分析するユーコスやルサール，ノリリスク・ニッケルの発展も例外ではない。大企業の発展と成長において，大統領府や政府は，オリガルヒとその企業を守る「クリーシャ（屋根）」としての役割を果たした。その見返りにオリガルヒは，政権が権力を維持するための資金やサポートを提供した（Volkov［2003］）。本書で示すように，この持ちつ持たれつの互酬関係は，登場人物の主役級キャストの交代を伴いつつ，プーチン時代にも引き継がれている。

　ロシアの国家・企業間の関係は，このように互いに浸透する双方向プロセスに基づいていた。しかし，その相互作用のパターンは，それでもやはり，国家（政権）のほうがより強い位置にある。なぜなら，ロシアの大企業は国家によって擁護されながらその発展が促進され，そして維持されてきたからである（Rutland［2001］）。事実，ロシアのオリガルヒたちの影響下に置かれた大企業の発展は，多くの場合，国家が「容認」した結果であった。オリガルヒのもとで企業グループが発展していく様子は後の章で見ていくが，彼らは，政権との強い結びつきによって当局側よりビジネス上の認可，特恵，権限が与えられたビジネスエリートとなった（Kryshtanovskaia［1996］）。

　企業が国家との特別な関係に依存している場合，国家との緊密な関係の構築と維持は重要な課題だった。実業界にとって，政権との密な関係は，短期的には，ビジネスエリートが私的な利益を追求するために，一種の安心感のようなものを与えた。しかし，長期的に見て，安定的にビジネスに携われるという確実性を保証するものではなく，逆に，国家の介入が企業活動にとって不安定要素となるリスクを伴った。

　ロシアの大企業の発展には，次章以降で詳しく示すように，非公式な行動を伴った。その特徴は，公式の法秩序が支配するフォーマルな部分と，非公式なルールが支配するインフォーマルな部分が融合し，フォーマルとインフォーマルが行き来する交差性・二重性である。その際，「違法すれすれ」か，何らか

の法規制に違反しているケースもあった。そのため，どのような企業であっても処罰の対象となるような違法行為を簡単に見つけることができるといわれている。しかもそれは，当局がいつでも違法性を指摘し，処罰しようと思ったときに処罰することができるという性質のものである。つまり，企業や企業家たちが絶えず懲罰や報復の脅威の下にあることを意味した。この状況，すなわち「選択的処罰」の可能性は，「処罰の保留状態」とも呼ばれる（Ledeneva［1998］［2001］）。実際の処罰は保留中であるが，罰の執行を行うのはいつでも可能，という意味である。この状況は，国家の役割が潜在的に企業活動にとって不安定要因になる可能性を示している。

　もし企業家が政府と良好な関係を保ち続ければ，処罰は永遠に保留されるかもしれないが，何の保証もない。処罰が保留され続けるためには，国家の側との友好的関係――少なくとも非敵対的関係――をずっと保つ必要がある。ただ，選択的処罰の権限が国家当局にある限り，特に財産権保護の面においては不確定要素が多く，財産がいつ没収されるかわからないというリスクがある。そうなると資産を国外オフショア（租税回避地・タックスヘイブン）へと移転しようとする誘因にもなる。このように，ロシアの企業にとって対国家との関係には不安定性がつきまとっているのである。

　本節の冒頭に引用した発言には続きがある。

　　当局との問題が起きないことを願うよ。私たちは遵法的な生活を送っており，合法的なビジネスを行っていると思う。成文律の行動規範も不文律の行動規範もどちらにも違反してはいないしね。（Bekker［2001］）

エリツィン時代からプーチン時代にかけて，政府とは敵対しない関係を継続的に保つことができているフリードマンは以上のように締め括った。

2）本書の概要

　本書は，ソ連型経済システム崩壊以降のロシア経済の展開について，ソ連型国営企業からの移行過程を視野に収め，新生ロシアにおける巨大企業の成立の仕組みと条件の形成を明らかにし，資本主義へと体制転換する中でのロシア企

業の発展メカニズムを構造的に解明することを試みたものである。

　第Ⅰ部では，計画経済を軸とする社会主義経済体制から資本主義市場経済への変革を伴うロシア企業の発展を捉える理論的枠組みを，先行研究を踏まえ，かつ主流的見解を超え，より長期的・客観的分析に耐えうる視座として提示する。第1章では，ソ連型経済システムが崩壊する中でロシア企業の置かれた初期条件を整理し，新生ロシアにおける企業の成立過程と成長条件を示す。ロシア企業は，ソ連型生産体制下で機能していたソ連型企業から，体制転換プロセスにおいて，市場経済体制下で機能する資本主義企業として組織再編することが求められた。そこで，企業組織に関する分析視角として，「経営資源・組織能力の束」としての企業を概念化する企業論に立脚した「ソ連型企業の資本主義企業化」についての概念精緻化を柱とする包括的枠組みを提示する。

　第2章では，現代ロシアを理解する鍵として注目されるものの，学術的裏付けが未だ強いとはいえない「非公式性（インフォーマリティ）」に着目し，ロシア企業の発展メカニズムや企業制度の仕組みを検討する上での有用性および分析視角を新たに提示する。その際，企業の統治行動に関する不文律・非公式慣行とロシア企業の成長・発展との関わりを，ロシアが直面する制度的諸環境の影響に照らし解明する。また両章を通じ，政府・企業間関係の勢力均衡の微調整が企業体制に及ぼす影響を検討する視点を示し，考察を進める。

　第Ⅱ部は，1990年代のエリツィン大統領期を扱う。第3章では，ソ連崩壊後のロシア企業システムを形成する基礎となった国営企業改革・市場経済改革としての私有化・民営化について分析する。そこでは，私有化政策によってその独自性と特殊性ゆえにもたらされたロシアの企業システムの特徴について，一部ソ連時代に遡る新企業家の出自と生成，新興財閥（オリガルヒ）の誕生，大企業グループの形成過程に焦点を当て明らかにする。

　第4章では，天然資源を中心に高成長を遂げたロシア経済の原動力となった大企業グループの具体的事例（ロシアを代表する民間垂直統合石油会社に発展したユーコス，ロシアの一地方アルミニウム工場から世界的企業に成長したルサール，パラジウム・ニッケル等レアメタルで世界一の生産量を誇るノリリスク・ニッケルの3社）を取り上げる。そして，ソ連型企業が「経営資源の束としての資本主

義企業」として成立するまでの課題と過程を，企業の境界，経営資源の統合度，企業の管理・統治体制の3要素を中心に検討し，企業の非公式ガバナンスが及ぼした建設的効果と破壊的影響を実証する。なお，ここでは，各社の事例を詳細に分析し，3社を一つの章の中で比較しながら考察することによって論点を明確にするため，この部分の記述は他章に比べて長くなっている。

　第III部は，2000年に始動したプーチン体制を扱う。ここでは，プーチン政権でその傾向が明確化した資源の国家管理強化や経済全体への国家関与政策について考察する。まず第5章では，ロシア大企業の中核を成す資源関連企業の活動を規定する資源管理体制の改革に焦点を当て，大統領府・政府・関連省庁・国営企業・民間企業・外資系企業などを巻き込んだ国家・企業間関係における企業の発展と成長に対する影響と，非公式性の機能と仕組みとを明らかにする。

　第6章では，第II部で扱った企業グループとの比較も含め，エリツィン時代とは様相を異にするプーチン時代の新興財閥の特徴を明らかにする。プーチン政権によるユーコス解体の事件が現代ロシアの企業システムにとって分水嶺となった点を示し，またプーチン時代の大企業の発展の仕組みを描き出す。

　プーチン時代に台頭した企業の発展と成長に影響を及ぼす企業構築・組織改編の基本原理，および企業の統治行動に関する非公式性については，エリツィン－プーチン時代を通じ，ロシア企業システムの発展における根本的なメカニズムとして継続性がある。このことを，第7章では石油・天然ガス分野における政府系企業の躍進や，「国家コーポレーション」と呼ばれる国策会社の生成過程の分析により明らかにする。

　終章では，市場経済移行政策による資本主義化の進展から国家主導型資本主義の台頭へと展開する現代ロシア経済の歩みを，ロシア企業の発展過程における継続と変容のコンテキストで捉えられることを確認し，全体を締め括る。

第I部
経済の体制転換とロシア企業の発展

第1章
ロシア企業の成立過程と成長条件

はじめに

　本章では，ソ連解体後のロシアにおける企業の成立過程や発展の条件を，市場経済移行のプロセスを考察に組み入れながら，構造的に明らかにするための分析枠組みを提示する。ロシアの企業システムの発展において，私有化されたロシア企業は，ソ連型企業から市場経済に適合する組織体へと転換する必要性があった。このことを，特に「リソースベース論」を軸にして論じる。その際，「企業とは何か」という問いを下敷きにして，新生ロシアにおける企業体制の再構築や組織再編の特質を包括的に検討しつつ，議論を進める。

1　ロシアの企業組織に関する分析視角——企業とは

1)　ソ連型企業の私有化と「資本主義企業」への転換

　ソ連型計画経済を軸とする社会主義経済体制が崩れ，ロシアでは，資本主義市場経済体制への転換を促すために，1990年代初頭より市場経済化政策がとられた。自由化，マクロ経済安定化と並んで政策の三本柱の一つとなったのが，私有化（民営化）であった。ここで私有化とは，国有資産を私的所有に移譲することを指す。計画経済は，生産手段の国家所有を前提とする経済システムであったため，市場経済化を推し進めるにあたり，国有企業の私有化は当時のロシア政府にとって優先事項の一つであった。

ロシアでは,「ワシントン・コンセンサス」（米国や国際通貨基金〔IMF〕, 世界銀行などが被支援国に対し要求する経済構造改革や自由化政策）に基づく市場経済化の一環として, 迅速に私有化へ着手する必要性が唱えられていた。急進的改革を進めたのは, エリツィン大統領のもと首相代行などを歴任したエゴール・ガイダールを中心とするチームである。そこで私有化政策を推進したのは副首相となったアナトーリー・チュバイスであった。1992年に本格的に実施が開始された私有化政策であったが, 一段落する1990年代後半には, その方法と効果について強く批判されるところとなった。

ロシアの私有化の特質と問題点として, 本書では以下に注目する。第一に, 改革初期の制度的基盤が整っていない中, いわゆるネオリベラル的考え方に基づき行われた市場経済化政策は, 私有化・民営化さえすれば, 初期の所有者が誰であっても, バーゲニングを通じて, 最終的には効率的な所有構造が実現すると暗黙のうちに想定していたこと。第二に, 私有化の第一段階では, 政治的な妥協として, 企業の内部関係者を優遇したバウチャー方式を取り入れたため,「インサイダー・コントロール」を引き起こし, 第二段階では, エリツィン政権基盤の強化の代償として, 恣意的な株式の配分を行ったことで,「オリガルヒ・キャピタリズム」を作り出し, 彼らが, 国家と密な関係を背景に力を伸ばしたこと。第三に, 私有化は, 生産単位（プロダクション・ユニット）のそれに止まり, 私有化されたソ連型企業は, 市場経済における「企業」としての体をなしていなかった。そのため, 企業の経営資源の統合や「企業の境界」の再構築が必要となり, それが資産収奪などの正当化につながったこと, である。この第三点目に本章では注目し, 前者2点については第3章で詳述する。

市場経済化を推進する1990年代のロシアの私有化は問題含みだったというのは, 特に斬新な主張でもない。しかし, ここでこの問題に注目するのは, ロシアの私有化をめぐって次の論点が見落とされていると思われるからである。すなわち, ソ連型企業が私有化されたといっても, 市場経済に適した企業組織がすぐに生まれたわけではなかった。ソ連型企業は, 西側でいうような「企業」ではなく, まず「資本主義化」されなければならなかった。このソ連型企業の特異性と市場経済化の過程での変革について, 個別の事例を分析した考察

は少ない[1]。

　私有化政策が実行に移され，数の上では私企業が急増した（第3章を参照）。けれども，私有化された企業には，克服しなければならない困難が生じた。市場経済化に伴い，ロシア企業の多くは，ソ連型経済の組織から資本主義市場経済に適合した組織体に転換する必要があった。しかし，実際に私有化されたロシア企業は，ソ連経済に適合していた「ソ連型企業」であった。つまり，市場経済システムのもとで事業を展開できる企業体としての組織転換がなされていないままであった。そのため，企業活動に支障をきたしていた。市場経済のもとで，生産活動を正常化し，生き残りをはかり，さらにより競争力のある企業として成長していくためには，ソ連型企業から資本主義企業への転換が必要だったのである。

2）企業とは何か

　では，市場経済における「資本主義企業」とは「ソ連型企業」とどこが違うのだろうか。ソ連型企業の資本主義企業化とは，具体的にどういうことなのだろうか。このことを考える際に，エディス・ペンローズが著書『企業成長の理論』（Penrose［1995］）で提示した企業論が有用である。同書は企業研究の分野で，リソースベース論（資源ベース論）と呼ばれる理論の基礎を築き上げた研究成果である。ソ連解体後のロシア企業の発展を理解するために示唆に富む論なので，以下ではやや詳しくペンローズの議論について論じる。

　ペンローズは，企業を一つの管理的枠組みの中に組み込まれた経営資源の集合体と捉える。企業の経済的機能を，「市場に製品やサービスを提供して利益を上げるために，人的資源やその他の資源を獲得し組織化すること」と仮定し，企業とは，「一つの管理的枠組みの中に集められたリソースの集合であり，その境界は，『管理上の調整の範囲』および『権威的なコミュニケーションの範囲』によって決まる」とした（Penrose［1995］xi）。すなわち，企業とは，リソース（資源）の集合体であり，そのリソースは経営管理的枠組みの中で組織

---

[1] 筆者の以前の研究において，企業の資本主義化について触れ，その考察を試みている（Adachi［2006c］［2010］，安達［2013］，安達・毛里［2014］）。

化される，と定義したのである。

　企業のリソースとは有形・無形のもの，人的資源・物的資源を含む。例えば，有形な物的資源は，「プラント，設備，土地および天然資源，原料，半製品，廃棄物，副産物，そして最終製品の在庫」（Penrose［1995］24-5，邦訳 p. 49）を含む。人的資源として企業には，「不熟練および熟練労働者，事務，管理，財務，法律，技術および経営に携わるスタッフ」が存在する（Penrose［1995］24-5，邦訳 p. 50）。ただ，厳密には，これらの「生産プロセスにおける『インプット』というのはリソースそのものではなく，あくまでもそれが提供できるサービスである」とペンローズは論じている（Penrose［1995］23）。また，サービスとは，「企業の生産活動に対して，リソースが資する貢献である。したがって，リソースとは実現可能性のあるサービスの束とみなすことができる」と述べる（Penrose［1995］67）。つまり，その活用方法は多様だが，ここで鍵になるのは，様々な企業のリソースが，経営的機能を生み，生産活動を可能にし，「サービス」を生み出すという考え方である。

　同時に，リソースを活用することによって，人々自身のリソースに関わる能力・知識が増大し，その内容も変化していく。つまり，人的資源の持つ知識が増し，変化するのに伴って，リソースが生み出すサービスも増大し変化を遂げる。ペンローズは，このようなリソースと能力・知識の相互作用が，企業の成長の機会となると考えた（Penrose［1995］78-9）。

　以上のようなペンローズの議論は，経済学や経営学の分野で，企業について，資源や知識，コンピテンシーやケイパビリティといった能力面を強調するリソースベース論の発展の基礎を確立し，理論の発展に貢献した。さらに，知識の役割を強調する側面では，ペンローズの理論は，リチャード・ネルソンとシドニー・ウィンター（Nelson and Winter［1982］）が，企業をその知識ベースと経路依存性とを中心に概念化した企業の進化論の展開に影響を与えた。

　ペンローズは，企業を定義づける要素として，リソースの側面に加え，管理的枠組みの側面を指摘する。企業内で事業活動がどのように整理され組織化されているかが重要であり，このことは，企業という「枠組み」あるいは「境界」，そしてその境界内における管理やコントロールのあり方とつながってい

く。ペンローズは次のように述べる。

> 企業の主要な経済的機能は，財やサービスを経済に供給するために，企業内で立案され実行に移される諸計画に即して生産資源を利用することである。このことには一般に同意が得られよう。企業内の経済活動と「市場」における経済活動との間の本質的な違いは，前者は一つの管理組織の内部で実行されるが，後者はそうではないところにある。(中略) そこで，われわれの目的に照らした企業の定義の重要な一側面として，一つの自律的な管理上の計画立案単位としての役割が含まれる。その活動は，相互に関連をもち，また，それらが企業全体に与える影響に照らして形成される方針によって調整される。(Penrose [1995] 15-6, 邦訳 p. 38)

このようにペンローズは，企業を定義する上で，企業の境界と管理的枠組みの重要性を強調している。市場か企業か，といった選択については，取引コスト論的な議論に通じるところがある（取引コスト論については後述）。しかし，企業の境界を制限するファクターとして，「組織の能力」の概念を持ってくるところがペンローズならではの議論といえよう。企業の境界を決めるのは，調整の及ぶ範囲に左右され，「ひとつの事業会社としての規模に限界をもたらすものは，事業会社の定義を満たすに足る管理的調整を維持する企業の能力」(Penrose [1995] 24, 邦訳 p. 43) であるという。つまり，企業の境界と企業の能力とを結びつけているのである。

以上の考察から浮かび上がる企業のイメージは，次のようなものになる。企業とは，管理的枠組みの中に結集された，リソースのまとまりである。そして，このリソースとは，物的・人的資源そのものというだけではなく，事業活動を行うための様々な機能ないし能力となって表れる経営資源である。それは，実際には，事業活動を行うために必要なスキルと能力を有するトップマネジメントやその他のスタッフの存在をも意味する。もう少し具体的にいうと，企業の経営資源が，企業管理，経営戦略立案，原材料の調達，生産，マーケティングや販売，資金調達や研究開発（R&D）などの多様な事業活動（サービス）を可能にしている。そしてそれらは，一つの経営管理的枠組みの中で，有機的に組

織されていると解釈される。

　今までの議論を踏まえ，リソースと管理の2つの側面を基礎として，企業を概念図で表したものが，図1-1である。企業の境界はピラミッド型の管理的枠組みで示され，その中には，企業の事業活動がプールされている。リソースのまとまりが，事業活動に埋め込まれているという理解の仕方もできる。そしてこれらのリソースは，ピラミッドの頂点にあるトップマネジメントによって管理運営されている。

図1-1　資本主義企業（管理的枠組みとリソースの集合体）

出所）筆者作成。

　リソースの集合体であること，そして，調整が全体に及ぶ一つの管理的枠組みであること，という企業を定義する2つの属性から見ると，ソ連型経済システムにおいて企業と呼ばれる組織は，資本主義市場経済下でいう企業といえるのだろうか。次節で詳しく論じる。

2　「ソ連型企業」は「企業」ではないのか

1) ソ連型企業と資本主義企業の違い

　ソ連型企業と市場経済下の企業との違いはどこにあるのだろうか。私有化政策を遂行するにあたり前提となり，また長年西側で支配的だったのは次のような考え方であった。世界銀行の『計画経済から市場経済へ』（World Bank [1996]）にも強調されているように，計画経済体制の下，ソ連型企業が直面していたのは「歪んだインセンティブ」であり，それが業績不振の原因となっていた。そこからインセンティブの転換こそが体制移行の要であり，中でも企業経営者のそれを変えることが市場経済化を促進するロシアの企業改革の主要課

題と位置づけられた（World Bank ［1996］ 44）。ロシアで国有企業の私有化が中心的な市場経済化政策となった理由は，私有化が，経済自由化とともに，企業にハードな予算制約と競争を課すことで，市場ベースのインセンティブを促進させると期待されたからだった（Havrylyshyn and McGettigan ［1999］）。また，民間所有が生む効果も私有化・民営化への期待の根幹にあった。すなわち，企業価値の最大化を目指す経営者行動を所有者（株主）が促すメカニズムが備わることによって，企業の業績が改善し効率が向上するのであり，このような変革は企業の民間所有のもとで達成されると期待された。

　しかし，ソ連型企業と資本主義企業の違いは不適切なインセンティブを持っているか否かにあるという，これまで主流だったソ連型企業分析における前提の不十分さが，サイモン・クラークによって提示された（Clarke ［1996］）。クラークは，ソ連型企業は資本主義企業の単なる不完全な具現化ではない，と主張した。つまり，ソ連型企業とは，資本主義企業とは別の目的と機能を持ったソ連型経済特有の組織だということを指摘した。ソ連における企業は，自らの生産拡大を図る目的を達成することによって，地域社会の安定や社会基盤整備に貢献する存在としての位置づけがあった。そのため，ソ連型企業は，地方コミュニティの要である社会有機体であり，クラークはその社会福祉的役割を強調した（Clarke ［1996］）。

　資本主義市場経済下における企業とは，ビジネス・ユニット（事業体）である。経済システムの比較の中で，ヤーノシュ・コルナイ（Kornai ［1992］）は，資本主義と社会主義経済における企業行動の主な相違点について次のように論じた（表1-1を参照）。資本主義経済システムにおいて，競争的企業の主要目的は，利益を増やすことである。企業の市場への参入と退出はマーケットによって決定され，販売価格は企業が設定し，需要は不明確である。一方，社会主義経済システムにおいては，国営企業の関心は，上位機関によって設定されたパフォーマンス基準を達成し，評価を受けることにある。企業の参入と退出は国家官僚に裁量があり，国家価格機関が価格を決め，企業は需要について確信を有している。また，前者がハードな予算制約に直面しているのに対し，後者はソフトな予算制約で機能していた。コルナイは，資本主義経済システムは買い

表1-1 資本主義・社会主義のシステム間比較（企業行動から）

主な特徴	競争的民間企業 （資本主義）	国有企業 （社会主義）
企業の関心	利益を増やすこと	上層機関から評価されること 評価基準：指令の遂行
参入と退出	市場によって決定 自由参入 ビジネスの失敗が退出へ	官僚組織が参入・退出を決定
予算制約	ハード	ソフト
価格反応性	強い	弱い
価格決定	企業が販売価格を設定 （限界費用より高い価格設定）	当局が販売価格を設定 企業も影響力を持つ （限界費用との関係は恣意的）
需要に対する情報 （生産者－販売者仮説）	不確実 （超過供給は想定しない 販売量は企業努力次第）	明確 （超過供給を想定 販売量は企業努力と無関係）
過剰供給	買い手の購入量より多く販売したい	決められた量・価格以上は販売を望まない
インプットに対する需要	制約あり	需要から逃れる傾向

出所）Kornai［1992］264.

手市場，社会主義システムは売り手が強いという点で根本的に違っていると論じた（Kornai［1992］）。

　市場経済における企業と社会主義経済における企業との違いについて，Peng［2000］は，後者には，企業自体に企業のリソースの獲得や配分に関する決定権や裁量の自由が欠けており，市場経済環境の中で競争にさらされながら他企業と張り合っていくための知識や経験が決定的に欠如していると指摘した。

　では，ソ連型企業と資本主義企業について，具体的にどのような比較ができるだろうか。「リソース」と「管理的枠組み」，この2つの側面から次項で考えてみたい。

2)「リソース」と「管理的枠組み」から捉えたソ連型企業

　まず，企業をリソースの観点を中心に捉えると，ソ連型企業は，多様な事業活動を実現するリソースが一つの企業内にまとまって組み入れられているとは

いえなかった。つまり，一般的に市場経済下の企業が通常単体で行うような，資材調達および資金調達や，生産および販売など，企業の事業活動を実現するためのリソースは，単体のソ連型企業内では賄いきれていなかった。例えば，ソ連経済では，資材調達という事業活動については，特定の経済部門を監督していた関連部門省が企業に必要資材の配分や供給をする役割を担っていた。資金調達に関しては，財務省やゴスバンク（国立銀行）が管理していた。ソ連時代は，ゴスバンクが中央銀行と商業銀行の双方の機能を果たしており，ゴスバンクの主要な機能は，計画経済のもと，生産と投資の計画を遂行するために企業に計画実現に必要と思われるだけの信用を供与することであった。そして，企業はタダ同然の資本で事業を行うことができたという（Gregory and Stuart [2001]）。財務省は，国家予算から資金を提供し，ソ連工業・建設銀行が実際の支出を担当した（IMF et al. [1991a], Gregory and Stuart [2001]）。研究開発に関わる事業については，企業単位ではなく，産業別に存在した技術研究所がその役割を果たしていた。製品の海外販売にあたる活動は，ソ連外国貿易省の担当であり，個々のソ連型企業は直接海外での販売には携わることはなかった。外国貿易省は，ソ連国家計画委員会（ゴスプラン）とソ連閣僚会議に直属している下部機関であった。外国貿易が国家独占のもとにあったソ連では，外国貿易活動はすべて国家機関による統制下に置かれており，企業の輸出入業務は，外国貿易省の傘下にある対外貿易公団が担っていた（Gregory and Stuart [2001]）。

　このように，社会主義経済体制のもとでは，各企業がそれぞれ多様な事業活動を実現するリソースを一つの企業内に組み入れる能力を持ちあわせていなかった。よって，様々な事業活動が外部機関に委ねられていたと解釈することができる。つまり，ソ連型経済システムでは，市場経済システムでは個々の企業が行う事業活動が，ソ連型企業の「インハウス」的な企業内活動ではなく，省庁や外部機関に「アウトソース」（外注）されていた，といえる（活動の種類によっては，市場経済下の企業で普通に行われている事業活動が，ソ連型企業では行われていない場合もあった〔Radosevic [1999]〕）。そして，これらの事業活動を全体的に統括していたのが，ゴスプランなどの上位機関であった。

　しかし，一企業が，ある製品を生産するためには，その企業に様々なリソー

スを集めて統合する能力が備わっていなければならない。そのような意味で，市場経済下の企業は，種々のリソースを集め統合することのできる「リソースのまとめ役」なのである。

さらに，企業をリソースのまとめ役と見るとき，もう一つの要素が同時に関連してくる。スラーヴァ・ラドーセヴィッチ（Radosevic［1999］）は，市場経済下の企業はリソースのまとめ役であると同時に，「生産チェーンのつなぎ役」でもあると論じている。すなわち，生産を可能にするためには，一連の生産段階に携わるサプライヤーを含め，生産チェーンが連続的に編成されている必要がある。市場経済下では一企業が生産ネットワークを構築する能力を備えているが，ソ連型経済システム下では，ゴスプランなどの中央計画経済当局が生産ネットワークをコントロールするつなぎ役であり，ソ連型経済のヒエラルキーの下位に位置しており（後述），生産単位にすぎない各企業にその役割はなかった。

次に企業の管理的側面を中心に見てみると，どのようなことがいえるだろうか。ソ連型経済システムの基本原則は，中央集権的計画経済を，行政的指令を通じて総合的に国家全体で機能させるというものだった。ソ連型経済ヒエラルキーの最上位にソ連共産党，より正確には主要な経済政策立案をも担うソ連共産党中央委員会があり，ゴスプランを中心に中央計画当局が資源配分，設備投資，生産目標などの経済活動を決定した（Spulber［1991］, IMF et al.［1991a］, Lawrence and Vlachoutsicos（eds.）［1990］）[2]。ソ連閣僚会議は各国家委員会のトップや産業別部門省の大臣によって構成されていた。ゴスプランは経済に関わる省や他の国家委員会に対して権限を持ち，計画経済を支えた。ゴスプランに加え，その他国家委員会として，国家資材・機械補給委員会（ゴススナブ）は資材調達を司った。価格については，国家価格委員会（ゴスコムツェン）が価格の設定や監督をする役割を担った。労働者の賃金の設定や監督などは国家労働社会問題委員会が行った。これら国家委員会は部門省をまたいでの調整を行う。その下位組織には分野ごとに分かれる産業別部門省がある。そして最下位に省の監督下にあり，所管部門省から資材の調達をうけ，指令された生産計画を実

---

[2] 中央計画当局としてのゴスプランについては，邦語では例えば鈴木［2007］を参照。

行するソ連型の「企業（*predpriiatie*）」が位置していた（Ericson［1991］，Gregory and Stuart［2001］）。

　ソ連型企業にとっての主要な義務は，中央計画当局が定めた目標を達成することであった。企業には，ゴスプランからその下部機関を通じ，製品生産目標が課せられた。輸出用か国内向けなのか，供給先についても上からの指示に従った。企業は決められた量を生産するのに必要な資材を与えられ，設備や機器や装置のメンテナンスや交換に必要な場合の資材についても上からの供給に依存していた（Ericson［1991］，Hanson［2003］）。計画経済と官僚的統制により，各企業の製品ラインや生産，調達，供給が調整され，企業間関係も官僚的統制のもとで調整されていた（Kornai［1992］98）。よって，生産規模の大きなソ連経済全体にとって重要な企業でさえも，ソ連型企業とは，自立した経済的責任のある単位ではなく，全国的なソ連経済全体の中の作業単位にすぎなかった（Yudanov［1997］）。

　このように，各企業は生産単位として機能していたため，意思決定権限は限定的であった。それに対し，企業を管轄下に置く部門省は，企業の計画目標を監督し，資本や資材の流れ，研究開発，流通や販売などの管理の責務があった。部門省は，企業の縦と横の関係も調整した。これら部門省は，グラフク（*glavk*）と呼ばれる部門別総管理局に分かれており，省内のしかるべき任務を負っていた（Joskow and Schmalensee［1997］，Hewett［1988］）（グラフクについては第4章を参照）。

　また，部門省は，企業長を選任する立場にあった。企業長は，企業に関する意思決定に，バーゲニングという形である程度影響を及ぼすことができた。しかし，大半の決定事項，特に重要なものは，ソ連型経済ヒエラルキーの上位レベルで決められていた（Kornai［1992］271）。そのため，バーゲニングの主な目的は，指令経済を生き抜いていく中で緩い計画を獲得すること，つまり企業の生産ターゲットを低くしてもらうこと，そして，投入される材料の割り当てをなるべく多くしてもらうこと，の2つからなっていた（Kornai［1992］122-3, 487-8）。

　「ソ連株式会社（USSR Inc.）」と，ソ連の国民経済を会社組織にたとえてみなされることがある（Hanson［2003］）。アレック・ノーヴは，「ソ連株式会社」を

世界で最も巨大な「会社」と称した (Nove [1986] 7)。ペンローズの企業論から捉えてみても，ソ連邦全体が一つの巨大な企業——リソースの集合体であること，そして調整が全体に及ぶ一つの管理的枠組みであること——と考えることができる。その中では，中央計画当局が「ソ連株式会社」の「トップマネジメント」の役割を果たしていたといえる。そこでは，個々の企業はソ連型経済ヒ

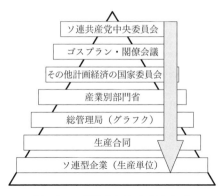

図 1-2　ソ連株式会社（USSR Inc.）
出所）筆者作成。

エラルキーの最下位に位置しており，行政的指令で定められた数や種類の製品を，計画通り生産すればよい生産単位として機能していたにすぎなかった (Nove [1986], Yudanov [1997] 404-5)。このソ連株式会社を図に示したものが，図 1-2 である。

　図に，「生産合同」がある。これは，いくつかの関連した生産単位を統合したソ連型企業の集合体であり，各企業の上位に存在した。1973 年の産業制度改革の一環で創設されたものである。当時の改革の狙いは，企業の管理体制を改善することにあった。関連する生産単位を統合し，まとまりを持たせ，より統制の効く単位として生産合同を設立した (Hewett [1988])。この改革により，強力になっていた部門省から政策決定権を取り上げ，権限や意思決定機能を生産合同により多く委ねることができるようにする目的があった。その方が，企業の効率性が向上すると考えられたからである。しかしながら，部門省といった上位機関の権限や役割は変わらず，結局のところ，生産合同は「大きめの生産単位」として機能したにすぎなかったという (Yudanov [1997], Nove [1986])。

　その後のソ連経済の成り行きを見ても，ソ連型企業に関わる管理的側面については，改善を伴う基本的な変革は訪れなかった。1985 年にソ連共産党書記長に就任したミハイル・ゴルバチョフが抜本的な改革を試みた時点でも，資本主義企業において戦略立案などを施すマネジメント機能は，ソ連型企業や生産

合同の内部に備わっておらず，部門省の中の部局がその機能を依然として果たしていた。戦略立案機能を持たせ，経済的・経営的自立性を促すために，ゴルバチョフの経済改革は，意思決定機能の中央への集中をなくし，できるだけ分散化を促進することを意図していた（Hewett［1988］）。1987年には，国有企業法が制定され，その結果，各企業が財務や生産計画を自ら立てることができるようになった（第3章も参照）。しかし，この法制定をもってしても，経済ヒエラルキーの中での企業の地位は変わらなかった。つまり，企業は上位の所管部門省に対して引き続き従属的立場にあったし，ゴスプランによる統制体制は続いていた（Dolgopiatova［1995］56）。同様に，ゴススナブが生産や流通のプロセスの中で，資材の流れを調整していた。ゴルバチョフ時代に企業が自らの計画を立てることが許されるようになったといっても，企業自体の計画は当然ながら部門省の目的に沿うものでなくてはならなかった。また，中央計画当局が指示する生産を実現するために国家発注で割り当てられた数量やその他ガイドラインに見合ったものでなくてはならなかった（Hanson［2003］196-8）。

　企業のリソース面からすると，事業活動を各ソ連型企業の外に「アウトソーシング」せざるをえないソ連型経済の特徴は，経済システムの強みというよりも弱さであるとの認識が1970年にはすでに強くなっていた。1965年に首相として経済改革を試みたアレクセイ・コスイギンは，1970年に次のように述べている。ソ連型企業（生産単位・工場）は，

> それ単体では，工場は需要を見極めたり，供給を手配したり，マーケティングを行ったり，専門や協力体制を改善し，補助的業務を中央集権化することが難しい。これらの機能や権限は生産合同に付与されるべきである。（Yudanov［1997］407）

上述の通り，生産合同は1973年改革によって実施に移され，生産単位である企業（工場）を傘下に置いた。しかし，流通，販売，マーケティング，仕入れ，資金調達など，市場経済下の資本主義企業では一つの企業に通常内部化されている機能を，首尾よく生産合同が内部化できたわけではなかった（Yudanov［1997］410）。

それでは，ソ連型企業をリソースの観点から捉えるとどのようなことがいえるだろうか。ソ連型企業をリソースの集合体とみなすことは可能であるが，それらのリソースは，ソ連型経済に即しソ連型経済で機能するのに必要なリソースであった（Uhlenbruck et al.［2003］）。例えば，先に述べたように，ソ連時代の企業長（工場長）にとって，生産目標を達成するために，いかに工場への物資の供給を確保するかが重要事項だったし，業務上の制約を和らげるために計画目標のレベルを下げてもらうよう当局と取引するための交渉技術も必要であった。中でも命運を左右したのは，インフォーマルなネットワークを駆使し，供給薄なモノとサービスを獲得するスキルであったといわれる。そのため，「ブラート（*blat*）」と呼ばれるコネの有無も重宝した（Berliner［1952］）。ブラートとは，正規の手続きを迂回して，不足している財・物資やサービスを得るために諸個人間のネットワーク（親戚・知人・友人関係を中心とする）や非公式なコンタクトを利用することを意味する（Ledeneva［1998］）。また，ブラートを駆使し，「トルカチ（*tolkach*）」[3]と呼ばれる「便利屋」を手配することも企業を運営していくための腕のみせどころだった。トルカチとは，プロモーター，あるいは後押し者（プッシャー）という意味で，プッシュする（*tolkat'*）という動詞から派生したものである。研究社の『露和辞典』には，「工場・企業のために（しばしば闇の）原料・部品・製品調達をする便利屋」とある。彼らは，帳簿外で，非公式に物資の調達と配給をした。彼らのサービスを受けることによって，企業長たちは，部品不足や調達不能等の理由で生産計画が遂行できずに上から罰せられるというリスクを回避できたのであった。

　このように，ソ連型企業は，ソ連型経済システムの生産単位として機能するリソースは持ち合わせていた。だが，それは資本主義企業として機能するための経営資源とは質が違っていた。それでも，ソ連型企業は上述のように，地域コミュニティにサービスや福祉を提供するなど，社会的機能を果たす役割を担っていた（Clarke［1996］）。

　以上，これまでの議論をまとめると，次のようになる。経営資源の集合体で

3）通常は「トルカチー（*tolkachi*）」と複数形で使用されるが，ここでは単数で示す。

あること，そして調整が全体に及ぶ一つの管理的枠組みであることという企業を定義する2つの属性からソ連型企業を考えると，ソ連型経済システムにおいて企業と呼ばれる組織は，資本主義市場経済下でいう企業とはいえない。なぜなら，資本主義経済システムの企業では，ビジネス戦略の立案，財務・資金調達，マーケティング，販売，生産など様々な事業活動が，企業内のリソースによって引き出されているが，ソ連型経済システムにおける企業は，それ単体では様々な事業活動を引き出すリソースの集合体でもなければ，経営管理組織体でもなかったからである。

3　「資本主義企業」転換への課題

1）経営資源の収集・蓄積・統合

　このように，ロシアにおける企業の私有化は，ソ連型経済ヒエラルキーの下位組織であった生産単位レベルで遂行された。これは，私有化された生産単位が，資本主義下の企業を定義する2つの属性を満たしていないため，経営資源の集合体として，そして管理組織体として機能できるように再構成，すなわち「資本主義企業」へ転換される必要性があったということを意味している。

　それでは，ロシアの企業家たちは，ソ連型企業がリソースの集合体としての企業に組織転換する際に，どのような課題に直面したのだろうか。この点について，ペンローズの企業論に依拠して以下の3つにまとめることができる（図1-3を参照）。

　第一の課題は，「企業」という管理的枠組みの中にリソースを集結し，それを蓄積・統合・調整し，様々な事業活動を一つの枠組み内で行えるようにすることである。生産単位が実質的な企業に転換するためには，上から与えられた原材料を使って決められた数量を生産するだけでなく，原料調達から販売や財務など，その他の事業活動を可能にする様々な経営資源が一つの組織内に組み入れられる必要があった。

　繰り返しになるが，ソ連解体後，ソ連型企業の私有化が経済改革の中心課題

となった。しかし，私有化を行っ
たからといって，自動的にソ連型
企業が，技術的資源や財源，そし
て組織資源が備わった資本主義企
業に変化するわけではない。第3
章でも見ていく通り，私有化の主
な目的の一つは，経済の「非政治
化」にあった。要するに，経済活
動から政治的影響力を排除するこ
とである。それは，政治家の持つ
企業に対するコントロール権を取
り除くことだった（Boycko et al.
［1995］10-2, Shleifer［1995］）。私

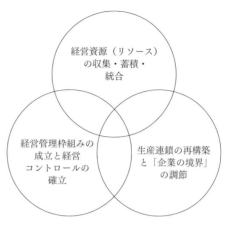

図 1-3 ソ連型企業から資本主義企業へ（3つの課題）

出所）筆者作成。

有化に際しては，所有権の迅速な再配分に焦点が当てられた。よって，ソ連型
企業が事業活動を一つの企業として行うために必要なリソースを集積統合する
というような配慮は見られなかった。

　ソ連経済が崩壊し，企業の私有化政策が進んでいく中で，ソ連型システム下
では生産単位としてのみ機能していたソ連型企業は，市場経済システム下の企
業に備わっているようなリソースや組織としての能力を得る必要があった。企
業を立て直す側にとって主な課題と目されてきたこととは，従来のソ連型経済
システムの中で全国的にアウトソースされていた様々な事業活動を，一つの管
理的枠組みの中に持ってくることであった。

　国営企業の私有化は，経済パフォーマンスの改善につながると期待されてい
た。私有化による所有権の明確化が適切なインセンティブを与えるとされたか
らである。しかし，リソースベース論とロシアの経験が示すことは，財産権・
所有権の明確化も重要だがそれだけでは不十分であるということであった。企
業とは，事業活動を可能にする「リソースのまとめ役」であることの認識が必
要であった。

　もちろん，資本主義企業としてリソースを集結する必要があった一方，不要

なリソースを除去する必要もあった。つまり，ソ連時代に，企業として機能するために不可欠だったものでも，企業効率化のために不必要と判断されたものは，取り除かなければならなかった。それは，主に生産のコアの部分でない福祉的な施設であったり，ソ連型経済システムの予測不能な材料供給システムに対処するために備えられていた小規模な部品生産機能だったりした。

2）管理的枠組みの成立とコントロールの確立

　第二の課題は，リソースをとりまとめる経営管理的枠組みを成立させるとともに，その枠内での効果的な管理調整を可能にする経営コントロールを確立することであった。私有化されたからといって，その企業の経営上層部に，管理的役割を効果的に担える人的資源である経営者が就いたとは限らなかった。ソ連型経済システムの崩壊は，「ソ連株式会社」からのトップマネジメントの退場を意味した。国からの指令・管理のもと機能していた各ソ連型企業は，いわゆる「自然発生的私有化」の過程と，それに続く大規模私有化過程を経て独立性を高めていった（Johnson and Kroll［1991］）（自然発生的私有化，および大規模私有化については第3章で詳述する）。しかし，既存の経営者たちは，経営者としての権利は獲得したが，義務と責任を負うことは避けることができた（Clarke and Kabalina［1995］143）。

　経営史学の権威であるアルフレッド・チャンドラーが強調するように，企業マネジメントとは，ビジネス業務の調整や評価，プランニング，そして経営資源の配分に関わる経営上層部の行動，命令，判断などを指す（Chandler［1962］2）。まさに，新生ロシア企業の経営者たちには，このような管理的役割を果たさなければならない必要性が生じた。

　興味深いことに，管理調整や経営資源の重要性を強調することに関して，チャンドラーとペンローズの論には通じるものがある（Chandler［1962］［1992］）。実際，チャンドラーとペンローズは企業の成長に関わるお互いの考え方の共通点を認め合っている。チャンドラーもペンローズも自身の著作の出版後にお互いの研究業績を読み，双方の分析と概念に「驚くべき一致」があることをそれぞれ記している（Chandler［1962］453, Penrose［1995］ix）。

当時のロシアのコンテキストにおいて，新生ロシア企業の経営コントロールを確立する上で不可欠なことがあった。それは，置かれていた制度環境のもと，企業経営者側に株式所有を集中させることが，安定的な企業経営を行う条件となったことである（Nash [2001]）。私有化直後は分散所有パターンとなったが，その後所有の集中が進んだ事実がその間の事情を物語る。私有化の後，時を経るにつれ，企業レベルでは，経営者と所有者が同一人物（同一グループ）に一元化されるという現象が起こった（Dolgopiatova [2001], Dynkin and Sokolov [2001], Radygin [1999], Starovoitov [2001]）。産業レベルでは，私有化の結果，所有の集中が起こった。ロシアでは，一握りの大型オーナー経営者が誕生し，彼らは自ら所有する企業を集約し，企業グループ（ビジネスグループ）を編成した（企業グループについては第3章で詳細に見ていく）。ピーター・ブーンとデニス・ロジオーノフ（Boone and Rodionov [2001]）が行った，ロシアの中～大企業64社のサーベイによると，わずか8つのグループがロシアの民間企業の収入の86％をコントロールしているとの結果が出た。それらは，メナテップ（ユーコス），インテルロス（ノリリスク・ニッケル），シブネフチ／ルサール，システマ，アルファ・グループ，ルクオイル，スルグートネフチェガス，そしてアフトヴァズである。

ブーンらは，所有の集中傾向とこれらの大企業グループの台頭をロシアの成長にとって肯定すべきプラス要因だと見た。実際のところ，民間大企業が重要な部分を占めるようになった企業グループがエリツィン時代に躍進した。ロシアの平均生産性上昇率を見ると，1998年から2001年まで43％であったが，中でも，私有化された企業の生産性上昇率は52％であった（Boone and Rodionov [2002]）。一方，国営企業は12％にすぎなかった。さらに，別の研究によると，2002年には10の大企業グループが，38.7％の工業生産を担い，21％の資本投資，31％の輸出を占め，22％の利潤税を支払ったという結果が出ている（Dynkin [2004], FPI [2003]）。

株主でもある経営者にとって，株式所有の集中を実現することが主要な課題であり合理的だったのは，それが次の効果をもたらしたからである。すなわち，株の所有比率が25％プラス1株（ブロック株）ある場合，ロシアの株式会社

法の規定によると，株主総会において4分の3以上で採択しなければならない重要な会社の決定を阻止することができる[4]。つまり，オーナー経営者の立場からすると，保有率が75％を超えると定款の改正や会社の再編，大規模取引など重要な決定が承認されやすくなる（Boone and Rodionov［2001］）。そのため，株式所有の集中は，財産権（所有権）の適切な保護に問題があり，法の抜け穴を利用した企業の乗っ取りが多発し資産の争奪戦が行われていた環境で（Simachev［2003］, Volkov［2004］），企業乗っ取りのリスクを軽減することができた（企業乗っ取りについては，第2章を参照）。それゆえ，経営のコントロールを確固たるものとするために，オーナー経営者たちは75％プラス1株の保有を目指した（Dolgopiatova［2001］, Boone and Rodionov［2001］）。この株式保有率が安定的な経営を遂行する条件となったのである。

　オーナー経営者が70～100％の株式保有に達すると，より生産的に企業を管理するための余裕と安心感が得られるのは，企業のコントロール権（意思決定権）とキャッシュフロー権（利益配分権）を同時に有することができたからである（コントロール権とキャッシュフロー権について，詳しくは第3章で述べる）。Boone and Rodionov［2001］は，オーナー経営者が，スーパーマジョリティのレベル（70～100％範囲）の保有を達成すると，その企業の生産性が上昇することを示した。そして，ロシアの企業にとって株式の分散所有は，最適な状況ではないと結論づけた（Boone and Rodionov［2001］）。

　一般的に，企業の管理調整の特質は，企業の内部組織構造のタイプによって異なる（Sloman and Sutcliffe［2001］, Milgrom and Roberts［1992］）。企業はその発展に伴い，一つの事業単位で成り立つ組織から，Uフォームと呼ばれる複数の事業単位や機能を含む「機能・職能別組織」，そしてMフォームと呼ばれる「事業部制」へと，その管理組織の規模の拡大や成長をはかってきた。Uフォームの組織構造は，中央集権化が特徴的であるのに対し，Mフォームの組織は，内部的に分権化が促進されており，トップマネジメントよりも現場に近いミドルマネジメント事業部長の力が強いのが特徴的である（Chandler

---

4）株式会社法など，ロシアの商法についてはOda［2001］［2007］に詳しい。小田［2015］も参照。

［1990］，Williamson［1985］）。チャンドラーが「組織は戦略に従う」というように，企業は経営戦略に応じて管理調整の組織のフォームを採用する。しかし，ここで強調すべきは，ソ連解体後の新生ロシアにおける状況では，どの管理調整タイプを採用するかという以前の段階にあり，まずは管理調整機能自体が企業に備わる必要があった。

　効果的な管理調整を確立するためには，まず企業全体の業務に及ぶ，経営トップによる管理体制の確立が必須であった。また，企業全体のビジネス業務を全体的に統括できるようにするためには，企業の資産およびキャッシュフローに対する支配を確立することが重要条件だった。それは同時に，オーナー経営者による所有の集中を必然的に伴った。つまり，所有の集中は，企業の事業活動に対する安定的な管理コントロールを確立するための手段となったといえる。

3）企業の境界の調節

　第三の課題は，企業の枠組みのサイズ，いわゆる「企業の境界」をうまく調節することであった。この課題は，特に天然資源採掘を行う資源企業にあてはまる。原料となる資源が採掘されてから最終製品となって消費者の手元に届くまで数多くの段階がある。しかし，上で述べたように，ソ連型経済システムが崩壊した結果，ソ連時代に機能していた生産プロセスにおける垂直生産チェーン（連鎖）は途切れてしまった。そこで，新生ロシア企業は，途切れた生産チェーンを再構築する必要に迫られた。同時に，垂直連鎖のどの部分を企業内で内部化するかを判断する必要も生じた。

　ソ連型経済の産業ヒエラルキーは，相互に関連する企業，生産合同，部門省からなっていたので，ソ連経済の崩壊は，既存の関連企業ネットワークの分裂と分散を引き起こし，産業構造の抜本的変革を引き起こした（Joskow and Schmalensee［1997］）。つまり，中央指令型経済の崩壊は，オリヴィエ・ブランシャールとマイケル・クレマー（Blanchard and Kremer［1997］，Blanchard［1997］）のいう「分裂・無秩序化（ディスオーガニゼーション）」を生じさせた。「分裂・無秩序化」とは，生産の過程において，完成品が出来上がるまでの連続したス

テージに関係する生産チェーン（特に部品や材料および中間投入の連鎖）の各段階での混乱を指す。この概念は，ソ連解体後に発生した生産の急激な落ち込み要因を説明する。ただし，ブランシャールらの議論が，ソ連時代に存在してその解体と共に崩れた生産チェーンが効率的だったとも，また，その崩壊が効率的な結果をもたらすであろうとも仮定していないことには注意しておきたい(Hanson [1999], Roland and Verdier [1999], Bevan et al. [2001])。

しかしながら，ソ連型経済システム内で構築されてきた，関係特殊的な人的・物的資本によって生産チェーンが支えられ，生産が実現していたことに変わりはなく，それがソ連解体とともに崩れてしまった（Fortescue [1997] 147)。そこで，新生ロシア企業は，途切れた生産チェーンを上流と下流でつなぐというように，連鎖を再構築する必要に迫られた。よって，私有化された企業の経営者は，前述の第一と第二の課題を達成する中で，生産プロセスにおける生産チェーンを機能させる必要が生じたのである。それは，ペンローズの論じる「管理上の調整の範囲」，つまり経営管理組織体の枠のサイズを調節することを意味した。

加えて，私有化は産業構造の分散化・脱集中化をもたらした。それは，ソ連型経済ヒエラルキーの下位に位置するソ連型企業のレベルで私有化が遂行されたからである。ポール・ジョスコウらは，「ロシアの私有化プログラムは，先進市場経済国の企業に類似するような産業ヒエラルキー内の集合体を対象にした私有化プログラムよりも細かいレベルで行われ，事実上相当に大幅な分散を引き起こした」と批判的に見る（Joskow and Schmalensee [1997] 110-1)。

ロシアで行われたこのような私有化は「細分私有化」とも名付けられた（Fortescue [1997] 147)。私有化の結果，産業構造に「分裂」をもたらし，潜在的に有効とも見られた「生産合同」や「国家コンツェルン」の解体につながり，さらには生産チェーンの崩壊にいたったという見解がある（Deliagin [2000], Peregudov [2001] 118-9)（国家コンツェルンについては第4章で詳述）。他方で，私有化というよりもむしろ，生産チェーンの途絶がソ連の経済構造崩壊の大きな原因となったという議論もある（Fortescue [1997])。

以上のような生産チェーンを再構築するという課題は，リソースベース論の

みならず，取引コスト論からも考察することができる。ロナルド・コースは，価格メカニズムを利用する際にはコストが発生すると論じた。取引コストとは，取引相手を探したり，適切な価格水準を見出したり，取引に関連する事態の予測をしたり，契約の交渉，締結，履行をするためにかかるコストのことをいう（Coase [1992a], Hart [1995a] 23, Milgrom and Roberts [1992] 136-7, Williamson [1985]）。

　リソースベース論を中心に考えると，生産チェーンのつなぎ役としての企業の能力（コンピテンシー）に注目が集まる一方，取引コスト論の焦点は，生産チェーンのどの部分を内部化し（企業組織内で行い），どの部分を市場で行うか，という判断の問題に当てられる。いわゆる「メイク・オア・バイ」の決断として知られる考え方であり，これは，生産チェーンを構築する際，どのように「企業の境界」を調節するかの問題である。取引コスト理論を発展させたオリヴァー・ウィリアムソン（Williamson [1985]）は，内部化か外注かの選択に直面する企業は，垂直統合により取引コストを節約する効果があると論じる。

　取引コストの観点からすると，垂直統合のメリットは以下の通りである。事前に完璧な契約があれば，将来起こりうるすべての事態に対応した行動を取り決めることができるが，実際はそのような完備契約は実現が不可能である。契約の不完備さのもとでは，垂直統合という形で関係資産が共通の所有下に組織されることによって，機会主義的行動を抑制し，市場における不確実性のリスクを抑える効果があると考えられている。この場合リスクとは，価格の変動，供給の信頼性，マーケットへのアクセスなどに対する不確実性である（Williamson [1985] 50, Davies [1987] 87, Milgrom and Roberts [1992] 49）。頻繁な取引のもと，連続する生産過程に関係特殊的資産が関わりあっている場合には，資産はその関係性において価値があるものであり，垂直統合への動機が強くなる（Klein et al. [1978], Williamson [1985], Hart [1995a]）。

　ソ連解体後のロシアの場合，市場経済の制度基盤が十分に整備されているとはいえず，市場で取引を成立させるコストが高く，その分，垂直統合化をする利点は高かったと考えられる。製品市場，労働市場，金融市場などの制度がいずれも高度に整っていなければ，取引コストは高くなろう。加えて，法制度が

脆弱であれば，取引に際しての契約費用（コントラクティング・コスト）だけでなく，契約を履行する費用（エンフォースメント・コスト）も高くなる。さらに，ロシアの代表的な産業である資源産業（石油，ガス，アルミニウム，ニッケル，鉄，銅等の産業）は，連続する生産プロセスのつながりに関係特殊的な資産を巻き込んでいるため，垂直統合化を図る利点がより多くなる（Stucky [1983]，Joskow [1985], Teece [1976], O huallachain and Matthews [1994]）。

この取引コスト論から見た垂直統合の利点は，「企業整合性（コーポレート・コヒーレンス）」という概念を用いるリソースベース論の見方からも補完することができる。Teece et al. [1994] は，企業の垂直統合や水平統合は，企業が「企業整合性」を持ち，企業としての一貫性を保つのを助けると解釈する。つまり，企業は，補完しあう資産を整合性のあるように組み合わせながら，垂直統合や水平統合などを経て成長したり多角化したりするのである。

このように，企業整合性には，2つの側面があるといえる。企業内に存在するリソースの有機的な整合性である「リソース整合性」と「管理的整合性」である。後者はペンローズによる企業の定義である「整合的な管理組織」にも通じるものがある。このような意味で，「コヒーレントな企業」とは，リソースと管理の双方について整合性を備えた組織体であるといってよいだろう。

おわりに

本章ではロシアの企業組織の発展を理解する分析枠組みを提示するため，「企業とは何か」という視点から，ソ連型企業の私有化のプロセスで何が問題だったのかを考察してみた。これまでの議論がロシア企業の成立過程と成長条件を論じる上で重要な点は，次のようにまとめられる。ソ連解体後のロシアにおける私有化は，ソ連型経済ヒエラルキーの下位組織であった生産単位レベルで遂行された。このことは，私有化された生産単位が，資本主義下の企業を定義する属性を満たしていなかったことを意味している。そのため，新生ロシア企業が整合性を持つためには，リソース・経営資源の集合体として，また同時

に管理組織体として機能できるように再構成されなければならなかった。すなわち「資本主義企業」化される必要性があったのである。そしてそのために，本章で論じたような，乗り越えなければならない課題が生じたのであった。

第2章
ロシア経済のインフォーマル・メカニズム

はじめに

　現代のロシア経済・政治・社会を理解するためには，ロシアに組み込まれた非公式性への理解が必要である。本章では，ソ連解体後のロシア企業の発展過程を構造的に解明するために不可欠となる，ロシア経済のインフォーマル・メカニズムについて分析する。

　共産主義を掲げたソ連時代に，その社会の特質を表現した次のような小話（アネクドート）がある。

> 失業はないが，誰も働かない。
> 誰も働かないが，生産性は上がる。
> 生産性は上がるが，店は空っぽ。
> 店は空っぽだが，冷蔵庫は満杯。
> 冷蔵庫は満杯だが，誰も満足していない。
> 誰も満足していないが，満場一致で投票する。　(Dubovskii [1991] 204)

　「ソ連の6つのパラドックス」として知られるこのアネクドートは，上から順に，職場の常習的欠勤（社会主義経済の実態），虚偽報告癖（生産計画達成度の水増し），不足の経済（恒常的なモノ不足），コネ社会（必需品の非公式ルートによる入手），特権社会（不平等感の蔓延），政治不信（改革への無関心）とそれぞれソ連社会の実状をうまく捉えている（Ledeneva [1998]）。ロシア政治経済研究で著名なピーター・ルトランドは，後付けとして，7つ目に「満場一致で投票

するが，ソ連は崩壊した」という落ちをつけた。これらの一見矛盾した現実を説明するのに欠かせない要素が，ソ連・ロシア社会の非公式性（インフォーマリティ）である。

1 ロシアの見えない掟――「インフォーマル」とは

1) ロシアにおける「インフォーマリティ」

ロシアに根付いている非公式な関係の重要性を「ブラート」や「不文律」などの概念をもって強調するのはロシアにおけるインフォーマルな制度や慣行（プラクティス）の研究で知られるアリョーナ・レデニョーヴァである（Ledeneva [1998][2001][2006]）。第1章でも触れたブラートとは，ソ連時代に，ロシア社会に浸透した非公式な関係の総称で，日本語でいういわゆる「コネ」に近い概念といえる。不足しているモノやサービスを得る目的で人的ネットワークやコネクションを利用することを意味している。必要物資へのアクセスを融通する非公式の「交換」制度でもある。上の小話でいうと，「店は空っぽだが，冷蔵庫は満杯」という部分に当てはまる。

ソ連型経済のインフォーマルな部分，特にブラートの役割と重要性が欧米の研究で指摘されたのは1950年代であった。このことは，ジョセフ・バーリナーの著作に詳しい（Berliner [1952][1957]）。ブラートに代表されるような非公式な慣行は，公式のシステムの欠陥を補完する役割を担った。それらは，モノ不足に悩むソ連型経済システムの構造的な制約に対する市民の対応であり，日常生活にとって不可欠な「秘訣」であった（現在のロシア社会でも生活の一手段であり，うまく生き抜いていく上での一種の「ノウハウ」となっている側面もある）。さらに，このような非公式な慣行は，市民が個人の需要を満たすためにだけでなく，国家にとっても，過度に中央集権的なシステムに対処するために一定の役割を果たしていた。このことから，非公式性の概念は，ソ連型システムが実際にいかに機能していたかを理解する手がかりになる。また，ソ連社会からポストソ連のロシア社会に受け継がれていることを鑑みれば，現代ロシア

の経済システムの機能を理解するヒントにもなる（Berliner [1957], Ledeneva [1998]）。

ソ連でもロシアでも，「不文律」や「見えない掟」が経済活動において果たす役割が大きかったし，いまだにそうである。個人のコネクションや内輪の人間関係は社会における不文律の基礎をなすものだともいえる。例えばソ連時代，計画経済のもとでノルマを達成するために企業に必要な資材のやりとりを専門としていた「トルカチ」と呼ばれる非公式なブローカーが存在していたことは周知の事実だが（第1章を参照），このようなブローカーも不文律によって活動していた。現在のロシアにおいても現代版トルカチというべきブローカー的な便利屋は存在している。また，後述するように，不透明な企業の所有構造などは，企業統治の分野で不文律が機能している証左である。さらに，社内用と社外用（徴税用）に帳簿を分ける「二重帳簿」や，政治的に重要な審判は司法でなく国家の指導部が電話で指示する「電話法」など[1]，インフォーマルなルールに基づく慣行の多くはソ連時代から引き継がれてロシア風にアレンジされている。

二重帳簿についても，その質がソ連時代とロシア時代では変化しているものの，慣行として受け継がれている。ソ連時代には，冒頭の小話に出てくる虚偽報告の習慣は，「誰も働かないが，生産性は上がる」というように，企業がたとえ計画をきちんと遂行していなくても，計画通り生産していると当局に報告するために数字に下駄を履かせる行為を指した。ロシア時代になってからは，逆に実際の生産や収益を下方修正して報告する習慣が出てきた。というのも，数字が大きいと，徴税額が増えてしまうからである。このことをもって，ソ連時代からの経済体制移行を経験するロシア企業の帳簿付けの原則は，「『計画の遂行』から『税務署の回避』への移行」をするようになった。この引用は，ロシア市場主義経済化の立役者の一人エゴール・ガイダールによるものとして知られる（*The Economist*, 11 September 2003）。

「書かれざる法則」が一定の役割を果たすロシアの社会の特徴を，レデ

---

1) 電話法（*telefonnoe pravo*）については，Hendley [2009] に詳しい。

ニョーヴァは，ロシアで使われるフレーズ，「禁止されているが，可能だ」という表現で示している[2]。このような不文律は，いかにフォーマルとインフォーマルの間をうまく行き来できるか，公式のルールと非公式のルールの使い分けの道案内をしてくれる。また，例えば，いかにうまく節税ができるか，などについても合法と違法の間をめぐる微妙な行為を規定しているといえる。

筆者がロシアで現地調査をしている際に頻繁に耳にしたのが，「ロシアの法律の厳しさは，無理に遵守（執行）しないことで，補われる」ということわざだった[3]。問題は，ただ法律を守らない，ということだけではない。むしろ「法律を破ってはいないが，守ってもいない」といえるような状況があることである。そして，インフォーマルに目的を達成することができるのであれば，その秘訣を提示するのも不文律の役割である。

しかしながら，インフォーマリティといっても研究対象としてなかなかつかみどころがないかもしれない[4]。ノーベル経済学賞（1993年）を受賞したダグラス・ノースは，『制度・制度変化・経済効果』において，制度論で経済発展におけるインフォーマル・ルールの重要性を示した。彼は，制度とは「ゲームのルール」であり，フォーマルなルール（制定法など人が考案したルール）およびインフォーマルなルール（慣習や規範など），そして執行（エンフォースメント）からなると概念化した。制度が変化する際，たとえ優れた公式ルールを取り入れたとしても，慣性のあるインフォーマルなルールと噛み合わなければ，2つのルールに不協和音がおき，制度が実行可能とならないかもしれない，と論じた（North [1990]）。Helmke and Levitky [2004] は，インフォーマルなルールをいかに政治学の俎上にのせるかを探り，インフォーマルな制度という考え方が，個人的ネットワーク，クライエンタリズムや腐敗問題，派閥やマフィア，市民社会や伝統文化，そして立法・司法・行政に関わる様々な規範など，あり

---

2) ロシア語で，Нельзя, но можно.
3) ロシア語で，Строгость российских законов компенсируется необязательностью их исполнения.
4) インフォーマルな慣行（プラクティス）が政治にどのように影響を与えるかに焦点を当てた研究として，Christiansen and Neuhold (eds.) [2012] がある。ロシアの事例については Gel'man [2012] を参照。

とあらゆる文脈で適用されていることを指摘した（Helmke and Levitky [2004]）。

　ソ連におけるインフォーマル・エコノミーの研究の契機となったのが，グレゴリー・グロスマンによる「第二経済（セカンド・エコノミー）」の分析である（Grossman [1977]）[5]。グロスマンの研究は，第一経済である指令経済の働きを第二経済が補完する役割を果たしていることを示した（Grossman [1977][1998]，Ericson [2006]）。1980年代になると，ソ連における非公式経済を，「非正規経済」，「地下経済」，「ブラック経済」，「闇（シャドー）経済」，「覆面経済」，「非合法経済」などの言葉で形容する説明も見られるようになり[6]，1990年代には，非公式性の色合いや程度をつかむ言葉として，「半合法的」，「法枠外的」，「準合法的」，「超法規的」，「非法規的」といった用語が現れた（Ledeneva [2012] 376-7）。そもそも単に「インフォーマル」という概念自体も狭義ではなく，「フォーマルでないもの」をインフォーマルとしている場合が多い。それは，文脈に依存し，コンテキストによって肯定的，否定的，中立的な性質をすべて兼ね備える概念である（Ledeneva [2012]）。

2）フォーマルとインフォーマルの二重性

　ロシアにおけるインフォーマリティの分析手法として，ノースに倣い，レデニョーヴァもフォーマルな規則とインフォーマルな規範という理念形を区別する。前者は司法上・準司法上の規則を含み，意識的に生み出されたものであり，しかるべきメカニズムで施行される。後者は，慣習，行動規範，倫理を含み，

5）グロスマンは，以下の2つのうちどちらかを満たすすべての経済活動を第二経済と呼んだ。①直接個人的利益になること，②現行法に違反していることを認識していること，である。これら2つは合法的活動も含むため，「シャドー・エコノミー」のほうが②の側面をよりいっそう反映する用語であるとしている（Grossman [1977][1998]，Ericson [2006] など）。ソ連時代の非公式経済については数多くの文献が存在する。それら先行研究について，邦語では志田 [2011]，非公式経済に関わる経済の犯罪化については栖原 [2001] を参照。なお，非公式経済とGDP統計の関連については久保庭 [2011] を参照。

6）インフォーマル／シャドー・エコノミーの定義や規模，カテゴリー化についてはSchneider and Enste [2000][2013] を参照。ソ連時代についてはSampson [1987] を参照。

これらは様々な社会組織の形式の副産物である。そして，レデニョーヴァはフォーマルとインフォーマルが絡み合ったもう一つの理念形「『イン』・フォーマル（in-formal）」を提示する。これは，フォーマルの中にインフォーマルが入っているという意味を持ち，フォーマルな規則にインフォーマルが浸透し，フォーマルな規則を別方向にそらしたりする現象を指す（Ledeneva [2012] 377）。ここには，非公式の活動が公式的規則と衝突せずに成り立つような，法の精神には違反するが文言には違反しないケースをも念頭に置いている。さらには，インフォーマルな利益を追求するために，フォーマルな規則の策定を狙う働き，なども含んでいる。本書でも見ていくように，法律を自らに都合の良いように操って利用するケースは枚挙にいとまがないが，その現象を網羅できる理念形である。

　リチャード・サクワは，「二重国家（dual state）」という概念を提示し，政治の分野で，公式性と非公式性の二重性を見る（Sakwa [2010a][2010b]）。現代ロシア政治研究の第一人者であるサクワは，現代ロシアの政治は2つの競合しあうシステムのバランスによって特徴づけられることを示している。1つ目は，公式の憲法秩序であり，法で規制され，民主主義の規範価値が法制化されているシステムである。これを「立憲国家（constitutional state）」と呼んでいる。2つ目は非公式関係，派閥間の闘争，超憲法的慣行によって機能している不透明なシステムである。これを「行政レジーム（administrative regime）」と呼び，ロシアはこれら2つのシステム間の均衡によって成り立っていると論じる。

　サクワは，フォーマルとインフォーマルが同時に作用する二重性が，ロシアを理解する鍵だという[7]。サクワの議論におけるフォーマルとインフォーマルの相互関係についての考えは，上述の「『イン』・フォーマル」の概念と通じるものがある。サクワいわく，ロシアでは政治体制とそれを構成する派閥の面々が，フォーマルな法的枠組みを否認せず，公式制度の枠組み内で活動するが，同時に，法的精神をなし崩しにする。つまり，インフォーマルな行動は，法的枠組み内で起こるが，その精神は尊重されず，フォーマルな秩序の強化が阻害

7）現在のロシアの経済体制分析におけるサクワの二重国家論の有用性については，上垣［2014］も指摘している。

される。加えて，ロシアは憲法秩序・民主主義・資本主義市場経済に公式的にコミットしている国家であり，それらが体制の正当性や政治行動にも影響を与えているということから，ロシアに権威主義体制のレッテルを貼るべきではないと論じる。むしろ，ロシアの問題というのは，ロシア自体がこの二重のシステムの間に閉じ込められてしまって身動きがとれないことであると主張する (Sakwa [2010a][2010b])。

　経済やビジネスの分野でも，法的枠組みと法的精神との葛藤は深刻である。ロシアで展開されるインフォーマルな慣習や行動が，法の支配を歪めている点も無視できない。ロシアが抱える問題は，法規制が欠如しているというより，法律の恣意的利用，選択的適用にあるといわれる。例えば，ロシア進出を成功させた大手石油会社 BP の元 CEO（最高経営責任者）ジョン・ブラウンは，以下のように回顧している。

　問題は，法の欠如ではなく，その選択的適用にある。これが無法という感覚を生み出しているのだ。官僚的・法律尊重主義的なプロセスは，ロシアをロシアたらしめる特徴だ。しかし法律が完全に適用されるのか，あるいは違反があっても見て見ぬふりをするのか，それは決して知る由もない。(Browne [2010] 143)

　以上のように，現在のロシア経済がどのように機能しているか，という問題を考察する手がかりの一つとなるのは，ロシア社会のインフォーマルな部分に着目することである。そこでは，各行動主体が所与の制度環境の中でどのような行動をしていたか，ボトムアップ的な視点が必要である。さらに念頭に置くべきは，非公式性が，一時的な問題の解決にはなるものの，非公式性それ自体も問題だということである。

　そのようなインフォーマルな世界で，ロシアの企業はどのように発展していったのだろうか。企業の統治メカニズムはどうなっていたのだろうか。本書の主張は，ロシア企業の発展には，コーポレート・ガバナンス（企業統治）の視点とインフォーマリティの視点が組み合わさった理解が重要だ，ということにある。以下，この点について議論する。

2 企業統治に関するインフォーマル・メカニズム——1990年代の展開

　ソ連解体後，ロシアでは1992年より市場経済化政策が本格的に実施され，ソ連型企業の株式会社化と私有化・民営化が進んだ。そうした中，株主の権利が企業の経営陣や支配株主によって侵害される出来事が相次いだ。

　例えば，少数株主が株主総会の会場にたどり着くと，「会場は〇〇町の××に変更」との張り紙がある。そこから大急ぎで変更先に向かっても総会の開始時刻には到底間に合わない。その結果，株主総会には出席できず，株主権の行使もできない，といった冗談のようなエピソードが1990年代の市場経済移行期のロシアでは頻繁に聞かれた。総会の開催通知が特定の株主だけに届かない，また株主らが出席しにくいような真夜中にシベリアでひっそりと総会を開催するなど，このほかにも様々な問題の多いやり方で，株主の権利行使の阻害，株式の希薄化，配当の無払い，個人による会社資産の剥奪など株主権利の侵害が行われた。こうした不正が横行した背景には，そもそもロシアのコーポレート・ガバナンスのあり方の深刻な欠陥があった。

　ではコーポレート・ガバナンスとは何か。まず，本節はコーポレート・ガバナンスの概念を整理することから始める。そして，その後ロシアにおいて特徴的な問題を分析していくことにする[8]。

1）コーポレート・ガバナンス問題とは

　コーポレート・ガバナンスに関する研究は，所有と支配の分離から生じるエージェンシー問題をどう解決するか，という観点から捉えられるのが主流である（Shleifer and Vishny［1997］, Jensen and Meckling［1976］, Fama and Jensen［1983a］, Berle and Means［1932］）。株主と経営者はプリンシパル（依頼人／本人）とエージェント（代理人）の関係にある。株主は企業を所有するが，プリンシパルとして，企業の日々の経営や支配をエージェントである経営陣に託している。所

　8）本節の議論については，Adachi［2006b］［2010］も参照。

有と支配が分離している中で，プリンシパルとエージェントの間には，情報の非対称性の問題がある。すなわち，企業内では，株主は経営陣の行動についての情報は完全には持ちえない。所有者である株主は同時に直接日々の経営者の業務を逐一チェックすることはできない。そのような状況下で，つまり，株主が企業経営者の努力をモニターすることが難しいとき，経営者たちはその義務を怠るかもしれない。

　所有と支配が分離し，情報の非対称性とモニタリングの欠如がある中で，経営者は，株主の利益を犠牲にして，私利私欲中心の機会主義的行動に走る恐れがある。経営者による機会主義的行動とは，過度の金銭的報酬，不当な「特典」，不採算事業への投資，地位の確立等がある（Jensen and Meckling [1976]）。しかも，プリンシパルとエージェントの間には，「完備契約」が存在しない。つまり，すべての起こりうる不測の事態のもとで何をしなければいけないかを正確に指定しているような完全な契約を結ぶのは不可能である（Grossman and Hart [1986]）。このような不完備契約の世界で，エージェンシー問題が存在するとき，企業の資金提供者（投資家）である株主は，経営者の機会主義的行動のリスクから自らを守る必要性を感じる。リスクとは株主による投資がきちんと管理経営されていない，経済的な利益が悪用されている，などである（Boycko et al. [1995], Hart [1995a][1995b]）。よって，「株主が企業に投資した資金をいかに回収できるか」という問題がコーポレート・ガバナンスの核心にあるという議論になる（Shleifer and Vishny [1997] 773）。

　そこで，株主と経営者の利害が一致せず，経営者が株主の利益に反する行動をとるリスクを軽減するために，経営者を「律する」ことができるメカニズムの必要性が出てくる。より具体的には，コーポレート・ガバナンスは，いかに株主の権利を保護し，いかに経営者の行動をコントロールするメカニズムを策定するかということが主要課題となる。典型的な方法として，経営陣をモニタリングする取締役会，経営者の活動に規律を与えるいわゆる「企業コントロールの市場」（後述）がある。また，経営者への奨励給（インセンティブ・ペイ），負債の懲戒的役割，大株主によるモニタリングとコントロールなども企業統治メカニズムである（Manne [1965], Jensen and Murphy [1990], Hart [1995b], Shleifer and Vishny [1986]）。これらに加えて，投資家の権利の法的保護と経営者の行為に対する法定規制が，コーポレート・ガバナンスに必須の要素と考えられている (Shleifer and Vishny [1997], La Porta et al [1997][1998][1999][2000])。

以上の議論は，基本的に，会社の所有が株主の間で広く分散し，市場経済の諸制度が整っている状況を想定している。株主の効果的な法的保護の存在と競争的な株式市場の存在が，所有のそのような分散パターンを可能にする。そして，資本市場が発達し，競争的であるとき，株主は会社の活動をモニターし，企業を売買する企業コントロールの市場が機能する。このパラダイムは，資本市場を中心とした株主主権型に分類され，比較コーポレート・ガバナンスの観点からは，英米モデルのコーポレート・ガバナンスと関連している（Aoki [2000] [2001], Stiglitz [1999] 14)。

このような株主中心の考え方の有用性に対しては，批判が一部にある。それは，分散した株主がどのように機会主義的な経営者の行動を制御することができるかということにその主な関心があるこのアプローチは，英米型の経済にのみ適用可能であって，それ以外の経済に適用されるには限界があるのではないか，とする疑問である (Aoki and Kim [1995], Aoki [2000], Berglof and von Thadden [1999], Pistor et al. [2000])。そこから，コーポレート・ガバナンス分析における従来のパラダイムの枠を広げる必要性を提案する論が出てくる。

その背景には，次に述べるいくつかの相互に関連する考察がある。第一に，多くの分散した株主によって所有されている企業を基本的な前提とする見方は，あまりに限定的・特定的すぎるということ。第二に，株主 vs 経営者のエージェンシー問題のみならず，その他の様々なステークホルダー（従業員・債権者・取引先・消費者・地域社会など企業活動に関する利害関係者）を考慮に入れるべきということ。そして第三に，英米型経済だけでなく，新興国や開発国の経済にも適応するパラダイムを提示する必要があること，といったものである (Aoki [2000], Berglof and von Thadden [1999], Pistor et al. [2000])。エリック・バーグロフらは，コーポレート・ガバナンスのより広い概念は，必要な起業家活動と企業再建を促進できる資本市場が発展していない開発途上国や新興国経済についていっそうの理解を深めるのに役立つと述べる (Berglof and von Thadden［1999］139）。

　唯一普遍的なコーポレート・ガバナンスのシステムというのは存在しない。例えば日本では，英米モデルのような企業コントロールの市場が優勢なメカニズムは定着しなかった経緯がある（Aoki［2000］, Charkham［1994］, Roe［1993］）。歴史的に日本で機能するようになったのは，メインバンクを中心とした系列企業の安定株主によるガバナンスのモデルであった（Aoki［2000］）。ドイツでは，共同決定法と呼ばれる制度によって，従業員がステークホルダーとして正式に企業の意思決定に参加する。雇用者と従業員の間で協力と協調の態度を促すシステムがドイツ型コーポレート・ガバナンスに特徴的となったのである（Charkham［1994］, Roe［1993］）。英米モデルと異なり，ドイツと日本のコーポレート・ガバナンスのモデルでは，最も重要な資金提供者として，銀行が重要な役割を果たし，モニタリングも行うという仕組みができた。また，株主と経営陣が緊密で，お互いに長期的関係を進展させるという点で，株式保有はしばしば関係中心型といわれる。そしてこれらの違いは，それぞれのモデルにおける所有形態のタイプに反映された。上記のように，英米モデルにおいては，ガバナンスの焦点は分散的コントロールにある。一方，より集中した所有構造がドイツと日本のモデルの特徴となった（Aoki［2000］, Roe［1993］, Dittus and Prowse［1996］）（表2-1を参照）。

　なお，以上の議論をまとめた表2-1はあくまでも基本型として概念化されるものである。時代とともにガバナンス・メカニズムは変化を遂げており，特に日本型について付け加えると，銀行の影響力は縮小し，株式持ち合いの安定株主体制にも変化が起きているのが現状である。

　エージェンシー理論に基づいた株主中心型のフレームワークの軸となるのは，経営者の機会主義的行動をいかに制御するかという問題であるが，そのことについては，次のような考察がある。例えば，Allen and Gale［2000］は，株主と経営陣の間にはいくらかの利害対立があるかもしれないが，経営者たちは，機会主義的行動はともかく，何よりも会社の成長や売上げ増など，会社の成功を彼ら自身の客観的な目的の一部として認識しているように見受けられる，と指摘する（Allen and Gale［2000］63-4）。同様にロナルド・コースも，コーポレー

表 2-1 英米・独・日のコーポレート・ガバナンスモデルの基本形

	英　米	ドイツ	日　本
取締役会	一層	二層	一層
経営陣の監督機能	取締役会（株主によって選任）	株主による監査役会と従業員代表	取締役会（株主によって選任）と監査役
モニタリング	株主（企業コントロールの市場）	銀行	銀行
資金調達	エクイティ・ファイナンス	デット・ファイナンス	デット・ファイナンス
企業―銀行間関係	一定距離	強力	強力
所有構造	分散	より集中的	より集中的
経営スタイル	個人主義的，強力なCEO	合議制	コンセンサス
雇用者―従業員関係	対立的	協力的	協力的
緊張型 vs ネットワーク型*	緊張型	ネットワーク型	ネットワーク型
重要な特徴	株主主権	共同決定	系列

出所）Charkham [1994] 360.
注）*チャーカムの分析では，コーポレート・ガバナンスの特徴を，よりインフォーマルで，協力的で私的・合議的な特徴を持つ「ネットワーク型」と，その対極にある，よりフォーマルで，対立的で公的・個人主義的な「高緊張型」とに分けている。

ト・ガバナンスの議論の中心になっている種類の機会主義的行動は，企業の業績にとって不利益であり，経営者にとっても，会社の業績に悪影響を及ぼす行動に関しては控えることに利があるはずであろうという見解を示し，先行研究で支配的になった経営者（エージェント）による機会主義的行動に関する仮定が必要以上に強調されすぎていることに対する懸念を表明している（Coase [1992b] 70)。また，コリン・メイヤーは，英米のガバナンス・システムは株主至上主義が行きすぎであるという議論を展開する。結果として，短期志向型の投資家の利益が優先される形となり，ロンドン市場で上場する企業数が減ってしまったという。所有形態でも，分散所有は英米型特有で世界の他の地域と違っていることを強調する（Mayer [2014]）。

いずれにしても，経営者と株主の利害をどう一致させていくかというのが，伝統的にコーポレート・ガバナンス研究の根幹に関わる議論となっている。そ

のため，コーポレート・ガバナンスの基本となるエージェンシー理論は，国際機関を中心とした基本政策策定の議論の核にもなっている。以下で言及するOECD（経済協力開発機構）のコーポレート・ガバナンスに関する原則に提示される枠組みや，世界銀行の企業統治分析の中心になっているのは，エージェンシー問題の解決である。どちらの機関も所有と支配の分離から生じるエージェンシー問題に対処するために，統治メカニズムの必要を強調する（OECD ［1999］［2004a］, World Bank ［2000］）。

　経済のグローバル化が進む中，国際的に認められる「良いコーポレート・ガバナンス」の共通理解を促進しようとする狙いから，OECD が 1999 年にコーポレート・ガバナンス原則（*OECD Principles of Corporate Governance*）を公表した。この OECD 原則は，株主，経営者，取締役会と他の投資家との間の関係に焦点を当てる。OECD 原則の適用対象としては，公開会社を念頭に置いているが，非公開会社にとっても有益になりうる。拘束力はないが，「グッド・プラクティス」とは何かを挙げている。それらは，(1) 株主の権利，(2) 株主の平等性，(3) ステークホルダーの役割，(4) 情報開示と透明度，(5) 取締役会の責務，といった原則に基づく。前文に，「OECD 原則は会社の所有と支配の分離から生じるガバナンス問題に焦点を当てるものである」と述べられ，プリンシパル・エージェント問題に関心が集中していることが分かる。中でも，株主の権利と株主の平等性，つまり株主に対する平等な取り扱いが強調される。背景には，すべての良いコーポレート・ガバナンス・システムに共通することは，株主の利益への優先度の高さにあるという認識がある。同時に，良いコーポレート・ガバナンスのモデルは一つに限らないとも強調している（OECD ［1999］. OECD 原則は，2004 年に改訂版が公表され，5 つの原則に，「有効なコーポレート・ガバナンスの枠組みの基礎の確保」が追加された［OECD ［2004a］］。その後，2 回目の見直しが行われ，2015 年 9 月に再び改訂された［OECD ［2015］］）。

　このような，コーポレート・ガバナンスのグローバルなスタンダードを問う動きが見られるようになった 1990 年代，脚光を浴びたのが，ロシアの事例であった。株主の権利行使の阻害，株式の希薄化，移転価格操作，配当無払い，個人による会社資産の剥奪，偽装倒産など，株主権利の侵害が広く行われ，ロ

シアのコーポレート・ガバナンスのあり方が問題視された。

そこで次はロシアに舞台を移し，以下，ロシアのコーポレート・ガバナンスにおける問題行為を分析する。特に，本章冒頭で論じた「フォーマル」と「インフォーマル」を行き来する非公式性の要素に焦点を当てながら，議論を進める。

2）規範逸脱と濫用――「公式なもの」と「公式でないもの」との間で
①株主の権利行使の阻害

1990年代のロシアでは，株主総会の権限に属する議案について議決権を行使するという，株主のこの基本的な権利が侵害されるケースがしばしば見られた。それを実現させる一つの直接的な方法は，ただ単に特定の株主を株主総会に参加させないようにすることである。企業の経営陣や支配株主が，特定の「好ましからざる」株主が参加できそうにない場所や時間を選んだり，開催時間や場所の詳細を通知しなかったりなどの方法で故意に総会参加を阻止した。

例えば，総会の開催通知に開催場所をわざと曖昧に，「開催場所はマキシム・ゴーリキー記念文化と休息の中央公園」と記載する。そこは一般にゴーリキー公園として知られるモスクワの100ヘクタールを占める公園である。しかし，公園の敷地内のどの場所で開催するかが明確に指示されていないので，株主はどこに向かえば良いのか途方に暮れてしまうといった具合である。他の例では，ある株主のもとに，レフ・トルストイの長編小説『戦争と平和』が全文タイプされたコピーが届く。A4用紙にしたら何枚になるだろうか。一体何かと思えば，その中のどこかに株主総会の開催情報の詳細な記載があるという。必要情報を見つけるのは至難の業であろう。また，多くの株主が出席しにくいような時間帯に，アクセスの困難な場所で「こっそりと」総会を開催するという例も報告されている。

このような慣行が厳密に違法かというと，そうではない。株主総会開催通知の形式に関する規定は特にない。しかし，ことの深刻さは，ロシアで導入された企業統治指針であるコーポレート・ガバナンス・コードにしっかりと反映されている（コードについては後述する）。例えば，コードの第2章1項を見ると

次のようにある。「株主総会の場所・日時を選択する際，株主が簡単に単純にアクセスできるようにすることを勧告する」。さらに，「年次総会の開始時間は，現地時間午前9時以降，午後10時前までの時間帯に開始されるのが望ましい」（第1項6節）との勧告も盛り込まれた（FCSM［2002］）。

　実例をもう一つ挙げよう。1999年に，石油会社ユーコスの子会社であるトムスクネフチの株主総会があった。総会の会場にたどり着くと，入り口のドアに総会会場が変更されたとの張り紙がある。変更場所はモサリスクというモスクワから南へ車で数時間かかるところである。変更の張り紙は朝9時に貼られたが，総会参加への登録が閉め切られる時間が11時45分であり，大急ぎで向かっても到底間に合わない。その結果，一部の株主は，総会への参加への道が閉ざされた（The Economist, 24 July 1999）。

　たとえ総会の時間に間に合ったとしても，会場に入場するのを妨げるハードルも存在する（Vasiliev［2001a］）。例えば代理投票をするためには，所定の手続きが必要となるが，その際に要求される特定のデータの記載が不十分であるという形式的な理由によって代理投票を認められないなど，何かと口実をつけては株主総会への参加を拒絶されることもあった。ロシアの代表的経済誌『エクスペルト』が報じているのは，血液型の情報が抜けているとか，過去の外貨両替の記録を示す文書が欠如しているなどを理由に，代理投票人が総会への入場を拒否され，総会での代理議決権行使ができない，などの事例である（Drankina［2001］, Volkov and Sivakov［1999］）。また，株主名簿の管理，株式名簿への登録が拒否されたりするケースも多々見られた。

　法律を巧妙に操りながら，「好ましからざる」株主を排除するために，裁判所命令を都合の良いように用いる方法もある。裁判所命令の発令にこぎつけ，特定の株主の投票権行使を制限してしまうのである。やり方としては，表面上「第三者」（実際は関係者）の少数株主を登場させる。この第三者株主が訴訟を起こすことによって，裁判に持ち込む。もちろん一連の行動を手配するのは，「望ましくない」株主を排除したい当事者側である（Dean et al.［2003］3）。ロシア仲裁手続法の規定によると，第三者の少数株主が苦情を申し立てると，「差し止めによる救済」として裁判所命令が発令されることがある。「保護措置」

と呼ばれるこの措置が認められると，企業の資産を凍結したり，資産に関わる取引を禁止したり，さらには当該企業の幹部が自らの権力を行使することを防いだりすることができる。つまり，控訴人は，保護措置を得ることによって，「望ましくない」株主の株を凍結してしまうことが可能なのである。こうなると株主らは議決権を行使できない。これは，仲裁手続法の問題点をついた方法で，ロシア企業間の紛争において広く用いられた（Bloom et al. [2003], Clateman [2004]）[9]。

　2002年に仲裁手続法が改訂される前は，第三者株主が普通裁判所に訴訟を起こすことが可能であった。つまり，問題となっている会社が登記されている地区の仲裁（商事）裁判所でなくとも，自身が居住する地区の普通裁判所に訴えることができたのである。このことによって，「協力的な」裁判官が存在している裁判所に告訴することができ，都合の良い裁判所を選り好みすることが可能だった。このような問題が後を絶たなかったことから，当時，代表的な経済団体であるロシア産業家企業家同盟（RSPP）のアルカーディー・ヴォリスキー代表は[10]，一個人である株主が，仲裁裁判所でなく普通裁判所に一企業を相手取って訴訟を起こすことを規制するべきだ，と抗議した。また，「保護措置」の名目で普通裁判所が会社資産の凍結を認めることを禁止するべきであるとし，すべての商事紛争は仲裁裁判所に持っていくべきだと主張した（Stoliarov

---

9) 例えば，「乗っ取り屋」が，ターゲットにしている会社の株の30％以上をコントロールできる場合，このような「保護措置」を利用することによって，企業の乗っ取りは効果的に達成することができた。まず，乗っ取り屋は株主として臨時株主総会を開く要請を起こす。そして事前に次のような細工をする。裁判所の保護措置を得て，他の株主が総会に参加するのを防ぐのである。その結果，臨時総会は定数が不足する。株式会社法の規定で，臨時株主総会が定数の欠如のために行われないならば，休会後に開催される延会は30％の定数で開催することができる。つまり，排除したい株主が臨時総会に出席できないことを確実にするために，裁判所の差し止め命令が出るようにする。そのような中，株主総会は開かれ，出席者は取締役を選出し，その中から社長を選ぶ。さらに，定款を改正し，会社株式の登録機関を，乗っ取り屋グループの息のかかった登録会社に変更する。こうして新たな株主は乗っ取りに成功し，ターゲット会社のキャッシュフローや会社業務活動に対するコントロールを確立する，というシナリオである（Bloom et al. [2004]）。
10) 経済団体について詳しくは，第3章を参照。

and Bekker［2001］)。仲裁手続法自体,「保護措置」として許可される救済については,細かい規定が特にリスト化されているわけでもなく,裁判所が妥当と判断すれば保護措置の幅は広がった（Bloom et al.［2004］)。

かつては,仲裁裁判所と普通裁判所の機能がオーバーラップしていたため,商事紛争は,同時に仲裁裁判所と普通裁判所の両方で争われ,結果として矛盾する裁定がなされることもありえた（Tompson［2001b］195)。仲裁裁判所はロシア連邦最高仲裁裁判所に従属し,普通裁判所はロシア連邦最高裁判所に従属し,連邦最高裁判所は連邦最高仲裁裁判所に対する権限はなく,双方のシステムを一体化させるような「最後の手段」となる裁判所が存在しなかった。その中で,どちらの裁定が施行されるべきかを決定するのは不可能だった（OECD［2004b］95, Tompson［2001b］195)。2014年にプーチン政権による裁判制度改革の一環として,最高裁判所と最高仲裁裁判所の統合を規定する法律が制定された。

②株式の希薄化

株主は,定款の変更や増資の承認など,根本的な事項について十分な情報を得て意思決定に参加する権利がある。ロシアでは,これらの権利がしばしば侵害された。中でも,株主の保有する株が希薄化される問題は深刻であった。1990年代の市場経済化初期,民営化後のロシアの株式会社にとって,株式の希薄化はオーナー経営者や支配株主がコントロールを増すための,共通の戦術といわれた。

新株発行は「ほぼ必ず」少数株主の権利侵害につながる,と不満を漏らしたことがあるのは,証券市場の監視機関であるロシア連邦証券市場委員会（FCSM）の当時委員長だったドミトリー・ヴァシリエフであった（Vasiliev［2001b］6)。あるとき大量の新規株式発行が株主総会で認められたが,一部の少数株主は当該総会への出席を上述のような方法で故意に制限され,議決権を行使できなかった。その結果,新株発行は,仲間うちだけに手の届く,オフショア会社を利用して実行されることになった。よって,彼ら一部の利益となり,「好ましからざる」株主の保有する価値は縮小した。これは株式希薄化の典型的なシナリオで,手続き的には法律に違反していない。そのため,連邦証券市場委員会はこの種の新規発行株式の登録を拒否することができず,認めざ

るをえなかった (FCSM [1999])。

　株式希薄化の事例で，早い時期に国際的な注目を浴びたのが，ロシアの石油会社コミネフチだった。1994年の株主総会で，参加者は新株発行に賛成票を投じた。発行数は1800万ルーブル（450万米ドル）相当で，その結果，既存の株主の株式の価値は3分の1に目減りしてしまうことになった。問題は，決議された総会へは主要な少数株主は総会開催通知不備で出席できず，さらに新株購入の機会も与えられなかったことにあり，この出来事は海外の投資家にも知られることとなった（Blasi et al. [1997] 93-4, Barnard [1995]）。

　ロシアにおけるコーポレート・ガバナンスに関わる主要な法規範は株式会社法である。それは1995年に制定され翌年1月から施行された[11]。増資については定款が定めた範囲で新株の発行を許可している。新株発行は取締役会か株主総会によって決定される。株主総会の決議にかかる場合，単純多数で足りる。1999年3月に制定された投資家保護法（1993年3月5日付連邦法「証券市場における投資家の権利と法的利益の保護について」（No. 46-FZ））では，株式希薄化を制限するために私募発行の形で新株を発行する際は，株主総会の3分の2の賛成が必要と規定した。この点では，株式会社法では特別決議について4分の3の同意が必要という規定があるので，投資家保護法と株式会社法との辻褄が合わないなどの問題もある（小田 [2002]）。新規発行については，取締役会の決議にかける場合も単純多数の原則をとっていたが，その後2001年に株式会社法の改正が行われ，取締役会全員一致の原則がとられるようになった。そこで少数株主を代表する人物を一人でも取締役会に送り込めば，権利侵害につながるような株式希薄を阻止することもできるようになった（Tompson [2002a]）。

11）1995年12月26日付連邦法「株式会社について」（No. 208-FZ）。1995年法は2001年に大幅に改正され（2001年8月7日付連邦法「連邦法『株式会社について』への修正及び補足導入について」（No. 102-FZ）），2002年1月1日に施行された。本節は1990年代の企業行動を中心に議論しているため，特に言及がない限り1995年法をベースに分析する（なお，2001年法制定以降，株式会社法は毎年改正が加えられている）。最近の変更点で特に重要なものとしては，2014年の民法典改正に伴い，ロシアの株式会社の形態について公開型（OAO）・閉鎖型（ZAO）の区別が廃止され，公開会社（PAO）と非公開会社とに区別されるようになった。ロシアの会社法についてはOda [2001][2007]，小田 [2015] に詳しい。

また，第三者割当の場合，当初株主は優先的引受権を有していなかった。そして，取締役会が新しい株主に新規株を発行する，あるいは一部の既存株主に新規株を発行する，というような決定をしても，すべての株主に説明があるわけではなかった（Uvarov and Fenn［1999］66）。また，公募と銘うっていても，会社は支払いに物納を要求したりし，そういった場合には要求されたそのモノ自体を収められない株主が当然現れるので，事実上の私募となる，というケースも見られた（Krasnitskaya［2000］12, Oda［2001］）。

　上述の投資家保護法は，新株発行の際に株主総会の3分の2の同意を必要とする他に，新株発行について反対票を投じた，あるいは投票を棄権した株主に対して，その株を償還することを義務づけるなど，株式希薄化をこれまで可能にしていた「法の抜け穴」を是正することを目指した（Uvarov and Fenn［1999］）。しかし，効果は限定的だったといわれる。理由は，株主がそもそも株主総会に参加できず議決権行使をする機会が与えられなければ，株式希薄につながる株主総会での決定は欠席裁判のようになされてしまうからである。とはいえ，株式希薄化の問題の深刻さから，法改正が急がれた。その点，2002年1月発効の株式会社法の改正は重要だった。取締役会での全員一致の決議，新株引受権の規定や私募発行についても規制された。これによって，新株発行によって起こりうる希薄化から，株主の自らを守る力が大きくなった（IET［2001b］）。

③移転価格操作

　ロシアでは，移転価格操作（トランスファー・プライシング）と資産剥奪（アセット・ストリッピング）という2つの自己取引慣行が，1990年代のロシア企業統治の実践における極めて有害な特徴とみなされていた（Nestor and Jesover［2000］9）。自己取引とは，会社と緊密な関係にある人物が，その関係を利用し行うもので，自身のみが得をするだけではなく会社や他の投資家に損害を与えるため，すべての株主は平等な扱いを受けねばならないとのコーポレート・ガバナンス原則に違反する（OECD［1999］31-3）。

　移転価格とは，親会社と子会社の間や，企業グループ内で取引されるときに設定される取引価格を指す。企業グループ内のある会社によって提供されたモノやサービスに対して，同企業グループ内の別の会社が支払うときの価格であ

る。その価格は市場価格とは異なり，企業内のどの部分がどれくらい利益を上げているのかを左右することができる。つまり，移転価格の設定により，企業内ないし企業グループ内の利益の分配を，税金やその他の目的に応じて，操作することができる。移転価格は，多国籍企業も多用しているグローバルなビジネス慣行である（Neighbour［2002］）。

ロシアにおける移転価格操作が注目を集めたのは，海外投資家の関心が高いロシアの石油会社によって移転価格が広く使われたことからであった。そして，ロシアでは，コーポレート・ガバナンスのリスク（後述）との関連で移転価格が問題視された（Neighbour［2002］）。

ロシアの主要な石油大手持ち株会社（ホールディング・カンパニー）は，傘下の石油生産子会社（採掘企業）から利益をシフトさせるため，移転価格を利用した。ユーコス，シブネフチ，シダンコなど，代表的な石油会社はすべて利用していたという（Moser and Oppenheimer［2001］316）。例えば，石油生産子会社X社はその生産物（原油）を，持ち株会社（あるいはグループ内の会社）Y社に市場価格より格段に安い価格で引き渡す。石油はY社が輸出向けに市場価格で販売する。その結果，Y社に利益を残し，X社には損益を残す。この移転価格操作により，生産子会社Xがコスト・センターとなり，持ち株会社Yがプロフィット・センターとなる（Moser and Oppenheimer［2001］）。よって，企業価値も子会社から親会社へ移る。このとき移転価格が問題視されたのは，子会社の株主の権利侵害が起こったからだった。ロシアの石油部門では，持ち株会社もその子会社も同じく株式会社化され私有化・民営化されていたので，子会社の株式を保有していた投資家は，その利益を損なわれることになったのであった（第4章を参照）。さらに，一部の投資家の懸念は，移転価格操作で生産子会社から持ち株会社へと移った利益が，さらにその持ち株会社のオーナー経営者によってコントロールされている「ポケット商社」へと移っていったことにもあった（Fenkner and Krasnitskaya［1999］）。

ロシア石油産業で移転価格の利用が活発化したのは1990年代中頃だといわれている。ちょうど石油大手持ち株会社が，生産子会社の生産した石油の輸出業務を引き受けた頃である。上述のように，持ち株会社が原油を子会社から低

く設定された国内価格で引き取り，輸出価格との差額を持ち株会社に計上する。さらに，持ち株会社は，企業内の生産子会社から引き受けた原油を，同じく企業内の精製子会社に精製を依頼する。その際，精製子会社には支払いを現金ではなく物納としたり，生産子会社には支払い時期をなるべく遅らせるような手法をとったりしたのである（精製された石油製品が消費者へ届き，消費者からの支払いを持ち株会社が受け取ってから生産子会社への支払いをするなど）。持ち株会社は，原油価格のみならず，国内の石油製品市場価格と，生産子会社に支払われる企業内の低価格との差額も利用した。1999年時点では1バレル当たり14米ドルの差額が生じていたといわれている（Mazalov and Bolshakova [2000] 29-31）。

このように，移転価格の利用により持ち株会社は，キャッシュフローを持ち株会社本体に集中化させることができた。同時に，この資金の流れの集中化・一元化は，子会社のレベルでハードな予算制約の意識を植え付けるのに役立ったという（Moser [2004]）。持ち株会社が，企業内での資源配分に対するコントロールを確立することが可能になったのである。

原則として，移転価格は納税回避のために利用されるメカニズムとして広まっている。企業グループ内で，税率が低くてすむ会社に利益を割り当てられるからである。1990年代のロシア石油産業の税制において，原油の物品税は，生産量というより，主に価格を課税の基準としていた。つまり，多量に生産しても，価格を見かけ上抑えることによって，納税額を減らすことができた。よって，持ち株会社にとっては，原油に対する生産子会社への低い移転価格は，生産子会社の収入を低く抑え，「納税額の最適化」を図る手段であった[12]。

2000年に，当時の税務省と連邦税務警察が公表した報告書によると，移転価格の操作で，石油会社は平均して1トン当たり25米ドル程度の税を「節約」したという。国庫にしてみると，年間にして90億米ドルの支払いが不十分だったことになるという（Neimysheva [2000]）。他の機関も同様な推計を出し

---

12) 当時の石油企業の税負担は重く，正直に計算すれば，平均営業利益を超過することもあったが，移転価格手法を使用することで，結果的に実際の負担は軽くてすんでいたという（Ahrend and Tompson [2006]）。

ているが，数字はもう少し控え目なものである。例えば，移転価格操作によって，2000年に1トンにつきおよそ11米ドル，1999年には9米ドル，石油会社の平均的税負担を抑えることができたという結果をある投資銀行が出し，あるエネルギー研究所は，2000年に14.60米ドル，1999年には11.30米ドルという推計を出した（LeBras and Neimysheva [2000]）。

移転価格に関する法規定は，ロシア連邦税法典の第一部が1999年に発効したときにロシアにはじめて導入された。しかし，これによって移転価格を利用した租税回避を防ぐことはできなかった（Vasutin and Kosheleva [2007]）。2000年に始動したプーチン政権は税制改革を遂行した。資源分野では，2002年1月に，鉱物資源採掘税（NDPI）が導入された。これは，それまでの従価税が主であった石油関連税，すなわち鉱物・原料基盤再生控除，原油の物品税，そして自然資源利用料に代わるものだった。鉱物資源採掘税導入の主な目的の一つは，移転価格問題の是正といわれており，従量税になったことから，効果は大きかった（Ahrend and Tompson [2006]）。また，天然ガスの物品税も2004年に廃止された。よって，2004年以降になると，石油・ガス収入の主な源泉が，鉱物資源採掘税と輸出関税の2種類となった（田畑 [2008] 92）。

ロシアの石油持ち株会社は，「納税額の最適化」のためにロシア国内外のオフショアゾーンを頼みとしていた。「国内オフショア」とは，ロシア国内の地域で，低い利潤税を課す「租税回避地」のことを指す。モルドヴィア，カルムィキア，チュコトカといったような地域である。国内オフショアは，もともと，これらの地域でビジネスの登録をすると税の優遇措置を受けられるようになるなど，これら地域への投資を引きつけるためにロシア政府によって設けられた。しかし，政府の目的をよそに，石油会社はこの特恵税制を納税負担軽減のために次のように巧みに利用した。石油持ち株会社は，ここに貿易子会社を設立し，生産子会社は，生産した原油を国際価格の数分の一程度の低い移転価格で国内オフショアに登記してある貿易子会社に売却する。そのオフショア子会社は，安く買った原油を高い市場価格で販売し，差額を自社に計上することで，利益を国内オフショア子会社へと移す。国内オフショア会社は利潤税が軽減されるので，納税額を抑える効果がある（World Bank [2005] 79）[13]。プーチ

ン政権となり，2003年に「国内オフショアスキーム」の廃止が決まるまでは（第6章を参照），ユーコスとシブネフチはともに積極的にこのスキームを利用した石油会社として知られた。

④ **資産剝奪**

資産剝奪は，ある会社の資産が別の会社に移され，資産を失ったその会社の価値が下がってしまうという単純な構図である。資産を剝奪された会社の少数株主は不利益を被る。会社の幹部が会社の資産をその幹部の友人や家族がコントロールしている別の会社に移すことによって起こる。あるいは，会社幹部の家族や友人の会社が提供したサービスに対する支払いを，その会社幹部の会社の資産で物納するということもありうる。また，買収や乗っ取りの際に資産剝奪は発生しやすい。例えば，乗っ取りの恐れを感じている会社幹部が，会社資産を「守る」目的で，実際に乗っ取られる前に，会社資産を別の会社に移してしまうのである。乗っ取る方からすると，気がついたら資産が剝奪されていた会社を手に入れることになる（Gotova [2002]）。

資産剝奪で脚光を浴びたのも，石油・ガス部門の大手企業のケースが目立った。第4章でより具体的に考察するロシアの石油大手ユーコスも資産剝奪で非難された問題企業であった。移転価格を利用し子会社の資産価値を下げ，価値の下がった子会社株が持ち株会社のものに引き換えられ，結果的には子会社の少数株主が被害を受けるという資産剝奪へとつながった。その他，ロシア最大のガス会社であるガスプロムも資産剝奪の疑いがかけられた（第6章を参照）。パイプライン建設会社で，ストロイトランスガスという，エリツィン時代にガスプロム幹部の家族がその一部をコントロールしていた会社がある[14]。ストロイトランスガスの約8割のビジネスはガスプロムに依存しているとの情報は，当時ガスプロムの投資家にとって懸念材料となった。ストロイトランスガスと大型の契約をガスプロムが交わしたという話や，1999年には，ガスプロム株

---

13) 国外のオフショア（租税回避地）に登記された子会社を通じた税回避も同様な方法によって行われた。
14) 現在はプーチン大統領に近いといわれるゲンナジー・ティムチェンコが同社を所有している（Mokrousova [2011]）（第6章を参照）。

の 4.8 % を市場価格の何分の一かの値段でストロイトランスガスに売却したことも問題になった。それは，ストロイトランスガスが 8000 万米ドルの価値のあるものを 250 万米ドルで購入したという話であり，ストロイトランスガスの利益になるよう，ガスプロムの資産が剥奪される例であった (Jack and Ostrovsky [2000], Starobin and Belton [2000]))。

その他，ロシア最大のアルミナ精製会社においても資産剥奪の事例がロシアのマスメディアに大きく取り上げられた。破産手続きの最中，精製所の重要資産が，内部関係者によってコントロールされている別企業に移転され，その結果精製所は中身がない殻と化してしまったという例である (Volkov et al. [1999])。

株式会社法は，資産剥奪につながってしまうような取引から株主を守ることを可能にする規定を設けている。同法には，株主総会や取締役会での承認を必要とする規制として「大規模取引」に関するきまりがある。会社の資産の 25 % を超える取引か，発行済株式の 25 % を超える新規株式発行が「大規模取引」に該当する (Oda [2001] 128)。会社資産の 25 % 超で 50 % までの取引の場合には，取締役会の全会一致の承認が必要である。会社資産 50 % を超える取引は，株主総会で 75 % の株主による賛成票が要求される (Uvarov and Fenn [1999], Dunaevskii et al. [2002] 291-301)。しかし，この規定についても，抜け穴が利用された。例えば，ロシアの会計基準制度は資産評価においてかなりの自由度が許されていたといわれ，会社が自社資産を過大に評価することによって，取引額の会社資産のパーセンテージを引き下げることができた。つまり，会社資産をどう申告するかによって，会社資産 25 % 超という，規定がかかるレベルに達しないようにすることができた (Metzger et al. [2002] 12)。また，ある資産の取引が「大規模取引」に当たらないように，取引を小規模に分割して行うという方法も可能であった (Sprenger [2000])。個々の取引額を低いものにして，大規模取引規定の適用を避けることにより，公式なルールを破ってはいないが，それを「曲げて」利用することができたのである。

また，「利害関係者取引」という規定があり，資産剥奪のような，会社の経営幹部の行為が少数株主権侵害につながる事態に対して株主総会や取締役会からの制約がきくルールがある。取締役，執行機関など管理ポストに就く者，関

係者と共同で20％以上の株を保有する大株主，これらの親族やその他関係者を「利害関係者」とみなす。これらが取引の当事者や関係者である場合，また取引の当事者や関係者である企業の20％の株を保有している場合，またはその企業の管理職に就いている場合に，その取引は利害関係者取引とされる。利害関係者取引は，情報を当該企業に開示しなければならない。取引承認のためには，会社の規模によって，取締役会，または株主総会の支持を必要とする (Oda [2001]，二村他 [2002] 52)。取引の規模が会社の資産の2％を超える場合，あるいは発行済株式の2％を超える新規株式発行が伴う場合，その取引は株主総会で，利害関係者ではない株主による過半数の承認を必要とする (Uvarov and Fenn [1999], Dunaevskii et al. [2002])。しかし，これらの取引は，めったに株主総会での投票による承認の対象とならなかった。というのも，実際の取引が，不透明にまとめられたものも含め法律の定義上「利害関係者取引」に当てはまらないよううまい具合に組み立てられていたからである (Uvarov and Fenn [1999] 64)。

　利害関係者取引に関しては，その規定の有効性を低下させるいくつかの理由があった。利害関係者の定義に明確さが欠けていること，利害関係者取引の開示を怠った際の確実な制裁が欠如していること，会社の取引に関わる情報が株主に十分開示されないこと，などである (OECD [2002])。また，関係者が国外で登記された関係法人の場合，この規定を効果的に執行することは「ほぼ不可能である」と法律の専門家は指摘した (Uvarov and Fenn [1999] 64)。

⑤**不透明な所有形態**

　会社に関するすべての重要事項についての時宜にかなった正確な開示と透明性の肝要性を，OECD原則によるコーポレート・ガバナンスの枠組みは強調する。それらは，会社の財務状況，業績，主要所有構造と議決権，取締役会と重要な役員メンバーに関する情報，会社のガバナンス構造と政策である。

　1990年代のロシアでは，会社情報の開示レベルが全般的に低く，所有構造に関する透明性の欠如が，特に投資家の不満を募らせていた (Ladygin [2002], Standard & Poor's [2002])。会社組織が，インナー・サークルや側近グループによってコントロールされることは一般的な現象とみなされた。仲間やパート

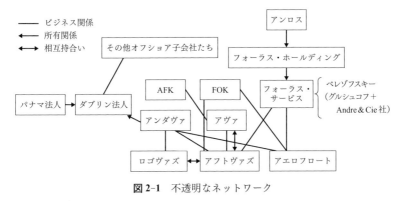

図 2-1　不透明なネットワーク

出所）Klebnikov［2000］89-90, 345 より作成。

ナーたちが組織するオフショア法人，ファンド，個人を含む関連団体が織りなす数々の企業網の間で支配が分配されていた（Radygin and Sidorov［2000］52）。そのような多層構造のネットワークの中で，真のオーナーは，ダミー会社によって隔絶されて隠れているケースが多かった（Petrova［2002］）。

　ロシア企業によって利用される金融スキームは，複数の仲介人を巻き込んでいた。公式・非公式の契約に基づき，収入源を移転させ，キャッシュフローを管理していた（Rozinskii［2002］）。これらのスキームは，企業が節税や脱税を行い，資産をオフショアに逃避させるためにも重視されていた（Iakovlev［2000］）。

　例えば，ボリス・ベレゾフスキーは，不透明な所有構造が特徴的な自らのビジネス王国を作り上げた。かつてベレゾフスキーが支配するようになったロシアの代表的な自動車メーカーであるアフトヴァズやロゴヴァズは，様々な企業の精巧なネットワークから構成されていた。図2-1にそのネットワークの一部を示す。アフトヴァズはベレゾフスキーとパートナーが創設したフォーラス・サービスと密接な金融関係を持っていた。このフォーラス・サービスは，ルクセンブルクにあるフォーラス・ホールディングによって支配されていた。さらに，フォーラス・ホールディングはローザンヌに登記されているアンロスによって所有されていた。アンロスは無記名株式の所有者であり，不透明なペー

パーカンパニーである（Klebnikov［2000］89-90）。フォーラス・サービスは公式的には，外国でのロシア企業の金融業務をサポートする金融会社であったが，実の存在目的は別にあった。ベレゾフスキーの支配する法人をいくつか傘下に置く持ち株会社としての役割である。ベレゾフスキーは，アヴァ，アンダヴァ，AFK，FOKといった仲介会社や，その他様々な法人をキプロスなどの租税回避地（オフショア・タックスヘイブン）に作り，それらを，それとは別にパナマに登記した法人が所有し，さらにダブリンに登記されたダミー会社と取引関係を持たせるようにした。さらに，当時ベレゾフスキーの支配下にあった航空会社アエロフロートの外貨収入はフォーラスやアンダヴァが受け取り，そのままロシア国外にとどまった。緻密に世界中に張りめぐらされたこれら金融ネットワークは，キャッシュフローを牛耳る最終受益者である真の所有者の正体を隠し，監視の目が十分行き届かないほど複雑だった（Klebnikov［2000］）。

「オフショアの雲」によって所有形態が隠れている様子を表したのが，図2-2に示したヤコフ・パッペによる描写をもとにした図である（Pappe［2002b］）。一つの企業グループの下部レベルには実態のある生産企業が連なるが，それら企業はオフショアに登記された名目上の会社によって所有されている。これらがオフショアの雲の中に示されている組織群である。お互いに株式持ち合いを行っており，構造が複雑になっている。そして上部レベルでは真の所有者として大企業グループの内部関係者が存在する。

このように，関連会社同士のネットワークは不透明で，真の所有者の名前が所有者登録リストに載らないようにできている。所有の登録情報の開示の必要性については，株式会社法，証券市場法，そして連邦証券市場委員会の規則などによって定められている。しかし，本物のオーナーを突き止めるのは難しい。なぜなら，彼らは実質的な所有者とは公式的には何のつながりもない複数のオフショアのペーパーカンパニーを通じて資産を獲得し，所有構造が突き止められないよう，自らの所有権を「見えない化」しているからである（Nestor and Jesover［2000］5, Radygin and Sidorov［2000］52）。

ロシアでは，このような複雑な，入り組み合った企業間結合ネットワークはインフォーマルな関係や個人的な信頼関係のもとに成り立っているところが大

第2章 ロシア経済のインフォーマル・メカニズム　69

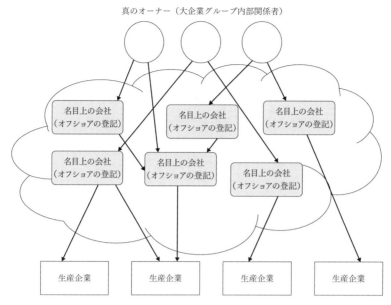

図2-2 「オフショアの雲」

出所）Pappe［2002b］90 より作成。
注）矢印は所有・支配関係を表す。

きい。『フィナンシャル・タイムズ』の調査記事によると，ユーコスが築き上げた，「世界中の租税回避地をめぐる，目がくらむほどのダミー会社の配列」の設計者の一人に，スティーヴン・カーチスという弁護士がいた。カーチスは，ユーコスの主要オーナーが非公式的にコントロールしていた事業体を通じて利益を管理していた。形式上ユーコスとは何の関係もない会社である。複雑に入り組んだ膨大な数の組織は，個人的な信頼関係で成り立っている，とカーチスはインタビューで答えている（Catan［2004］）。

　ベレゾフスキーの元同僚だったユーリー・ドゥボフも次のように指摘する。ロシアビジネスの世界では，様々な関係は公式なルールによって規定されているのではなく，インフォーマルに規定される。忠誠心や友情が介入することもあれば，政治的な状況判断を汲み取ることもある。非公式な行動規範のもとになるのが，「パニャーチヤ (*poniatiia*)」と呼ばれる「暗黙の了解」によるとこ

ろが大きい（Ostalski [2002], Oleinik [2000]）。

⑥破産手続きの濫用

ロシアでは，従業員や債権者等のステークホルダーが，コーポレート・ガバナンスのプロセスに積極的に参加できない例が見られた。良いコーポレート・ガバナンスの枠組みは，ステークホルダーとしての債権者の権利についても平等に尊重され，有効かつ効率的な破産処理の制度や，債権者の権利の執行によって補強される。ところがロシアでは特に破産の手続きが問題含みだった。一般的に，破産手続きが，困窮する会社の整理や救済といった本来のメカニズムとして機能せず，むしろ，偽装破産という現象を生み出した。会社の内部関係者たちが，債務の返済から逃れるために，負債の切り離しを目論んで，破産手続きを利用する架空破産に加え（藤原 [2003]），企業乗っ取りの目的で破産手続きを利用する「発注破産（*zakaznoe bankrotstvo*）」と呼ばれるケースが顕著となった（Tompson [2003]）。ロシアの投資家保護協会（IPA）によって2001年に実施されたインターネット調査によると，架空破産と発注破産に代表される破産手続きの濫用が，ロシアの企業統治における欠陥の典型的問題としてランク付けされた。第1位が資産収奪と移転価格操作からなる自己取引で，39％の回答者が株主権侵害の最も深刻な慣行として挙げた。そして，第2位が破産手続き濫用で，同率2位の株式希薄化と，20％で並んだ（IPA [2002]）。

1990年代の時点で海外投資家に注目されたケースとして，当時大手石油会社だったシダンコの例がある。シダンコの株10％を保有していたBPアモコは，1999年，別のロシア大手TNK（チュメニ石油会社）によって，シダンコの最も価値のある生産子会社であるチェルノゴルネフチが人為的に倒産させられた，と主張した。破産手続きの結果，チェルノゴルネフチに対するコントロールを失ったからである。これは，TNKがチェルノゴルネフチの債権者から負債を集め，破産申し立てを行い，破産手続きを利用して結果的に倒産した同社の支配を獲得した，といわれる例である（*The Economist,* 4 December 1999）。

破産件数は，1998年の破産法（1998年1月8日付連邦法「支払い不能（破産）について」（No. 6-FZ））採択の後，急上昇した。同年3月に発効したこの新破産法は，1992年11月に制定された旧破産法に代わる法律として施行された。

破産件数は，1998年1月が4,200件だったのに対し，2000年1月は1万5,200件，そして2002年1月には5万2,500件にまで達した（Simachev [2003] 127）。連邦財政健全化・倒産局（FSFO）のタチアーナ・トレイフィロヴァ局長は，破産件数の約30％のケースにおいて，債権者の関心は債権回収でなく特定の企業における所有者の変更（所有権の移転）や支配権獲得にあると2001年のインタビューで発言している（Golovachev [2001]）[15]。

つまり，破産手続きは，所有権の再分配競争が熾烈な中で，有効なツールとして利用されたのだった。当事者の目線で見ると，所有構造が不透明で資本市場も発達途上の中で，「企業コントロールの市場」（第3章も参照）が先進諸国のように機能しない状況では，破産法を利用して倒産手続きを起こすのが，企業乗っ取りのための，コストパフォーマンスの高い手っ取り早い方法だったのである（Radygin [2002a] 33）。

そもそも企業乗っ取りの手段として破産手続きが利用されるようになったのは，上で述べた通り，1992年法の欠陥を是正するために制定された1998年破産法が施行されてからである[16]。破産手続き濫用の急増の背景には，法の執行力と法律自体との両方の不備があった。第一に，破産申告・破産訴訟を起こすための必要条件が緩かった。1999年当時，未払い債務が最低賃金の500倍を超えた場合，また，会社が締切日から3カ月経っても支払い義務を果たさない場合，破産手続きを始めることができた（Volkov [2004] 133）。期限超過負債に加えて，税金滞納や光熱費未払いなども破産手続きをスタートさせるきっかけとなりえた。1992年法では，債務者が負債や未払い請求書をため込むのを許していた。しかし，1998年法はその反対の極に走った。つまり，借金を蓄積しないよう，破産手続きに入るために要求される最低額を低く設定したので

---

15) この発言は，連邦財政健全化・倒産局が行った100件の倒産事例についての詳細分析の結果に基づくものだった。当時，連邦財政健全化・倒産局は約2万7,000もの事例を調査していた（Golovachev [2001]）。なお，同局は2004年3月の大統領令により廃止されたが，それまで，破産手続きの監督を担当していた。同局廃止後は，連邦資産管理局や経済発展貿易省にその機能が移った。

16) 1998年法は2002年に改正された（後述）。本項では1998年法を中心に議論を進める。2002年改正法については藤原 [2003] [2012] を参照。

ある。そのため，真に支払い不能の会社だけでなく，債務を返済する能力のある会社でさえも破産に追いやられる事態となってしまった（Tavernise［2000］）。

　第二に，1998年破産法は裁判所任命の管財人に多大なる支配力を行使させることを可能にした。管財人には一時管財人と外部管財人とが存在する。会社が破産と認定され，破産手続きがいったん開始されると，一時管財人が債務会社に対する実権を握る。多くの場合，破産手続きを申請した債権者が，一時管財人の任命に対して影響を及ぼすことができた。よって，特定の債権者の利益にかなうよう働くことのできる人物を，一時管財人の役に就かせることが可能だった。一時管財人は次のような権限を与えられた。例えば財産の処理やローン契約を含め，現職の当該会社幹部が行うであろう取引の多くについて，認可するか拒否するかを決めることができた。また債権者の登記簿に対するコントロールが与えられた。このことによって，一時管財人は登記簿を操作し，「望ましくない」債権者の債権額を減額したり，特定の債権者の分を増額したりなどの細工をすることが可能だった。さらに第1回債権者集会の開催をまかされていた。第1回債権者集会は，その後の破産手続きの運命を決める大事な会議である。なぜなら次のステップとして，集会では直ちに会社の清算と資産整理に移るか，あるいは外部管財人が導入されるかのいずれかが決められるからである。外部管財人導入の決断が下された場合，第1回集会で外部管財人の候補が決定される（Oda［2001］153-5, Tompson［2003］156, Volkov［2004］133）。

　外部管財人が導入されると，管財人には多大な権限が与えられ，破産手続き全体をコントロールすることになる。債務会社の社長は役職を解かれ，現職経営幹部も任務を外れる。外部管財人は経営幹部の人事交代や，会社資産の処理，そして資金の流れに対しても権限を持つようになる（Volkov［2004］）。大抵の場合，一時管財人を務めた人物が，引き続き外部管財人に任命されることが多かった。それは，前者が後者の選任に影響力があったからである。例えば，債権者集会での議事録を操作する例もあれば，任命権限のある裁判官と共謀することもあったという（Volkov et al.［1999］, Volkov and Sivakov［1999］106）。

　すなわち，特定の債権者が企業の所有権移転や乗っ取りを目的に破産手続きを利用しようとした場合，「乗っ取り計画」の成功の鍵を握るのは，債権をな

るべく多くかき集めることの他に，管財人に，自分たちの仲間内の人物を任命することであった（Bashkinskas [2000]）。「息のかかった」管財人をそろえることによって，債権者は破産プロセスの主導権を握り，意向に沿うように事を運ぶことができた。

反対に，破産手続きによる乗っ取りのターゲットになる会社には次のような自己防衛作戦があった。例えば，敵対的債権者が乗っ取り目的の破産申請を仕掛けたら，仕掛けられた債務会社の側が，仕掛けた債権者を上回る債権額を持つ「筆頭債権者」になれるよう，自社のヴェクセルと呼ばれる約束手形を密かにたくさん用意しておく，という方法である（Latynina [1999a] 30-1）。債務会社に対する債権額の多さが重要なのは，債権者集会の議決権を左右するからである。また債権者集会で任命される管財人の選択も，最大の債権者が最も影響力を持つ。そして，すでに述べたように，管財人の選択は破産手続き全体の進行を左右していた。

このように，債権者が自らの意向が反映しやすい密接な関係にある管財人を任命できれば，破産は，目標の会社の株を取得するよりも安価で確実な企業支配権獲得の方法となったともいわれた（Afanasiev [1998]）。

破産手続きが会社乗っ取りのツールとして利用されるとき，様々なアクターが登場する。一時管財人，外部管財人，裁判官，知事，連邦財政健全化・倒産局の地域代表，法執行機関，民間の警備会社なども関係している。乗っ取り計画を進行し，自らの利益を前進させるには，行動を起こしたグループが非公式なネットワークを駆使し，様々な人々を調整し，動員する必要があった。そして彼らは往々にして国家機関に属する場合が多かった。これらのネットワークはいわゆる行政的資源（*administrativnye resursy*）と呼ばれ，破産手続きによる企業支配権獲得計画の成功のためには不可欠であった（Volkov [2004]）。

一般的に，「破産乗っ取り」が成功するためには，法廷で指名された破産管財人と裁判官の間に何らかのインフォーマルな同盟や共謀など協力関係が必要だった。また，その施行のための政治的介入も必要だった。特に，地方当局の協力か，あるいは少なくとも黙認がこの種の破産手続きを進めていく上で重要であった。それは，地方裁判所の独立性が弱く，裁判官らが多くの場合地方当

局に依存していたことが背景にある (Simachev [2003])。同時に，地方当局は，破産手続きを，彼らの権力基盤を強化する機会だとみなした。数ある地方の中で，例えば，ケメロヴォ州はこの点ではひときわ目立っていた (Volkov et al. [1999])。このような破産手続きに参加することによって，例えば，地方当局は，企業支配権移転後を見据え，乗っ取りの的になっている企業の事情について把握する機会を得る。どのように資金やモノの流れが編成されうるか，といった情報である。資金の流れについての情報は，通常企業の部外者には秘密のため，地方当局にとってそれを保持することはある程度の利用価値がある。企業の財務や資金の流れについての情報があれば，当局にとっては徴税がより容易になる。徴税が効果的に進み，税収が上がれば，地方財政が改善する。また企業に対して影響力があれば，地方行政はそこでの雇用をあてにできるかもしれない。そうすれば，地域の社会問題を軽減することにつながりうる。地方の知事や市長にとって，地域の予算や雇用に関わる問題は重要であり，うまくこなせば，将来の選挙にもプラスに働く可能性がある (Volkov et al. [1999]，坂口 [1999a])。

　企業再建という本来の目的とは異なり，企業支配権奪取のために利用され悪名高かった 1998 年法は，2002 年になり改正された。破産申請基準の敷居が高くなり，債権者擁護型の破産法からの脱却が図られ，所有権の移転や企業支配権獲得を目的とした破産事件も改訂法制定直後は減少した（藤原 [2003] [2012]）。しかし企業乗っ取り行為については，主として 2000 年代半ば頃から，文字通り「乗っ取り」を意味する「レイド」や「レイデルストヴォ」という用語がロシアのマスメディアで頻繁に使われるようになった。これまで述べてきた，破産手続きを濫用して企業支配権獲得や企業の乗っ取りを行うことも「レイデルストヴォ」として認識され，その進行・遂行役を「レイデル」と呼ぶようになった。1990 年代から 2000 年代初めにかけての乗っ取り合戦は，主に民間企業間のものが目立っていたのに対し，2002〜03 年頃からのレイド行為には，国家機関あるいはそれと関連する人物がしばしば全面的に関与するという特徴が見られる（例えば，第 6 章で詳述するユーコス事件は「レイデルストヴォの劇的なケース」〔Sakwa [2011] 10〕とみなされている）[17]。

3) ロシアのコーポレート・ガバナンス行動に対する評価

　以上のような行動はロシアだけに限ったものではなく，時代と場所を超えて世界中に見られる現象だということは指摘しておくべきであろう。例えば「トンネリング」と呼ばれる行為がある。支配株主（同時にしばしば経営者でもあった）が会社資産を勝手に移転させてしまう行為のことである（Johnson et al. [2000]）。トンネリングは，先進国・新興国を問わず起こり，法的に微妙で巧妙な手口が特徴的である。それには，資産売却の際の収用を含むいわゆる自己取引や，少数株主を差別するような取引や少数株主の締め出し，「忍び寄る」買収などが含まれる。19 世紀のアメリカでは「ストック・ウォータリング」と呼ばれる慣行があった。株式希薄化と同義のことで，それ同等の資金投資の追加なしに，名目上会社の時価総額が上がることを指した。ストック・ウォータリングは，いわゆるアメリカの「泥棒男爵」たちによって，企業間の争いの中でライバルに打ち勝つために利用された（Ripley [1911], Josephson [1962]）。

　時代は変わって 20 世紀後半になると，アメリカのエンロン事件で疑わしい商慣行が問題となった。イタリアのパルメラートでの事件や，その他，オフショアに登録された数々の事業体・法人や，不明瞭な会計手法やテクニックを伴った数々のスキーム，その他様々な不透明な企業取引が明るみに出てきた。

　このように，コーポレート・ガバナンスをめぐる問題はロシアだけが例外というわけではないし，OECD 諸国が企業統治のお手本というわけでもない。1990 年代ロシアで相次いだ慣行については，株主の基本的な権利保護や，株主の公正な扱いに不備があるなど「良いコーポレート・ガバナンス」の大部分の基本原則が守られていないため，比較的ロシアの欠陥が目立ったということである（McCarthy and Puffer [2003]）。

　表 2-2 に示したのは，前項でそのメカニズムを考察したフォーマルとインフォーマルが行き来する企業統治に関わる慣行である。これまでの議論から，いかにこれらが OECD 等によって例証されるようなグローバルなスタンダー

---

17) レイデルストヴォについては，Sakwa [2011], Rochlitz [2014], 塩原 [2012] を参照。2011 年に映画化されたパーヴェル・アスタホフの小説『レイデル』（Astakhov [2007]）によってレイド行為がロシアで一躍有名になった。

表 2-2 ロシアにおけるコーポレート・ガバナンス問題（1990年代を中心に）

企業統治に関わる「非公式的」慣行	特徴
株主権制限	「好ましからざる」株主の株主総会参加を制限し，議決権行使を阻止するなど
株式希薄化	新規株式を特定の株主のみに発行し，それ以外の株主の保有株の価値が薄まる
移転価格操作	企業グループ内・親子会社間で利益を都合よくシフトできるよう取引価格を設定する
資産剥奪	資産が別会社に移され，資産を失った会社の価値が下がる
所有の非透明性	不透明で多層構造の所有パターン。複数のオフショア法人が絡み真のオーナーを突き止めにくい
「発注」破産	乗っ取り対象企業の債権を蓄積し，破産手続きを濫用し，企業支配権獲得を目論む

出所）筆者作成。

ドと乖離しているかは明らかである。これらコーポレート・ガバナンスに関する慣行の破壊的影響は決して小さくなく，投資環境にダメージを与え，ロシアのイメージ全般をも悪化させた。どれだけ問題視されていたかは，当時の報告書や研究が参考になるので以下にいくつか見てみよう。

OECDは1999年に，コーポレート・ガバナンスの問題について，「ロシアの企業は，株主の権利を侵害するという意味で，おそらく世界で最悪の評判を得るようになった」と指摘した（Nestor and Jesover [2000]）。背景には，「ロシアの少数株主は，資産剥奪，移転価格操作，株式希薄化，株主権の制限，取締役会からの排除等，様々な種類の権利侵害に直面している」というOECDの所見があった（OECD [1999]）。加えて，世界銀行の報告書で，世界のコーポレート・ガバナンスの代表的悪例として取り上げられたのが，ロシアの石油会社による移転価格操作だった（World Bank [2000]）。国際通貨基金（IMF）も，「企業部門におけるリストラクチャリングと効率向上を妨げるのに重要な役割を演じたのは弱いコーポレート・ガバナンス構造である」とし，企業経営者が「広くキャッシュフローの流用や資産収奪などの不正に従事したようである」と報告している（IMF [1999] 126）。Fox and Heller [1999] は，株式希薄化，偽装破産，移転価格操作による資産移転などを介し，残余請求者に対して，企業が生み出した残余の比例分配の不履行が生じていることが，ロシアにおける

「コーポレート・ガバナンスの失敗」の最も顕著な悪しき症状だと指摘する。Black, et al.［2000］は，経営者や支配株主による自己取引の度合いと広がりがロシアのコーポレート・ガバナンスの病癖だと強く批判する。加えて，実際に投資をする立場の投資家からも懸念が表明された。新興国投資で著名なマーク・モビアスは，会社経営陣と支配株主によって行われる相次ぐ少数株主権利侵害で悪名高くなってしまったロシアについて，「ロシアでのコーポレート・ガバナンスに関わる侵害行為の数と範囲にはぞっとする」(Mobius and Filatov［2001］65）と語り，当時の投資家の心情を表した。

　国際的コンサルティング会社マッキンゼーが行った調査によると，投資家は，良いコーポレート・ガバナンスが備わっている会社の株にプレミアムを払うことをいとわないという結果が出た（McKinsey［2002］）。中でも，ロシアのプレミアムは最も高いものの一つだった。調査結果によると，コーポレート・ガバナンスの評判が良い会社の株に対するプレミアムは，ロシアで38％，中国で25％，ブラジルでは24％，米国が15％でドイツが14％という結果であった。それは，ロシアの投資環境が良好でないことを示すと同時に，ロシアの会社の潜在的魅力を示すものである。

　これら投資環境にとって有害で問題となった慣行は，投資銀行や格付け機関，その他関連機関がロシアのコーポレート・ガバナンスの質とリスクを判断するための評価基準の柱となった。表2-3にそれぞれの主な指標を示す。前述の連邦証券市場委員会の初代議長だったヴァシリエフ率いる企業法・統治研究所（ICLG）は，ロシアの企業を，所有構造，取締役会および経営構造，特に関連組織や関連する人々にも焦点を当て，議決権などの基本的な株主権利，資産移動，移転価格，株式希薄化など資産収用リスク，そして企業統治史の項目でコーポレート・ガバナンスの評価を試みた。ロシアの代表的投資銀行トロイカ・ディアローグやUBS，そしてスタンダード＆プアーズも同様の基準を使ってコーポレート・ガバナンスを評価した。このように，評価基準の中心となったのは，ロシアにおける企業統治慣行のリスク要因として挙げられていた株式希薄化，資産剥奪，移転価格操作，および不透明度などである。

　1990年代に始まったコーポレート・ガバナンスの格付け評価が幅広くロシ

表 2-3 コーポレート・ガバナンスの評価基準

企業統治評価機関	評 価 基 準
ブランズウィック UBS	・透明性 ・株式希薄化 ・資産移譲・移転価格 ・企業合併と再編 ・破産 ・所有権と投票制限 ・企業統治イニシアチブ ・株式登録機関の質
トロイカ・ディアローグ	・所有構造と透明性 ・株主への説明責任 ・マネジメントと IR ・企業文化 ・情報開示と金融規律
スタンダード＆プアーズ	・所有構造とその影響 ・金融ステークホルダーの権利と関係 ・金融透明性と情報公開 ・取締役会・マネジメントの構造とプロセス
企業法・企業統治研究所	・情報公開 ・所有構造 ・取締役会・マネジメントの構造（関係性・報酬など） ・基本的株主権（投票権・参加権など） ・資産移譲・移転価格・株式希薄化など収用リスク ・企業統治史

出所）Rodionov and Skaletsky [2000], ICLG ウェブサイト (http.//www.iclg.ru), Troika Dialog [2001], Standard & Poor's [2002] より作成。

ア企業に利用されるようになったのは 2000 年になってからである。ブランズウィック・ウォーバーグ（上記ブランズウィック UBS の前身）が 2000 年に『コーポレート・ガバナンス・アナライザー』と題する報告書の定期刊行を開始した（Rodionov and Skaletsky [2000]）。同社は，その直前の 1999 年には，ロシア企業のコーポレート・ガバナンスのリスクをポイント付けするための方法を紹介している（Black [2001a]）。このコーポレート・ガバナンスのリスク評価を表 2-4 に示す。16 社の大規模な公開会社を 0 から 60 のスケールで評価している。数値が高ければ高いほどリスクが高い。一般に，電気通信部門の会社は，エネルギー・セクターよりもリスクがかなり低いことがわかる。最悪の評

表 2-4 コーポレート・ガバナンスのリスク評価（格付け）(1999年)

企業名	産業部門	リスクの種類（高ければポイント加算。最大値60ポイント）								計
		開示/透明性	希薄化	資産剝奪&移転価格操作	合併/再編	破産	所有構造	経営態度	株式登録機関	
ガズ (GAZ)	自動車	8	0	8	0	1	0	0	0	17
ガスプロム	エネルギー	10	3	10	3	5	3	3	1	38
イルクーツクエネルゴ	電力	0	2	3	0	2	0	2	1	10
ルクオイル	エネルギー	6	3	8	0	0	0	2	1	20
モスエネルゴ	電力	0	7	5	0	1	0	2	0	15
ノリリスク・ニッケル	冶金	10	5	8	0	0	0	4	0	27
ロステレコム	電気通信	0	3	5	5	0	0	1	1	15
シブネフチ	エネルギー	2	8	10	3	0	0	2	0	25
サン・インタープリュー	食品	4	7	0	0	0	0	5	0	16
スルグートネフチェガス	エネルギー	8	3	5	5	0	0	4	1	26
タトネフチ	〃	1	2	8	0	0	0	1	1	18
統一エネルギーシステム (UES)	電力	6	5	3	3	4	3	0	0	24
ヴィムペルコム	電気通信	0	0	5	0	0	0	2	0	7
サマーラネフチェガス (ユーコス)	エネルギー	14	10	10	10	3	0	3	1	51
トムスクネフチ (ユーコス)	〃	14	10	10	10	3	0	3	1	51
ユガンスクネフチェガス (ユーコス)	〃	14	10	10	10	3	0	3	1	51
最大値 60ポイント		14	10	10	10	5	5	5	1	60

出所) Black [2001a]。

価は，石油会社ユーコスとその子会社であった。

また，ロシア個別企業のコーポレート・ガバナンスに関する質的なデータは，1998年後半からトロイカ・ディアローグより入手可能である。同社の報告『コーポレート・ガバナンス・アクション報告』は，株主の権利が侵害された

事例や実際に起こった例のみならず潜在的なものも含めて紹介し，分析を行った[18]。株主総会での株主権利侵害，株式希薄化，資産剥奪，移転価格操作などを含む慣行の実践が満載されている。1999年に刊行された第50号記念号では株主の権利の最悪の侵害者としてユーコスとその子会社（ユガンスクネフチェガス，サマーラネフチェガス，トムスクネフチ）にその「栄冠」を与えた。その他，この報告書ですっかり常連になった会社の中では，石油，アルミニウムなど非鉄分野，そして鉄鋼産業の企業が目立っていた（Troika Dialog［1999］）。

問題の深刻さは，政策立案者の間で，ガバナンスの慣行を何とか改善しなければならないという共通認識と，それに向かう具体的な動きとに反映された。OECDは，世界銀行の協力とともに，ロシアにおいてコーポレート・ガバナンス円卓会議を1999年に立ち上げた。コーポレート・ガバナンスに関わる慣行を改善し，将来の改革への道筋をたてる狙いがあった。1990年代後半になるとコーポレート・ガバナンス改善への取り組みがロシア政府，国内外投資家，世界銀行・OECD・欧州復興開発銀行（EBRD）などの国際機関，企業統治に関する専門家を巻き込んで拡大していった。民法典，株式会社法，証券市場法，破産法等の法整備や改正が行われた。これと並行して，連邦証券市場委員会が中心となり，コーポレート・ガバナンスに関する基本指針であるコーポレート・ガバナンス・コードの作成が行われた。

このコードは，2001年にロシア政府の委員会で承認され，2002年4月に連邦証券市場委員会決定第421号として公布された。内容は，①コーポレート・ガバナンス原則，②株主総会，③取締役会，④会社の執行機関，⑤コーポレート・セクレタリー（会社秘書役），⑥大規模なコーポレート・アクション，⑦情報開示，⑧財務・商業活動の監督，⑨配当，⑩企業紛争解決，の10章からなる。そこに示された指針は，勧告的性格を持つものであり，企業を法的に拘束するものではない。「良いコーポレート・ガバナンス」の要素を示すガイドラインとしての機能が期待され，法制化されていないものは，以後法整備されていった（FCSM［2002］）。

---

18) Troika Dialog, *Bulletin on Corporate Governance Actions* 各号を参照。

この指針の正式名称は，「コーポレート・コンダクト・コード」である。これは，1990年代のコーポレート・ガバナンスに関わる問題の核心が経営者や支配株主等の不正な「コンダクト（慣行や行為）」にあったとの認識に基づいている。つまり，まずは企業統治において，良き「コンダクト」を根づかせることが重要だという判断が，名称にも反映した[19]。このコードづくりは，EBRDの法制度改革プロジェクトの一環として日本政府の支援のもと行われた。EBRDによると，その支援規模は当時の同行法制度改革プロジェクトのうちで最も大きかったという（FCSM [2002] 5，EBRD [2001]）。

　政治のトップレベルの間でも，コーポレート・ガバナンスの問題は，投資家の信頼を損ねる有害な影響を及ぼしており，ひいてはグローバル経済との深い統合を成し遂げ国際社会の中で一流のプレーヤーになろうとするロシアの前に立ちはだかる深刻な障害として認識された。プーチン大統領は就任後2001年に，次のように述べた。「我々は，世界の資本市場に統合していくために，所有者の保護に関係している問題を解決し，コーポレート・ガバナンスとビジネスの透明性を改善しなければならない」（Putin [2001]）。

　実際，安定した投資環境を作り出すために果たす政府の役割は重要となる。投資環境改善に取り組む世界銀行の報告書では，政策方針の不確実性，マクロ経済の不安定性，そして恣意的な規制の3点が，投資環境に対する懸念であることを示している（World Bank [2004]）。

　その世界銀行は，189の国や地域を対象にビジネス環境を評価するビジネス環境（Doing Business）ランキングを2003年より発表している[20]。2012年にプーチン大統領が再登板した際に，投資環境改善の一つの目安として，世界銀行の同ランキングにおける順位を2011年の120位から2015年までに50位，そして2018年までに20位内へ引き上げるとの目標を示した[21]。2015年現在，

---

19) 2014年，コーポレート・ガバナンス・コードは改訂された（後述）。
20) 詳細は，世界銀行のビジネス環境ランキングのウェブサイト（http://www.doingbusiness.org）を参照。10の指標に基づき，事業設立および経営，貿易，納税，破産手続きといった，その国の企業の起業から破産までといったライフサイクルを通じて適用される規制をランク付けしている。発表当初は133の国と地域を対象とし，5つの指標に基づいていた。

ロシアは前年の 62 位から改善して 51 位であり,着実にランクを上げている。ロシアを投資家にとって魅力あるマーケットとして発展させようという努力の一環として,ロシアで最初の企業統治指針が作成されてから 12 年後の 2014 年に,コーポレート・ガバナンス・コードが改訂されるという大きな動きがあった。旧コード作成時は,株主総会の準備や開催の手順や財務報告のプロセスなどが全般的な論点であった。新コードでは,主な関心が独立取締役や取締役会の役割に移り,「慣行」よりも,より「統治」の問題に踏み込んだ内容となっている。「良いコーポレート・ガバナンス」の確立にはまだ課題は残るものの,より長期的な投資を引きつけるため,コーポレート・ガバナンスを強化し,投資環境を改善していこうとする中で,コード改正への動きが進んだのであった[22]。

3 ロシアにおけるコーポレート・ガバナンスと法の支配

ロシアにおけるコーポレート・ガバナンスの改善を図る上で避けて通れないのが,投資環境の向上にも直結する法の支配の強化である。法の支配は市場経済を支える重要な制度であり,良い法律,良い法律に対する需要,そしてそれら法律を施行するための有効手段という三拍子がそろっている必要がある。ロシアにおける問題は,法律自体に弱さがあるというよりも,法に対する態度が「屈折的」であり,法の施行が有効でないことにあるといわれてきた (World Bank [1996], Gray and Hendley [1997])。ロシアのビジネス分野における法律の選択的適用の問題については,本章の第 1 節で述べた通りである。

法律そのものの問題としては,市場経済移行の初期段階では,ロシアの法律には他の制定法と矛盾する点が存在したり,曖昧な部分が裁判官や当局職員の専断的な行為を可能にしたりしていたが (Berglof et al. [2003] 87, Burger [2004]),

---

21) 長期国家経済政策に関する 2012 年 5 月 7 日付大統領令。大統領府のウェブサイト (http://kremlin.ru/events/president/news/15232, 2015 年 1 月 20 日閲覧) 参照。
22) 改訂されたコーポレート・ガバナンス・コードについて,邦語では安達 [2014] を参照。

ロシアのコーポレート・ガバナンスに関する法律の「質」については，国際的な評価は概ね肯定的であった。すでに述べた通り，企業統治における主要な法律である株式会社法は 1996 年に施行後，改正が重ねられた。技術的な観点からすると，株式会社法は株主の権利保護では包括的であるとみなされていた (Vasiliev [2001a], Pistor [1997])。1998 年破産法は，結果的に「ロシアで最悪の法律」とみなされるようになってしまったが，施行当初は 1992 年破産法から相当改善されたことで，「法的枠組みとして十分なレベル」とまずは評価されていた (Tompson [2003])。

しかし，重要なのは，国民による法律に対する受容性とその遵守であろう。キャサリン・ヘンドレーが指摘するように，例えばビジネス分野であれば，通常，法律および法の精神への遵守は，法の正当性と，ビジネスに携わる人々による積極的な関与や参加があってはじめて発展していくものであり，国から強制されるものではない。しかし，このような発展の経路は，1990 年代のロシアには当てはまらなかった (Hendley [1997])。Pistor et al. [2000] は，次のように指摘する。ロシアの株式会社法は，欧米のアドバイザーによって起草され，ロシアで採択された。それは欧米モデルの会社法に修正を加えてロシアに適用した，いわば「法的移植 (トランスプラント)」であった。新しい法律が，ロシアの司法制度上にトップダウンで移植されたのである。その法律になじみの薄い土壌に導入された法律は，特定のローカルなコンテキストに適応しておらず，その有効性が損なわれたという (Pistor et al. [2000] 340)。

Pistor and Xu [2002] は，次の点を強調する。法は本質的に不完備である。なぜなら事前にすべて起こりうる事象を規定することができる法律を設計することが不可能だからである。そのため，移植された法律とその法律の実施の有効性は，法律がどのように国民に理解され，解釈されて，関連機関によって適用されるかに左右される (Pistor and Xu [2002])。

そこで Pistor and Xu [2002] のいう株式会社法の移植について考えると，ロシアの法律に「信認義務」の概念が不足していることは，ロシアのコーポレート・ガバナンスのあり方に影響があるといえそうである。なぜなら，英米型のコーポレート・ガバナンスは，信認義務が強く，かつそれに関する柔軟な概念

が発達しているところに生まれたからである[23]。この概念が欠ける中，ロシアの会社法制度とコーポレート・ガバナンスはどう機能したのだろうか。これまで見てきた非公式な慣行や「『イン』・フォーマル」な行為が示すように，公式のルールの範囲内であってもしばしば予想外の結果がもたらされた。

　ロシアの企業行動には，法律の条文には文面通りに厳密に従い，法律の範囲内にとどまり，外見的には法律遵守を保つという特質がある。その一方で，「法の不完備」や法に対する屈折した態度も手伝い，ロシアの企業や企業家は，様々な方法によって法の精神を無視することができた（Troika Dialog［2001］）。公式なルールに曲がった解釈を付し，法律の目指すところを意図的に回避する。その手続きや方法は，仲間内（インナー・サークル）の間の暗黙の了解や不文律がベースになっており，部外者には不透明でわかりにくいものである（Ledeneva［2001］）。

　さらにロシアでは，法律の種類が足りないのではなく，ルールの施行・実施に必要な制度的基盤の弱さに問題があることが指摘されてきた（EBRD［1999］38，Black et al.［2000］1755）。公式なルールの効果的な施行のために，裁判官の独立性と能力は必須である（Gray and Hendley［1997］142）。しかし，特に1990年代，裁判官の多くは，複雑な商業的な問題を解決するには経験不足で未熟な面があった（Burger［2004］）。エリツィン時代に行われた司法制度改革は，司法の政治依存というソ連時代の遺産を克服することに集中したが，政治家と実業家は引き続き裁判官に対する影響力を及ぼすことができた。この背景には，連邦政府からの財政支援の不十分さがある。つまり，地方政府やあるいは民間の企業が，財政難に直面する裁判所や個々の裁判官の「スポンサー」となったりしたのである（Solomon［2002］）。司法の独立性の欠如と，外からの影響を受

23）信認義務（fiduciary duty）とは，米国の会社法で最も基本的な概念の一つである（Stout［2003］）。このコンセプトは，企業の内部関係者の機会主義的行動から投資家を保護する効果をもたらす。会社の役員，支配株主は，会社に対して忠実義務（duty of loyalty）と注意義務（duty of care）を負う。忠実義務は，不誠実な行為を罰することにより，企業の内部関係者が自己取引に着手することを躊躇させることによって，投資家保護を保障するものといわれる。他方注意義務は，内部関係者に「十分慎重な人」として注意をもって行動するよう要求し，過失・不注意行動を妨げようとするものである。

けやすい特性が，法律の選択的適用と施行につながった。その際，裁判官や裁判所に対する国家の治安維持関連機関の関与が，ときには「見えない掟」を通じて行われた（Ledeneva [2001]）。

　実業界では，法制度に対する信頼の欠如が問題となっている。契約を履行し，公平な判断を下し，財産権を保護する，といったことを実現する能力に対する不信である。その結果，ソ連解体後のロシアでは，公的でなく私的な民間執行メカニズムが出現した（Volkov [2000]）。これは，序章で言及した，国家の行政・管理の能力の限界の結果でもあった。十分な権威と公正さ，正当性をもって法の執行を進め，法制度を発展させるのは国家の責務である（Gray and Hendley [1997]）。

　法律に対する態度が屈折的であり，執行が非有効的な状況の下，法の目をかいくぐったりする慣行は，法の支配の弱さの症状でもあるし，原因でもあったといえる。言い換えると，これらの慣行は，法の支配の脆弱性に貢献したと同時に，法の支配が弱いから可能となったと考えられる。完璧な法律というのは存在せず，隙や悪用可能な抜け穴（ループホール）は存在する。ただ，ここでポイントとなるのは，その抜け道を見出したり利用したりするインセンティブが，企業や企業家が活動する上で働いていたということであった。

おわりに

　本章で見てきたように，非公式性という視点に着目することが，ロシアの企業行動を理解する鍵となる。コーポレート・ガバナンスにまつわるビジネス慣行は，フォーマルとインフォーマルの二重性・交差性を反映したものであった。1990年代，これらの慣行は，投資環境に悪影響をもたらし，良いコーポレート・ガバナンスの基盤を徐々に弱体化させてしまった。いったん少数株主の権利を侵害するような非透明な活動がパターン化し，確立されてしまうと，これは投資家の投資意欲へのさらなる抑止となる。

　しかし，問題となっている慣行が，なぜそこまで広く利用されたのだろうか。

利用する側の立場になると，各行動主体にはそれなりに理由や，利用者に何らかの動機や目的があったと考えられるだろうか。それを次章以降で探ってみたい。結論から先に述べると，これらの慣行が破壊的な影響をもたらした一方，第1章で示した企業論から考察すると，これらを利用することによって企業の組織改編が進んだという側面もあるということである。このことについて，理論的に示し，ケーススタディとして企業の発展を分析するのが第4章の目的となる。そのためには，まず，ロシアの私有化過程，そして企業家の生成と企業グループの発展に関する考察が必要である。次の第3章ではそれらについて検討する。

第 II 部
市場経済化政策とロシアの資本主義化

第3章

計画経済から市場経済へ
――新たな企業家の生成と企業グループの誕生――

はじめに

　エリツィン政権にとって，ロシア国有企業の私有化は市場経済化政策のいわゆる「一丁目一番地」であった。

　　プリヴァティザーツィヤ（приватизация, *privatizatsiia*）
　　プリフヴァティザーツィヤ（при<u>х</u>ватизация, *pri<u>kh</u>vatizatsiia*）

という2つのロシア語名詞がある。「プリ」の後に「フ（キリル文字でx，ローマ字にするとkh）」があるか否かだが，一文字の存在の違いは大きい。前者は私有化・民営化（privatization）を意味する。後者は略奪化を意味する[1]。言葉あそびといえばそれまでだが，ロシアの私有化（プリヴァティザーツィヤ）は，公正さを欠く国有資産の略奪化（プリフヴァティザーツィヤ）にすぎなかった，というレッテルを貼られることになってしまった。実状はもっと複雑であるが，国民全体の私有化に対する見方をウィットに富んだ形で示したといえよう。

　本章ではロシアの企業システムの特徴的展開を分析する。まず第1節では，改革初期のロシアの政治経済情勢を踏まえて，なぜロシアが行ったような形での私有化を行わざるをえなかったかを整理する。以下で詳説するロシアの私有

---

[1] 私有化する（プリヴァティジーロヴァッチ *privatizirovat'*）という意味の動詞が，プリヴァティザーツィヤという名詞になり，奪い取るという意のプリフヴァティッチ（*prikhvatit'*）の「フ」を加えることによって，プリフヴァティザーツィヤという名詞がつくられた。

化の特殊性，とりわけバウチャー方式や担保オークション方式へと展開していった経緯について概観することで，私有化プロセスの見取り図を示したい。そして第2節以降で，私有化の過程を経て誕生したロシアの企業グループについて論じ，ロシアの企業家の生成を分析する。

1 ソ連型企業の私有化・民営化とその評価

1) 私有化の目的と方法

そもそも，私有化は何を目指して行われたのだろうか。私有化政策を実施する政府の明示的および非明示的目的として，以下が挙げられる。第一に経済の効率化，第二に企業の効率化と発展，第三に財政金融の改善，第四に所得の分配・再分配，そして第五に政治的考慮である（Guislain [1997] 16-20）。社会主義体制からの転換を進めるロシアにとって，これら5点は相関的であり，政府はこれらの目的に向けて同時進行で政策を進めた。

私有化政策開始当初のロシア政府の公式の認識は，例えば，1992年6月11日にロシア連邦最高会議によって承認された「1992年度のロシア連邦における国有・公有企業の私有化国家プログラム」にあらわれている。そこには，市場経済化を促進する私的所有者層の創出，私有化による企業経営の効率化，連邦財政の安定化促進，競争環境の形成と国民経済の脱独占化，といった目的が明示されている。これに加え，ロシアの私有化政策のブレーンとなったアンドレイ・シュライファーらは，経済活動の「非政治化」，つまり企業活動を国家，特に政治家の影響から解放することが私有化の重要な目的であると主張していた（Boycko et al. [1995] 10-2, Shleifer [1995]）。

旧社会主義経済国で実施された私有化についての先行研究は多く，特に私有化企業の所有構造と経営再建や経営効率化に対する効果に関しては，多数の詳細にわたる実証分析が発表されてきた。この問題の解説は，Megginson and Netter [2001] や Djankov and Murrell [2002] の代表的サーベイ論文に詳しい。前者は，1990年代のロシアの私有化政策の企業再建効果については多くの研

究に共通する結論を導くのは難しいと総括しながらも,ロシアで見られた「インサイダー私有化」(経営者や従業員など私有化対象企業内部者への優遇措置を伴う私有化)は概ね失敗であったと述べる。後者は,ロシアを含めCIS(独立国家共同体)諸国における私有化の企業経営再建の効果について,明確に肯定的な実証結果は出ていないことを示している[2]。

このほか,多くの研究者から,ロシア政府が実施した株式担保型民営化(担保オークション方式)と呼ばれる政策が,その不公正さと不透明さによって酷評されてきた(最も辛辣なものにStiglitz[1999],Black et al.[2000])。政策実施当時から,私有化は国有資産の略奪化を促進した,とその方法と効果に大きな疑問符が付けられていた。さらに1990年代後半になると,「私有化を見直すときがきた」と世界銀行のジョン・ネリスなどが主張するようになった(Nellis[1999])。これらの低評価はいかなる経緯からもたらされたのだろうか。

すでに第1章で言及したように,ロシアの私有化政策は,いわゆるネオリベラル的政策の一環として行われた[3]。ネオリベラル的政策とは,典型的には経済の自由化・安定化・私有化(民営化)を最優先として,短期間での市場経済移行を目指す急進的な改革を意味する。そうした政策においては,市場メカニズムが機能するために不可欠な制度の有無など,経済の初期条件に対する配慮が十分に行われない。ロシアで遂行された具体的な私有化方式は,厳密にはネオリベラリズムに完全に沿ったものとは限らないという但し書きがつくものの,実際,ロシアの私有化政策は,制度基盤の欠如という初期条件に留意せずに実施した点に一つの大きな特徴がある。

---

2) 私有化・民営化を契機にロシアや東欧諸国の企業統治についての研究が数多く発表されてきた。岩﨑[2005]が指摘するように,コーポレート・ガバナンス研究の主な関心は,所有構造と経営再建に関わる問題であり,特に,私有化された企業の所有構造と経営再建過程との相関関係に焦点を当てたものに集中している。この問題を主眼とした研究の流れについては,岩﨑[2005],Iwasaki[2007]が網羅的にサーベイを行っている。Dolgopyatova et al. (eds.) [2009],Dolgopiatova et al. (eds.) [2007],岩﨑・鈴木[2010]も参照。
3) ロシア,中東欧のネオリベラリズムについて村上・仙石[2013],私有化について安達[2013]を参照。

2）大規模私有化——バウチャー方式

　1990年代のロシアの私有化政策は，第一段階の大規模私有化，第二段階の金銭私有化の2段階に大別される。ロシア政府は私有化政策の第一段階として，1992年に企業の大規模私有化政策を実施した。大衆私有化とも呼ばれ，ロシア国民一人一人にバウチャーと呼ばれる私有化小切手を配布し，国民はバウチャーと引き換えに企業の株式を取得できるとする，バウチャー方式を採用した。額面1万ルーブルのバウチャーが，人口分約1億4800万枚交付されたのである。

　バウチャー方式により，国民が広く株を手に入れることができ，国民の間に幅広い私的所有者層を創出することが可能になる。また，公正かつ公平な資産の分配を目指すことによって，市場経済化政策全般，特に私有化に対する国民の支持を得ることもできると考えられた（Boycko et al. [1994], Frydman and Rapaczynski [1996] 16-7)[4]。さらに，エリツィン政権でそれぞれ首相代行と副首相として私有化政策を推進したエゴール・ガイダールとアナトーリー・チュバイスを中心とする改革派は，政治的に，限られた機会を逃さぬようスピードを最優先した。私有化の方法としてバウチャーを利用したのも，株式の取引が容易に行われやすいと考えられたからであった。バウチャー方式に関しては異論もあった。しかし，それ以外の方法として考えられた資産の直接売却による私有化は，十分な国内資本を欠くため，その実施は非現実的であった（Boycko et al. [1995]）。

　バウチャー方式の私有化の実施に向けて，以下に説明する3つの準備ステップが進められるとともに，3つのオプションが設定された。まず準備ステップとしては，第一に，私有化に先立ち，ロシアの企業を大規模私有化の対象にするものと，地方政府によって売却されるものとに分類した。後者の枠を設けたのは，地方に対する譲歩であった。第二に，大規模私有化対象企業を5つのグループに分けた。私有化が絶対とされた企業，自主的に私有化の実施が決められる企業，ロシア連邦国家資産管理委員会（GKI）の許可が必要な企業，連邦

4）私有化政策に関しては多くの文献がある。例えば邦語では西村 [1995a][1995b]，溝端 [1996][2004]，二村他 [2002] を参照。

政府の許可が必要な企業，そして私有化が禁止された企業である。そして第三ステップとして，企業の形態を株式会社に改組する株式会社化が実施された。これにより，国有企業の資産が株式化して交換可能とされた。また，企業には定款や取締役会が備えられた（Boycko et al. [1994][1995]）。

国有企業が株式会社化された後，企業の株式はまず国家資産管理委員会によって保有され，後にバウチャー・オークションによって国民の手に渡ることになっていた。バウチャーを受け取った国民は，全国民が参加できるオークションでバウチャーを使って株を入手したり，あるいは投資ファンドへ投資をしたり，または，単に転売したりした。

バウチャー方式の私有化は，当初，国有企業の経営者を中心にロシアの強力な経営者ロビーから激しい抵抗を受けた。そのような状況下で政策を進めるため，政府は私有化される企業の既存の経営陣や従業員集団という内部関係者（インサイダー）にとって有利な措置を用意しなければならなかった。優遇措置というのは，国有企業が株式会社化された後，株式が社外の投資家の手に渡ってしまう前に，企業の内部関係者が発行株式の一部を優先的に取得することを可能にする3つのオプションの設定であった。オプション1は，企業の経営陣は普通株5％を優先的に取得でき，従業員集団は発言権のない優先株を無償で25％取得，普通株10％を額面の7割で3年間の延べ払いで取得できるというものだった。オプション2では，従業員集団が普通株の51％分を優先的に額面価格で買い取ることができた。オプション3は，全従業員が普通株を額面の7割で取得し，企業経営に責任を負う特定のグループが30％取得できるというものだった。多くの企業はオプション2を選択した。このオプション2を選んだ企業の割合は，バウチャーの有効期限である1994年6月末までの累計で全体の75％に達した（Boycko et al. [1994], Chubais and Vishnevskaya [1994]）。

バウチャー方式の採用に対しては反対意見もあったが，私有化の方法についての有力な別の可能性は上述の通り乏しかったため，迅速な私有化政策の遂行が優先された。それは，ソ連解体以前からいわゆる自然発生的私有化のプロセスが進行中だったこととも関係している（Johnson and Kroll [1991]）。1990年代前半に出現した，一見すると新規に発生した私企業の多くは，実際には国家官

僚や国有企業の経営者が様々なスキームを利用して個人的に移転した（私物化した）国家資産から成り立っているものが多かった。そのため，政府としては，自然発生的私有化に歯止めをかけることが重要だった。スピードを重視した大規模な私有化は，国家資産の再配分に対するコントロールを政府がある程度取り戻すためにも，ガイダールたちによって必然とみなされた（Tompson［2002b］，Radygin［1995］）。

　大規模私有化を可能にしたバウチャー方式はしかし，以下のような問題点を抱えていた（Nolan［1995］277-81）。第一に，この方式は，多くの国民にとって理解しにくいものだった。私有化プログラムといっても，一般のロシア人にはわかりにくく，プログラムの全体像を把握することができなかった。市場経済の経験もない中，バウチャーを受け取っても企業の株式と交換可能な引き換え小切手であることなどわからない国民も多かった。第二に，現職の経営者は，内部関係者としての立場や知識を利用し，与えられていた優遇措置を最大限活かしながら，自分たちにとって有利な条件を整えることができた。第三に，3つのオプションの設定など，内部関係者に対する優遇措置は，国民全員の参加を目指した私有化プログラムに不公平感をもたらしてしまった。より有望な企業ですでに働いている経営者や従業員の有する利益が一層増大するのに対し，年金活者など相対的な「負け組」も生じた。第四に，当時の経済的・政治的に不安定な状況から，私有化対象企業の初期の資産価値を決定するのはほぼ不可能だった。第五に，仮にこれらの企業の資産価値評価が可能な場合でも，内部関係者は，企業情報入手に関して有利な立場にあったため，彼らは自分たちが取得を目論む資産を意図的に過小評価することができた。第六に，私有化が経済危機の真只中で実行されたため，経済主体に短期的な行動へ走る動機が生まれた。すなわち，短期的な消費需要を満たすために，長期的に価値のある資産を安く売却する行動がとられた。そして第七に，大規模私有化プログラムは，事前に企業再編成や再構築の試みがなされていないソ連型企業（工場単位）において進められた。その結果，私有化によって新たに出現した事業体は，真の経済事業体としての意味をなさなかった。この最後のポイントは本書が最も注目するテーマである。

結果的にバウチャー方式は，それによって私有化に対する広範な支持基盤が固まったとはいえず，また私有化の主目的の一つであった経済活動の非政治化が成功したわけでもなかった。企業効率向上の面からいっても，企業の予算制約のハード化が即座に成功したわけでもなく，オプション2などの優遇措置によって，企業改革には消極的だったインサイダーの支配力が強まることになった。政策担当者にしてみれば，優先的に株式を配分するとの条件を受け入れてもらうことで，ようやく私有化政策の実施にこぎつけることができたのであるが，このような政治的妥協の結果，内部関係者による企業の支配が生じたことは，企業経営の効率化の妨げとなった（Filatotchev et al. [1999a] [1999b]，Black et al. [2000]，Earle and Estrin [2001]）。

しかしながら，私有化の結果多くの私的所有者が形成されたのも事実である。発行されたバウチャーのうち95％が実際に利用された。バウチャー方式により，ロシアの所有構造は変貌を遂げ，4000万人ものロシア国民が企業の株主となった。1994年6月には，製造業の労働人口の3分の2もが民間部門で雇用されるようになり，民間部門による生産のGDP（国内総生産）の割合も増えていった（Boyko et al. [1995] 105, Blasi et al. [1997]）。

3）株式担保型民営化（担保オークション方式）

バウチャー方式を軸とする私有化の第一段階は，バウチャーの有効期限が終了した1994年中旬まで続いた。その後，私有化は次の段階に入った。国有資産は，原則としてオークションや投資入札の方式を通じて，金銭によって売却されるようになった。金銭による私有化政策がとられた背景には，政府が多額の財政赤字を抱えており，私有化による収入を念頭に，スピードよりも歳入補填策を考慮したことがあるといわれている。この段階で代表的なのが，石油や非鉄・製鉄産業の有力な企業が私有化された「ローンズ・フォー・シェアーズ」プログラムである。「株式担保型民営化」や「担保オークション」とも呼ばれるこの方式は，政府が国営企業の株式（シェア）を担保にして民間投資家（主に銀行）から融資（ローン）を受けるが，政府が融資を返済できない場合には，担保株式はオークションにかけられるという取り決めに基づいていた。結

局，融資の返済は期限内に行われず，担保オークションによって，石油や非鉄・製鉄産業の重要な国営企業の政府保有株式が民間企業家の手に渡ったことにより，私有化が推進された。

　株式担保型民営化を詳細に解説したダンカン・アランは，その導入について，政府が国家予算の増収を必要としていた点を要因として指摘している（Allan [2002]）。しかし，クリスティア・フリーランドは，株式担保型民営化の導入をめぐる解釈として，1996年の大統領選挙に向けたエリツィンが新興財閥からの政治的支援を取り付けるため，国有資産を取引材料としたとする説を指摘する（Freeland [2000]）。結果として，株式担保型民営化による増収は微々たるものであったことから，ヤコフ・パッペは，この方式がもたらした成果として以下の3点を指摘している。第一に銀行と産業部門との強力なつながりができたこと，第二に企業の長期的な利益を見据えることのできる「戦略的オーナー」がロシア国内に現れたこと，そして第三に政府と実業界との政治的な同盟関係が確固たるものとなったこと，である（Pappe [2000] 34）。

　融資と引き換えに国有企業の株管理と経営を任せるという案は，当時ロシアで勢力をつけてきていた民間銀行を経営する実業家で，いわゆるオリガルヒ（寡頭資本家・新興財閥）の一人と呼ばれるようになったウラジーミル・ポターニンが提案したとされる。資源分野の有望企業を支配したいと考えた実業家と，財政赤字解消へとつながる財源確保の機会と捉えた政府の思惑が一致した。また，1996年6月には大統領選を控えていたことが，この方式が採用される決定的要因だったと考えられる。当時，共産党勢力の脅威もあり，市場経済化改革の後退を恐れた政府と実業家にとって，エリツィン大統領の再選は不可欠であった（Freeland [2000]）。ここでも，体制転換期に獲得した資産を守りたい企業家たちと，エリツィン再選と市場経済化路線の継続を望む政府との利害が一致した。株式を担保とするポターニンの発想は，チュバイスの支持を得た。チュバイスは，「いかなる手段を使っても」そのアイディアを支持する，との立場を表明した（Chubais [1999] 184）。ポターニンは，1993年から96年まで第一副首相を務めたオレグ・ソスコヴェッツに対してもこの株式担保のアイディアを持ちかけ，支持を取り付けた（*Kommersant-Vlast'*, 16 June 1998）。のちに

ポターニン自身も1996年8月から翌97年3月まで第一副首相を務めた[5]。

　株式担保型民営化は，2段階のオークションを経て進められた。第一の段階のオークションは，どの民間銀行・企業が，融資と引き換えに政府保有の国営企業株の管理運営を委任されるかを決めるものであり，1995年に実施された。ここで政府には，2つの選択肢があった。融資を返済し銀行へ担保として差し出していた株式を取り戻すか，あるいは，もしも期限内に融資の返済ができない場合，担保株を売却するか，というものである。後者の場合，1996年9月1日以降，融資を提供した銀行側には政府に代わって担保株をオークションにかけて売却する権利が与えられた。これが第二段階目のオークションである。すでに触れたように期限内に融資の返済はなされず，1996～97年にかけて第二段階目の担保株式のオークションが行われた。その結果，担保を保有していた銀行や企業が，子会社などを通じて，自ら第一回目のオークションで取得した株を引き続き管理し，所有することとなった。

　担保オークションを通じて民営化された企業には，ロシアを代表する有望企業が名を連ねた（表3-1を参照）。ユーコス，ルクオイル，スルグートネフチェガス，シブネフチ，シダンコなどの石油会社，非鉄産業からはノリリスク・ニッケル，そして鉄鋼会社はチェリャービンスク冶金コンビナート（メチェル）とノヴォリペック冶金コンビナート（ノヴォリペック製鉄）などが含まれた。当初はもっと多くの企業数が予定されていたが，政府の政策に反対した企業経営陣たちは，その対象から逃れることができた（Tompson [2002b]）。

　ここで担保オークション方式の具体例を，次章以降の事例研究の対象として取り上げるユーコスを例に見てみよう。ロシア政府は，当時国有であった石油会社ユーコスの45％にあたる株式を担保として，融資を募ることになった。ミハイル・ホドルコフスキーが経営していたメナテップ銀行が45％のユーコス株取得権のオークションを主宰する幹事行となった。1995年12月，第一段階目のオークションが開かれた。落札したのはメナテップ関連子会社のラグナという実体の乏しいダミー会社であった。落札価格は，最低入札価格を900万

---

[5] 第一副首相就任は大統領選への貢献に対する論功行賞といわれている（Brady [1999] 207）。

第3章 計画経済から市場経済へ

表 3-1 株式担保型民営化の対象企業（1995年）

対象企業	部門	担保株式(%)	市場価値(百万米ドル)	落札企業	融資提示総額(百万米ドル)
スルグートネフチェガス	石油	40.12	no data	スルグートネフチェガス年金基金	88.9
北西海洋汽船	輸送	20.5	10.23	MFK	6.05
チェリャービンスク冶金コンビナート（メチェル）	鉄鋼	15	4.3	ラビコム	13.3
ノリリスク・ニッケル	非鉄	38	190	レオラ	170.1
ルクオイル	石油	5	150	ルクオイル，インペリアル銀行	35.01
シダンコ	〃	51	no data	MFK	130
ノヴォリペック冶金コンビナート（NLMK）	鉄鋼	14.84	31	オネクシム銀行	31
ムルマンスク海洋汽船	輸送	23.5	4.75	ストラテグ	4.125
ユーコス	石油	45	no data	ラグナ	159
ノヴォロシースク海洋汽船	輸送	20	15.2	ノヴォロシースク海洋汽船	22.65
シブネフチ	石油	51	no data	SBS銀行	100.3

出所）'Zalogovye auktsiony 1995 goda', *Kommersant*, 21 June 2000.

米ドル上回った1億5900万米ドルであった。つまり1億5900万米ドルの融資と引き換えに，ユーコスの45％を獲得した。ラグナの他にこのオークションに参加したのは，同じくメナテップ関連会社であった。その結果，このオークションは，メナテップ銀行が幹事で，その関連子会社2社が競ったオークションとなった。他にも参加表明をした会社があったが，幹事が設定したオークション参加条件を満たしていない等の手続き上の理由により，締め出された。

そして1年後，ローンを返済しない政府の担保株が売却されることになった。1996年12月，メナテップ銀行が第二段階目の担保株のオークションを組織した。担保株を購入する権利を獲得したのは，メナテップ関連会社のモンブランという会社であった。落札した価格は，最低入札価格の1億6000万米ドルを

表 3-2 ロシア石油会社と株式担保型民営化（1995〜97 年）

石油会社	担保株式(%)	融資総額：(政府への)(百万米ドル)	第一段階：オークションを組織した銀行	落札企業：オークション勝者	第二段階：最低入札価格(百万米ドル)	株式担保売却：実際落札価格(百万米ドル)	落札企業
ユーコス	45*	159	メナテップ銀行	ラグナ（メナテップ関連会社）	160	160.1	モンブラン（メナテップ関連会社）
シダンコ	51	130	オネクシム銀行	MFK（オネクシム関連会社）	129	129.8	インテルロスオイル（オネクシム関連会社）
ルクオイル	5	35.01	インペリアル銀行	ルクオイル，インペリアル銀行	43	43.6	ルクオイルリザーブインヴェスト（ルクオイル関連会社）
スルグートネフチェガス	40.12	88.4	オネクシム銀行	スルグートネフチェガス年金基金	74	73.5	スルグートフォンドインヴェスト（スルグート関連会社）
シブネフチ	51	100.3	メナテップ銀行	SBS, NFK	101	110	FNK（SBS, NFK関連会社）

出所）Moser and Opphenheimer［2001］310.
注）＊第二段階目のオークションが開かれるまでに，ユーコスは増資を行っており，担保株 45％ は 33.3％ となっている。

かろうじて 10 万ドル上回った 1 億 6010 万米ドルであった。第一段階と同じく，メナテップは幹事として外部からのオークション参加企業を手続き上の理由から排除した（Moser and Oppenheimer［2001］）。

これと類似した事例が他の担保オークションでも繰り返された。表 3-2 は，石油会社の株式担保型民営化の様子を示したものである。株式担保型民営化の仕組みを提案したポターニンも恩恵を受けた。ポターニンが支配するインテルロスが，シダンコという石油会社とノリリスク・ニッケルという非鉄会社の 2 社を獲得するに至った（ノリリスク・ニッケルの事例については第 4 章で詳しく述

べる)。2社とも，インテルロスの中核金融機関であるオネクシム銀行がオークションの幹事行となった。そして，オークションの結果，2社を落札したのは，MFK（国際金融会社）という，同銀行の関連組織であった。

　この担保オークション方式の民営化の問題点は次のようにまとめることができる。第一に，担保株を取得したのは特定の内部関係者であったことである。第一回目の担保株管理権のオークションは，真のオークションというより，大抵の場合予め担保の対象となる企業の経営者と融資提供者との間で事前に交わされていた一連の合意が形式化されたものにすぎなかった。例えば，ルクオイルとスルグートネフチェガスの場合は，経営陣自体が落札者となったし，ユーコスとシダンコの場合は，オークションの幹事と落札者が同一機関であった。結局，内部関係者の思惑通り，第二回目のオークションによって，第一回目に融資を行った投資家が，最終的な担保株を買い取り，所有者となることに成功した（Moser and Oppenheimer［2001］312）。

　第二の問題点は，オークションの組織方法をめぐる公正さの欠如である。オークションは建前上，オープンで自由な競争とされていたが，怪しげな名目会社が利用されるなど，自作自演的な性質が色濃かった。また，オークションの参加条件として，部外者が到底満たすことができないような条件を意図的に設定することもあった。例えばシダンコの場合，オークションに参加するためには締切日までにシベリア南東部のアンガルスク製油所の株をシダンコに移譲するという条件を課した。しかし，現実的にその条件を満たせるのは，事実上シダンコ取得を狙うポターニンが支配するインテルロスだけだった。シダンコのオークションを主宰する幹事はオネクシム銀行であり，同銀行を支配していたのは他でもないポターニンだった。また，スルグートネフチェガスにいたっては，オークションが実施される当日，本社所在地であるスルグート市の最寄りの空港を閉鎖してしまった。部外者がオークションに参加したくても，物理的に近づけさせないようにしたのである。結局オークションに参加できたのは2社だけであったという。落札者は，スルグートネフチェガスの自社年金基金であった（Lloyd［1998］，Treisman［2010］）。

　第三の問題点は，最低入札価格と落札価格が近すぎるといった，落札価格に

対する批判である。最低入札価格についても，真の市場価値を反映していない単なる資産の安売り，といった批判が噴出した。例えば，ルクオイル株5％を移管するのに，政府は本来それによって4億米ドルを調達できたはずのところ，実際には格安の600万米ドルしか獲得できなかった，という試算がある (Moser and Oppenheimer [2001])。

このように，担保オークションにはその公正さ・透明さの面で多くの問題があった。政府が担保株を融資と引き換えに提供した時点で，ロシアの有望企業が，特定の実業家の手に渡る手はずが整っていたと見られ，企業家と政権との癒着した関係が露呈された。政権基盤強化の代償として，恣意的な株式の配分を行ったことで，オリガルヒと呼ばれる一部の新興財閥に資本の集中が進み，その政治的影響力が強まった。

4）私有化の評価について──財産権の確立という視点

1990年代のロシアにおける私有化は，当初想定していた目標を十分に達成することができなかった。すなわち，企業経営の効率化，国民経済の脱独占化，私有化に対する国民の支持の盤石化，そして経済活動の非政治化などは必ずしも達成できなかったのである (Nolan [1995], Tompson [2002b])。

企業経営の効率化について，本来私有化の目的は積極的な企業再建であったにもかかわらず，私有化政策は，経営者および従業員など企業内部関係者に大幅に譲歩した結果，現状維持志向の強いインサイダーによる企業コントロールを生んだ。

私有化は期待通りに進まなかったわけだが，そもそも想定されていた理論上のシナリオとはどのようなものだったのだろうか。国有企業の私有化が中心的な市場経済化政策となったのは，私有化が，経済自由化とともに，企業にハードな予算制約と競争を課すことで，市場経済に即したインセンティブを企業経営者に与えることができると期待されたからであった。第1章でも論じたように，ソ連時代の企業関係者が直面していた「歪んだインセンティブ」を転換することこそ市場経済移行の主要課題であった。私有化により民間所有が進むことによって，企業再建へのインセンティブを持つ新所有者への資産売却が促進

され，企業統治や企業経営の改善や効率向上につながる行動を促すシステムが生まれると期待されていた。

　私有化とは，私有財産を法制度のもとに割り当て，財産権・所有権（property rights）を確定することである。シュライファーらは，私有化の基本理念は，ロシアにおいて財産権を明確化し，私有財産制度の確立を促進することであると強調した（Shleifer［1995］, Boycko et al.［1995］）。ポール・ミルグロムとジョン・ロバーツは，確固たる財産権に支えられた所有の制度は，資産の創造や維持，さらには向上を目指すインセンティブを人々に与える上で最も普遍的で有効な制度であると述べる。それがいかに有効かを示す例として，彼らは旧ソ連やソ連解体前の東欧の共産主義諸国を挙げる。ソ連型経済が非効率であるのは，明確な所有権の欠如が，資産維持，イノベーション，そして新たな資産の形成を促すインセンティブを鈍化させてきたからだとしている（Milgrom and Roberts［1992］）。

　ロシアの私有化は，財産権が明確に規定されていないところから出発し，どのような道筋を歩んだのか。以下に示す通り，想定と現実の間には大きなギャップが生じた。すでに見てきたように，ロシアでは，最初の段階での所有権の第一次的分配は，バウチャーを利用した大規模私有化によって行われた。バウチャー方式は，幅広い私的所有者層を創出する。バウチャー方式の私有化を通じた財産権の最初の割り当て直後は，経済的に非効率である分散した株式所有の構造が作り出されるであろうことは，政策を推進する改革者たちにとってはすでに織り込みずみであった。実際に，分散所有が生じ，企業の経営者や従業員などの内部関係者支配（インサイダー・コントロール）のパターンが発生した。しかし，当初こそ分散型所有構造が生成されるものの，所有者はほどなくして保有する株を売却し，所有の集中化が進むものと想定されていた。効率的な経営と企業再構築へ向けて，より関心や意欲を備えた所有者（株主）へと，所有構造の変化へ導く取引が行われる次の段階に移る，と考えられたのである。

　この二次的段階では所有の集中が進み，大規模株主によるコントロールとモニタリングが可能になることが想定されていた。つまり，企業の支配を可能にしたり，モニタリングを機能させたりするのに十分な規模の株式保有比率を蓄

積する大株主が登場することが期待されていた。私有化によりその改善を目指したコーポレート・ガバナンスの議論では，エージェンシー理論に基づいた株主の保護や影響力が注目される。所有と経営が分離され，所有者（株主）（プリンシパル）と経営者（エージェント）の間に情報の非対称性が存在する場合，株主には不利益だが経営者にとって利益のある行動を経営者はとりかねないというエージェンシー問題が生じる（第2章を参照）。だが，所有の集中度が高くなると，企業の支配権が大株主に移り，所有と経営の分離から派生するエージェンシー問題は解決しやすくなる。なぜなら，利潤拡大に関心がある大株主は，彼らの利益が尊重されうる程度の十分な支配権を企業資産に対して持つことになるからである。大株主の存在は，企業価値最大化を目的として，株主のために企業経営を行うように経営者を規律づけるメカニズムが働き，大株主によるガバナンスが可能になるということである（Shleifer and Vishny [1986], Shleifer and Vasiliev [1996]）。

　つまり，比較的シンプルな取引を可能にさせるバウチャーを利用したのも，二次的段階に移り，財産権の移譲が容易に行われやすいと想定されたからであった。迅速な私有化は，証券投資や企業買収をすぐに活性化させると考えられていた。いわゆる企業支配移転のための「企業コントロールの市場」が形成され，企業再構築に対する意欲とそのための手段を有する所有者のもとに企業支配権（企業コントロール権）が移ることによって，第一段階のバウチャー方式の私有化の結果生じた財産権の割り当て（所有構造）が，より効率的なものに変革されることが期待されていた（Tompson [2001a]）。

　効率的な所有構造を考える際，Boycko et al. [1995] は，所有をコントロール権（意思決定権）とキャッシュフロー権（利益配分権）からなるという考え方を示した。これは，Grossman and Hart [1986] や Hart and Moore [1990] が論じた，所有は残余コントロール権と残余所得権からなるという，不完備契約論に基づく財産権アプローチに依拠している。残余コントロール権とは，事前にすべて起こりうる事象を契約に織り込むことは不可能な状況下で，契約に明記されない残余部分における意思決定権のことである。シュライファーたちは，このような考え方に基づき，効率的な所有構造を実現するには，同一の所有者

のもとにコントロール権とキャッシュフロー権が備わることが必要であると論じる。究極的には，利潤最大化が目的である外部投資家が双方の権利を持つことが最も効率的な所有構造であると結論づけている（Boycko et al. [1995]）。

このように，私有化の基本理念が財産権の明確化にあったのも，私有化・民営化さえすれば，初期の所有者が誰であっても市場でのバーゲニングを通じて財産権が配分され，最終的には効率的な所有構造が実現するとの暗黙裏の想定があった。つまり，迅速なロシアの私有化に対するアプローチの背景には，「コースの定理」に基づいた考え方の適用があった（Stiglitz [2000], Roland [2000]）[6]。それは，財産の所有権が明確に規定されさえすれば，取引コストが存在しない条件下では，所有者が交渉と交換を重ね，最終的には資源の効率的な配分が実現するので，初回の財産権の配分は重要ではないという考え方である（Sutela [1998], Andreff [2005]）。

ただ，もちろん，これらの考え方の適用性は重要な前提条件があるわけで，ロシアには当てはまらなかったことが，私有化政策採用後に明らかとなった。ロシアでは，脆弱な法制度の下で財産権が明確に規定されず，また，取引コストが相対的に高かったからである。問題は，最初の財産権の配分が多くの非効率的所有者を分散所有という形で生み出し，さらには，期待されていたより効率的な所有者への所有集中をもたらす財産権の再配分の展開が遅れたことにあった。その原因の一つは，所有権の交換が行われる効率的な企業コントロールの市場が生成しなかったことにある。それはある意味自明のことであった。企業コントロールの市場が構築され機能するには，適切な制度，特に効果的な法制度が必要となる。モノを取引するシンプルな市場と違い，企業コントロール市場で取引対象になるのは，上述の残余コントロール権など，抽象的な権利の束である。法の適用と執行に問題点が多く，法制度が脆弱で財産権の保護も十分でない1990年代のロシアでそのような市場が発達するだろうと予測することは，今となっては見通しが甘かったといわざるをえないだろう。

結局，このような状況下で，期待されていたような市場を通じたノーマルな

---

6)「コースの定理」の不用意な適用を含め，ジェラール・ロラン（Roland [2000]）による市場経済移行研究における議論について，上垣 [2009] を参照。

形での企業支配権の移転と効率的な所有構造の確立はなかなか進まなかった。現実には，株式担保型民営化後，オリガルヒなどの一部の企業家が，法の盲点を悪用し，インフォーマルな手法を用いて企業支配の確立を行った（第2章と第4章を参照）。コーポレート・ガバナンス問題を解決する，あるいは少なくとも軽減するような制度的基盤が欠如している環境で，投資家は短期的志向に走っていた。

その上，ロシアにおける私有化は，第1章で論じたように，事前に企業再編成や再構築の試みがなされていないソ連型企業において進められた。つまり，企業の経営資源や企業の境界を無視した生産単位の私有化に止まった。その結果，企業の再構築が必要となったことが企業家による資産をめぐる争いなどを招くことになり，そのような私有化のコストは，経済全体にとって，特に企業セクターにとって大きなものとなった（Nolan［1995］，Joskow and Schmalensee［1997］，Fortescue［1997］，Deliagin［2000］）。

5）ロシア私有化の特殊性──限定的な課題達成とその意義

以上見てきたように，ロシアの私有化政策の特徴は次のようにまとめられる。

第一に，1990年代の私有化政策は，ソ連型企業の属性や法制度基盤の欠如という体制転換におけるロシア経済の初期条件に留意せずに実施したことで，当初期待された政策目標を必ずしも達成できなかった。私有化の第一段階では，政治的な妥協として，企業の内部関係者を優遇したバウチャー方式により行ったため，いわゆるインサイダー・コントロールを引き起こした。第二段階では，政権基盤の強化の代償として，恣意的な株式の配分を行ったことで，いわゆる一部のオリガルヒが影響力を持つ経済システムを作り出した。私有化に関する急進的なアプローチは，私有化さえすれば，当初の所有者が誰であろうと，市場を通じた企業支配権の移転によって，効率的な所有構造が確立されるとの暗黙の前提に基づいていた。だが，法の支配や財産権の保護体制が十分に整備されているとはいえない条件下では，効率的な企業コントロールの市場の健全な生成は難しかった。

第二に，第1章で論じたように，1990年代の私有化が，企業の経営資源や

企業の境界を無視した生産単位の私有化にすぎなかったことが、ロシアの企業システムに大きな混乱を引き起こす要因の一つとなった。ソ連型企業は、ソ連型経済システムの中のヒエラルキーの最下位に位置する生産単位にすぎず、資本主義経済における企業のように独立した経営資源の集合体・経営管理組織体ではなかった。だが、ロシアの私有化政策は、このようなソ連から引き継いだ企業システムの特殊性に留意せずに実施されたため、私有化された企業は、企業再編成や企業の境界の再構築が必要となり、資本主義企業化への課題に直面することになった。

第三に、1990年代のロシアの私有化政策には欠陥があったものの、そのことをもって、私有化の意義そのものが否定されるものではない。次章以降の事例研究が示しているように、私有化後、企業としての体をなしていないソ連型企業が、新生ロシアに現れた企業変革の担い手たちによって、曲がりなりにも資本主義企業への転換に成功した。中には、それに止まらず国際競争力を高め、グローバル企業として発展を続けている企業もある。私有化・民営化が行われたからこそ、資本主義企業への転換と発展が可能であったのである。そうした私有化の意義を認識した上で、以上のことが示唆するのは、市場経済移行政策における企業改革では、法制度面での制約などを考慮しつつ、企業のリソースの再構成や企業の境界の調節などに留意した政策の枠組みづくりが重要であるということであろう。

2 大企業グループの誕生

1) 企業のグループ化とその背景

ソ連型経済システム崩壊後、私有化政策を中心に市場経済への移行が進められたロシアでは、大規模な企業グループ（ビジネスグループ）が誕生した。それは、1990年代市場経済移行下のロシアの企業システムにおいて、最も特徴的な現象の一つであったといえるだろう。ロシアの資本主義化の過程で、新興実業家は企業グループを率いると同時にその政治力で台頭した。エリツィン、

プーチン両政権を通じ，これら大企業やその経営陣と政権との公式・非公式のつながりは，ロシア経済のあり方に大きな影響を与えてきた。

　市場経済移行の過程で，ロシアではどのようにして企業グループが誕生し，その担い手である企業家が生成されたのであろうか。本節では，ロシアに出現した企業グループの発展に焦点を当てる。そして次節で，企業グループを率いることになった企業家の生成について考察する。

　私有化政策が一段落した1997年には，「ビッグ10」と呼ばれる企業グループが台頭していた。企業のグループ化は，金融機関を中心になされていった。ロシアの企業研究の第一人者であるパッペは，以下の10大企業グループの台頭を指摘した（Pappe [2000] 206-10）。それらは，①ルクオイル，②メナテップ・グループ，③インテルロス／オネクシム・グループ，④インコム・グループ，⑤ベレゾフスキー／スモレンスキー・グループ，⑥アルファ・グループ，⑦モスト・グループ，⑧システマ，⑨ロシースキー・クレジット，⑩ガスプロム・グループ，となっている（表3-3を参照）。

　各グループには中心となる金融機関，そして中核となるビジネスがそれぞれ存在する。企業グループの総帥は，いわゆるオリガルヒと呼ばれるようになった企業家で，ロシア政財界でよく知られるようになった人物ばかりである。前節で述べたように，株式担保型民営化によって，石油や非鉄・製鉄産業の重要な国有企業の政府保有株式が民間実業家の手に渡った。その結果，一部の新興財閥に資本の集中が進み，企業グループが形成されていった。

　企業がグループ化した背景には，金融制度など市場経済を機能させる制度環境の未整備を補う効果があった（Dynkin and Sokolov [2001]）。主として金融機関を軸に展開しはじめたグループ化は，次第に，石油・ガスや金属など天然資源セクターの一産業を担う企業を中心に据え，大企業グループとして発展していった。1990年代の形成の初期段階では，大部分は，その中核にグループ専用の金融機関・商業銀行を組み入れていた。アレクサンドル・ディンキンとアレクセイ・ソコロフの研究によると，それら金融機関は，グループの金融資産を蓄積し，証券の預託機関として機能し，海外へ資金を移転するための経路を提供するなどの役割を果たしていた。これに加えて，グループは商社，保険会

社，投資会社，リース会社，輸送会社，医療・レクリエーション組織，建設会社なども含有していた（Dynkin and Sokolov［2001］）。

　企業グループの設立は，以下のことを可能にした。取引コストをできるだけ低く抑えること，銀行システムの未発達さを補うこと，資産保護が不十分な状態に対してある程度の安心感を与えること，などである（Dynkin and Sokolov［2001］）。1990年代当時，市場経済を機能させるための諸制度を欠いている中で，ロシアにおける企業グループの設立は，経済体制転換において生じた否定的な作用の衝撃を和らげ，企業家や企業が身を守るための補完的役割を果たしたといわれる（Perroti and Gelfer［1999］，Dynkin and Sokolov［2001］）。

　1998年のロシア金融危機によって企業グループおよびその経営者の顔ぶれも一部変わり，企業グループは金融機関から産業を中心とするものへと変化していった。表3-3にも示されているように，2001年から03年に台頭していた企業グループのコアとなる機関は，金融セクターからリアルセクターに移っている。

　1997年の「ビッグ10」から10年経った2008年時点での主要企業グループを見ると（表3-3を参照），これら主要企業のほとんどが1990年末～2000年初頭にかけ形成されたものであることがわかる（Pappe and Galukhina［2009］136-56, 239-86）。ここで注目されるのは，メナテップ（ユーコス）グループの消滅と国家コーポレーション・ロステフノローギー（ロステク）の出現であろう。これは，第6章と第7章で詳しく述べるように，国家の経済に対する関与増大によって表れた変化である。

　大企業グループの肯定的役割として，ディンキンらの研究が指摘するのは，表3-3に示されている10大民間企業グループ（2001～03年）が，2002年におけるロシアの工業生産の39％，資本投資の21％，輸出の31％，利潤税の22％を占めていたという事実である（Dynkin and Sokolov［2001］, Dynkin［2004］）。さらに，アンドレイ・クレパッチとアンドレイ・ヤコブレフの分析によると，これら民間大企業グループの企業活動がGDPの20～22％を占めていたという（Klepach and Iakovlev［2004a］［2004b］）。

表 3-3　ロシア主要大企業グループ

1997 年（「ビッグ10」）			2001～03 年	
企業グループ	企業家	中核金融機関／主要企業	企業グループ	企業家
ルクオイル	V. アレクペロフ	インペリアル銀行／ルクオイル（石油）	ルクオイル	V. アレクペロフ
メナテップ	M. ホドルコフスキー	メナテップ銀行／ユーコス（石油）	ユーコス／メナテップ	M. ホドルコフスキー
インテルロス／オネクシム	V. ポターニン M. プロホロフ	オネクシム銀行，MFK／ノリリスク・ニッケル（金属），シダンコ（石油）	インテルロス	V. ポターニン M. プロホロフ
インコム	V. ヴィノグラードフ	インコム銀行／ババエフスキー（製菓），ロットフロント（製菓）	バゼール（バーザヴォイ・エレメント）／ミルハウスキャピタル	O. デリパスカ R. アブラモーヴィッチ
ベレゾフスキー／スモレンスキー	B. ベレゾフスキー A. スモレンスキー	SBS アグロ銀行／シブネフチ（石油），アエロフロート（運輸）	セヴェルスターリ	A. モルダショフ
アルファ	M. フリードマン, V. ヴェクセルベルグ	アルファ銀行／TNK（石油）	アルファ-レノヴァ	M. フリードマン V. ヴェクセルベルグ
モスト	V. グシンスキー	モスト銀行／モストデベロップメント	スルグートネフチェガズ	V. ボグダノフ
システマ	V. エフトゥシェンコフ	モスクワ復興開発銀行／MTS（電気通信）	システマ	V. エフトゥシェンコフ
ロシースキークレジット	V. マルキン	ロシースキークレジット銀行／レベジンスキー GOK（選鉱コンビナート）	MDM	A. メリニチェンコ S. ポポフ
ガスプロム	V. チェルノムィルジン	ガスプロム銀行，インペリアル銀行／ガスプロム（ガス）	アフトヴァズ	V. カダンニコフ

出所）Pappe [2000], Dynkin and Sokolov [2001], Dynkin [2004], Pappe and Galukhina [2009] より作成。

第 3 章　計画経済から市場経済へ

(1997 / 2001〜03 / 2008 年)

中核企業	企業グループ	企業家	主要企業
ルクオイル（石油）	ルクオイル	V. アレクペロフ	ルクオイル（石油）
	タトネフチ	Sh. タハウトゥディノフ	タトネフチ（石油）
ユーコス（石油）	MDM グループ	A. メリニチェンコ S. ポポフ	MDM 銀行，SUEK（石炭，電力），
	セヴェルスターリ	A. モルダショフ	セヴェルスターリ（鉄鋼）
ノリリスク・ニッケル（非鉄金属）	NLMK	V. リーシン	NLMK（ノヴォリペツク冶金コンビナート）
	メタロインヴェスト	A. ウスマノフ V. アニシモフ A. スコチ	メタロインヴェスト（レベジンスキーGOK（選鉱コンビナート），ミハイロフスキー GOK 他）
ルサール（アルミニウム）シブネフチ（石油）	エヴラズ／ミルハウス	R. アブラモーヴィッチ A. アブラモフ	エヴラズ（鉄鋼），ユジュクズバスウゴリ（石炭）
	インテルロス	V. ポターニン	ノリリスク・ニッケル，ロスバンク，プロフメディア（出版）
セヴェルスターリ（鉄鋼）	オネクシム・グループ	M. プロホロフ	TGK4（電力），UC ルサール（非鉄），インテルゲオ（電力）
	UGMK	I. マフムドフ	UGMK（ウラル探鉱会社），クズバスラズレズウゴリ（石炭）
TNK（石油）スアル（アルミニウム）	バゼール	O. デリパスカ	UC ルサール，ノリリスク・ニッケル，クラスノヤルスク GES（電力），イルクーツクエネルゴ（電力），GAZ（自動車），コンチネンタルマネジメント（木材），バゼルセメント
	レノヴァ	V. ヴェクセルベルグ	TNK-BP（石油），ヴィムペルコム（電気通信）
スルグートネフチェガズ（石油）	アルファ・グループ	M. フリードマン	TNK-BP，電気通信関連
システマ（電気通信）	システマ	V. エフトゥシェンコフ	MTS，コムスタル
MDM 銀行	ガスプロム	A. ミーレル	ガスプロム（ガス），ガスプロムネフチ（旧シブネフチ）（石油），モスエネルゴ（電力）
アフトヴァズ（自動車）	国家コーポレーション・ロステフノロギー（ロステク）	S. チェーメゾフ	ロスアボロンエクポルト（武器輸出入），VSMPO アビスマ（チタン合金），アフトヴァズ（自動車），ロシアヘリコプター

表 3-4 「エクスペルト 400」企業ランキング (2003 / 13 年)

2003年順位	企業名	部門	2002年売上高(百万ルーブル)	2013年順位	企業名	部門	2012年売上高(百万ルーブル)
1	ガスプロム	石油ガス	613,754	1	ガスプロム	石油ガス	4,764,411
2	RAO UES	電力	503,409	2	ルクオイル	〃	3,615,692
3	ルクオイル	石油ガス	484,48	3	ロスネフチ	〃	2,098,000
4	ユーコス	〃	356,657	4	ロシア鉄道	運輸	1,540,323
5	スルグートネフチェガス	〃	200,945	5	ズベルバンク	銀行	1,346,500
6	TNK	〃	190,524	6	TNK-BP	石油ガス	1,241,000
7	シブネフチ	〃	149,797	7	システマ	電気通信	1,064,200
8	ルサール	金属	124,106	8	スルグートネフチェガズ	石油ガス	849,575
9	アフトヴァズ	自動車	119,432	9	トランスネフチ	輸送	732,375
10	タトネフチ	石油ガス	108,690	10	MRSK	電力	621,633
11	ノリリスク・ニッケル	金属	105,188				

出所)『エクスペルト』ウェブサイト (http://www.expert.ru) より作成。

2) 天然資源分野と企業グループ

ロシアの大企業グループの主要ビジネスは石油・ガス,エネルギー,そして金属部門に集中している。ロシアの経済誌『エクスペルト』が発表する「エクスペルト 400」と呼ばれる企業ランキングで,いつもトップを占めるのは資源部門の大企業である(参考までに表 3-4 に 2003 年と 2013 年のデータを示す)。

ロシア経済は 1998 年金融危機の後,2000〜07 年には年平均 7 ％の成長を遂げていた。そのうち天然資源分野の貢献が大きく,同分野が鉱工業生産の大幅な伸びに大きく寄与した。Ahrend and Tompson [2005a] によると,2001〜04 年の鉱工業生産の成長の 70 ％ が天然資源分野によるもので,そのうち石油分野が 45 ％ 程度を占める。これは,2001〜04 年の GDP 成長のうち,3 分の 1 以上が天然資源分野によるもので,そのうち石油分野のみによるものが 4 分の 1 近くということを示唆している(Ahrend and Tompson [2005a])。

表3-5 石油部門の投資・生産・輸出の変化（1998～2003年）

(対1998年比, %)

上流部門設備投資額	1999年	2000年	2001年	2002年	2003年
計	65	148	215	167	—
金融グループ系石油会社	48	117	188	160	—
うち3大企業（ユーコス，シブネフチ，TNK）	35	122	225	202	—
石油専門家系石油会社	80	169	229	174	—
国営石油会社	73	173	244	169	—
生産量（原油・コンデセート）					
計	101	107	115	125	139
金融グループ系石油会社	99	105	116	136	158
うち3大企業（ユーコス，シブネフチ，TNK）	99	119	138	162	190
石油専門家系石油会社	102	111	128	135	144
国営石油会社	98	100	103	106	113
原油輸出（CIS以外）					
計	98	118	125	139	164
金融グループ系石油会社	90	111	129	142	180
うち3大企業（ユーコス，シブネフチ，TNK）	104	147	178	190	239
石油専門家系石油会社	86	100	111	124	131
国営石油会社	86	104	97	99	109

出所）OECD [2004b] 84-6.

　その石油分野で注目されるのは，1998年の金融危機以降の経済成長に貢献した民間大企業グループである。経済成長に対する石油部門の役割に関する分析で，OECD（経済開発協力機構）は，石油企業を3つのグループに分けて比較している。金融グループ系石油会社，石油専門家系石油会社，そして国営石油会社である。国営石油会社にはロスネフチ，バシネフチ，コミネフチなどが含まれる。石油専門家系とは，ソ連時代から石油業界に携わってきた経営者に率いられる民間企業で，ルクオイル，スルグートネフチェガスなどが含まれる。金融グループ系とは，銀行業で財をなし，その後石油業に軸足を移した新興財閥が率いる民間企業が含まれる。中でも3大金融系企業として，ユーコス，シブネフチ，TNK（チュメニ石油会社）が代表的である。表3-5に示す通り，上流部門の設備投資額を見ると，2001年以降急速に投資額を伸ばしたのは，金融グループ系であった。生産量については，1998年から2003年までの間，国

営石油会社の伸びは13%であったのに対し，3大金融系企業の伸びは，90%にも上っている。この期間，輸出については，3大金融系企業はおよそ140%の伸びを示した（OECD［2004b］42）。

OECD［2004b］は，2001年から03年のロシアのGDP成長の5分の1から4分の1程度を民間石油会社が直接担っていたと推計し，さらに，石油部門における調達や賃金の国内需要に対する波及効果を考えると，経済成長への民間石油会社の実際の貢献は，より大きかったと見ている[7]。生産の伸びが輸出増加につながり，民間石油会社はロシア対外収支を黒字にするために重要な役割を果たし，経済成長を牽引した消費ブームを可能にした。投資についても，1998年の金融危機後に，企業家の間で，財産権がそれまでより比較的安定してきたという認識が強まり，それが石油部門における民間石油会社による投資増加につながったと指摘している（OECD［2004b］43）。

以上のように，2000年以降，民間石油会社が著しい伸びを見せるようになった。これは，ちょうどソ連型企業が私有化されて「資本主義企業化」が一段落した頃にあたる。OECD［2004b］は，特にロシアの民間石油会社が投資，生産，輸出を急速に伸ばすことがなかったら，ロシアの経済成長もこれだけ目覚ましいものにはならなかったであろうと評価している。加えて，これら民間石油会社が国営のままだったら，これまでの国営石油会社のパフォーマンスから判断して，この時期に達成したような成長は不可能であっただろうとしている（OECD［2004b］）。

3　「ビジネスエリート」としての企業家の生成

1）企業家の出自

では，これら企業グループを率いる人々はいかなるバックグラウンドを持っているのだろうか。企業家として台頭してきた新興実業家の多くは，旧ソ連時

---

[7] 石油・ガスがロシアのGDPに及ぼす影響については，Kuboniwa et al.［2002］，Tabata［2006］を参照。

代のエリートである「ノメンクラトゥーラ」出身か，あるいは彼らとの強い結びつきがあった。このことによって，市場化初期の混乱の中で，いち早くビジネスチャンスを獲得するとともに，政府の政策決定に影響力を行使し，企業活動を有利に運ぶための環境づくりを行うことが可能となった[8]。

「ノメンクラトゥーラ」とは，本来はソ連時代の人事政策に関わるノメンクラトゥーラ制度のことをいうが，転じて統治エリートをも意味するようになった。本節ではノメンクラトゥーラは，制度としてではなく，社会階級を指すこととする[9]。

オリガ・クリシュタノフスカヤは，いわゆるオリガルヒを含めた大企業家を「ビジネスエリート」として捉える。ソ連からの体制転換を受け，1990年代初頭よりエリート研究が盛んになった（Kryshtanovskaya and White [1996], Kryshtanovskaia [2005], Lane and Ross [1999] など）。以下では，エリートの連続性に着目するクリシュタノフスカヤの分析を用いて議論を進め，新生ロシアの企業家のバックグラウンドを明らかにする[10]。

ビジネスエリートとは，大企業家の中でも，自身の財力と経済資源によって全国家的な政策決定において本質的な影響を与えることのできる企業家層のトップを指す。すべての大企業家が政治に顕著な影響を与えているとは限らないという意味で，ビジネスエリートと大企業家とは厳密には同義ではない（Kryshtanovskaia [2005] 292-4）。具体的には，ビジネスエリートとは，表3-6に示されるロシア企業家ランキング（『フォーブス』誌）の上位を占める企業家が，概ねこれに該当すると考えられる[11]。

---

8) 本項の議論を含め，ロシアの企業家の生成と中国の私営企業家の登場の比較については安達・毛里 [2014] を参照。
9) ノメンクラトゥーラの総合的研究としては Voslensky [1984] を参照。先行研究の整理など邦語では湯浅 [1999] を参照。
10) エリートの断絶的特徴を議論するデーヴィッド・レーンは，ノメンクラトゥーラの概念自体が曖昧であることを強調し，支配エリートとしてのノメンクラトゥーラ研究を批判している。Lane and Ross [1999] を参照。
11) オリガルヒの台頭については多くの文献がある。彼ら率いる企業グループを中心にした Pappe [2000]，個人の出世を中心にした Freeland [2000], Goldman [2003], Hoffman [2002] など。邦語では塩原 [1998]，田畑・塩原 [2004] などを参照。

表 3-6 ロシア企業家ランキング (2003〜04 / 2011〜13 年)

順位(世界順位)	企業家名	資産(10億米ドル)	収入源	順位(世界順位)	企業家名	資産(10億米ドル)	収入源
		2003 年				2004 年	
1 (26)	M. ホドルコフスキー	8	石油 (ユーコス)	1 (16)	M. ホドルコフスキー	15.2	石油 (ユーコス)
2 (49)	R. アブラモーヴィッチ	5.7	石油 (シブネフチ)	2 (25)	R. アブラモーヴィッチ	12.5	石油 (シブネフチ)
3 (68)	M. フリードマン	4.3	石油, 金融, 電気通信 (アルファ・グループ)	3	V. ヴェクセルベルグ	5.9	石油, 金属 (レノヴァ, TNK)
4 (147)	V. ヴェクセルベルグ	2.5	石油, 金属 (レノヴァ)	4	M. プロホロフ	5.4	非鉄 (ノリリスク・ニッケル, インテルロス)
5	V. ポターニン	1.8	非鉄 (ノリリスク・ニッケル, インテルロス)	5	V. ポターニン	5.4	非鉄 (ノリリスク・ニッケル, インテルロス)
6	M. プロホロフ	1.6	非鉄 (ノリリスク・ニッケル, インテルロス)	6	M. フリードマン	5.2	石油, 金融, 電気通信 (アルファ・グループ)
7	O. デリパスカ	1.5	アルミニウム (ルサール, バゼール)	7	V. リーシン	4.8	鉄 (NLMK)
8	V. エフトゥシェンコフ	1.5	システマ	8	O. デリパスカ	4.5	アルミニウム (ルサール, バゼール)
9	V. アレクペロフ	1.3	石油 (ルクオイル)	9	A. モルダショフ	4.5	鉄 (セヴェルスターリ)
10	A. モルダショフ	1.2	鉄 (セヴェルスターリ)	10	V. アレクペロフ	3.9	石油 (ルクオイル)
		2011 年				2013 年	
1 (14)	V. リーシン	24	鉄 (NLMK)	1 (34)	A. ウスマノフ	17.6	鉄, 電気通信 (メタロインヴェスト)
2 (29)	A. モルダショフ	18.5	鉄 (セヴェルスターリ)	2 (41)	M. フリードマン	16.5	石油, 金融, 電気通信 (アルファ・グループ)
3 (32)	M. プロホロフ	18	投資 (オネクシム・グループ)	3 (47)	L. ミヘルソン	15.4	ガス (ノヴァテック, シブール)
4 (34)	V. ポターニン	17.8	非鉄 (ノリリスク・ニッケル, インテルロス)	4 (52)	V. ヴェクセルベルグ	15.1	金属, エネルギー, 電気通信 (レノヴァ)
5 (35)	A. ウスマノフ	17.7	鉄, 電気通信 (メタロインヴェスト)	5 (55)	V. アレクペロフ	14.8	石油 (ルクオイル)
6 (36)	O. デリパスカ	16.8	アルミニウム (ルサール, バゼール)	6 (56)	A. メリニチェンコ	14.4	投資
7 (43)	M. フリードマン	15.1	石油, 金融, 電気通信 (アルファ・グループ)	7 (58)	V. ポターニン	14.3	非鉄 (ノリリスク・ニッケル, インテルロス)
8 (50)	V. アレクペロフ	13.9	石油 (ルクオイル)	8 (62)	V. リーシン	14.1	鉄 (NLMK)
9 (53)	R. アブラモーヴィッチ	13.4	投資	9 (62)	G. ティムチェンコ	14.1	貿易
10 (57)	V. ヴェクセルベルグ	13	石油, 金属 (レノヴァ)	10 (69)	M. プロホロフ	13	投資 (オネクシム・グループ)

出所) 『フォーブス』のウェブサイト (http://www.forbes.ru) より作成。

表3-7 ノメンクラトゥーラ的バックグラウンドを持つ
ビジネスエリート (1993 / 2001 年)

(%)

	1993年	2001年
ノメンクラトゥーラに属していた割合	24	29
うち		
コムソモール機関	11	7
ソ連共産党機関	4	4
人民代議員ソビエト，執行委員会	5	5
省庁上級職	10	12

出所) Kryshtanovskaya and White [2005] 301.

表3-7は，ビジネスエリートのバックグラウンドについて，1993年と2001年の2つの時点で比較したデータである (Kryshtanovskaya and White [2005])[12]。ノメンクラトゥーラの出身者の割合はそれぞれ24％と29％を占めており，いずれの時点でも特権階級的バックグラウンドを持つ企業家の比率が比較的高いことが窺える。ただし，1993年の時点では，コムソモール（共産党青年組織）出身者が多かったのに対して，2001年時点では，省庁出身者が増えているという若干の差異は見られる (Kryshtanovskaya and White [2005])。ビジネスエリートの成員について，1993年と2001年のデータを比較すると，平均年齢は3歳若くなった（51.3歳から48.6歳へ）。また3分の1はモスクワやサンクトペテルブルク出身であった。(Kryshtanovskaia and Khtorianskii [2003])。

ではなぜ，ビジネスエリート層の基盤となったのが，ソ連時代のノメンクラトゥーラであったのだろうか。その理由を明らかにするためには，ソ連末期までさかのぼる必要がある。ソ連共産党解体によって決定的となった1991年のソ連崩壊後，先に詳しく述べたように，ロシアでは1992年に国有企業の大規模私有化政策が急進的に実行され，民間セクターが発展していった。とはいえ，実質上の私有化，つまり国有企業からの所有形態の変更は，ロシア政府による上からの政策として行われる以前からすでに始まっていた。1987年のソ連国有企業法制定を契機に，企業の所有形態は協同組合や合弁企業など多元化して

---

12) 1993年は131人，2001年は126人のデータを元にしている。

いった。ソ連型経済システムの範囲で模索された所有の形は，国有，集団所有（協同組合，株式会社，企業合同，コンツェルンなどを包含），そして市民（個人）による所有の3つに大別された（加藤［2006］，溝端［2003b］）。

　ソ連末期，経済の停滞からミハイル・ゴルバチョフ書記長は，経済の立て直しを目指す改革に着手した。ペレストロイカを掲げたゴルバチョフ改革の基本的構想は，1987年1月のソ連共産党中央委員会総会で示された。市場化の方向性を打ち出した経済改革の柱となったのは，企業の自主性の強化であった。企業活動を活性化させるべく，独立採算制や自主管理導入など，企業にはなるべく責任と権限を与えようという動きが強まった。その際，共産党による管理や統制は保持するものとした。管轄にあたる経済管理機構については，多くの省や国家委員会が廃止あるいは統合され，再編成が進んだ。連邦省の数は1979年に64であったのが，1988年に55，翌年は37に減少し，1987年には連邦レベルで部門省の人員の4割削減が求められた（加藤［2006］78-9, Fortescue［1997］）。管理の効率化をはかるための再編成であったが，ソ連経済をこれまで実際に管轄してきた管理機構と経済官僚が，もはや不要とみなされ削減の標的となっていたのである[13]。

　このような状況下で，1987年から92年にかけて，「国家による国家の私有化」と呼ばれる現象が起きていた（Kryshtanovskaya and White［1996］）。特に産業や金融分野での国家機構において，自らがそれを管理する立場にあるエリート官僚の主導によって，その機構の私有化，すなわち所有形態の切り替えが行われた。例えば，省が統廃合された際，省の所属から独立した機関が商業組織として設立されたり，省を基盤に国家コンツェルンが創出されたりした。典型として，廃止された省の次官クラス，あるいはそのすぐ下の高級官僚が国家コンツェルンのトップに就任した。省を起源とする国家コンツェルンはその後株式会社に改組され，支配株は政府へ，残りの株は省の元幹部たちの手に渡った。このパターンの代表的な例が，ソ連石油ガス工業省から国家コンツェルンとして設立され，後に株式会社に改組されたガスプロムである（第7章を参照）

13）ソ連時代の政治機構について，邦語では例えば宇多［1989］，体制の中核にあったソ連共産党の崩壊についてはOgushi［2007］を参照。

(Kryshtanovskaya and White [1996], Radygin [1999], Kryshtanovskaia [1996]])。

　このような形で，ソ連末期，統治エリートが政治力を経済資産に転換した。この現象は，社会階層としてのノメンクラトゥーラが私有化の牽引役となったことから，「ノメンクラトゥーラ私有化」と呼ばれるようになった（Radygin [1995] など）。これは，ソ連共産党が数年にわたり持続的に弱体化する中で生じていた。国家機構の改革は効率化につながらず，党は求心力を失っていた。市場化に伴う不確実性が増す中で，党・国家官僚たちは自発的に自らの立場を確保することのできる私有化の機会を活かしたのだった。

　同時に，ソ連末期に見られたソ連共産党の職種構成の変容がノメンクラトゥーラ私有化に及ぼした影響も考えられるかもしれない。ペレストロイカ期，ソ連共産党を危機的な状況にいたらせた党員数の減少が生じ，職種別構成にも変化がおきていた。党員候補が 1986 年以降減少に転じ，1989 年以降に始まった党員の減少は，1990 年には 1 年間で 14.1％減まで悪化した。共産党員であることにメリットを見出せなくなった一般労働者の離党が増え，共産党の中核をなす労働者の減少が激しかった（上野 [1993]）。党員全体の教育水準は上昇し，中でも人文系というよりも工学・農学など技術系の割合が高くなった。1989 年の 1 年間で党員数は前年比 1.3％減であったにもかかわらず，高学歴の党員は 1.9％増加した（Harasymiw [1988][1991]）。ボフダン・ハラシミューは，共産党は「労働者・農民の党」とはかねてからいえなくなっており，「官僚・インテリの党」になっていた現実を指摘している（Harasymiw [1988][1991]）。以上のことから，党の全体としての専門化が進み，党の高学歴化・エリート化が，ノメンクラトゥーラ私有化が進展する土壌づくりに貢献したとみなすことができるかもしれない。ちなみに，ノメンクラトゥーラ私有化を含め，上からの政策によってではなく，自発的に私有化が進行した「自然発生的私有化」と呼ばれるプロセスは，1992 年にロシア政府による私有化政策が開始されるとともに終了した。

　議論をビジネスエリート層の基盤となったソ連時代のノメンクラトゥーラに戻すと，上述した通り，ペレストロイカ時代，すでに私企業の活動も容認されるようになり，企業活動に関する改革が始まっていた。ここで注目に値するの

が，ソ連共産党の青年組織であったコムソモールを中心としたビジネス活動であった。1980年代後半，ノメンクラトゥーラは自らがビジネスを直接行うのではなく，コムソモールから人材を「全権代表」として集めて，ノメンクラトゥーラが有する権限をコムソモールに委ね，商業活動に従事するという方法をとった（Kryshtanovskaia［2005］294）。

　コムソモールは，ソ連末期に展開したビジネス活動において中心的役割を果たすことになり，その活動全般は「コムソモール経済」と称されるようになった。コムソモール経済の軸となったのが，1980年代末にソ連各地に設立された「青年科学技術創造センター」であった。これは，ソ連共産党や政府のお墨付きで党地区委員会付属の形で作られ，コムソモールのメンバーを中心に運営された。同センターには「現金化」の権利など，様々な特権が与えられた。ソ連時代，企業間取引の決済は，中央銀行の帳簿上で振替が行われた。企業の口座には資金が計上されたが，現金が使われていたわけではなかった。現金は，従業員への賃金を支払う目的で使われていたくらいだった。ペレストロイカ期，国有企業と，国有企業にサービスを提供するために事実上私的企業である「団体」が新設され，その団体と国有企業との仲介ビジネスを行うことが同センターに許可された。仲介役として，帳簿上のみに存在した資金を現金化する権利が与えられたのである。これはコムソモールのメンバーにとって恰好の錬金術となった。仲介業務の手数料は，センターと党が得た。さらに，センター関係者自らが設立した「団体」は，国有企業へのサービスに対し対価を受け取るなど，現金を得るほかにも，それを運用して利益を得る権利をフルに活用した（Kryshtanovskaia［2005］294-307）。

　こうしてコムソモール経済は急速に発展した。青年科学技術創造センターの設立とその活動を許可した当局側にしてみれば，コムソモールに特権を与えることによって，権利を委ねられる側の動きをある程度コントロールできると考えていたようである。しかし，現実は違った。1990年春までには，同センターやコムソモール関連の営利機関はそれぞれ600，4,000を超え，100万人を巻き込んだ青年・学生が主体の協同組合は1万7,000を超えたといわれる（Kryshtanovskaia［2005］299）。

青年科学技術創造センターを土台に頭角を表した企業家に，表3-6にも名前が掲げられているホドルコフスキーがいる。学生時代コムソモール副書記だったホドルコフスキーは，「青年科学技術創造センター・メナテップ」を率い，財を蓄えた。青年科学技術創造センターには，外国パートナーとの合弁企業設立の権利も与えられたほか，国家から外貨信用を特権的に得ることができた。例えばメナテップは国家から100万米ドルの外貨クレジットを得て，1米ドル10ルーブルの商業レートで運用し，1ドル0.65ルーブルの公定レートで返済するという方法で，利益を上げた（Kryshtanovskaia［2005］305）。ホドルコフスキーは青年科学技術創造センター・メナテップを基礎にメナテップ銀行を設立し，さらに富を築いた。メナテップ・グループを率い金融から産業分野に進出し，株式担保型民営化でユーコス石油会社を手に入れたホドルコフスキーは，石油業でも成功を収めた。ユーコスは，次章で詳述するように，ロシアを代表する大企業に成長する。

2）「富豪は任命制」──特権とビジネスチャンス

　市場経済移行の初期段階での企業家創出の重要な要因となったのは，政権との強い結びつきによって，有利なビジネスの機会と権利が彼らに与えられたことにある。「授権階級（*upolnomochennyi klass*）」という概念がある。これは，当局側よりビジネス上の特恵，権限，認可が与えられた一部の人々（例えばノメンクラトゥーラとその公認代理人）が「授権階級」となり，その中から，ロシアのビジネスエリートが形成されていったという議論である（Kryshtanovskaia［1996］）。

　ソ連末期から市場化初期にかけて企業活動が許されていたのは一部の人々であった。彼らのビジネスの成功は，ノメンクラトゥーラから与えられる特権や認可なしには，極めて難しかった。上述のように，ノメンクラトゥーラは自らがビジネスを直接行うとは限らず，コムソモールから人材を「代理人」として集めて行うという方法もとった。すなわち，1980年代後半から90年代初頭にかけての「権力の財産への転換」は，ビジネスに直接参加せずとも実現可能であった。逆に，実業家自身がノメンクラトゥーラの出身でなくとも，その出身

者と結びつくことで特権を享受できたのだった (Kryshtanovskaia [1996])。これらの動きは，時期的には大規模私有化が政策として実施される前のことであった。

　これまで見てきたように，エリツィン政権下では 1992～97 年にかけて企業の私有化が行われ，ビジネスエリートの形成が進んでいった。もともと勤務していた企業が私有化され，その企業に経営者として居座り，コントロールを確立するようになったケースや，職務上の地位を利用して自ら企業組織を設立するケースが，その代表的な方法であった。あるいは，私有化された企業を買収してオーナーになり，支配企業家層の一員となる方法も特徴的となった。後者にあたるのが，株式担保型民営化のプロセスである。

　株式担保型民営化で主要な役割を果たしたのは金融部門で成功した実業家（オリガルヒ）であったが，担保オークション方式を政府に提案したポターニンはその代表的存在であった。ポターニンは（表 3-6 を参照），いわゆるエリート校といわれるモスクワ国立国際関係大学（MGIMO）出身で，外国貿易省の高官を父に持つ。エリツィン政権初期，多くの民間銀行が設立された中で，公的資金を扱う認可が与えられた金融機関が急成長した。政府から特権的地位を獲得した一部の銀行は，公的資金を特恵的に扱い，高利回りの短期国債に投資するなどして，巨大な利益を得ることができた。ポターニンのオネクシム銀行やホドルコフスキーのメナテップ銀行などは政府から認可を獲得した「授権銀行」である。1990 年半ばまでに台頭した初期オリガルヒの多くは，この「授権銀行」をコントロールしていた人々であった[14]。

　「ロシアでは，富豪は任命制である」と発言したのは，エリツィン政権下で経済関係大臣を経験し，ロシアを代表する民間銀行であるアルファ銀行の頭取も務めた，ピョートル・アヴェンである (Black et al. [2000] 1743-4)。この発言に象徴されるように，一部の「授権」者が金融部門で成功し，さらには株式担保民営化により有望な国有企業を手に入れることができた。このような「リッチになるライセンス」の入手可能性は，政権中枢への距離の近さと特恵的地位

---

14) 1990 年代の銀行制度について，詳しくは Tompson [1997], Johnson [2000] を参照。

の獲得に依存するところが大きかったといえる。

3) 「ネットワーク」と「スキル」

　有利なビジネス機会の獲得を可能にするネットワークの有無は重要であるが，それだけでは不十分である。成功するために欠かせない条件は，与えられた機会を活かせる能力である。ビジネスの才覚も必要であり，要するにコネクションだけでなくスキルも重要となる。

　ただ，スキルといっても様々で，状況によって必要となるスキルも変わっていく。具体的には，ロシアにおいて1990年代の私有化後に企業を獲得した企業家たちは，獲得した企業を市場経済システムのもとで正常に機能させるよう改編するための力が必要だった。そして，競争力のある企業として成長していくためには，生産単位にすぎなかったソ連型企業の資本主義企業化が不可欠であった。さらに，市場経済下で機能させ，グローバルな企業に発展させる課題をクリアする必要があった。ソ連型企業を，企業整合性（コーポレート・コヒーレンス）を備えた企業に立て直すにはかなりの労力を要した。企業家としての課題は，ソ連時代の資産を獲得するだけでなく，リソースをうまく統合する必要があった（第1章を参照）。そうした中，経済の体制転換が進むロシアで重視された能力とは，第2章で論じ次章以降で示すように，フォーマルとインフォーマルの間をうまく舵取りしながら進むスキル，つまり，公式と非公式双方の制度に精通し，それらを駆使して勝ち残っていく術を身につけることであった。

　資本主義企業化のプロセスが進み，時間が経つにつれて，取り組むべき課題は，ソ連の経済システムの崩壊や私有化によってもたらされた構造を立て直すなどソ連解体後のロシアに特有なものから，より市場経済に特有なものに移っていった（Adachi [2006c]）。企業一般に共通した課題としては，活動の範囲がグローバルに拡大するに伴い，企業の競争力を改善することである。例えば，売上高でライバルを凌駕し，より大きな市場シェア，収益性，生産性，時価総額を達成するなど，市場志向の取り組みに関わる要素が大きくなっていった。

　もちろん企業家の成功には，政権と近い関係も不可欠だった。まずは政権との距離を縮め，その後も築き上げた関係を維持しなければならない。特に，

プーチン時代となり，ロシアの戦略的分野として捉えられる天然資源部門で活動する企業——とりわけ民間企業——にとっては，政権との協力関係をうまく保つことが必要となった。次章と第6章で考察する「ユーコス事件」が示すように，政府による個別の干渉からもたらされる企業にとっての「政治リスク」を回避するためにも，政府と企業との間の関係を効果的に持続することは，成功に欠かせない能力である。

4) 政権と経済団体の関係

政治と企業の関連を見る上で，企業・企業家は利益集団としてどのような関係構築に取り組んでいるのだろうか。利益集団として2000年代までに代表的となった経済団体は主に4つある。①ロシア産業家企業家同盟（RSPP）が最も代表的な団体で，32万8,000人を擁する。RSPPのウェブサイトによると，加盟企業はロシアのGDPの60％を占めるという[15]。会長はアルカーディー・ヴォリスキーを引き継いで2005年より元副首相のアレキサンドル・ショーヒンが務めている[16]。②実業ロシアは，中規模の経済団体で，38の部門別組織，72の地域支部からなり，製造業中心である[17]。2004年よりコンスタンチン・チトフが会長を務め，2014年からはアレクセイ・レーピクが会長を務める。③全ロシア中小企業家組織（オポーラ）は中小企業団体で，125の部門別組織，81地域に事務所，37万の企業家をメンバーに有する[18]。④ロシア連邦商工会議所（TPP）という団体は，2011年まで元首相のエフゲニー・プリマコフが会頭を務めていた[19]。この団体は170を超える地方商工会議所，190近くの連邦レベルの企業家による団体，および2万8,000人を超える企業家と組織からなる。TPPは連邦法（「ロシア連邦商工会議所について」）に基づいて創設されてい

---

15) ロシア産業家企業家同盟のウェブサイト（http://www.rspp.ru）を参照。
16) ショーヒンはソ連時代，ゴスプランでの勤務経験がある。エリツィン政権で労働大臣の他，副首相を歴任した。IMF（国際通貨基金）・世界銀行のロシア代表理事の経験もある。現在はロシア高等経済学院（HSE）の理事長も務めている。
17) 実業ロシア（Delovaia Rossiia）のウェブサイト（http://www.delorus.com）を参照。
18) オポーラ（OPORA）のウェブサイト（http://www.opora.ru）を参照。
19) 2011年からはセルゲイ・カティリンが就任している。

る特殊な存在といえる[20]。このように大規模企業の経済団体として RSPP，中規模のビジネス団体として実業ロシア，中小企業による団体としてオポーラが存在する。その他，セクター別の経済団体や，地域別の経済団体も存在するが，メジャーなものは以上の4団体であろう。いずれも参加は任意で，義務ではない。

　こうした経済団体の発展は，ソ連経済崩壊とともに，企業長の情報交換の場として，「企業長クラブ」的なものが自然発生的に生まれたことに端を発する。1990年代に入り，政府がこの動きをコントロールしようとし，RSPP が創設された。1990年代は企業団体の影響力は総じて弱かった。企業は団体としてではなく，単体で経済政策などに影響力を行使しようとしていた（Yakovlev and Govorun [2011]）。2000年になり，プーチン大統領のもと，状況が変化した。エリツィン時代と変わって，プーチン大統領は政治と企業活動の関係を秩序だったものにしようと試みた。また，経済政策立案の過程で，実業界からのインプットも有用と考えたと思われる。その一環として，RSPP の改編を大統領府が促した。その結果，これまで役員会は古いタイプの経営者の集まりだったが，ロシアの大手企業や企業グループのオーナーが役員会のメンバーとなった。同時に，実業ロシアやオポーラが大統領府のサポートのもと創設され，それぞれ中規模企業，小規模企業の利益を代表する経済団体として，役割分担を明確化した（Yakovlev and Govorun [2011]）。これら団体の会長について付け加えると，RSPP のショーヒン会長は政権与党の統一ロシア党の最高評議会メンバーを務める[21]。実業ロシアのチトフ前会長は政治にも積極的に関与する人物である。野党創設にも参加したが，プーチンや統一ロシア党とも協力関係にある。2012年6月の大統領令で，チトフはプーチン大統領よりロシアで企業家の権利を擁護するビジネス・オンブズマンに任命されている[22]。

　企業・企業家はなぜ経済団体に所属するのであろうか。概ね企業家たちは団

---

20) 商工会議所のウェブサイト（http://www.tpprf.ru）を参照。
21) 統一ロシア党のウェブサイト（http://er.ru）を参照。
22) 大統領府のウェブサイト（http://kremlin.ru/catalog/persons/319/events/15721，2015年6月1日閲覧）を参照。

表 3-8 経済団体と政府との関係

(%)

		会員	非会員
政府当局から支援(財政上・行政上)を受けたかどうか	連邦レベル	16	12
	地域レベル	34	21
	地方自治体レベル	25	17
地方政府当局(地域政府と地方自治体)へ支援(財政上・行政上)を与えたかどうか	支援なし	17	26
	売上 0.1％未満(あるいは支援規模言及なし)	57	57
	売上 0.1％以上	27	17

出所) Yakovlev and Govorun [2011] 21.

体への所属に価値を見出しているという結果が出ている (Frye [2002b], Yakovlev and Govorun [2011], Golikova [2009])。企業が経済団体に入る背景には, 政府とのパイプを維持することにある。つまり, 企業家にとっては, このような団体は政府と企業・企業家との間の仲介役であり, 両者の「相互作用」が促進されるメカニズムであるとする。政府と実業界との間の関係が, どちらか一方がもう片方を「捕獲(キャプチャー)」するのでなく, 双方の「相互関係(エクスチェンジ)」を促す役割を果たすという議論である (Frye [2002b], Yakovlev [2006])。

Yakovlev and Govorun [2011] による 2009 年の 957 社の調査が示すのは, 40％が経済団体に所属しているという結果である (Golikova [2009] の調査では 55％)。RSPP や TPP に所属している企業のうち, 64％は企業のメンバーシップを有益とみなし, 地域別団体に所属している企業は, 53％が有益とみなしている。セクター別団体に関しては, 61％が有益と判断している。表 3-8 にあるように, 団体の会員は政府との相互関係が非会員より積極的であるとしている。つまり, 経済団体に所属しているほうが, 政府当局から支援を受けたり, 逆に支援を行ったりという活動に, より積極的ということである。地域・地方レベルではその傾向が連邦レベルよりも顕著である (Yakovlev and Govorun [2011])。

おわりに——エリツィン時代のオリガルヒからプーチン時代へ

　以上，エリツィン政権下で進められた私有化と，企業グループの誕生および新企業家の生成を考察してきた。エリツィン時代に台頭したロシアの企業家の特徴をまとめると，次のようになる。この時期，体制転換に伴って経済の停滞や政治の不安定化が顕著となり，国家の行政能力は低下していた。そのような状況で企業活動を有利に運ぶためには，政治権力とのつながりが効果的であった。彼らは相対的に若く，ソ連末期に実業家としてビジネスチャンスに恵まれ，金融や資源産業で成功を収めることができた。特に私有化で国有企業を手に入れ，企業改革を実施したビジネスエリートとして活躍するようになった。

　「授権階級」たる彼ら企業家は，政権に便宜を図ってもらう一方で，政治過程への影響力も行使し，いわゆる「国家捕獲」と呼ばれる現象も起きた（Hellman et al. [2000]）。すなわち，一部の企業家が法律や規制の制定過程に介入し，ルール作りに有利に働くよう影響力を持つようになったのである。また，彼らの意向に従う国会議員を擁立し，資金面でも支援した。

　富と権力について考えるとき，政治への実業界からの影響は，企業家の能力や財力だけではなく，国家およびそのときのエリートの状況と関連しているという見方がある。つまり，国家が弱ければ弱いほど，企業家は政治的に積極的になる。国家が強ければ，企業家は自身の経済・経営問題に集中し，政治的役割はより控え目になる。（国家の強さ・弱さの議論については序章を参照）。こうして，企業家の政治的野心や動機は国家の「強さ」に関わる状態を示す一種のバロメーターになりうるのである（Kryshtanovakaia [2005] 294）。

　プーチン時代に移行して，エリツィン時代に誕生した第一期の元祖オリガルヒとも呼べる実業家たちの影響力は，個人レベルでは減少した。しかし，企業家の政治的な影響力は全体的には増している（Kryshtanovskaya and White [2005] 302-3）。特に政府における実業界からの代表者の増加傾向は顕著である。2003年には，政府高官のうち20％は企業家から任命されたという結果が出ている（表3-9を参照）。

表 3-9　エリートグループにおける実業界代表者の割合

(%)

	指導部トップ	下院議員	政府	地方エリート	全体
エリツィン時代（1993 年）	2.3	12.8	0	2.6	4.4
プーチン時代（2001 年）	15.7	17.3	4.2	8.1	9.3
〃　　　　（2003 年）	9.1	17.3	20.0	12.5	14.7

出所）Kryshtanovskaya and White [2005] 303.

　エリツィン時代，1996 年当時，ボリス・ベレゾフスキーは，自分を含めたオリガルヒ 7 人組がロシア経済の約半分を牛耳っていると豪語していた（7 人とはベレゾフスキー，ウラジーミル・グシンスキー，ホドルコフスキー，ミハイル・フリードマン，ポターニン，アレクサンドル・スモレンスキー，ウラジーミル・ヴィノグラードフ）。そのうち 2 人（フリードマンとポターニン）は現在も実業界で活躍しているが，プーチンと対立した 3 人のうちベレゾフスキーとグシンスキーは国外亡命し，ホドルコフスキーは収監された（後述）[23]。残りは 1998 年の金融危機を生き残れなかった。

　7 人組が脚光を浴びた 1996 年から 10 年経った 2006 年までには，状況も変化し，プーチン大統領に近い人物が大企業の舞台で頭角を現すようになった。プーチン時代に入り，「シロヴィキ」と呼ばれる，軍や FSB（連邦保安庁）やその前身であるソ連時代の KGB（国家保安委員会），内務省など治安機関出身者が政治とビジネスの分野で台頭し，その一部が新たなビジネスエリート層を形成している（Kryshtanovskaia [2008]）。プーチン時代のビジネスエリートについては，第 III 部で考察する。

23）ベレゾフスキーは 2013 年イギリスで死去した。

第4章
ロシア新興財閥の成長
―― エリツィン時代 ――

はじめに

　本章では，第Ⅰ部で考察した理論的枠組みをもとに事例研究を行う。第一に，ロシアを代表する民間垂直統合石油会社に成長したユーコス，第二に，地方のアルミニウム工場からグローバルな企業に成長したルサール，そして第三に世界一のニッケル生産量を誇るノリリスク・ニッケルについて考察を進める。この3社はエリツィン時代に台頭した代表的な大企業であり，以下に示すようにこれらの発展を考察することは，ロシア企業の発展メカニズムを解明する上で多くの示唆を与える。本章では，経営資源の集合体および管理組織体として，ソ連型企業が再構築され資本主義企業化するまでの課題と過程を，企業の管理・統治体制，経営資源の統合度，そして企業の境界の3点を中心に検討する。そして，インフォーマリティに焦点を当て，企業の統治慣行が及ぼした影響を分析する[1]。

1　ユーコス ―― 整合的な垂直統合石油企業の形成

　ユーコスとは，かつてロシア最大規模，そして最高収益を誇る石油会社に発展した民間企業だった。1990年代，ユーコスは第2章で見たような非公式な

　1）本章の議論については，Adachi［2006a］［2006b］［2006c］［2010］も参照。

慣行に基づき，ロシアで保障されていた少数株主の諸権利に対して悪業の限りを尽くしていた。それでも，やがて外国人取締役を迎え，国際監査基準に耐えうる業務を行うロシア指折りの企業とみなされるようになる。その絶頂期，ユーコスはロシア最大の時価総額300億米ドル超と評価された。そのようなとき，同社に対し，250億米ドルにのぼる追徴課税が請求された。同社CEO（最高経営責任者）で支配株主のミハイル・ホドルコフスキーとビジネスパートナーであるプラトン・レベデフの2人は，詐欺と脱税の容疑で獄中に送られた。そして，同社の主な生産資産であるユガンスクネフチェガスが最小公正価格とみなされた額の半値で強制競売にかけられた。2004年も終わりに近くなると，ユーコスの時価総額はわずか20億米ドルまで落ち込んだ。ユーコスは2006年8月に破産を宣告され，2007年11月に法人としての存在を失った（Ostrovsky［2004a］）。

1990年代，ユーコスは劣悪なガバナンス慣行の申し子と受け止められてきた。1999年，ロシア企業による株主の諸権利の侵害を定期的に報告しているロシアの投資銀行トロイカ・ディアローグ（第2章を参照）は，ユーコスを「コーポレート・ガバナンス濫用の本丸」と評価した（Troika Dialog［1999］1）。トロイカ・ディアローグが発行するこの報告書の節目となる第50号にて，1998年の当該報告書の刊行開始以来このかた，劣悪な企業統治慣行の「常習犯」として報告書に「多大なる貢献」をした企業と特記し，皮肉った。同じく1999年，投資家たちは同社に批判の声をあげた。これがユーコスの企業イメージに深刻な打撃を与え，同社の株価は下落した。1999年には『ウォールストリート・ジャーナル』『ニューヨーク・タイムズ』『ワシントン・ポスト』といった主要米国紙に，コーポレート・ガバナンスのあり方をめぐってユーコスを批判する記事が大々的にあらわれるようになった。外国人投資家は，米国政府，世界銀行，経済開発協力機構（OECD），欧州復興開発銀行（EBRD）に支援を求めるとともに，新興市場に関心を持つ主だった西側の機関投資家やファンド，銀行に対して，ユーコスを非難する書状を送った。1999年6月当時，ユーコス株は2年前の6米ドルという値から急速に下落し，15セントで取引されていたという（Salter［2002］8）。

なぜここまで企業統治において問題となる慣行が目立ったのだろうか。投資家の権利が尊重されない状態であることについて，企業の立場に立って，何らかの説明ができるだろうか。1990年代，企業経営の主要課題とは，「経営資源の束としての資本主義企業」として効果的な企業を成立させることであったわけであるが，本節ではユーコスを事例として，当時，非公式的なガバナンス慣行が果たした役割に焦点を当てることにする。

1）石油部門の再編とユーコスの成長
①垂直統合石油会社の創設

　ソ連解体直後，1992年にはまだ統制下にあったロシアの国内価格と国際価格との差額を利用し，石油輸出は莫大な利益をもたらしうる事業と化していた。「ルーブルで石油・ダイヤモンド・金属を手に入れ，ドルで売りさばくことのできた者が一夜にして金持ちとなった」とセーン・グスタフソンは記している（Gustafson［1999］27）。

　事実，1988年に国家による対外貿易の独占が崩れてからというもの，輸出できそうな商品を都合できる者は，それらを海外に売り飛ばしていたという。結果として，大量の石油が不正な手続きで輸出されることも日常茶飯事であった（Pleines［1999］）。ソ連も終わりを迎えようとしていた当時，ソ連型経済システムの中央集権的統制が崩壊し，石油部門はバラバラになっていた。石油セクターを構成していたいくつかの部署が自立化を志向し，企業や地方行政府の部局がソ連時代の石油産業の資産を受け継ぎ，独立した会社となった。そのような会社の経営は，生産・精製・販売がそれぞれの会社自身の関心に従って行われるようになった（Lane and Seifulmulukov［1999］17）。

　収拾がつかなくなったロシア石油産業の再編は，ソ連解体後にはじまった。1992年11月，エリツィン大統領は，石油企業体の私有化に向けた手続きをまとめた大統領令第1403号を発令した[2]。再編政策の第一の柱は，複数の「垂直

2）1992年11月17日付ロシア連邦大統領令第1403号「石油・精製産業ならびに石油生産・供給に従事する国営企業及び生産・科学生産合同の私有化ならびに株式会社への再編のための特例について」。

図 4-1　垂直統合石油会社 3 社の概要（1992 年）

出所）*Russian Petroleum Investor*, July / August 1994, pp. 16-18.

統合石油会社」を生み出すべく，持ち株会社（ホールディング・カンパニー）を立ち上げることであった。垂直統合企業とは，油井からガソリンスタンドまで一貫した生産チェーンを包含する仕組みとなっており，垂直統合的な西側の石油メジャーの仕組みを取り入れて構想された (Moe and Kryukov [1994] 93, Dienes [1996] 10, Moser and Oppenheimer [2001] 305)。

　大統領令第 1403 号によって生まれた垂直統合石油会社は，石油の生産や精製，各種石油製品の供給を手がける既存の企業を子会社として編成し，傘下に集めた持ち株会社からなる。最初にこの大統領令に基づいて創設された垂直統合石油会社が，ユーコス，ルクオイル，スルグートネフチェガスの 3 社であった。1995 年中頃までに，シダンコ，スラヴネフチ，VNK（東方石油会社），オナコ，ロスネフチ，TNK（チュメニ石油会社），シブネフチが次々と垂直統合石油会社として誕生した。最初の 3 社の創業当時の編成の概要は，図 4-1 に示し

た通りである。ユーコスは，ユガンスクネフチェガスやサマーラネフチェガスといった石油生産企業，クイビシェフネフチェオルグシンテズ（クイビシェフ製油所）のような精製企業を含む多くの子会社からなっていた。「公開型株式会社・石油会社ユーコス（OAO NK Yukos）」は，1993年4月のロシア政府政令第354号により設立の運びとなった（RosBiznesKonsalting［2001］）。「ユーコス」という企業名は，これらの子会社名の一部をとったものである（Yuganskneftegaz と Kuibyshevnefteorgsintez）。

　垂直統合石油会社の創設は，実質的にソ連の石油企業の経営陣が中心となって推進された。彼らは，自分たちが新たに獲得した自立性や経営の権限を守ろうとし，当時考えられていた「ロスネフチェガス」を基軸とする石油事業の国家独占に抵抗した（第7章を参照）。つまり，ガス部門にならい，石油部門も，天然ガス生産の独占企業体ガスプロムと同じ方式にしようという計画に反対したのである。このとき中核的な役割を果たしたのが，元ソ連石油・天然ガス第一次官のヴァギト・アレクペロフである。彼はロシアにおける最初の垂直統合企業の一つであるルクオイルの設立を主導し，設立後は社長の座に就いた。

　政府にとって，垂直統合石油会社の設立は，混乱に陥った経済状況や石油産業に対する中央集権的な統制の弱体化を目の当たりして，優先して取り組むべき政策課題の一つであった。石油産業はロシア経済にとって戦略的な分野である。そのため，政府としては一定程度の国家による統制が必要と考えていた。連邦政府は新設の持ち株会社の実質的な所有権を確保することで，これら垂直統合石油会社に影響力を及ぼそうとした。後述するように，民営化されたそれぞれの子会社の国有株式が持ち株会社の定款資本となったことで，国家は支配持ち分を獲得した（Lanes and Seifulmulukov［1999］17-8, Dienes［1996］10, Moser and Oppenheimer［2001］304-5）。

　また，政府は，このようにロシアの石油部門がいくつかの垂直統合型の持ち株会社に再編されることによって，結果的にロシアの石油産業の発展につながることを期待していた。調査・採掘・開発・生産・精製・販売をめぐってそれぞれの事業を主業務とする既存の企業間で生じる不具合を解消することにつながるからである。

ソ連時代の石油産業では，異なる省庁がこれらの事業を管轄していたため，その縦割りの管理は当時から悩みの種であった（Dienes [1996] 10）。ソ連の体制では，石油工業省（ミンネフチェプロム）は石油抽出を，石油化学産業省（ミンネフチェヒムプロム）が精製を受け持った。地質省（ミンゲオ）は探鉱の担当官庁であったが，前述の石油工業省とガス工業省（ミンガスプロム）も共同で探鉱を司っていた。ゴススナブ（ソ連国家資材・機械補給委員会）が供給を担当し，外国貿易省の一部局であるソユーズネフチ・エクスポルトが輸出を管理した。結果として，省庁間の協調と緊張が複雑に入り混じり，この業界における権限の不安定さをもたらした（Gustafson [1989] 297-8, 301）。垂直統合は，この問題を解決すると期待されたのである。

②二層の民営化

再編政策の第二の柱は，石油生産・精製・販売に携わる企業の株式会社化と民営化であった。これらの企業は公開型の株式会社に改組され，新設の垂直統合石油持ち株会社の子会社として傘下に置かれた。再編のはじめの3年間は，それぞれの子会社の支配株は国有のままとされた。ユーコスの場合，ユガンスクネフチェガスやサマーラネフチェガスといった石油生産部門の子会社が株式会社化し，これらの子会社を民営化プロセスの中で生き残らせることとした。これは，子会社と持ち株会社双方においてそれぞれの銘柄の株が発行されることで，双方での株式保有が重要となることを意味した。

例えば，1991年にはすでに独立した国営企業となっていたユガンスクネフチェガスは，1993年6月に公開型の株式会社となった（Yuganskneftegaz [1994] 3）[3]。同社の株（ユガンスクネフチェガス株）は25％の無議決権優先株式と75％の普通議決権株式とに分けられ，後者に該当する株式の過半数すなわち全体の38％の株がユーコスの定款資本にあてられた（図4-2を参照）。定款資本に充当された以外の残りの株は以下の通り分配された。10％が従業員に売却，5％が経営陣に売却，5％が地元住民に売却，17％がバウチャー方式の私有化

---

[3] ユガンスクネフチェガスは1977年に「生産合同」（*proizvodstvennoe ob'edinenie*）として編成され，グラフチュメニネフチェガスが1991年に解体されるまで，その配下で運営を続けた。生産合同については第1章を参照。

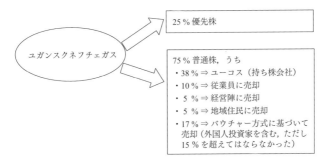

図4-2 ユガンスクネフチェガスの株式構造（1993年）

出所）*Russian Petroleum Investor*, June 1993: 50.

プログラムに基づいて売却された (*Russian Petroleum Investor*, June 1993: 50)。ユーコスの定款資本にあてられた38％は,議決権付株式75％の半数を超えているので,親会社のユーコスはユガンスクネフチェガスの支配権（51％）を獲得した。持ち株会社であるユーコスによる傘下の子会社の支配権の掌握は,このような仕組みからなっていた。

子会社の民営化に続いて,親会社である石油持ち株会社の民営化が投資入札や株式担保型民営化によって行われた。子会社と親会社の二層の民営化である。1995年の株式担保型民営化の導入は,政府の方針が,スピードを重視した大規模な民営化から,より選択的なアプローチへと変化したことを反映していた (Allan [2002], Freeland [2000])。第3章で見たように,銀行融資と引き換えに,石油や金属業界における優良企業の政府保有株が担保オークションを通じて売却された。石油部門では,ユーコス,スルグートネフチェガス,ルクオイル,シダンコ,シブネフチがこの方式によって民営化された。しかし,担保オークション方式で株の譲渡を受けたのは,政治家とのネットワークを有する狭い範囲の一部の投資家に限られていたこと,そして,本来の市場価値よりもはるかに安い額での株の譲渡を許してしまっていたことが問題となった。よって,粉飾オークション以外の何物でもないとの批判が広がった (Gustafson [1999] 43, Allan [2002], Goldman [2003])。

株式担保型民営化によって,ホドルコフスキーが創業し,代表を務めていた

メナテップがユーコスを手に入れた。メナテップはユーコスの新オーナーとなり，あわせてユーコス傘下の数々の子会社の経営権も握った。メナテップは1995年末に投資入札でユーコス株の33％を獲得し，さらに株式担保型民営化によって同社の国有株の45％も手に入れた[4]。オークションはメナテップが仕切り，些末な規則を持ち出しては外部者を排除した。そのため，オークションに参加したのはメナテップ自身が立ち上げた代理企業（ダミー会社）の2社にすぎなかった。そして，1997年初頭までには，ユーコス株の85％以上がメナテップの所有となった（Lane and Seifulmulkov［1999］30-2）。

1995年，ユーコス株の獲得に走りはじめた頃のメナテップは，ロシア有数の銀行という地位を確立していた。銀行業務による高収益が約束されていた時代，メナテップは政府に「認可」される「授権銀行」の一つに列せられ，様々な官庁の財務を受け持つ特権を享受していた（Tompson［1997］1172）[5]。また，設立当初から産業界とのつながりを追求する銀行と目されていた。工場資産を買いあさり，1994〜95年までに手中に収めた工場は100社を超えた。これらの会社の株を管理するため，1995年9月には管理会社ロスプロムが設立された。これは，メナテップが銀行業から本格的に産業部門に乗り出す兆候となった（Pappe［2000］129, 134, Latynina［1999b］）。ここには，後にユーコス幹部の逮捕の原因となるアパティートという肥料会社や，チタン生産最大手で後にVPSMO-アヴィスマとして国策会社のロステクの傘下に収まることになるアヴィスマといった会社が含まれていた。その他，ヴォスクレセンスキー・ミネラル肥料，ウラルエレクトロメド（銅工業），ウスチ・イルムスクコンビナート（林業），クラスノヤルスク冶金工場などが含まれた。1995年末までに，1992年以来拡張してきた商業銀行部門の収益は下がりはじめ，事業の関心は金融から産業へ向けられつつあった（Kryukov and Moe［1999］62）。

以上のような背景から，石油資産がホドルコフスキーの中核的事業となっていった。メナテップが保有するユーコス株の比率が高まるにつれ，メナテップ

---

4) メナテップはほかにも1996年5月にユーコス株の7％を取得している（Lane and Seifulmulkov［1999］30）。

5)「授権」銀行やその他ビジネス上の特権についての議論は，第3章を参照。

の代表たちがユーコスの経営上層部を占めるようになった。1996年4月, ホドルコフスキーはユーコスの取締役会で第一副社長ならびに取締役会会長に選ばれた。1997年にはCEOに就任している。メナテップから派遣された彼以外の人々も, 渉外担当副社長となったレオニード・ネヴズリンのように, ユーコスの指導的役職を占めるようになった (Kryukov and Moe [1998] 28-9)。

　こうして, 新参のオーナーがユーコス石油会社の経営と役員のポストを掌握したのであった。しかし, 彼らが会社全体を支配していたわけではなかった。前述のようにユーコス傘下の子会社の過半数の株を保有していたメナテップではあったが, 同社の支配は法的な意味にとどまっていた。なぜなら, 創設以来, ユーコスは内部の結束そして組織の一体性の欠如に悩まされていたからである。

2) 有効な管理的枠組みの欠如と経営上の課題
①運営管理の確立

　有効な管理的枠組みを持たなかったユーコスは, 資本主義企業化のためのどのような具体的課題に直面していたのだろうか。前項で述べたように, 石油部門では二層の民営化が行われ, 持ち株会社と子会社の双方のレベルで民間企業への移行が進んでいた。そのため, ユーコス全体としての運営管理確立に問題が生じた。持ち株会社とは別に, 各子会社は, それぞれの所有関係の取り決めに従い個別に民営化されていたことから, 持ち株会社と傘下の子会社との間に, 足並みの乱れが生じたのである。このような二層の民営化は, 双方のレベルでの多角的なガバナンス構造をもたらした。持ち株会社にも子会社にもそれぞれ少数株主を含め, 経営陣や株主たちの多様なグループが形成されることになった。その結果, 持ち株会社に取締役会の会長や取締役たちがいるにもかかわらず, 独立した法人であるその子会社では彼らを役員として選出しない, という判断がなされる事態を生み出したのである (Moser [1996] 28)。

　子会社は経営における自立性を保ち続け, ユーコスの経営陣はそこに立ち入ることができなかった。ユーコスの主たる子会社ユガンスクネフチェガスは, 独自の定款・経営陣・取締役会, そして継続的な自前の事業を抱えていた (Yuganskneftegaz [1994] 12, 22)。ユーコス初代社長 (総支配人) のセルゲイ・ムラヴレン

コはユガンスクネフチェガスの社長も兼任していた。しかし，ユーコスはユガンスクネフチェガスの資産ならびに資本の流れを統制することができず，経営のかじ取りに力を注ぐことができなかったばかりか，このような内部の結束の欠如を解消するために国家介入を求める始末であった（Kryukov and Moe［1998］13）。別の子会社のノヴォクイビシェフ製油所は，自らの自立性をユーコスに明け渡すことをためらっていた。この子会社は，ユーコスの社長の判断に逆らい，投資を導くためにカナダの銀行と単独で契約を結ぼうとした（*Russian Petroleum Investor*, October 1993：55-6）。明らかに，ユーコスには，親会社として子会社の個別の業務を統括し，企業全体の業務として経営を進めることのできる執行上の垂直性が存在していなかった。この執行上の結束の欠如を克服し，ユーコス経営陣がすべての活動を組織・掌握できる実効性のある管理的枠組みを打ち立てることが，ユーコスにとって避けることのできない課題であった。

②経営資源・事業機能の統合

　垂直統合石油会社としてのユーコスの設立時，生産・精製・流通といった個別の事業を担当する複数の子会社がユーコス傘下に入った。こうして資産を一つにまとめたことで，ユーコスはソ連型経済のヒエラルキーの最下位に位置していた個々の生産単位に比べ，事業体として有利な立場を得ていたはずだった。また，複数の生産単位からなる子会社によって構成されていたことでも，ユーコスはより良い仕組みを手に入れていた。例えば，ユガンスクネフチェガスはソ連時代の生産合同（第1章を参照）であったが，それ自体がユガンスクネフチやプラヴディンスクネフチといった複数の石油・ガス生産部局（NGDU）といった生産単位からなっていた（Yuganskneftegaz［1994］3）。これらに加え，ユーコス傘下には精製・流通機能を果たす子会社が参画した。そこには，前述のノヴォクイビシェフ製油所をはじめ，複数の石油製品の流通会社が含まれていた。また，持ち株会社としてのユーコスは，グループ傘下の企業のために役立つ付属研究所やデザイン部門を含有することによって，研究開発機能をも手中にした（Gokhberg［1999］48）。このように，少なくとも形式的には，ユーコスは様々な事業機能を可能にしうる多様なリソース（経営資源）の集合体であった。それは，石油生産・精製・流通・研究開発が含まれた単一の統合体で

あり，第1章で論じたようなソ連時代の生産単位とは明らかに違う組織の形であった。

③生産チェーンの再構築——企業の境界

しかし，子会社に対する運営管理体制が欠如していたため，ユーコスは，原油生産とその精製と流通をつなぐ生産チェーンを編成するにあたって実力を発揮できなかった。垂直統合企業として設立されたにもかかわらず，それは名ばかりのものにすぎなかった。油井からガソリンスタンドまでの生産チェーンは，ユーコスの構造上，必ずしも密接に連携していなかったのである。ユーコスの子会社は，親会社の枠を離れて事業を手がける独立の法人であり，ユーコスの枠外で運用されている生産チェーンもあったのである。

例えば，ユーコスに属する精製企業は，精製用の原油調達をユーコスの枠内で抑えるようなことはせず，別の企業から買うこともあった（Moser［1996］28）。ユーリア・ラティーニナによれば，ユガンスクネフチェガスの企業城下町ネフチェユガンスクでは原油の盗難が多発していた。また，そこでは石油の流通をめぐっておよそ20社の仲介業者が活動していたが，その半数は名うての犯罪組織に属していた（Latynina［1999b］）。垂直統合会社として設立されたことで，形式的には生産の一連の段階を組み込んだ「企業の境界」はすでに固まっていた。そのため，ユーコスがそのような境界をはじめから作り上げる必要はなかった。しかし，何としてもその境界・枠組み内で実際に生産のチェーンが機能するようにしなければならなかった。

真の意味での垂直統合石油会社となるべく，一連の生産プロセスの諸段階が管理的枠組みの中で噛み合ったものとするために必要だったのが，ユーコスという枠組みの中での生産チェーンの再構築であった。そしてそこに求められることとなったのは，一体となった経営陣による効果的な管理を進める上意下達の体制であった。こうして，事業機能の組織化と生産チェーンの再構築は，ある程度重なって進められることとなった。

3) 機能する事業体を目指して
①キャッシュフロー制御のための移転価格の利用

　二層の民営化の結果，持ち株会社と子会社との間の一体性に支障をきたしていることは，政府も承知していた (Moser [1996] 28)。1995年4月に発令された大統領令第327号は，ロシア石油業界の民営化・再編の第一段階を完了させようとするものであった[6]。この大統領令によって，石油関連の持ち株会社は，傘下の子会社を自立的な株式会社から，持ち株会社が完全所有する子会社へと移行できるよう，発行株式銘柄の単一化を認められたのである。

　これにより，持ち株会社は，まとまりがなかった子会社の株所有の状況に決着をつけ，株式を単一化することができた。例えば，ユガンスクネフチェガス銘柄の株式をユーコス銘柄の株式に一本化しようという動きが可能になったのである。こうして，効率の悪い管理的枠組みや，持ち株会社と子会社との間で統合が不十分であった管理調整に由来する諸問題の解決が期待された。大統領令第327号は，子会社の単独完全所有による持ち株会社の強化を容認したことで，企業の境界内での生産チェーンの確立を容易にし，名実ともに垂直統合をもたらしたことでも特筆すべき法令であった。

　ユーコス経営陣は子会社の完全掌握の方針を打ち出したとはいえ，その実行は困難を極めた。子会社株を親会社の株に一本化するためには，まずメナテップが自立的行動をとるおそれのある子会社を制御する必要があった。これらの子会社の業務は独自に行われていたことから，持ち株会社にキャッシュフローを集約させるためにも，子会社の収益の流れをユーコスの経営陣の直接管理下に置き，掌握しなければならなかった。

　まず，ユーコス経営陣は子会社が独自の裁量でユーコスの枠外の企業と取り引きできる石油の売上・購入額の上限を設定しようとした。物品と資金の流れを集約的に管理することで，ユーコスの新参のオーナー経営者は，子会社が，石油を持ち株会社以外に融通する方途を封じたのである。持ち株会社には国内外の市場への石油供給に対する責任があった。持ち株会社だけが取引先に石油

---

6) 1995年4月1日付ロシア連邦大統領令第327号「石油会社の活動の向上への緊急措置について」。

を売ることが認められることで，子会社レベルで結んだサイドコントラクト（副次的契約）による石油の取引を防止しようとした[7]。ここで重要となったのは価格である。持ち株会社の采配一つで，子会社に非常に低い価格で引き渡すよう強制することも可能になったからである。

持ち株会社による子会社支配の確立について，『オリガルヒ』の著作で知られるデーヴィッド・ホフマンは，元メナテップ職員の次のような説明を指摘している。ホドルコフスキーがユーコスを手に入れたとき，彼は選りすぐりの治安関係者300人を生産の中心地であるシベリアに派遣し，この会社の油田や精製施設を力づくで収奪した。また，ホドルコフスキー自らがすべての子会社の財務管理担当者や会計主任を一人一人訪ね，自分が新しいボスであることを認知させたという（Hoffman [2002] 445-6）。

子会社から親会社へ安値で石油を流そうと企て，ユーコスは原油を「坑井液体」（*skvazhinnaia zhidkost'*）と分類した。こうして，書類上，子会社は「原油」ではなく，「坑井液体」と呼ばれるより安価な産品を売っていることとされた。このからくりでユーコスは，国際市場価格が73米ドルだった当時，原油の国内市場価格が1トン当たり32.6米ドル（800ルーブル），自身の子会社の「坑井液体」について10.2米ドル（250ルーブル）という「企業内部移転価格」を設定することができたのである（Latynina [1999b]）。こうしてユーコス経営陣は，子会社の財政的な足腰を弱くさせ親会社に依存させる立場に置くことで，子会社の生産と資金の流れの直接支配を実現した。

この移転価格の設定は，持ち株会社にとっては「節税効果」をもたらすこととなった。例えば，企業内部移転価格を設定した結果，課税が売上価格に対してなされる分，1トン当たりおよそ25％軽減することができたという（Shleifer and Treisman [2000] 132-3）。さらに，移転価格設定の方式によって子会社の収益を目減りさせることで，ユガンスクネフチェガスのようにその子会

---

[7] 2003年1月，モスクワにおける石油コンサルタント会社でのロシア人石油アナリストに対する筆者のインタビュー。関連していえば，経営者にとって移転価格設定とは，生産レベルでコストを管理するための手立てともなる（Moser [2004]）。第2章の移転価格についての議論も参照。

社が所在する地方当局の税収が減ることとなり,持ち株会社のユーコスは本社のあるモスクワで税金を納めることを選ぶことができた。このことによって,持ち株会社にとって相対的に高い政治・経済的恩恵を受けることができる場所であるモスクワへの納税額を増やして市財政に貢献できる。それは,当局と企業とのつながりを密にする手段でもあったといえる（Shleifer and Treisman [2000] 132-3]）。

　このような持ち株会社と傘下の子会社との間の移転価格を通じて,ユーコスは子会社の犠牲によって効果的に収益を上げていった（Whalen [1998a]）。プライスウォーターハウスが監査したユーコスの財務報告書によると,1996年に持ち株会社は税引き後の収益として9150万米ドルを計上した。一方,ユガンスクネフチェガスおよびサマーラネフチェガスでの少数株主の持ち分は3億4500万米ドルの合併損失を計上したという。また,移転価格を設定したことでユガンスクネフチェガスはこの年におよそ1億9500万米ドルの赤字を出したとの指摘がある。さらに株価についていえば,ユーコス株は1998年1月末までの12カ月で185％上昇した一方,ユガンスクネフチェガスは30％の下落,サマーラネフチェガスにいたっては47％落ち込んだ（Moser and Oppenheimer [2001] 316）。内部関係者による移転価格の操作は,このように子会社の株主に損失を押し付けながら巧妙に進められていったのである。

　こうしてユーコスの子会社は移転価格操作の結果,負債を抱えることとなった。子会社の産品は親会社たる持ち株会社に市場価格より安く買いたたかれ,移転価格を適用することで生じるコストや借金がかさむ一方,親会社の収益は増えていった（Moser and Oppenheimer [2001]）。これら子会社の負債を「入手」（肩代わり）し最大の債権者となることで,持ち株会社は子会社に対して一層強力なバーゲニングパワーを獲得した。例えば,1998年はじめ,ユーコスはユガンスクネフチェガスとサマーラネフチェガスが負担する税金の補填として,連邦政府に13億ルーブル（2億1600万米ドル）を支払い,このことによって持ち株会社の強力化に向けてユーコスはさらなる影響力を持つこととなったのである（Whalen [1998b]）。

②単一株式化のための移転価格の利用

次にユーコス経営陣が試みたのは，実際に子会社銘柄株を廃止してユーコス銘柄に株式を単一化し，子会社をユーコスの100％完全所有とすることであった。親会社が子会社株を買い取る形で親会社株と引き換える単一株式化は，子会社と持ち株会社の株主が単一の垂直統合石油会社の枠組みの中で同時に存在する状況を解消するために実施された。自社の枠内で効果的な経営管理を打ち立てるため，ユーコスは単一株式化を何としても成し遂げねばならなかった。

単一株式化を容認した前述の大統領令第347号によって，ユーコスをはじめとする垂直統合石油会社がこのプロセスの端緒を開くことができた。ルクオイルは，自社傘下の子会社株を単一のルクオイル株にまとめることを開始したロシアで最初の垂直統合石油会社の一つであった。また，1999年末までに子会社の統合を成し遂げたロシアで唯一の企業でもあった。ユーコスにおける単一株式化プロセスは，とりわけユーコスの方針に与しなかった少数株主が絡んでいたため，ルクオイルの場合よりも込み入ったものであった。そのうちの一つ，ユーコスと投資家ケネス・ダート率いる少数株主グループとの対立は，とりわけ先鋭的なものとなった（Kenyon [1999]）。

バウチャー方式の私有化により，ダートたちのグループは子会社の株式を手に入れていた。二層の民営化は，ユーコス本体の経営陣と子会社銘柄株を所有する子会社少数株主との間の利害対立の火種となった。また，彼のグループは様々な投資会社を通じ，ユーコス傘下の生産部門の3社――ユガンスクネフチェガス，サマーラネフチェガス，トムスクネフチ[8]――のおよそ12～14％の株式を所有するにいたった（Moors [1999]）。これら3社への投資は，長期的利益を踏まえたいわゆる「戦略的投資」というよりも，むしろ短期の「投機的投資」とみなされていた（Hoffman [2002] 450, Pappe [2000] 50, Svarovskii [2002]）。

---

8) トムスクネフチはもともと持ち株会社VNK（東方石油会社）がこの会社の株式の51％を取得して子会社としていたが，1997年にユーコスはVNKの企業支配権を獲得した。これによってトムスクネフチもユーコス傘下に加わった。VNKの国営からユーコスへの移管のプロセスについては，Raff [2002] を参照。

ロシアの株式市場が沸き立つ1997年，報道によれば，ダートはホドルコフスキーに近づき，これらの株を買い戻すよう誘った。しかし，両者はともに買い戻しについて合意に達することなく，対立の火に油を注ぐこととなったようである（Nechaev [1999]）。1998年初頭，ダートたちはユガンスクネフチェガスの監査請求を行った。彼らは，子会社の移転価格の操作による資産剥奪でユーコスを告発した。ダートたちのグループは損失を被っており，株主権の保護を申し立てたのである（Kenyon [1999], Whalen [1998c]）。

子会社の少数株主にしてみれば移転価格の設定は株価に悪影響を及ぼす行為以外の何物でもなかった。ところがユーコス経営陣は子会社の完全所有化による垂直統合へとまっしぐらに進んでいた。これら子会社の価値の最大化は少数株主たちの関心事ではあっても，ユーコス経営陣にはそうではなかった。1999年1月のトムスクネフチの臨時株主総会で，トムスクネフチ株の13.9％を占めるダート率いる一団は，ユーコス経営陣に牛耳られた取締役会の構成を変更し，新たな取締役会の選出についての動議を出した。また，ユーコスによるトムスクネフチの経営容認の根拠となっている同社定款を改訂し，ユーコスが所有するトムスクネフチ株の51％を凍結しようとした（*Russian Petroleum Investor*, March 1999: 57）。この効果はてきめんだった。能率的な上意下達の経営体制を作ろうとするユーコスの試みを妨げたのである（Svarovskii [2002]）。こうして，ユーコスのオーナー経営者は子会社の少数株主たちを経営統合のプロセスの邪魔者とみなすようになった。なお，1999年1月のこの株主総会については，ユーコスと少数株主は同時並行で自分たちが正当であることを主張する会合をそれぞれ開催し，各々決定事項を採択していた（Semenenko [1999a]）。

ユーコス経営陣にしてみれば，計画していた会社の立て直し，そして本当の意味で垂直統合された企業内部での一体性の構築は，所与の状況におけるすべての少数株主の利益保護と両立できることではなかった。だが，彼ら株主を侮辱的に扱ったことで，ユーコスが株式発行を伴う資金調達（エクイティ・ファイナンス）を行う際に不利になるおそれが出てきた。株主の権利を強力に守る良好なコーポレート・ガバナンスは，エージェンシーコストを減少させる。そして，それは株主からの資金を調達するときに重要となる（第2章を参照）。し

かし，1990年代を通じ，とりわけ1998年の金融危機以前，ロシアのビジネスにおけるエクイティ・ファイナンスへの依存度は低く，「企業行動に対する監督や企業価値評価という意味での株式投資のインパクトは，まさに皆無であった」と，代表的なロシアの投資銀行のアナリストは指摘する（Nash［2001］119）。付言すれば，ロシアの市場を支える諸制度はまだ構築の途上だった。株主から資金を呼び込もうとするよりも，経営者たちは自社組織の資金流出入の管理を確立することに力を注いだ。キャッシュフローを制御することで，資産から引き出されるキャッシュへのアクセスが可能だったのである。

　当時，政治・経済の不確定な状況も影響し，キャッシュフローのコントロールを確立することは，企業価値を高めることよりも重視されたといえるだろう。効果的な経営構造の導入そして生産チェーンの掌握による運営管理の確立は，ユーコス経営陣にとっては時価総額の向上よりも優先すべき課題となっていた。株主の権利を妨害することで被るかもしれない代償は，少数株主の影響力を排除することによって引き出せる利得に比べれば，彼らにとってはたいした問題ではなかった。この少数株主の影響力を削ぎ落とし所有権を集中させることによって，経営陣は強い管理調整が確立されることを期待した。しかし，少数株主の権利の剥奪が頻繁に起こると，投資家が寄せる信頼に傷がつき，投資環境の雲行きが怪しくなることは明らかである。かくして，この戦略には負の外部性が伴っていた。

　子会社の株式をユーコスの株式に一本化する上で，移転価格の設定は便利な前提条件となった。前述した通り，子会社にコストを押し付けることでその株価は下落した。生産部門の子会社株の取引はどちらかといえば流動性が高く，概して高値で難なくブローカーが入手することができた（*The Moscow Times*, 23 September 1997）。もちろん，子会社の株式の市場価格が上昇すればするほど，持ち株会社にしてみれば株取引のコストがかさんだ。それゆえ，子会社の価値を最小限化することは，株式単一化を目指す持ち株会社にとって好都合だったのである（Moser and Oppenheimer［2001］315）。

③株式希薄化，資産剥奪，そして株主の議決権制限の利用

　ユーコスが企業体として強化される上で，ダート・グループを含む少数株主

の影響力を削ぐために株式希薄化という手段も使われた。1999年3月，ユガンスクネフチェガス，サマーラネフチェガス，トムスクネフチでは臨時株主総会が開かれたが，「好ましからざる」少数株主たちはそこに招かれることはなかった。これらすべての会合で，少数株主が持っている株式の比率を薄めるため株数を増やす決定が採択された。また，ユーコスとの明確な結びつきがあると見られるオフショア企業に限って売却できる株式の新規発行を認める提案も承認された（Hoffman [2002] 448-9）。

より具体的なユーコスの株式発行の計画は以下の通りだった。①ユガンスクネフチェガスには既存4000万株に加えて7780万株の新規発行，②サマーラネフチェガスには既存3760万株に加えて6740万株，③トムスクネフチには既存4500万株に加えて1億3500万株。これらの提案は3会場すべてにおいて採択された。しかし，それは，これら子会社の本来の価値の100分の1あるいはそれ以下という極めて低い見積もりのもとになされた，素性不確かなオフショア企業への大量の株式の新規発行であった（Black et al. [2000] 1170）。ユガンスクネフチェガスでは，新規株式はオフショア企業4社——バハマのアスバリー・インターナショナル，アイルランドのレニントン・インターナショナル・アソシエイツ，そしてマン島に登記されているソートン・サービスおよびブラハマ——に売却されることとなった（Hoffman [2002] 448-9）。

これらの会社すべてに，ユーコスの経営上層部との癒着があると疑われていた（Black et al. [2000] 1170）。さらに，この新規株式は，石油生産部門の子会社自身が発行し，2003年を満期とする約束手形（ヴェクセル）による取引を介して購入された。つまり，子会社が受け取る新規株式の代金は一切発生しなかったのである（Hoffman [2002] 448-9, Salter [2002] 12）。株式会社法に従えば，株式に対する支払いは全額行われなければならないはずだった。しかし，公式にはこのような請求に対応しているとしながら，実際には会社が株式取引によって受け取る報酬はなかったのである。それを可能にしていたのがヴェクセルによる株式の弁済だったのであり，この手法は1990年代では一般的なことであった（Uvarov and Fenn [1999] 66）。3社の臨時株主総会で採択されたもう一つの決議は，詳らかにされていない企業資産を1997年から2001年の間に

100社超の，これまた素性定かでない新設の会社に移すというものであった（Fedorov [2000]）。

資産剥奪と一体となった株式希薄化というこれらの措置はいずれも，株主に対する公平な待遇という原則に反していた。それらは広く世間に知られるようになるが，それはコーポレート・ガバナンスの軽視に他ならなかった。株式新規発行についての決定は，ユーコスのオーナー経営陣とダートとの間の争いが激しかった頃，立て続けになされた。ユーコスが目指しているのは，株式の単一化を円滑にするため，ダートたちが保有する株式を希薄化することであり，新規発行によって，ユガンスクネフチェガスにおけるダート所有の株式の比率は5％以下に抑えられたという（Fedorov [2000]）。

これらの事例において，株式希薄化が実現できたのは，株主の議決権を制限でき，決定を阻止すべく投票できたはずの少数株主が不在のまま株主総会が開催されたからこそだった。つまり，「好ましからざる」少数株主たちを株主総会の議決から締め出してはじめて，これらの案件が総会で承認された（Fenkner [1999], Fedorov [2000]）。それを可能にしたのは，「従順な裁判官」により発令された裁判所命令であった（Black et al. [2000] 1771）。

一例を挙げれば，総会に先立ってカルーガ州の小都市モサリスクの地方裁判所が，議案採択の妨げとなりうる株式を凍結した（Fenkner [1999], Fedorov [2000]）。その法廷の命令では，少数株主が経営するオフショア企業4社の所有する株式を凍結することが宣告された。それは，これらの会社がロシアの独占禁止政策・企業活動支援省への登録が未了であったことを根拠になされた（Semenenko [1999b]）[9]。この法廷の判断は，関連法人が，ある企業の株式を20％所有している場合には，特殊な登録手続きが必要であるとするロシアの法律に従ったものであった（Semenenko [1999b], *Vremia MN*, 1 April 1999）。議決権を取り上げられた4社は，あわせてブロック株（25％プラス1株以上）を持っていた。そのうちの1社で，サマーラネフチェガス株の12％を所有するダートの仲介会社であるアローヘッド・エンタープライズは，4社は関連法人では

---

[9] 独占禁止政策・企業活動支援省は2004年に廃止され，新設された連邦反独占局（FAS）に機能が移行した。

ないので提携関係など存在せず，従って共謀などできない，とユーコスの主張に異議を申し立てた。事の発端は，カルーガ州の地方裁判所で，ある個人株主が，ダート所有の会社がユーコスの経営活動を妨害しているとの訴えを起こしたことから始まった[10]。一方ユーコスは，自社の行動はこの裁判所命令に基づくものであり，法の後ろ盾を得ていると主張した（Semenenko [1999b]）。

　このように株式希薄化と議決権の制限が首尾よく進んだ背景には，ロシアの司法制度が抱える問題がある。若干の少数株主たちは，株主総会への彼らの参加そして投票を妨げているカルーガ州のモサリスクの裁判所命令に対し，その判断が法令違反であるとして異議申し立てを行った。さらに，彼らは最高検察庁に上訴した上，不服申立委員会および上級の地方裁判所にも今回の司法判断について異議申し立ての手続きをとった。だが，彼らの抵抗は無視されるか，異議申し立てを訴える相手が，そもそも異議申し立てを行うきっかけとなった当初の判断を下した裁判官であったりするのが落ちであった（Fedorov [2000]）。ロシア証券市場参加者協会（NAUFOR）の代理人が「いかなるロシアの法的措置も，司法が下した違法な判断に異議を唱えたところで役に立ったためしがない」（Fedorov [2000]）と結論づけているが，結局は，欠陥のある司法制度が株式希薄化を機能させたことを示唆しているといえよう。

　少数株主は，新規発行株式の登録を管轄しているロシア連邦証券市場委員会（FCSM）に，ユーコスによる新規発行株式の登録を阻止してくれるように働きかけを行った。新規株式の受け取り先に選ばれたオフショア会社は，表向きはユーコスと提携していないとされていた。しかし，それらの会社には，新規発行株式の譲渡に関する投票に参加したユーコス中枢のオーナー経営陣とつながっているという疑惑があった（Fenkner [1999]）。もしこの疑惑が立証できれば，この譲渡は「利害関係者取引」となり，連邦証券市場委員会は新規発行株式の登録差し止めを行うことができた（Vasiliev [2001a][2001b]）。当時連邦証券市場委員会の代表であったドミトリー・ヴァシリエフによれば，1998年，同委員会が却下した株式発行の登録は2,600件にのぼったが，株式希薄化の取

---

10) ロシアにおける裁判所命令の操作的適用についての概説は，第2章を参照。

り締まりについては，件数上はさしたる成功を収めなかった。

しかし，この利害関係者取引についての規定を回避することは，無関係（部外者）の株主が参入できないオフショア会社の不透明なネットワークを作り上げることで一般的に可能であった（第2章を参照）。ヴァシリエフは，ユーコスが株式発行を進めようとしたのは，それらを提携先のオフショア会社へ譲渡するためであると確信していた（FCSM [1999]）。しかし，追加の株式をこれらのオフショア会社へ売却することが，利害関係者取引であると証明するのは不可能であった。そのため，ユーコスの株式希薄化の事例が様々なオフショアをめぐる司法管轄に関わるものであることを踏まえ，利害関係者間の譲渡を取り締まるためにも，このようなオフショア会社の背後にいる個人の素性を連邦証券市場委員会が洗い出す手助けとなるようなメカニズムが必要である，とヴァシリエフは主張した（FCSM [1999]）。第2章の「オフショアの雲」で示したように，ロシアでは，本当のオーナーは，往々にして一つないしそれ以上のオフショアのダミー会社を通じて株を買い，買い手や金の出所を突き止められないようにして自分の所有権を覆い隠していた（Nestor and Jesover [2000] 5, Radygin and Sidorov [2000]）。

しかも，政府は権利侵害を食い止める役割を果たせていないという点で，少数株主たちの期待に応えていなかった。ユーコスの子会社の株式発行の適法性について連邦証券市場委員会が調査を試みたが，この組織は十分な捜査権を持っていなかった。他の省庁は連邦証券市場委員会に対し，調査の参考となるような情報提供を拒んだ。例えば，燃料・エネルギー省および国税庁は同委員会の支援要請を黙殺したと報じられた（Hoffman [2002] 455）。政府当局は実際のところ，少数株主の投資が希薄化されることを防ぐ措置をとらなかった。新規株式の発行を抑えるため，ある少数株主のグループは政府当局に助けを求め，最高検察庁に請求を申し立て，政府に対して連名の書簡を送った。しかし，政府からの反応はなしのつぶてであった。検察は沈黙を守った。連邦証券市場委員会を除けば，彼ら少数株主を助けようとする省庁は皆無であったという（Fedorov [2000]）。

こうして，ユーコスの動きは政府によって少なくとも黙認されたのであり，

少数株主たちの奮闘むなしく，株式希薄化は実行に移された。これら1999年3月の一連のユーコスの動きがあってから，少数株主たちは37〜49％という比率を占めていた子会社における自分たちの投資額が14〜17％まで低下したことを知ったという（Salter［2002］）。その一方で，ユーコス経営陣は新規発行株式の配布後は石油生産部門の各子会社の80〜90％の議決権を掌握していた（Fedorov［2000］）。

　これらの措置はすべて「合法的」つまり違法でないとされた。法令が公式に求める要件を満たしていたため，連邦証券市場委員会は新規発行株式の登録を拒否することができなかった（Hoffman［2002］456）。ヴァシリエフは「我々が受益者の資産譲渡を管理できていたら，利害関係者取引の事実を証明し，登録を拒否することができたのだが」と述懐した（FCSM［1999］）。1999年11月までにユーコスはユガンスクネフチェガスとサマーラネフチェガスの株式の希薄化を成し遂げ，それら子会社での自社所有株式の大半をオフショア会社に譲渡した。そして同年12月にはダートたちのグループがユーコスへの株売却に同意するにいたったという（Moser and Oppenheimer［2001］，Gismatullin［1999］）。

④「株式集約」の利用

　「株式集約」とは，ある企業の株式の本来の発行数を，1株当たりの額面を上昇させることによって，より少ない数の株式に集約・統合することを意味する。これは，子会社株の持ち株（親）会社株への単一化を促す際に適用されてきた。株式集約の実施により，かつて子会社で1株だったものは，新たに集約された株式の端数にすぎなくなり，いわゆる1株未満の端株が発生した（Chet-verov［2001］, Savchuk［2001］）。2002年1月発効の改正株式会社法によって「端株」の概念が導入されたが，それより以前はこのような概念は存在しなかった。よって，本来の株式の一部である端株を所有している者には，①分割された株式，つまり端株の子会社への返却，②市場での売却，③持ち株会社の株式との引き換え，の3つの選択肢のどれかを選ばなければならなかった（Tutushkin［2001］, Dolgopiatova［2001］45-8）。

　既存の子会社の株式は額面を上げてより少数の株式に集約されたため，未分割の株式を買う余裕を持っていたのは持ち株会社だけであった。そのため持ち

株会社は株式会社法（改正前）に従い，少数株主の手元にある端株を買い戻した（Tutushkin [2001]）。これによって「株式集約」は，子会社における少数株主の排除や親会社による株式独占に向けた子会社株の親会社株への一本化を容易にする便利な手段となった。「株式集約」が進む中，端株の概念を認めた株式会社法の改正条項は若干の企業からの反対を受けて1年以上施行が遅れたという。施行の遅れは，企業のロビー活動の成果でもあり，これらの企業が株式集約のプロセスを完了させる猶予を与えたのである（Statyn [2001]）。

　子会社の株式をユーコス株へ単一化することを容易にした「株式集約」は，サマーラネフチェガスでは次の2つの段階を踏んで進められた（Tutushkin and Lange [2001]）。第一段階で，サマーラネフチェガスの株式はユーコスの株式に引き換えられた（サマーラネフチェガスの1普通株がユーコスの4株となった）。2000年3月から01年2月の間，サマーラネフチェガスの株主は自分たちの株をユーコスの株式に交換した。その結果，交換されたサマーラネフチェガス株の所有が認められたユーコスの主な株主たちが，サマーラネフチェガスの株式の95％以上を蓄積した。次の段階で，サマーラネフチェガスの株式の総数は，額面が高額な50の普通株と15の優先株とかなり少数に集約された。

　こうして，本来のサマーラネフチェガスの1株は，新たに集約された株式の一部，つまり端株にすぎなくなってしまった。これらのサマーラネフチェガスの少数株主たちで株式をユーコス株に引き換えなかった者は，売却しなければならないはずだった端株を持ち続けることとなった。端株の所有者にはユーコスの普通株は251ルーブルで，優先株は125ルーブルで交換を打診された。これによって，サマーラネフチェガスの株式はユーコスの株式に単一化され，ロシアの主要経済日刊紙『ヴェードモスチ』がヨシフ・スターリン風に表現したように，サマーラネフチェガスの少数株主たちは「階級として絶滅」したのだった（Tutushkin and Lange [2001], Tutushkin [2001]）。ユーコスと対立していた少数株主たちは，サマーラネフチェガスの「株式集約」に不満を持ち，ユーコスを相手取って法的措置をとろうとしていた。

　同様に，ユーコスに吸収されたアンガルスクペトロケミカルでは，「12億の普通株を4株に集約し，4億の優先株を3つの優先株に集約する」との決定が

なされた。この出来事も,「株式集約」が株主の権利を侵害する一つの事例となった。とはいえ,この会社の株式の非流動性を考えると,この措置は,特に少数株主にダメージをもたらす目的で設定されてはいなかったと考えられる(Dolgopiatova [2001] 48-9)。ユーコスの他の子会社に対しても適用されてきたこの手段は,主に企業の管理強化の目的で利用された(Radygin [2002b])。

4) 効果的な経営管理体制の確立へ──インフォーマルな再編
① 「油井からガソリンスタンドまで」の実現

移転価格操作,株式希薄化,そして株主の議決権制限を通じて,ユーコス経営陣は少数株主の影響力を排除するとともに所有権の集中を進め,子会社に対する運営管理を強化した。こうして,機能する管理的枠組みを打ち立てたのである。2000年6月までにユーコスは子会社であるユガンスクネフチェガス,サマーラネフチェガス,トムスクネフチの株式の9割以上を支配するようになっていた(Feifer [2000a])。2001年には,ユーコスは「鍵となる生産・精製・マーケティング関連の子会社における100％の議決権株式を獲得する計画を完了した」と発表した(Yukos [2002] 76)。

図4-3にユーコスの組織構造図を示す。ユーコスは,株式担保型民営化によって一定の株式保有比率を達成し,その後も着実に保有率を増加させていった中核的なオーナー経営者たちによって所有されることとなった。彼らはユーコスを所有するグループ・メナテップを所有したが,同社への統制は,やはり一握りのオーナー経営者たちの企業であるユーコス・ユニバーサルを介する形となった。

2001年初頭には,彼ら中核的株主たちはユーコスの株式の7割近くを手中に収めた(Boone and Rodionov [2001] 14, Salter [2002] 12)。2002年6月,同社はユーコスの61％がグループ・メナテップにより所有されており,有効なフリーフロート株(株式市場で売買され流動的に取引されている浮動株)は16％を下回ったと発表した。この時には,所有権そのものではないとしても,オーナー経営者たちは8割以上のユーコス株式を事実上支配していたという(Pappe [2002a] 184)。

第 4 章 ロシア新興財閥の成長 151

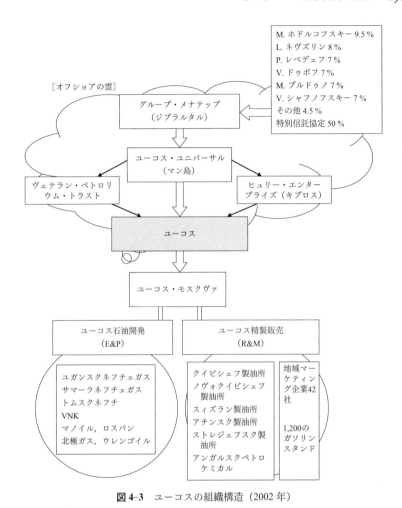

図 4-3 ユーコスの組織構造（2002 年）

出所）Sidorov［2002］, Adachi［2010］, Group Menatep［2002］, ユーコスのウェブサイト（http://www.yukos.com）より作成。

　子会社の完全統制を達成したことは，ユーコスが自社の「油井からガソリンスタンドまで」の石油生産活動を単一の枠組みで調整・管理することを可能にした（Sidorov［2002］41）。ユーコスの上流部門であるユーコス石油開発（ユーコス E&P）は，もともと 1998 年に設立されたが，ユガンスクネフチェガス，

サマーラネフチェガス，トムスクネフチといった石油探鉱・開発に従事する子会社を配下に組み込み，生産事業の上流部分を統括した。もう一つの管理上の結節的企業であるユーコス精製販売（ユーコスR&M）は，生産の下流部門を統括し，配下のクイビシェフ，ノヴォクイビシェフ，スィズラン，アチンスクの製油所やユーコスの販売網がロシア全土の11地域をカバーした。ユーコスE&Pおよびユーコス R&Mは，ユーコスが完全所有する管理企業であるユーコス・モスクヴァによって運営された。同社は開発戦略ならびに主要な戦略的課題に関する意思決定を担当した（図4-3を参照）（McChesney［2000a］，*The Moscow Times*, 3 September 1998, Adachi［2010］）。

　こうして，ユーコスは効率的な業務経営のためのヒエラルキーを作り上げることに成功した。子会社の活動もユーコスが統括する枠組みの中に収まることとなった。いまやユーコスは名実ともに垂直統合石油会社となったのである。

②ルクオイルとの比較

　垂直統合石油会社としての形成・発展過程において，ルクオイルはユーコスと対照的な企業である。ルクオイルは，親会社と子会社との間の株式単一化を最初に完了するなど，様々な領域で道筋をつける役回りであったが，その経営陣は，ユーコス経営陣が手を染めたような過剰な措置をとらずにすんだ。また，そのガバナンス慣行について，ユーコス経営陣のように行状を責めたてられるようなこともなかった。1990年代を通じてルクオイルはコーポレート・ガバナンスの格付けでユーコスよりも高評価を受けていた（表2-4を参照）。

　このような差が生まれた背景として，ルクオイルははじめから垂直統合石油会社として良質な仕組みを備えていたものの，ユーコスについては二層の民営化が垂直統合石油会社としては統合性を欠く構造をもたらしてしまったという説明が可能だろう。ルクオイルは，経営体制が創設時から整っていて，一体性が保たれており，すべての垂直統合石油会社がユーコスのようにはならなかったことを示す上で好例である。これは，次に示すように，垂直統合石油企業の創設・民営化を通じてロシアの石油産業を再編しようという発想が，ルクオイル社長で元ソ連石油ガス工業次官のアレクペロフによって主導されてきたこととも関わっている。

垂直統合の構造を作るにあたってルクオイルの滑り出しは上々であった。1990年末にはすでにそれに向けた計画が進められ，1991年11月，ランゲパスネフチェガス，ウライネフチェガス，コガルィムネフチェガスの3つの生産合同からなる最初で唯一の石油国家コンツェルン「ランゲパス（Langepas）・ウライ（Urai）・コガルィム（Kogalym）石油」（LUKoil）が正式に発足した（Kryukov 1998［96-7］）[11]。

アレクペロフは1984年から90年にかけてコガルィムネフチェガスの総支配人を務め，1990年に前述の次官に就任した。ソ連解体前の時期にルクオイル創設に向けて主導的役割を果たし，いまなお同社のトップの地位にいる。彼は，1980年代に石油ガス工業省で培った経験や，彼が手がけた業績に基づいて，長年，持論として西側の石油会社の垂直統合構造の利点を説いていた。インタビューの中で，アレクペロフは，ルクオイルという企業は，オペレーショナルな垂直統合の構造が基本になっていることを強調した。いわく，

> ルクオイルとは，技術上のつながりに基づいて作られた唯一の石油会社であって，1990年代初頭の垂直統合石油会社創設時の応急措置的な原則であった「（資産の）積み上げを優先し，（それらの）整理は二の次」という考え方に基づいて作られたものではない。（Khnychkin［2001］）

こうしてルクオイルの経営上層部は，会社の設立当初から，強い運営管理を打ち立てるとともに，持ち株会社と子会社との内的結束を保つ必要性を意識していた。Kryukov and Moe［1998］が記しているように「指導部は，当初より，会社の共同設立者たちや，石油生産部門・精製部門・流通部門を一手に押さえ，それらが子会社となるよう，単独で強い持ち株会社を打ち立てるべく策を講じていた。持ち株会社は人材・能力の両面で，明らかに子会社よりも優越していた」（Kryukov and Moe［1998］12-3）。

さらに，アレクペロフ率いるルクオイル経営陣は，株式担保型民営化の路線が続いていた間も会社の資産管理をしっかり続けた。これに対しユーコスは，

11）ソ連閣僚会議決定案「国営国際石油コンツェルン『ランゲパス・ウライ・コガルィム石油』（『ルクオイル』）の設立について」は1990年夏から秋にかけて起案されていた。

当時の社長ムラヴレンコ率いる経営陣が，株式担保型民営化が実行される以前から経営陣と密接な関わりのあった部外者のメナテップに，自社への介入と支配を容認してしまったのである。

以上のことより，ルクオイルは設立され民営化された当時から，その組織的課題がすでにある程度乗り越えられていた，といえるだろう。課題とは，多様なリソース・事業機能を集結し，単一の管理のもとで連続する石油生産の諸段階を組織できるよう，効率的な業務経営のヒエラルキーを確立する必要性のことである。つまり，ルクオイルのほうが，スタート地点で資本主義企業化へのハードルがユーコスより低かったといえる。

株式単一化で主導的立場を担ったことを踏まえ，ルクオイルは米国預託証券（ADR）を発行するロシアで最初の会社となった。また，企業独自のコーポレート・ガバナンスの基準をいち早く採用した。しかし，組織改編をクリアしたユーコスもほどなくしてルクオイルに追いつき，そして追い越しをかけることになる。

5）統合後の効率性の向上——コーポレート・ガバナンスの「悪夢」から「お手本」へ

圧倒的支配の確立後，ユーコスの関心事は，会社の市場価値を増大させ自社のコーポレート・ガバナンスを高めることへと移っていった。時価総額ではかる企業価値の拡大を重視することは，1990年代後半期に所有権を集中させたオーナー経営陣の間で2000年頃から顕著となった傾向であった。この所有権の集中を助長させたのは，1998年の金融危機後の，ロシア企業の購買力を増大させた通貨切下げとロシアの株価の下落と一対の出来事だった。第Ⅰ部でも述べた通り，ロシアの産業の主要部門は，少数の中核的なオーナー経営者の手に集約された（Boone and Rodionov [2001], Dynkin and Sokolov [2001]）。世界銀行による研究では，産業部門の総売上げの4分の3を占めている企業を調査対象としたところ，上位23人の民間オーナーが，売上げの36％，雇用の38％を支配していることが示された（World Bank [2005], Guriev and Rachinsky [2004]）。この所有の集中は，決して資産の奪い合いや所有権の再配分の決着を意味するものではなかったが（Barnes [2003]），実質的な資産に対する支配権を獲得す

ることに成功したオーナー経営者たちは，彼らの資産価値により一層の関心を払うようになった（Boone and Rodionov [2001]，Nash [2001]）。オーナーにしてみれば，所有権の集中は株価をさらに上昇させる動機づけの一つであった。

透明性の向上と時価総額の上昇というユーコスの新方針は，2000年の自社コーポレート・ガバナンス原則の導入，そして独立取締役や外国人取締役の任命をもたらした。同社は，上級経営陣に対する明確な配当方針とストックオプション制度を導入した。また，これまでのコーポレート・ガバナンス慣行によって地に落ちた評価を改善させるべく，ユーコスは伝えられるところでは企業イメージの向上に2年間でおよそ3億米ドルを費やしたという（Shmarov [2002]）。2001年以降，同社は米国会計基準（GAAP）に基づく3カ月ごとの財務諸表を公表するようになり，2001年3月にはADRプログラムのレベル1を開始した。

ユーコスの所有構造のあり方は，より透明性の高いものが目指され，その気運は2002年6月，同社の所有構造開示へ向けて中核的な株主や受益権所有者たちの名前を公表したことで頂点に達した。ホドルコフスキー，レベデェフ，ネヴズリンに加えて3名が，ユーコス・ユニバーサルを通じてユーコス石油会社を所有するグループ・メナテップのオーナーとして公表された。この動きは，当時，厳格な企業内容の情報開示が求められるニューヨーク証券取引所への上場を念頭に置いてのものと見られた（Bushueva et al. [2002]）。

これはまた，財産が法によって保護され，既得権益を死守するためにも，自分たちの所有権を法律的に正当なものとして認めてもらいたいというオーナーたちの願望を反映した動きでもあった（Radygin [2004]）。財産の透明化と合法化への働きかけは，より強力な財産権保護制度確立を求めるよう，新興エリートの一部をそのための活動へと突き動かした（Boone and Rodionov [2001]）。

やがて，所有の集中と支配の強化が効率性の向上をもたらした。1998年に生産が落ちるところまで落ちてから，ユーコスはロシアの石油部門で最大の生産の伸びを達成した（O'Sullivan et al. [2003]）。1999年以来，同社の年次生産は2桁の率で上昇し，2004年には81％の成長に達した。この間，ロシア全体の石油生産でユーコスが占める割合は14.6％から19.5％へ増加した（Theede

表 4-1 ユーコスとルクオイルの利益率と生産コスト比較（1998～2001年）

年	1998	1999	2000	2001
税引き前利益率（％）				
ユーコス	-24	41	58	41
ルクオイル	13	17	29	21
生産コスト（米ドル/バレル）				
ユーコス	1.16	0.84	1.44	1.7
ルクオイル	2.87	1.36	2.4	3.1

出所) Henderson and Radosevic [2003].

[2004]）。同社は高い収益率を上げた一方，この大幅な生産増加は事業費抑制のための雇用者数の減少を伴った。一例を挙げると，2002年，ユーコスは対前年比19.3％の生産増を記録し，同時にコストの上昇を抑え，ロシアで最もコスト管理を徹底させた企業でもあった（Yukos [2003] [2004]）。探鉱開発関連の事業費についていえば，ユーコスは他の主要な国際石油会社との競争で有利であった[12]。

　垂直統合支配が確立された後のユーコスの業績は，ロシアにおける石油生産最大手のライバル，ルクオイルと比較されてきたが，それも2002年第4四半期にユーコスが首位の座を奪うまでの話であった。ユーコスの生産部門の子会社は，ルクオイルに比べると，利益率はより高かった（表4-1を参照）。ユーコスのバレル当たりの生産コストはルクオイルの半分以下であり，資本投資についてもより高いリターンを実現していた（Henderson and Radosevic [2003]）。こうしてユーコスは業界の覇者となったのである。

　西側の石油生産のノウハウを積極的に採り入れることで，ユーコスはロシアで最も効率的かつ高収益の石油会社となった（O'Sullivan et al. [2003]）。1998年，同社は世界を代表する油田開発会社の一つ，シュルンベルジェとの戦略的提携を結んだ。このことが企業統合後の生産向上の主な原動力となった（Henderson

---

12) 2002年，同社の探鉱開発事業費はロイヤル・ダッチ・シェル，エクソンモービル，スタットオイル，BP，トタルよりも低かった。ユーコスのウェブサイト（http://www.yukos.com/EP，2006年1月26日閲覧）。

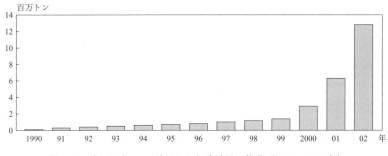

図 4-4　プリオブスコエ油田からの産油量の推移（1990〜2002 年）

出所）ユーコスのウェブサイト（http://www.yukos.com）。

and Radosevic [2003]）。シュルンベルジェの技術を導入したことで，ユーコスはシベリアにあるユガンスクネフチェガスの主要油田，プリオブスコエ油田で操業中の油井からの原油増産に成功し，会社の生産体制強化に大いに貢献した（図4-4を参照）（Yukos [2003]）。

また，この提携により，ユーコスはもう一つのユガンスクネフチェガスの主要油田であるプリラズロムノエ油田の操業にあたり大半の作業を外注することができた。これによって坑井作業のコストは22％まで削減され，ユーコスが自社で抱えている事業をリストラし，無駄を排除する一助となった（Gaddy [2000]）。ユーコス経営陣はBP，エルフ，クヴェーマーなど主だった欧米企業から，貯蔵生産管理，坑井事業，探鉱地理，財務，通信に精通する中・上級の管理職を雇用した。この人的資源の補強は，マーケット重視の姿勢を高めるとともに，社内に新しいアイディアが吹き込まれることを意図して実施されたものであった（Gaddy [2000]）。

その結果，ユーコスはロシアで最も統制がとれ，また最も効率的な企業との高評価を受けた。反面，その「短期収益主義」——試掘・探鉱を犠牲にして現下の産油量を最大化しようとする戦略——も批判を浴びた（Dienes [2004] 319-45）。それにもかかわらず，ユーコスの企業価値は1998年から2003年の間におよそ1,000％上昇し（Goriaev and Sonin [2005] 6），押しも押されもせぬロシア企業のリーダーに躍り出た。

2001年，ロシア投資家保護協会（IPA）は，ユーコスをコーポレート・ガバナンスを最も改善させた最優秀企業ならびに配当政策における最優秀企業に選び，ホドルコフスキーは最優秀経営者賞を獲得した[13]。ガバナンスの改善を目指した努力によって，「悪夢のようなコーポレート・ガバナンス」から「コーポレート・ガバナンスのお手本」へと変身を果たしたユーコスは，賞賛の的となったのである（Yousef-Martinek et al. [2003], Salter [2002]）。

　ユーコスのコーポレート・ガバナンスへの賞賛は，やがて当局によって剥奪される憂き目にあう。とはいえ，ユーコスの事例で注目すべきことは，同社が当初行っていた株主権を軽視するようなコーポレート・ガバナンス慣行には，コヒーレントな企業体の構築を論ずる（第1章を参照）という一方的な立場から見れば，組織的・経済的な効果をもたらしたという側面が少なからずあった，ということであろう。

　このようにして，ユーコスというロシアを代表する石油企業は発展していった。この成長後の逆転劇のあとに待ち受けていたのは，「ユーコス事件」として知られることとなる，ロシア最大規模かつ最高収益を誇った石油企業の解体へといたる一連の出来事であった。これについては第6章で述べることにする。

2　シバール（ルサール）——地方のアルミニウム工場から世界的企業へ

　1990年代を通じて，ロシアのアルミニウム業界ではアルミニウム生産のための資産をめぐる激しい闘争があった。その深刻な様相から「アルミニウム戦争」と呼ばれるほどであった。資産争奪戦はときとして暴力を伴い，1990年代において最も犯罪的であった産業の一つとしてこの業界は悪名高かった。混乱の1990年代を取材したジャーナリスト，ポール・クレブニコフは次のように記した。「ロシアのアルミニウム戦争の煙が晴れたとき，何十名もの重役，銀行家，トレーダー，さらに数多のマフィアのボスの死屍累々といったありさ

13）ユーコスのウェブサイト（http://www.yukos.com/exclusive.asp?id=6095，2004年11月2日閲覧）。

まであった」(Klebnikov [2001])[14]。その利害関係が複雑に入り組む業界の体質と，問題の多いコーポレート・ガバナンスのあり方は，外国からの投資を及び腰にさせていた。世界最大のアルミニウム企業であった時期のアルコアCEOを務めた，元アメリカ財務長官ポール・オニールは，なぜアルコアはロシアに投資してこなかったのか，という問いに次のように返した。

そうしたい人には神の恵みがあることを願うよ。人々をペテンにかけることにうつつを抜かしているような会社を任されたいと思うかい？ 正気の沙汰ではない。(Behar [2000])

本節では，この「アルミニウム戦争」に勝ち残っていったシベリア・アルミニウム（シバール，SibAl）について1990年代の展開に焦点を当てて検証する。まず，サヤンスク・アルミニウム工場（SaAZ，以下サヤン工場）を端緒とするロシア最大の垂直統合型のアルミニウム会社設立に向けて，ソ連時代の資産がいかにして集積・再編されたかを示す。また，ソ連のアルミニウム精錬業界では第6位の新米企業であったサヤン工場が，いかにしてシバールへ，そして2000年にはロシア最大手かつ世界屈指のアルミニウム会社，ロシア・アルミニウム（ルサール，RusAl）へと成長していったかを描く。同社は2007年，ついに世界最大のアルミニウム会社UCルサールとなる。本節では，前節同様，部外者株主や債権者に対して悪用されたコーポレート・ガバナンスに関わるビジネス慣行に注目する。投資環境にも害が多かったことは紛れもない事実だが，同時に，ソ連型経済システム崩壊後サヤン工場が直面した，ビジネス・ユニット（事業体）としての企業の再編という課題の中でそれら慣行が果たした具体的機能を考察する。

1）ソ連型経済システムの崩壊とアルミニウム業界

ソ連型経済システムのもと，アルミニウム企業はソ連型経済ヒエラルキーの下位で機能する生産単位にすぎなかった（第1章を参照）。アルミニウム生産は

---

14) ロシア版『フォーブス』誌の初代編集長だったクレブニコフは2004年6月にモスクワで殺害された。

非鉄冶金工業省により管理されていた。同省は，ゴスプラン（国家計画委員会）とともにアルミニウム部門における生産・投資計画の立案を所掌していた。海外向けの販売は，外国貿易省傘下の対外貿易公団が仕切っていた。研究機能は業界全体の技術研究施設である VAMI（全ソ連アルミニウム・マグネシウム研究所）が担った。また，製品の価格はゴスコムツェン（国家価格委員会）によって確定されていた（IMF et al.［1991b］［1991a］233-6）。

　アルミニウムはいくつかの段階を踏んで生産される。まず，ボーキサイトがアルミナに精製され，そのアルミナを製錬してアルミニウム地金が製造される。ソ連は世界第2位のアルミニウム生産国であった。この分野におけるソ連の主な企業として，カザフスタンのパヴロダルスク・アルミニウム工場，ロシアのボゴスロフスク・アルミニウム工場やアチンスク・アルミナコンビナート，そしてウクライナのニコラエフスク・アルミナ工場などのアルミナ精製工場が含まれていた。ロシアの五大アルミニウム製錬会社は，ブラーツク・アルミニウム工場，クラスノヤルスク・アルミニウム工場，ノヴォクズネツク・アルミニウム工場，イルクーツク・アルミニウム工場，そして本節の主題であるサヤンスク・アルミニウム工場（以下サヤン工場）であった。アルミニウム生産の下流段階には，圧延アルミや半製品を製造するサマーラ冶金会社（サメコ）やクラスノヤルスク冶金工場があった（図4-5を参照）(Kuleshov［1997］29, 36, Sagers［1992］594)。ソ連体制下では，これらのアルミニウムを生産する製錬会社，つまりアルミニウム工場は，非鉄冶金工業省により管轄されていたが，圧延アルミを生産するクラスノヤルスク冶金工場は航空産業省の管轄下にあった (Zander et al.［1995］103)。

　ソ連末期，産業をめぐる国家統制管理の構造は不安定そのものであり，アルミニウム産業も例外ではなかった。各産業の部門省は脱集権化の流れによって縮小され，個々の企業の独立性が高まった。製鉄工業省と非鉄冶金工業省はそれぞれ何千もの職員を抱えていたが，ミハイル・ゴルバチョフの経済改革の一環で単一の冶金工業省にまとめられ，その国家官僚機構にも大鉈が振るわれた。ソ連崩壊とともに冶金工業省さえも消滅し，冶金工業局という一部署として工業省のもとに配置された。1992年9月には，アルミニウム部門を代表する独

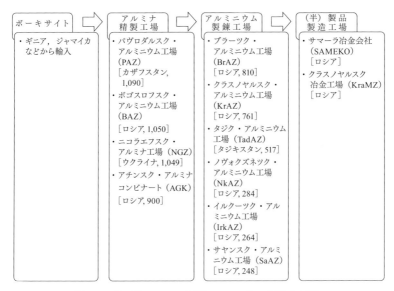

図 4-5　旧ソ連における主要アルミニウム企業（工場）

出所）Kuleshov［1997］29, 36, Sagers［1992］594.
注）［　］内数値は，生産能力を千トン単位で示したもの。

立官庁として冶金工業委員会が創設されたが，同委員会の定員は 250 名未満であった。このように，役所によるアルミニウム業界への関与は安定したものではなく，絶えず揺らいでいた（Fortescue［1999］206-7）。

　アルミニウム部門の私有化は，脱集権化によって徹底的になされた。第 1 章で論じたように，株式会社化と私有化はこの業界のヒエラルキーの最下位，すなわち生産単位のレベルで行われた。この「細分私有化」はソ連経済の統合された管理構造を打ち破ることを目指したものであった（Fortescue［1997］146）。

　行政指令を中心としたソ連型経済システム全体が解体する中で，国家はアルミニウム生産を実現する事業機能をまとめて全体的に統括することが困難になった。「ソ連株式会社」の崩壊は，資金調達・財務および原材料供給，そして製品の分配調整業務など事業活動を果たしていた国家が撤退することを意味した。これによってアルミニウム製錬工場が最初に直面したのは，運転資金をどう確保するかという問題であった。もはや国庫からの融資をあてにできない

ということであり，かといって当座貸出しで年率200％超という法外な高利とあっては銀行からの借金も現実的ではなかった。さらに，原材料購入から金属製品に対する支払いの受領までは3〜4カ月かかった（Zander et al. [1995] 105-7）。つまり，サヤン工場のような製錬会社はこの間，資金調達の方途を自力で見つけ出さねばならなかったのである。

マクロ経済状況がこの問題をさらに悪化させた。ハイパーインフレが国を襲い，運転資金の価値を減少させていた。経済全体が流動性不足に陥り，諸部門でバーターや手形の使用などの非貨幣取引が横行した。アルミニウム工場が「生きたキャッシュ」つまり現金を入手できることはまれだった。さらに，以下に記すように，金属の国内需要は，国防費が著しく削減されたことで急速に下降した。会社が充分な運転資金を持ち合わせていないことに加え，燃料と輸送のコストが高騰し，従業員の給料や納税のための資金の工面もままならなかった（Sokolov and Iagol'nitser [1997] 84）。

さらに，アルミナが調達困難になるという問題に業界は突き当たった。ソ連にはアルミナが豊富にあったわけではなかった。ソ連国内で調達できていたのは需要の6割で，残りの4割はギニア，ジャマイカ，ユーゴスラヴィア，ギリシャ，オーストラリアなどから買い付けていた（IMF et al. [1991b] 239-40, Titova and Sidorov [2000]）。ソ連の二大アルミナ供給企業は，それぞれカザフスタンとウクライナにあるパヴロダルスク・アルミニウム工場およびニコラエフスク・アルミナ工場であって，ソ連を構成していた共和国が独立国家となってしまってからというもの，ロシアの製錬工場にアルミナを供給していた長年の経済的つながりは途絶えてしまった。さらに，運転資金の不足のため，これらのロシアの製錬会社はアルミナの買い付けにも事欠くありさまとなった（Kuleshov [1997]）。

この状況に，アルミニウムの国内需要の急激な下落が重なった。ソ連におけるその主な消費主体は，国防・航空機・宇宙産業であった。1991年末のソ連解体後，翌92年のロシアの国防費が8割も削減されたこともあって，アルミニウムの国内需要は著しく落ち込んだ（*The Economist*, 21 January 1995）。1990年のアルミニウム国内総生産量の291万トンのうち国内消費量は190万トンで

あったが，1992年以降これが急落し，1996年には287万トンの総生産量のうち国内消費量はわずか43万4,000トンにすぎなかった（坂口［1999b］62-3）。民間の機械・建設部門での生産低下もその一因であった（Zander et al.［1995］103）。

　急激に低下した国内の防衛部門のアルミニウム需要を受けて，ロシアは西側への輸出に活路を見出そうとした。だが，アルミニウム製錬工場には国際的なマーケティングや販売の実績がほとんどなかった。そのような業務をするリソースが，ソ連型アルミニウム企業には内包されていなかったのである。ソ連時代，アルミニウムの対外貿易は，ラズノエクスポルトのような対外経済関係省（1987年まで外国貿易省）の専門機関が担い，国からの指示に従って輸出を管理していた（IMF et al.［1991b］236）。各企業は指令に従い必要な金属を届けるのだが，自分たちが直接に輸出販売するという事業活動を手がけてはいなかった。彼らは外国への販路を持たず，世界市場での経験に欠けていた。契約を締結したり商売を進めたりするにあたっての実践も不足していた[15]。

　ソ連にとっての主な輸出市場は経済相互援助会議（通称コメコン）諸国であったが，アルミニウム輸出が年間50万トンを超えることはなかった（IMF et al.［1991b］277）。大量のボーキサイトおよびアルミナを生産する一方で製錬機能がほとんどなかったハンガリーがこの分野での最大の貿易相手国であった。バーター合意によって，ソ連はハンガリーからアルミナを受け取る代わりに，ハンガリーへは製錬済みのアルミニウムを送った。また，ソ連はチェコスロヴァキア，ポーランド，ブルガリアへアルミニウムを輸出した。しかし，貿易パターンは冷戦の終焉とともに変わり，ロシアはこれらコメコン諸国との伝統的な貿易のつながりを超えて輸出市場を求めなければならなくなったのである（IMF et al.［1991b］243）。

---

15) 2003年7月，モスクワの貿易会社でアルミニウム問題に精通する専門家に対して筆者が実施したインタビュー。スティーヴン・フォーテスキューも，（数は少ないものの）長年輸出を手がけてきた会社でさえ，世界市場における直接的な実績は皆無であったと記している（Fortescue［1999］218）。

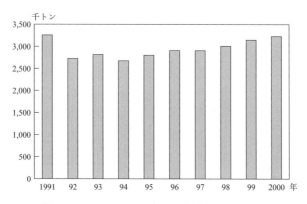

図 4-6　アルミニウム地金の生産（1991〜2000 年）
出所) Fortescue [2006b] 83.

2) トーリングとトレーダー

　このように多方面にわたって問題を抱えながらも，ロシアのアルミニウム製錬工場はアルミニウム地金を生産し続け，その生産水準が大幅に落ちることはなかった（図 4-6 を参照）。その後ろ盾となったのが，トーリングと呼ばれたシステムだった。これが，ソ連崩壊後の産業全体の急激な落ち込みにもかかわらず，アルミニウム生産の安定を支えていた。トーリングとは，原材料が生産者に調達され，その原料を利用して生産者が生産・加工し，そのぶん加工賃として委託料が生産者に融通される委託生産システムのことである。トーリングはもともと「持込材料加工 (daval'cheskaia pererabotka)」として知られ，食料品や繊維などロシアの他の業種でも適用されていた（Avdasheva [2000]，塩原 [2004]）[16]。また，OPT (Outward Processing Traffic. 対外加工取引) として知られる同類の調整方法が中東欧の新興経済諸国でも適用されていた。

　このシステムの運用は，仲介業者として活動する海外トレーダーによってなされ，その主なものとしてはスイスのグレンコア，イギリスに拠点を置くトランス・ワールド・グループ (TWG)，そしてアメリカが拠点の AIOC といった

---

16) トーリングやトレーダーについては坂口 [1998] も参照。

第4章 ロシア新興財閥の成長　165

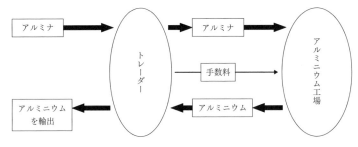

図 4-7　トーリングの仕組み

企業があった（Fortescue [1999]）。これらトレーダーは，アルミニウム製錬会社へのインプット（アルミナ）の供給を手がけるだけでなく，アウトプット（アルミニウム地金）を市場に出すことも請け負った。アルミニウム製錬工場は，このトレーダーたちが提供する原料から作られたアルミニウムの加工賃を受け取り，操業し続けることができた（図4-7参照）。トーリングというこの仕組みは，製錬工場へのアルミナや資本の提供を通じて，これに関わるトレーダーにロシアのアルミニウム産業を差配できる大きな力を与えることとなった。

　ロシアで最初のトーリングは1991年に実施されたといわれている。スイスを拠点とするトレーダー，マーク・リッチがシベリアの製錬会社，クラスノヤルスク・アルミニウム工場（以下クラスノヤルスク工場）に適用したことをもって嚆矢とするようである（Butrin [2001a] 58-60）。1992年にはトーリング・トレーダーの中でも最大の影響力を持つTWGが，ブラーツクにある製錬会社，ブラーツク・アルミニウム工場（以下ブラーツク工場）とはじめてトーリングの契約を正式に結んだ（Mirontseva and Petrovich [1995]）。トレーダーは生産チェーンの編成に向けて巧妙に活動した。ボーキサイトから精製され，アルミニウム製錬に欠かせないアルミナは，TWGによって輸入され，ロシアの製錬会社であるアルミニウム工場のもとに届けられた。同時に，TWGは生産されたアルミニウム地金の輸出も手がけた。アルミナと加工済みアルミニウム地金はともに，このトレーダーの所有物とされた（Kuleshov [1997] 59-60）。

　トーリングの実施は，1992年には国家関税委員会の政令（「加工目的の輸入品の搬入規則について」）によって公式に認可された（*Kommersant*, 6 November

1997)。このお墨付きは，運転資金やアルミナの供給不足に苦しむアルミニウム製錬会社を助けるあくまでも一時的な手立てとして捉えられた（Onegina et al. [2003]）。この国家関税委員会令は，経済省発令の規則「加工目的で輸入により持ち込まれた原料の搬入について」によって補足された（Makarkin [1999b]）。

トーリングのこの仕組みはたちどころに普及し，1994 年にはアルミニウム総生産の過半数である 180 万トンがトーリングに依存していた（Demkin and Komarov [1996] 20-4）。

ロシアにおけるトーリング制度の公認に向けた働きかけを行っていたのは，当時，非鉄金属業界の元締めであったオレグ・ソスコヴェッツ副首相と目されていた（Sinitskii [1998a], *Kommersant*, 10 February 1998）。第 3 章でも登場したソスコヴェッツは，非鉄金属業界の「パトロン」すなわち，1990 年代初頭に「授権」（認可）された分野の一つであった当該業界の利益誘導を一手に引き受けた政治家であった。他の分野については，資源・エネルギー，特にガス分野のヴィクトル・チェルノムィルジンや，金融分野のヴィクトル・ゲラシチェンコといった利益代表者がいた（Kryshtanovskaia [1996] 3）[17]。

仲介のトレーダーにしてみれば，免税措置と高利率の委託料がトーリングを旨みのあるものにしていた。国内のアルミナ供給は輸入によって補わねばならない一方で，アルミニウム地金の生産には安定的な国際需要があった。トーリング制度のもと，アルミナの輸入と加工済みアルミニウムの輸出は関税の適用から除外された。輸入されたアルミナから作られた製品に付加価値税が課されることもなかった。さらに，アルミニウムの内外価格差を踏まえて利鞘は高く設定された。例えば，1992 年，ロシアの国内価格は 1 トンにつき 300〜600 米ドルの範囲で推移していたのに対し，世界価格はおよそ 1,200 米ドルであった（Flynn and Kranz [1996] 134）。つまり，これらのトーリングという発想は，アルミニウム生産工場のインプットのコストを最大化させ，工場での出荷額を最小化させるものであり，当時ロシアの製錬会社の株主となった者たちが，その

---

17) チェルノムィルジンについては第 7 章を参照のこと。ゲラシチェンコはソ連時代に外国貿易銀行に勤務したあと，ゴスバンク総裁を務めた。ソ連解体後もロシア連邦中央銀行の総裁を務めた。

資本をオフショアへ移すことを容認する移転価格スキームの一種であった (Helmer [2001])。

トレーダーの中で，最も活動的かつ成功したトレーダーであったのは，デヴィッドとサイモンのルーベン兄弟が立ち上げた会社 TWG だった（Behar [2000]）。兄のデーヴィッド・ルーベンはロンドンを拠点とする金属貿易会社トランス・ワールド・メタルズのトップであった。同社は 1970 年代以来，ソ連からのアルミニウム買い付けの実績があった（*The Economist*, 21 January 1995, Satter [2003] 95）。ロシアで貿易自由化を含む経済改革が始まる前から，ルーベンはソ連のアルミニウム貿易に関わる国家機関との付き合いがあったわけである（Tarasov [1997]）。

ソ連解体後，彼はアルミニウム製錬工場との直接の取引を試みたが，これらの会社はすでに運転資金とアルミナの不足に悩まされている只中にあった。TWG は，ロシアでアルミニウムが製造され世界の市場で売り続けるため，トーリングの仕組みを取り入れた。ルーベンの企てのロシア側での仕切り役は，レフとミハイルのチェルノイ兄弟の兄，レフであった。

1992 年，ルーベンはモンテカルロを本拠とする会社，トランス CIS コモディティーズ（TCC）を設立した（*The Economist*, 21 January 1995）。同社はルーベン兄弟が経営する他の会社とともに TWG の傘下に入った（Satter [2003] 186）。TWG には貿易会社や銀行を含め 100 社以上からなる提携網があった（Pirani [2001]）。どこを切っても同じ金太郎飴のように，似たような名前の会社をキプロス，バハマ，ケイマン諸島，マン島などあちこちのタックスヘイブンに濫造したり消滅させたりしていた（Behar [2000]）。

トーリングによる取引が広まった頃，ロシアの産業界では民営化政策が採り入れられていた。その結果，TWG は，ロシアをはじめとする CIS（独立国家共同体）諸国のアルミニウムおよびアルミナ関連の資産を獲得し，その権力と影響力は増した。取引先であるアルミニウム工場の株を獲得し所有者になることによって，TWG が行うトーリングによる取引はいっそう確固たるものとなり，競合する他社の追随を許さなかった（Behar [2000]）。1994 年に大規模私有化の最初の段階が終わるまでに，トランス CIS コモディティーズとその関連会

社はクラスノヤルスク工場の2割，ブラーツク工場のおよそ5割，そしてサヤン工場の6割以上の株式を支配したという。この，トーリングという方法と抱き合わせの株式保有によって，TWGはロシア産アルミニウムのおよそ3分の2を支配することとなった (The Economist, 21 January 1995)。

こうして短期間のうちに，TWGはロシアの五大製錬工場のうち3社に力を及ぼす立場を獲得し，1996年には生産量でアメリカのアルコア，カナダのアルキャンに次ぐ世界第3位のアルミニウム生産者に躍り出た (Behar [2000])。ロシアにおけるアルミニウム工場の民営化は，商売相手であったTWGがこれらの製錬会社に対して統制を強化する呼び水となった。

シベリアのハカス共和国にあるサヤン工場の民営化は，1992年12月よりバウチャー方式の私有化によって進められた (Burtin [2001a])。ハカスは，バウチャー方式をいち早く進めた数少ない地域の一つであった (Chubais and Vishnevskaya [1994] 97)。サヤン工場ではいわゆるオプション2と呼ばれた方式（第3章を参照）に従って進められた (AK&M [1999])。それは，株式の51％が経営陣ならびに従業員に提供されるという方式であった。その後1994年に行われたサヤン工場の国有株式に対する投資入札の結果，ルースキー・カピタルとアリュミンプロダクトの2社がサヤン工場の最大の株主となった (Burtin [2001a])。ルースキー・カピタルはTWG直轄の投資企業であった (Gotova and Mirontseva [1994])。また，アリュミンプロダクトを掌握していたのは，TWGと関わりの強かったオレグ・デリパスカであった (Luk'ianova and Sur'ianinov [1999])。

デリパスカがビジネスの世界に入ったのは，モスクワ国立大学の学生の頃であった。1993年の大学卒業時，彼はすでにアリュミンプロダクトの社長であった。彼は金属取引のブローカーとして働き，自分自身やチェルノイ兄弟を含むと見られる顧客用にサヤン工場の株式を購入した。これがきっかけとなってTWGとの協力関係が作られていった。1993～94年の間に，彼はサヤン工場の株式の20％を保有するにいたった。彼自らがサヤン工場の入り口に立ち，株購入の取引を従業員に働きかけていたという (Stepovoi [2001])。

1994年11月までには，当時すでに名を馳せていたこのTWG率いるコン

ソーシアムは，サヤン工場の株式の 60％以上を支配する最大の株主となっていた (Gotova and Mirontseva [1994])。TWG の後押しによって，デリパスカは 1994 年 11 月の株主総会の席上，サヤン工場の社長に任命された（Mirontseva [1994], Pappe [2000] 191, Burtin [2001a]）。

しかし，以下に見られるように，ほどなくしてデリパスカ率いる経営陣とトレーダーである TWG との間で利害対立が表面化することになる。

3）リソースの限られたアルミニウム工場が直面した課題
①業務機能の統合
かくしてサヤン工場は株式会社化され民営・私有化されたが，まだ完全な事業体（ビジネス・ユニット）とはいえなかった。同社は限定的なリソースを持つだけのアルミニウム生産に従事する生産単位（プロダクション・ユニット）にすぎず，資金調達や原料供給，海外販売など事業活動を進める諸機能もそれを可能にするリソースもノウハウもなく，自己完結的に社内で対処するというわけにはいかなかった。すでに触れたように，ソ連解体後のアルミニウム部門は，各工場がロシアのアルミニウム生産にとって肝心な事業活動を進めるための能力を欠いていた。しかし，トーリングという仕組みによって，資金調達，原材料の供給，海外での製品の売買という，それまで外注（アウトソース）していた機能のいくつかをトレーダーたちに担ってもらうことができるようになっていた。

②生産チェーンの再構築
「細分私有化」には，古い構造の破壊という要素も含まれていた。そして，ソ連型経済システムの崩壊は，関連する会社のネットワークへの寸断を含む「分裂・無秩序化（ディスオーガニゼーション）」を引き起こした（第 1 章を参照）。この生産の上流と下流との間の垂直的なつながりは，ロシアでは往々にして「技術のチェーン」や「生産チェーン」と呼ばれていた。このチェーンの寸断は，アルミニウム製錬会社にとって難しい問題を引き起した。

上述の通り，アルミナの主な生産地は，ソ連の解体によって国外に位置することとなった。長年機能していた原材料の供給側のネットワークがソ連の中央

統制型経済システムの崩壊とともに切り裂かれてしまったのである。その結果，ロシアのアルミニウム会社にとって，原材料供給のネットワークを組織し，生産チェーンを再構築することが喫緊の課題となった。この機に乗じ，各トレーダーはトーリングによって原材料から製品へいたるインプット・アウトプットの仕組みを牛耳った。アルミニウム工場が必要とする原材料を確保するための供給側の各段階を束ねる一方，加工された金属がトレーダーによって国際市場で商われたのである。

　生産チェーンの再構築は，企業の境界の調節や変更を要するものとなった。連続する生産の諸段階のどの部分を企業内部に組み込むかを決めるとともに，関係特殊的資産と整合するように調整していく，という問題である。サヤン工場の場合，この問題は自社を取り巻く企業の枠組みの拡大を含むものであった。当時のサヤン工場は，補完的資産によってつながったアルミニウム生産チェーンの中で，専ら一生産単位として稼働するにすぎない存在だった。デリパスカ率いるサヤン工場の最高経営陣は，以下に詳しく論じるように，企業の境界を調整し，シバールの設立を通じて自社を垂直統合会社に発展させていくのである。

③運営管理の確立

　ソ連型経済システムの崩壊とは，それまで国営企業の活動を支配していた調整のメカニズムが国家の中央計画当局から提供されることはもはやなく，かといって個々の企業が国家の提供してきたこの執行・運営機能を引き取るだけのリソースもない，ということを意味していた。このような状況が，仲介トレーダーにトーリングの仕組みを通じた運営的役割を引き受けさせる余地を与えた（Kuleshov［1997］61）。この一定程度の役割付与をめぐり，ノヴォリペック冶金コンビナート（NLMK）社長で元トランスCISコモディティーズ副社長のウラジーミル・リーシンは，次のようにコメントした。

> （トレーダーたちが）実質的に，かつてのゴスプラン・財務省・閣僚会議などにとって代わったようなものだ。(Zander et al.［1995］107)

　つまり，ソ連解体直後のアルミニウム産業において，かつて計画経済を担っ

ていたソ連時代の中央計画当局はトレーダーに席を譲った形となった。それほどトレーダーの役割は大きかった。

4）トレーダーからの独立

　トーリングを通じ，トレーダーは生産計画の設定，事業機能の統合，生産チェーンの編成という3つの役目を一手に引き受けていた。そうである以上，第1章で考察したリソースベースの理論からしてサヤン工場が「本物の」企業体に成長することはできなかった。いまだ事実上の生産単位に甘んじている立場から抜け出すには，サヤン工場は上述の3つの仕事を担う必要があった。トレーダーは，中核的事業活動に対し中心的役割を果たしていたし，供給側・買手側双方のつながりを仕切る役という点で，特に影響力を持っていた。そのため，企業再編し，資本主義企業化を進めるためには，サヤン工場がこれらの業務責任を引き取る必要があった。そのために，まずなすべき，そして最も重要なことは，トレーダーからの独立を勝ち取ることであった。

　ロシア人経営者が企業経営の経験を積むにつれ，仲介トレーダーによって提供されてきた便宜のありがたみは次第に減じていった。製錬工場，原材料供給者，製品購入の顧客との間で関係が作り出され，トレーダー以外からの資金繰りのあても出てきた[18]。決定的だったのは，ロシア人経営者たちとトレーダーたちの利害が一致しなくなってきたことであった。前者が生産活動の拡大・多様化を通じて会社を長期的に成長させることにますます関心を向けるようになった反面，後者は短期的な利潤やトーリングによる調整をそのままにして現状を維持することに固執した（Borisov［2003］78-9, Popelov［1999］）。

　経営者の長期戦略には，付加価値のある製品作り，コストの削減，企業成長を見越した長期投資の実施があった。これらはトレーダーの利益に反するものだった。彼らはトレーダーであると共にまた株主であり，主として輸出向けの地金生産を支配し続けることに関心を持っていた（Gushchin［1998］, Popelov［1999］）。このような背景から，トーリングの現状を維持したい短期志向型の

---

18) 2003年7月，ロシアの金属産業との取引経験のある元銀行員，ロシアにおけるアルミニウム問題を取材するジャーナリストに対する筆者によるインタビュー。

トレーダーと，積極投資をして付加価値製品も生産し，企業としての長期的発展を考えていたデリパスカ率いるロシア側経営陣との間に，次の4つの分野で利害の不一致が生じた。

(1) 原材料供給の確保：第一に，アルミニウム製錬工場の経営者たちは，TWG経由以外のアルミナ供給を確固としたものとする方途を追求した。トーリングの取引を行うさいにアルミニウム工場とトレーダーが交わす契約は，その性質上，短期的なものであった。そのため，アルミニウム工場はアルミナの長期的な供給を保証されていなかった。つまり，工場自体が材料の流れや生産過程全体を支配するにいたっていなかったのである (Popelov [1999])。

例えば，1997年春にサヤン工場や他の工場が主体的にウクライナのニコラエフスク・アルミナ工場との個別の合意を締結した。このことにより，TWGは，それまでTWGが統括していたアルミニウム製錬工場に対する定期的なアルミナ供給を削減した。TWGは製錬工場が独自にアルミナを調達するのを許してしまうことで，それらの製錬会社を支配する立場を失いたくなかったのである (Borisov [2003])。この結果，ロシアのアルミニウム工場はアルミナを求めてより多くの対価を払わねばならず，年間の損失額は総額6000～8000万米ドルにのぼった。TWGの動きは各工場に対する「アルミナ・プレッシャー」として描かれた。つまり，アルミニウム製錬工場をアルミナ不足に陥らせる状況を生み出すことで圧力をかけたのであった。一方，ロシアの工場へのアルミナ調達の流れを調節することは，トレーダーが持つ製錬工場に対する最も強力な手段であるかのようであった (IET [2001a], Borisov [2003])。ロシアの製錬工場が試みたトレーダーからの独立を目指した行動は，抑圧され続けていたという (Borisov [2003])。

しかし，1997年11月，サヤン工場はウクライナのニコラエフスク・アルミナ工場とタジキスタンのタジキスタン・アルミニウム工場からアルミナを直接調達する道筋をつけた (Rozhkova and Sapozhnikov [1997], Zapodinskaia [1997])。サヤン工場はまた，ウクライナのドニエプル・ブクスクの港湾を再整備するニコラエフスク工場とのプロジェクトに参画した。これによって，ニコラエフスク工場はアルミナ精製のためのボーキサイト加工能力をさらに年間150万トン

増強することができたという。また，ギニアにあるニコラエフスク工場のボーキサイト基地の整備もこのプロジェクトに盛り込まれていた（*Segodnia*, 20 November 1997）。

(2) 付加価値製品の製造：経営者たちがアルミニウム地金よりも高値がつく付加価値製品を製造することで収益性を高めようとするあまり，彼らの関心はトレーダーたちとますますかけ離れたものとなっていった（Sivakov [1999]）。世界最大級のアルミニウム地金輸出国であるにもかかわらず，ロシアはアルミニウム製品とりわけ完成した製品の輸入国でもあった（坂口 [1999b] 63）。国内のアルミニウム消費量における輸入品の比率は，1991～2001年にかけておよそ2割であった。また製品の付加価値が高ければ高いほど，輸入比率も増加した。一例を挙げると，アルミ箔やそれをベースにした包装用の製品では，平均の輸入比率20.5％の倍（41.8％）にシェアは跳ね上がった（Ustenko [2002] 7）。

ただし，ロシアが完成したアルミ製品を輸入に頼っているということは，ロシアの国内産業がそのような製品を製造する能力がないということと同義ではなかった。むしろ，ほとんどのアルミニウム地金生産が輸出用であったことから，ロシア国内でこれらの製品を製造する業者は，製品を作るためのアルミニウム地金の不足に悩まされていた。この構造的に特異な現象は，トーリングという仕組みがもたらした結果の一つであった（坂口 [1999b] 63）。トーリングの帰結として，アルミニウム地金の生産業者が輸出にばかり目を向けるあまり，二次産品を製造する企業の数が減っていったとも指摘された（Zander et al. [1995] 109）。例えばクラスノヤルスクでは，圧延アルミを製造していたクラスノヤルスク冶金工場の所在地が製錬会社であるクラスノヤルスク工場に近接していたにもかかわらず，クラスノヤルスク工場で製造されたアルミニウム地金はそのまま輸出に回されていたため，クラスノヤルスク冶金工場は海外を含め各地から金属を買い求めねばならなかった（Borisov [2003] 79）。

ロシアのアルミニウム生産コストの上昇が決定的となり，製錬会社の利益率に影響を及ぼしはじめた頃，サヤン工場の社長デリパスカは国内市場へ投資する意向を表明した[19]。ロシア国内市場で最大50万トンのアルミニウムが引き受けられる可能性があったにもかかわらず，1996年にはロシア国内にあるア

ルミニウムは16～17万トンを下回っていた (Gotova [1997a])。また, 輸出量の増大はロンドン金属取引所 (LME) でのアルミニウム価格の下落につながり, ロシア産アルミニウムの国際市場におけるシェア拡大は, 世界の他のアルミニウム製造企業としては歓迎するところではなかった。1994年には, 複数の西側の製造業者が, アルミニウム価格の下落を予防するために, ロシアで上昇傾向にあった生産量に対処しようとして, 生産削減合意を結ぶという事態に及んだ (Norton and du Bois [1994], *The Economist*, 23 July 1994)。

TWGにしてみれば, 製品に対する付加価値を増加させるいかなる投資も自社の利益に反することであった。半製品あるいは完成した製品の生産増加は, ロシア国内での二次産品の製造に必要なアルミニウム地金のシェア拡大の結果, 輸出向けのアルミニウム総量を切り詰めることにつながった。輸出減少は, トレーダーにとっては収益の減少につながる事態であり, 付加価値製品の生産が増えることは, 彼らのビジネス上の関心ではなかったのである (Gushchin [1998])。さらに, これらの付加価値製品が輸出用に作られたとしても, 二次産品の貿易は様々な立場のトレーダーたちが取り仕切っており, 彼らは必ずしもアルミニウム地金を専門とはしていなかった (Zander et al. [1995] 109)。そのため, 地金トレーダーとしては手放しで歓迎できない話だった。

(3) 近代化のための (再) 投資：TWGとのトーリング取引は, その手法が採用されるやいなや, 非常措置というより恒常的なものとなってしまった (Mirontseva and Petrovich [1995])。製錬工場は加工についてのみ手数料を受け取り, 生産した金属の輸出による直接の売上げを受け取ることはなかった (Shapshnikov [1997])。工場側は, TWGから受け取る手数料の総額は, 生産の再投資や近代化には十分な金額ではないと主張した。手数料は製造経費や通常のメンテナンスや応急的修理のコストを充当する程度のものにすぎず, 工場は稼働し続けることはできても, さらなる発展を見込むことができない状態であった (Borisov [2003], *Kommersant*, 10 February 1998)。

ロシアのアルミニウム製錬工場は, 効率化のための生産設備の近代化に向け

---

19) 当時のアルミナのコスト上昇は, ロシアの製錬会社でアルミニウム生産コストが西側よりも上回った理由の一つであった (Zander et al. [1995] 103)。

た大規模投資を切実に求めていた（IMF et al. [1991b]）。ソ連（ロシア）の製錬工場が公害企業の最たるものであったことから，これらの環境基準を改善するためにも近代化は必要とされた（McChesney [2000b]）。しかし，工場の近代化のため収益を再投資し，国内市場を刺激しようという工場経営者たちの提案を，TWGはトレーダーの立場から退けたとされる（Gushchin [1998], Popelov [1999]）。

ロシアの主要経済誌『エクスペルト』によれば，TWGは投資方針を示していたが，工場への長期投資には消極的であった（Sivakov [1999]）。経済省の調査では，1993〜97年の間に，TWGが株主であったサヤン工場，クラスノヤルスク工場，ノヴォリペツク冶金コンビナートといった企業に対してトレーダーが長期投資を行った例は見出せなかった（Makarkin [1999a]）。評論家は，TWGの投資が短期的リスクの予測を踏まえたものであって，同社がロシアや他のCIS諸国において長期投資に踏み込むことはほとんどなかった，と論じた。TWGがトレーダーから生産者へと変容できるかどうかは，自社の資金を長期投資にあてることができるかどうかにかかっている，とも評された（Yeatman [1995] 10, 14）。

（4）企業の社会的責任の確立：経営陣とトレーダーとの間の紛争のもう一つの原因となったのは，アルミニウム工場が稼働する地域への配慮をめぐる問題であった。ロシアのアルミニウム製錬工場は概して「城下町形成型」企業として認知されていた。地元予算の大きな割合はこれらの企業からの税金によって賄われ，また，このような企業は地元住民にとって最大の雇用主でもあった。一例を挙げると，サヤン工場はサヤノゴルスク市最大の雇用主であり，また，同市予算の95％ならびにハカス共和国の収入のおよそ6割がサヤン工場からの納税であった（Stepanov [1996]）。他の企業が「溺死」する傍ら，サヤン工場は「泳ぎ続け」安定した生産水準を維持したと評され，1997年にサヤン工場は利益の5倍増，付加価値の1.5倍増，運転資金の4倍増を達成し，営業経費をおよそ38％まで削減したという（Popelov [1999], Stepanov [1996]）。

デリパスカはインタビューで，「社会的ファクター」は会社にとっての死活的領域であると述べた。ロシア・シベリアのハカス共和国では住民への食料供給に問題が生じることが常であったことから，サヤン工場は地元住民のために

自社傘下に旧国営農場を置いて運営を行い，生産性を高めて食料供給の増産や確保を進めた（Rachkov and Stepanov [1996]）。また，道路・住宅・貯蔵施設に投資し，農業用機械や飼料の購入のための融資も行った。同社は従業員に対して期限通りに給料を支払い，税金の滞納もなく，それどころか国庫への前渡し金を支払っていた（Rachkov and Stepanov [1996], Vishnepol'skii [1997]）。さらに，環境基準への適合も進めていたという（Vishnepol'skii [1997]）。デリパスカは，サヤン工場が地元の公共料金を耳をそろえて「現ナマ」で支払ったロシア初の企業であると表現した（Ivanov [2000a]）。

「社会的ファクター」の重要性は，ノヴォリペツク冶金コンビナートのリーシンも指摘していたところであった。彼はデリパスカを CEO に任命したときのサヤン工場取締役会の会長であった。リーシンは「工場のある地元で仕事をすれば，否が応でも社会的責任もついて回ってくる。さもなければ『ヴァリャーグ（余所者）』として追い出される」と言っている（Evgrafova [1999]）。彼はまた，TWG との対立の本質は，この社会的責任の問題について両者が見解を異にしていたことにあるとも指摘した。リーシンいわく，生産コストを削減する必要があるときに，ロシア国外に拠点を置く TWG は，社会インフラストラクチャーに関する支出を削れと指示するようになる。彼の見るところ，

> 社会的負担をなくしていくことがコスト削減の唯一かつ基本的な方途ではない。電力・ガス・輸送コストの効率的利用，あるいは技術の進歩でコストを減らせることだってできる。そしてこれらすべてのロシアの資源は，国内価格が適用されていることで，西側の企業との競争上有利な立場をもたらしてくれているのだ。（Evgrafova [1999]）

同じような調子で，ある元シバール社員は筆者にこう語ってくれたことがある。

> 社会性（*sotsial'nost'*）は成功のカギだ。仕事を成功させるため，会社は社会の一員，地域の一員として受け入れられる存在でなければならない。会社は社会の一員になるため，その社会に何かしらの貢献を行わなければならない。TWG はこのような考え方に疎かったが，この他にも今まさにこのような

「社会性」の欠如のために必ずしも成功しているとはいえない外国企業があると承知している[20]。

ロシア側企業経営者たちの考え方は，数年の間に徐々に自立的なものとなり，1997年末までにTWGとの商売上の付き合いを断るまでにいたった（Gotova [1997b]，Rozhkova [1997b]）。1997年12月，ソユーズメタルレスルスという金属コンツェルンを創設するという，リーシンとデリパスカによる声明が出された。これは，製鉄・非鉄双方の冶金業で従来TWGと提携してきた主要企業を含むものであった。それらの中には，ノヴォリペック冶金コンビナート（リーシンが経営），サヤン工場（デリパスカが経営），クラスノヤルスク工場（アナトーリー・ブィコフが経営），マグニトゴルスク金属コンビナート（ヴィクトル・ラシニコフが経営），そして採鉱・加工コンビナートであるガイスキーGOK（イスカンダル・マフムドフが経営）などが含まれていた（Burtin [2001a]，Rozhkova [1997b]）。現実には，ソユーズメタルレスルスは構想倒れとなってしまった。しかしながら，このことは，TWGから独立を勝ち取ろうと一致団結した，当時のロシア側経営者たちの心意気を窺わせる事例であった（Osetinskaia [1997]，Rozhkova [1997b]，Burtin [2001a]）[21]。

5）サヤン工場の変容
①株式希薄化の適用
トレーダーからの完全独立を目指し，デリパスカ率いるサヤン工場経営陣は自社の運営管理を確立すべく動き出した。まず，会社の株式保有を増やすことに挑んだ。目標は75％プラス1株である。

そのころ，デリパスカは，サヤン工場を中核資産として，シバールを発展させようとしていた。1997年までにサヤン工場経営陣は，デリパスカの設立し

---

20) 2003年7月12日，元シバール従業員（1997〜98年勤務）に対する筆者によるインタビュー。
21) ちなみに，2001年にシバールの資産をもとに設立された，デリパスカ配下の事業グループ，バーザヴォイ・エレメント（バゼール，BazEl）のもとに「ソユーズメタルレスルス」と名付けられた部局が存在している。

たシバールの株式を所有することによって、オーナー経営者として自社に対する影響力を高めるようになった[22]。しかし、サヤン工場の、株主総会などにおける主要動議に必要な25％以上の株式が依然TWGによって押さえられていたため、デリパスカは自社経営のため過半数を圧倒的に超える持ち株比率、すなわち経営管理にとって安定的な閾値と考えられた75％プラス1株の株式の確保をサヤン工場内でも目指した。

1998年3月のサヤン工場の臨時株主総会で会社定款が改正され、株式数を最大限50％まで増加させることになった。定款資本の増加はロシアでは一般に株式希薄化の前兆とみなされていた（Vasiliev [2001a] 35-59）。これを受け、サヤン工場取締役会は株式の追加発行を決定した（Rozhkova [1998a]）。

株式の追加発行の結果、TWGの株式保有率は37.8％から14.3％へと、一定の発言力を持つための目安となるブロック株となる25％プラス1株を下回った（Kukushkin [1998]）。TWGは新規発行の株式を一切獲得できず、株式発行についての正式な告知がなされなかったと抗議した（Dmitrienko [1999]）。しかし、日刊紙『コメルサント』によると、『トルード』紙に告知が掲載されており、ロイター通信がそれを報じてもいたという（Rozhkova [1998a]）。他の情報によれば、サヤン工場経営陣が若干の「好ましからざる」株主に対して株主総会の通知を「うっかり忘れ」、またロシアの「欠陥のある郵便制度」のため一部の通知が届かなかった、と説明する報道もある（Dmitrienko [1999], Potemkina [1998]）。結果としてトレーダー保有の株は希薄化され、すべての追加された株式は、アリュミンプロダクトならびにペールヴィ・インヴェストルという、サヤン工場とシバールの関連諸主体によって購入された（Sinitskii [1998b], Dmitrienko [1999]）[23]。シバール・グループの株式保有は4割から7割に上昇したが、75％の水準へは依然達していなかった（Rozhkova [1998a]）。

---

22) Titova and Sidorov [2000] によると、TWGと距離を置くようになったミハイル・チェルノイ（レフの弟）の庇護が、TWGに公然と対抗するデリパスカを後押ししたと考えられていた。

23) 株式発行の結果、サヤン工場は3000万米ドルを獲得した。これにより、工場の製錬能力の向上を目指し新たな電解装置の導入という投資がなされた（Rozhkova [1997a], AK&M [1999]）。

政府は，ロシア連邦資産基金（RFFI）の枠組みの中でこの株式希薄化に携わった。サヤン工場株の追加発行は，連邦資産基金に代わってサヤン工場の国有株式の管理を取り仕切ったハカス地方資産基金によって支えられた（IET [1999]）。連邦資産基金は，トレーダーよりもロシア側経営陣による出資比率を高めるため，政府保有分の株式希薄化につながるサヤン工場自身による追加発行株式の獲得を容認した。連邦資産基金自体は株式の公開買い付けに参加することはなかったため，政府の持ち株比率は15％から6.15％に減少した（Sinitskii [1998b]）。しかし，新規株式の発行に先立ち連邦資産基金がとりまとめた合意に従って，サヤン工場は後日連邦資産基金に対して株式の移転を実施し，政府保有株比率を回復させた（Ivanov [1998], IET [1999]）。

この合意は，サヤン工場の国有保有分株式を管理する政府が，追加の株式発行に異を唱えなかったことを意味した（Ivanov [1998]）。1998年春のこれら一連の出来事は，非国家的株主同士の間での企業紛争におけるいわゆる事前調整済みの「国家の参加」を例証するものだった（IET [1999]）。すなわち，この場合はサヤン工場経営陣とTWGの紛争に，国家・政府が表立って見えない形でだが，携わっていた。

1998年9月に国有株の投資入札が実施され，デリパスカ率いるサヤン工場経営陣は自社保有株の比率を増やせることとなった。同じくデリパスカ率いるシバールが支配するアリュミンプロダクトはサヤン工場の国有株式15％のうち6.5％を獲得した。これによって，オーナー経営陣はサヤン工場における持ち株比率を75％超に増加することができた（Rozhkova and Papilova [1998]）。

サヤン工場への影響力が右肩下がりで低下していることを受け，TWGはモスクワ，サンクトペテルブルク，クラスノヤルスク，ハカス，イルクーツク，ケメロヴォなど各地で民事訴訟を起こし，その数は20件を上回った（Davydov [1999], Dmitrienko [1999]）。基本的に，TWGは1998年春のサヤン工場による追加株式の発行の適法性をめぐって争った。TWGと提携関係にあったと見られたオフショア企業3社は，ハカスの仲裁裁判所に対し，追加株式の発行および国有株式の投資入札の違法性を指摘する法的措置を主導するよう要求した。さらに入札に先立ち，TWGを代表していると見られたある民間人株主が，ケ

メロヴォの法廷に予定されている入札が違法であると訴え，保護措置として入札中止の申し入れを行った（Davydov［1999］）[24]。しかし，TWG が芳しい最終的裁定を受け取ることはなかった。1999 年 5 月，サヤン工場の追加株式発行の適法性はモスクワの仲裁裁判所によって認められ，併せて投資入札の結果も有効と判断された（Davydov［1999］）[25]。

操作的に法律を使った TWG の策略はこうして不首尾に終わったが，ある意味，それは政府の姿勢に振り回された結果であった。TWG が訴えを起こしたとき，同社の中心的な主張は，株式希薄化や投資入札が株主の特定のグループ，すなわち政府の利益を損なうことになるというものであった（Davydov［1999］，Potemkina［1998］，Ptichii［1998］）。TWG の代理人によれば，関連する法律ならびに連邦資産基金による複数の決定は，国有株式が売却されるまではいかなる定款資本の増加も政府による株式保有の減少も認めていなかったという（Papilova and Rozhkova［1998］）。TWG は自分たちが政府の利益を慮って訴訟を起こしたのだと主張してみたが，政府側がこの TWG と歩調を合わせることはなかった（Kucherenko［1998］）。

②国家（政府）の利益

これまで述べてきたように，追加株式発行，TWG 所有株式の希薄化，そして結果としてサヤン工場に対するシバールの統制強化という一連の動きは，政府の協力によって可能となった。少なくともこれらの行動について暗黙の承認があった。よって，トレーダーによって進められた裁判手続きは，彼らに一切の利得をもたらしてはいなかった。では，利害関係者としての政府・国家の立場とは概してどのようなものだったのだろうか。

トレーダーと経営者の利害が一致しなくなった一方で，TWG のビジネス上の利益が政府当局のそれと合致していないことも次第に明らかとなっていった。外国人トレーダーとりわけ TWG は，政府にとって非難の対象となった。政府

24）「保護措置」をめぐる議論については，第 2 章を参照。
25）この裁定は，追加株式発行および投資入札の双方の適法性に関する経済省による確認を受けており，政府に対しサヤン工場の株式保有を回復させるよう求める根拠はないと結論づけた（Davydov［1999］）。

は，彼らが国内のアルミニウム企業を支配することでロシアのアルミニウム市場を独占しつつあるとみなした。また，外国人トレーダーの参入を容認している民営化の状況を，政府は好意的に受け止めなかった。彼らのトーリング稼業が税金という形で国庫に貢献することはなく，ロシアのアルミニウム産業発展のための長期投資に対しても寄与するところがなかったことを政府は快く思っていなかった（Morvant［1997］, Rutland［1997］, Makarkin［1999b］, Sivakov［1999］)。アレクセイ・マカルキンは税務当局者の発言を引用し，トーリングに関わる免税措置により国庫は年間およそ3億米ドルを損失していた，と指摘する（Makarkin［1999b］）。

1996年，冶金工業国家委員会副議長フセヴォロド・ゲネラーロフは，暴利的な輸出を追求するあまり外国人トレーダーがサヤン工場やブラーツク工場などで一定量の株式を買い占めているとして告発し，また，ロシアの冶金部門において，民営化が，早急に必要とされる投資の呼び込みをもたらしていないと指摘した。ゲネラーロフはロシアの諸企業に対して，新たに資本を調達できるよう新規に株式を発行することを推し進めた。それが，既存の投資家たちの株式の価値が希薄化されようとも，である（Rutland［1996］）。

1997年初頭，ドゥーマ（下院）における演説で，第一副首相アナトーリー・クリコフは，ロシアのアルミニウム産業を再構築するため様々な措置を取るべきであると語気を強めて主張した。彼は，この業界に蔓延する犯罪的行為を批判し，冶金企業が民営化を進める中で発生する暴力の取り締まりのための国家委員会の設立を求めた（Morvant［1997］）。1997年3月には，公開書簡のやりとりが主要紙に掲載されることによって，この第一副首相とTWGの間での対立が表面化していた（Rutland［1997］）[26]。「ロシアにおける外国投資は危険にさらされている」と題して新聞の一面いっぱいに公開された書簡で，TWGの創

26）クリコフは，デーヴィッド・ルーベンによる告発に対する反論として，3月10日付で書簡を発表した。ルーベンの公開書簡は3月7日，『ウォールストリート・ジャーナル』『ニューヨーク・タイムズ』を含む西側の新聞にも転載されていた。ルーベンはクリコフが汚職の嫌疑を外国人トレーダーに対してかけ，部分的に外国資本が所有していたアルミニウム会社を再国有化しようとしてメディアの中傷キャンペーンを利用していると反論した（Rutland［1997］, Morvant［1997］）。

始者ルーベン（兄）は，ロシア内務省ならびに複数の商業銀行がアルミニウム会社の所有権の移転，つまりは彼の会社を「盗む」ことを企てていると訴えた（Whitehouse［1997a］［1997b］）。これに反論してクリコフは，アルミナ輸入の際に20％の付加価値税が免税されてきたことなど，外国人トレーダーがこれまで税制上の優遇措置を享受してきたことは，「アルミナ生産に携わってきた数多のロシア市民に貧困と欠乏をもたらした」と指摘した（Rutland［1997］）。

この公開書簡の応酬が始まった頃，TWGの力は失墜しつつあった。TWGは，政治的「クリーシャ（屋根）」，すなわち自分たちのビジネスを保護してくれた政治的紐帯であると考えられていたものを失ったかに見えた[27]。TWGにまつわる問題のいくつかは，1996年6月のソスコヴェッツ副首相解任による政治の勢力関係の変化と関わりがあることは明らかだった（Whitehouse［1997a］）。

ヤコフ・パッペは，「公式のオーナー」の他にも，ロシアの企業に事実上の所有権を持つ以下の2種類の勢力が存在すると論じる（Pappe［2000］）。第一は「インサイダー」（経営陣やその他の影響力のある諸集団）からなるグループであり，第二は市・地区，州，連邦各レベルの「行政当局者」である。パッペは，これら「三角形の諸勢力」の均衡を打ち立てることではじめて，ある企業グループのオーナーにとって強固で効率的な企業支配を確立し，成長のきっかけをつかむことが可能となると指摘した。企業紛争が発生すれば，これら3勢力のいずれか一つが残りの2勢力に追い落とされることとなる。

この考え方を当てはめると次の解釈ができるであろう。これまでは，これら3つの勢力は少なからずバランスがとれていた。つまり，公式のオーナーでありインサイダーでもあるTWG，トレーダーの役割に価値を見出していたインサイダーであるサヤン工場経営陣，そして連邦レベルで行政的サポートを供与していたソスコヴェッツ副首相に代表される当局者が，妥協点を見出していたといえる。しかし，その後，経営者たちはトレーダーからの自立をはかり，ソスコヴェッツは1996年に政界から身を引いた。経営者たちは地方行政当局との関係を培い，その地域を実質的な拠点としてきた一方，行政当局の財政やそ

27）クリーシャについては序章も参照。

の地方の雇用は企業頼みであった。この三角形の勢力関係が崩れはじめると，企業経営者と地方行政当局との間に新たな連携関係があらわれるようになった。このような状況で，孤立した勢力となったトレーダーが他の2勢力に敗北することは避けられないことだった。

6）垂直統合アルミニウム会社の創設へ

　こうして，株式希薄化を通じ，デリパスカを中心とするサヤン工場／シバール経営陣はトレーダーからの完全なる自立とサヤン工場の管理強化を果たした。その究極の目標は，垂直統合型のアルミニウム会社を創設することであった。関連企業のネットワークを束ね，共通するオーナーシップのもとに連続する各生産段階をまとめる垂直統合会社の強化である。この目標を目指し，シバールはサヤン工場を活用する統合に着手した。サヤン工場／シバール経営陣は，シバールの枠組みで，単一の傘下に生産チェーンを収められるよう，企業の境界の調整に向けて動き出すとともに，拡大路線による成長本位の戦略を追求した。

　一般に，単一の企業の支配下に一連の生産チェーンが垂直統合されることは，アルミニウム産業のように各生産段階が技術的にも相互補完の関係にあるタイプの業種にとっては適切であると考えられている（Stuckey［1983］64）。内部化は，取引コストを節約する効果があり，また，連続する生産プロセスのつながりに関係特殊的資産を巻き込んでいるため，垂直統合化の利点がより当てはまる（第1章を参照）。国際的に見ても，アルコアやアルキャンのように垂直統合型の企業が，アルミニウム産業の組織形態として一般的であった。

①再編と統合に向けた資産剝奪と破産手続きの適用

　垂直統合型のアルミニウム会社を設立する上で，シバールはインフォーマルな手法を用いて，企業支配の確立を行った。ユーコスが利用したような，法の盲点をかいくぐるなどしたコーポレート・ガバナンスに関わる慣行を拠り所とした。シバールが垂直統合を進める上で第一の，そして決定的な要素とは，一方でアルミニウム地金生産の主体であるサヤン工場，そして他方で後段の生産段階を受け持つサマーラ冶金会社（サメコ，SAMEKO）との連携を確立することであった。しかし，この下流部門の統合を完成させるには，多額の負債を抱

えていたサメコの構造改革が必要だった。

サメコはヨーロッパ最大の圧延アルミ生産企業であったものの，巨大な負債を抱えたお荷物企業であった。このことから，シバールによるサメコ買収を部外者は怪訝さをもって見ていた（Sur'ianinov［1998］）。シバールは，事態が予想していた以上に悪いことに気付くことになる（Sivakov［1999］）。1998年3月，シバールはインコム銀行からサメコの経営支配権を獲得した。インコム銀行がサメコを獲得した1995年当時，アルミ半製品を製造するこの会社は，アルミニウム地金の供給元から孤立し，生産チェーンから外れた状態だった。財政上も，サメコは非常に厳しい立場にあった（*Segodnia*, 16 Debember 1996, Fedorov and Rozhkova［1999］）。

シバールはサメコを財政的に立ち直らせようとした。数々の子会社がつくられ，サメコの主たる資産の「剝奪」，つまりこれらの子会社への資産移転がなされた[28]。経営権や根幹となる設備など最も価値が高く生産性につながる資産は，新たにつくられた子会社の一つ，サマーラ冶金工場（SMZ）に集約された（Sur'ianinov［1998］，Pappe［2002a］）。一方，サメコは社会インフラストラクチャーや債務といった非生産的な資産を留保し続けた（Fedorov and Rozhkova［1999］, Sur'ianinov［1998］313）。すなわち，ここで破産手続きが始まれば，サメコの債権者たちが補償要求を行うことができるのは同社の保持する資産だけであった[29]。個々の新子会社に分割された本当に価値のある資産には，部外にいる債権者を含むアウトサイダーは接近することができず，埒外に置かれたのだった（Sivakov［1999］）。

サメコからサマーラ冶金工場への資産の移転がなされると，破産手続きが進められた。1998年10月，サマーラの仲裁裁判所にサメコの破産申請を行ったのは，債権者の一つで，キプロスに登記されているオフショア企業マドックスだった。同社はシバールと裏で取引をしていたと考えられていた（Fedorov and

---

28) 例えば，「アルミニウム建築」，「アルミニウム生活商品」，「アルミニウム製品」といった名称の子会社が含まれていた（Sur'ianinov［1998］）。
29) 売却される運命にあるサメコの資産価値は未決済の負債を清算するだけで事足りる，という算段であった。

Rozhkova [1999], 坂口 [1999a] 21-8)。破産申請に伴う第 1 回の債権者会合は，第 2 章で論じた 1998 年改正破産法に基づき外部管財人導入か，会社の清算と資産整理に移るかのいずれかが決められた (Oda [2001] 154)。この会合では，後者を直ちに始めるべきとの勧告がなされた。シバールは，7 割の負債を引き受けたサメコの筆頭債権者であり，この債権者会議においても最も強い影響力を振るった (Fedorov and Rozhkova [1999])。部外債権者は破産請求が虚構に満ちた「架空破産」であるという考えを曲げなかったが，サマーラ仲裁裁判所はサメコの破産を宣告するとともに，債権者への返済のため同社の資産を売却する命令を発した (Fedorov [1999], Fedorov and Rozhkova [1999])。

サメコのサマーラ冶金工場への「変身」過程は，サマーラの地方行政当局の後押しを踏まえて進められたものであった (P'ianykh [1999], Pappe [2000] 192, Sivakov [1999])。地方行政府との合意によって，サマーラ冶金工場に対する電力料金は会社再建に資するよう低く抑えられていた (Sivakov [1999])。サマーラはロシア有数の工業都市であり，当時の州知事は投資誘致に熱心なことで知られたコンスタンチン・チトフであった (Fagullinina [2000])。インタビューの中で，チトフは，相互利益の諸条件を確立することによって地方政府と企業が双方の繁栄を促すよう，両者の間の「合意」ないし「理解」の必要性を指摘した。いわゆる「パニャーチヤ」の重要性である（第 2 章を参照）。また，地元企業の業績向上の一助となるよう好ましい条件を提供することが，ゆくゆくは地元の利益につながることを強調した。いわく，

> デリパスカがサメコにやってくる以前，年間 60 万トンの圧延アルミ生産能力がある工場の製造実績は 1 万 6,000 トンだった。シバールは私に事業計画を提案してくれ，多額の税金と電力料金の支払いとともに，28 万トンの生産見込みがあることを示してくれた。そして 3 年後にはこの数字を達成した。ありがたいことだ。また，シバールは従業員団体とも社会的パートナーシップを結んでいると聞いたが，私はそれを歓迎している。(Fagullinina [2000])[30]

---

30) 当時，シバールは会社の登記をハカスからサマーラへ移すことを検討している最中であったといわれる。また，シバールがサメコ資産を手中に収めると，たちまち工場の

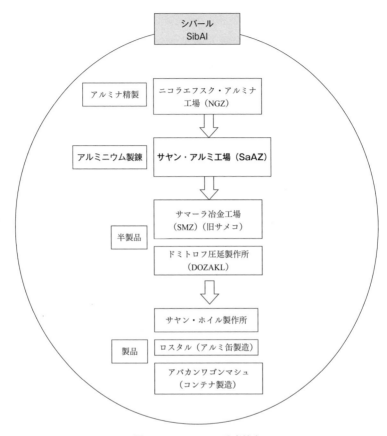

図 4-8　シバールの垂直統合

出所）Pappe［2000］191-2，Rozhkova and Bekker［1999］，Adachi［2010］より作成。

　サマーラ冶金工場，すなわち旧サメコ資産の統合ならびにその他の関係資産を整理することで，シバールは「生産チェーンのつなぎ役」（第1章を参照）への道をひた走った（図4-8を参照）。1999年までに，シバールはサヤン工場およびサマーラ冶金工場の所有者となった。その他，CIS最大のアルミホイル製造業者であるサヤン・ホイル製作所，ロシアの代表的な飲料水用のアルミ缶製

　生産能力は向上し，1998年には生産量は前年に比べて倍増した（Fedorov［1999］）。

造会社ロスタル，重量貨物コンテナ製造業のアバカンワゴンマシュ，平板圧延製造業のドミトロフ圧延製作所などの会社も配下に収めた（Rozhkova and Bekker [1999], Pappe [2000] 191-2)。シバールはこのように下流部門の統合を引き続き進めた一方で，ウクライナのニコラエフスク・アルミナ工場の原材料拠点に対する統制力も高めた。シバールと TWG は再びニコラエフスク工場の支配権をめぐって衝突したが，ウクライナ政府が同工場の株式の3割をオークションにかけたことにより，これらの株式を獲得したのはシバールと提携関係にあったウクライナ・アルミニウムだった。こうして，2000年初頭にはシバールはニコラエフスク工場のおよそ66％を支配するにいたった（Ivanov [1998], Garvish [1999], Prokopenko [2000], Rozhkova [1998b], Ivanov [2000b], Zhuk and Razumovskii [2000], Zhuk [2000] 4)。

②統合の徹底に向けた破産手続きの適用

垂直統合の恩恵を最大限活かすためにシバールにとって重要だったのは，規模の経済性を実現させ，市場シェアを増大するために必要な水平的な統合だった。その意味で，垂直統合と水平統合は，長期的な成長戦略として密接に関わる形で進行した。実際，成長を続ける中で，企業は概して内部および外部に向けた拡張を通じて能力と市場シェアの増大を追求する。その潜在的な方途とは，垂直統合，水平統合，そして多様化である（Sloman and Sutcliffe [2001] 271)。

シバールにとって，ノヴォクズネック・アルミニウム工場（以下ノヴォクズネック工場）に対する支配を確立することは，規模の経済を達成し，より高い市場シェアを勝ち取ることを可能にしてくれるものであった。サヤン工場の生産量はノヴォクズネック工場のそれより4割も高かったが，製錬能力に秀でていたのはノヴォクズネック工場の方だった（Rozhkova [2000a])。アルミニウム生産量については，サヤン工場の能力はクラスノヤルスク工場やブラーツク工場と比べても少ないもので，TWG が経営権を握っていたクラスノヤルスク工場およびブラーツク工場の2割以下しか生産していなかった（Rozhkova [2000f] [2000g])。そのような中，ノヴォクズネック工場の支配権は，シバールにさらなる製錬能力の拡大をもたらしたのであった。

さらに，ノヴォクズネック工場への支配を確立することにより，シバールは

支配権の再分配をめぐる闘争を生き残ることができた。1990年代を通じ，アルミニウム企業の民営化が資産の掌握をめぐる死闘を誘引し，資産のめまぐるしい再分配がロシアのアルミニウム業界を席巻した。垂直／水平双方の統合を通じて増大した市場シェアが，企業が成長を果たす上で必要とされた。このような環境下で，拡大路線による資産の蓄積が，業界でいち早く勝ち抜くための手段となった。さらに，財産権（所有権）保護のための諸制度の脆弱さは，アルミニウム会社が生き残りと競争に不可欠な株式保有の増大と集中とを助長させた (Butrin [2001a])。

水平的拡大を進めるための企業買収の道具として操作的に利用されたのが破産法だった。2000年1月，ノヴォクズネック工場の破産を申し立てたのは，地元の電力会社クズバスエネルゴであった。公式的な根拠は電気料金の支払い遅延だった。クズバスエネルゴは，ロシアの最大手銀行ズベルバンクにあるノヴォクズネック工場の口座の凍結を裁判所が執行すると，間髪入れずにノヴォクズネック工場の破産を申請した (Rozhkova [2000a], Galin and Rozhkova [2000a])。すでに1999年秋には，地方の検察当局に，ノヴォクズネック工場がクズバスエネルゴに対して抱える負債を返済するよう要求する訴えがなされていた。その結果，7億3900万ルーブル（2600万米ドル）にのぼるノヴォクズネック工場の負債額を，クズバスエネルゴに対して認めるという裁定をもたらした (*Kuznetskii krai*, 13 March 2001, Starozhilov [1999])。

当時のノヴォクズネック工場は，ケメロヴォ州においてかつて支配的な業界のプレーヤーであったミコム (MIKOM) によって支配されていた。同社は，ミハイル・ジヴィロの所有する投資会社で，大手のレール製造業者クズネック金属コンビナートや石炭会社のチェルニゴヴェッツも支配下に置いていた (Burtin [2001b])。皮肉なことに，ミコムはクズネック金属コンビナートに対する破産手続きの受益者であった。ミコムは，かつて自社の利益を代表する外部管財人を送り込むことができ，クズネック金属コンビナートに対する支配を強化したのであった (Afanasiev [1998], Burtin [2001b])。しかし，1999年にミコムは州知事のアマン・トゥレーエフとの闘争が主たる原因となり，ケメロヴォ州から追放されてしまった (Liukaitis [1999], Ivanov [2000c], Afanasiev [1998])。

この追放劇の背景には連邦レベルでの後ろ盾もあり，結果としてケメロヴォ州内でのシバール関連の諸勢力の権益の増大につながった (*Kommersant-Vlast'*, 16 November 1999, *Kommersant-Vlast'*, 18 August 2003)。

2000年1月，ノヴォクズネツク工場の一時破産管財人として，セルゲイ・チェルヌィシェフが裁判所により任命された。チェルヌィシェフ当人とシバールは関係を否定してはいたが，彼がシバールの利益代表者であることは暗黙の了解であったといわれている (*Vedomosti*, 2 March 2000)。破産手続きを通じての企業乗っ取りは，一時破産管財人に実質的な権力を付与するという破産法の規定を道具主義的に利用することによって実現可能となった。管財人管理下の期間中，当該破産管財人はシバールがノヴォクズネツク工場を掌握することを手助けする以下のような複数の方策を実行することができた。

(1) 経営幹部の交代：2000年2月，ケメロヴォ州の仲裁裁判所は，ノヴォクズネツク工場の66％を支配するオーナーであるミコムを，一時管財人，クズバスエネルゴ，そして州検察当局という主要な3主体からの要請に応えてノヴォクズネツク工場の経営陣から外した (*Vedomosti*, 18 February 2000)。その結果，工場での資材の流れを管理できる新しい経営陣が任命されたのである (Rozhkova [2000b])。ノヴォクズネツク工場の新社長に就任したのは，シバールから出向したヴィクトル・ゲイツェであった (*Vedomosti*, 2 March 2000)。

(2) 新しい債権者を仕立てる：2000年3月の債権者会合では，81％という過半数の賛成票によって外部管財人の任命が承認されたが，そこで債権者たちが選んだのはチェルヌィシェフだった (Galin [2000a][2000b])。決め手となったのは，新規に債権者となった新参の諸主体の投票であった。エネルゴプロムセルヴィスやアジアルといった，かつては無名だったこれら「新しい債権者」に対し，ノヴォクズネツク工場は負債を抱えることとなった。これら新規の債権者と負債は，件の債権者会合の前時点である2000年2月に突然出現した。これは，ノヴォクズネツク工場の一時管財人チェルヌィシェフが，債権者会合前のタイミングでシバールの関連会社と一連の契約を結んだからであった (Galin [2000a][2000b])。その結果，ノヴォクズネツク工場に対する債権の総額は16億ルーブル (5600万米ドル) に達することになった (Galin [2000b])。

(3)「好ましからざる」債権者の排除：新規の債権者をつくり上げるのと並行して，破産手続きの中には「好ましからざる」債権者を排除することも含まれていた。ノヴォクズネック工場の外部管財人にとって最初の責務となったのは，外部管財人の提案する経営計画に関する債権者会合での投票工作であった。2000年6月に開催されたこの会合に先立ち，外部管財人チェルヌィシェフはクズバスエネルゴがノヴォクズネック工場を相手どり提訴した裁判――まさにこの負債が破産手続きのきっかけとなったのであるが――に挑んでいた（Galin [2000c]）。彼はミコムからの訴えも受けていた。結局，裁判所の判決はチェルヌィシェフ寄りのものであり，クズバスエネルゴおよびミコムに対するノヴォクズネック工場の負債は帳消しとなり，両社は債権者登録から抹消されてしまった（Galin [2000c]）。もはや「消えた債権者」となったクズバスエネルゴの返済請求額は7億3800万ルーブル（2590万米ドル），ミコムのそれは約5億ルーブル（1750万米ドル）であった（Galin [2000c][2000d]）。

(4)負債の統合：これで，ノヴォクズネック工場が抱える30億ルーブルにのぼる負債の大部分である85％は，シバールと関係深いとみなされたこれまで無名の3社――アジアル，メダル，エネルゴプロムセルヴィス――に対するものとなった（Galin [2000d]）。6月の債権者会合では，これらの企業の代理人が債権者代表部会に選出され，外部管財人の経営計画が承認された（Galin and Rozhkova [2000b], Galin [2000d]）。ノヴォクズネック工場を支配できるだけの株式は依然としてミコムの掌中にあったが，シバールとつながっていた破産管財人の主導で破産手続きが開始されたことで，ノヴォクズネック工場に対するミコムの支配力は凋落した。片やシバールにとっては有利な事態となり，独自の事業戦略に基づいてノヴォクズネック工場を経営する権限を握ることとなった（Galin [2000c]）。

このように破産手続きを巧みに操ることで，2000年春にはシバールはノヴォクズネック工場に対して事実上の支配権を獲得した[31]。「行政的資源」（第2

---

31) 当時，一連の動きはルサール設立と並行して進行していたため，シバールによるノヴォクズネック工場の支配確立のための公式の株式保有の達成には一定の時間を要した。最終的に，ミコムは自らが所有していたノヴォクズネック工場株を実業家のグリ

章を参照）と呼ばれるもの，とりわけ地方行政当局からの協力は，破産を通じた企業支配権獲得を進める上で役立つことは明らかであった。なぜなら，地方の裁判所はその地方の知事に従属していると考えられていたからである。1990年代初期の混乱時期に比べ，ますます多くの事業主体が，企業紛争を解決する上で暴力よりも法的措置に訴えるようになった。その結果，裁判所の決定は以前よりもずっと権威あるものとなっていった。そのため，このように裁判所の活用を有利に導くことを可能にする行政的資源を公式・非公式に利用することは，極めて重要であった（Golikova [2001] 39-41）。そして，ノヴォクズネツク工場に対する支配権の獲得は，シバールの統合プロセスをさらに促進させ，ルサールの設立という結果をもたらすこととなった。

7) ルサールの設立

サヤン工場を土台とするシバールのアルミニウム業界における展開は，ロシア最大の垂直統合アルミニウム会社であるとともに，世界的にも有数のアルミニウム会社であるルサールを生み出すにいたった。2000年2月，ロマン・アブラモーヴィッチをはじめとするシブネフチのオーナーたちがブラーツク工場，クラスノヤルスク工場，アチンスク・アルミナコンビナートの過半数の株式をTWGのチェルノイ（レフ）から獲得した。同時にアブラモーヴィッチたちはノヴォクズネツク工場獲得にも乗り出そうとしている，とも報じられた（Butrin [2001b]）。シバールにしてみればこれら一連の出来事は大きなライバルの出現であり，所有権の再編成をめぐる「アルミニウム戦争」の次の幕が開く

ゴーリー・ルチャンスキーに売却し，彼が仲介役となってノヴォクズネツク工場株をシバール／ルサールに売却したのである。しかし，話はここで終わらなかった。2000年12月，27億米ドルにのぼる訴訟が，アメリカ合衆国の「ラケッティア関与および腐敗組織（RICO）法」に基づきニューヨークの地区裁判所で起こされた。訴えを起こしたのは，オフショア金属企業3社。訴訟の相手は，ルサール，同社CEOデリパスカ，そして彼とともにロシアのアルミニウム産業に携わり，一時期ビジネスパートナーであったチェルノイ（ミハイル）であった。訴訟原告はRICO法に基づきノヴォクズネツク工場の買収に異議を申し立てたのである。しかし，法廷は，アメリカがこれを議論する場に適さないとして訴訟を退けた（Sidorov and Sal'nikova [2000], *The Moscow Times*, 28 May 2001 : 7, Pronina [2003] 5）。

のが間近に迫っているかのようだった(Ivanov and Zhuk [2000], *Vedomosti*, 29 March 2000)。

しかし、ブラーツク工場、クラスノヤルスク工場、アチンスク・アルミナコンビナートの新オーナーは自分たちのアルミニウム業界の資産をシバールと合併することを決めた。これがルサール設立をもたらしたのである。この決定は,「シバールとは争わず」というシブネフチからやってきた新オーナーたちによる実利的な判断であった(Kashulinskii [2000a])。つまり、資本主義企業化の過程でシバールが効率的な事業体として再編された事実を評価してのことだったのであろう。その背景には、以下の4つの事情があった。

第一に、シバールはすでに生産チェーンのつなぎ役であった。クラスノヤルスク工場にとっての主なアルミナ供給元は、CIS最大のアルミナ生産会社でありシバール傘下のニコラエフスク・アルミナ工場であった(Ivanov [2000d])[32]。また、クラスノヤルスク工場はアチンスク・アルミナコンビナートに対する影響力を喪失しており、この問題ではシバールと一蓮托生の立場にあったアルファ・グループが1999年末までにアチンスク・アルミナコンビナートの経営を乗っ取っていた(Rozhkova [2000d])[33]。つまり、シバールの協力がなければブラーツク工場やクラスノヤルスク工場はアルミナを入手するための生産の上流部門の組織化は難しくなる、ということであった。

第二に、シバールはブラーツク工場やクラスノヤルスク工場よりも原材料を入手する上で好位置につけていた。2000年以降、ブラーツク工場およびクラスノヤルスク工場で深刻な問題となっていた、いわゆる国内トーリングの廃止の効き目があらわれるようになっていたからである[34]。国内トーリングとは,

---

32) 前述のように、シバールとその提携企業であるウクライナ・アルミニウム(UkrAl)はニコラエフスク・アルミナ工場株のおよそ66%を握っていた(Rozhkova and Savel'eva [2000])。
33) アチンスク・アルミナコンビナートの支配をめぐる闘争、そして同社の支配を勝ち取る上でアルファ・グループが破産手続きをどのように利用したかについては、Volkov et al. [1999] を参照。
34) 従来の(つまり対外的)トーリング制度のもとではアルミナの輸入手続きにあたって税制上の優遇が受けられることから、国産アルミナの需要が著しく落ち込み、このことがロシア国内のアルミナ企業の崩壊を招いた。国内トーリング制度のもと、アルミ

基本的には上述のトーリングのような仕組みで，違いはといえば，製錬工場が加工するアルミナは輸入アルミナではなく，国産アルミナを調達するところにある。ロシア国内のアルミナ生産を保護するために1995年に導入され，完全に廃止されたのは99年末であった。この国内トーリング制度の恩恵を多大に受けていたのが，国産アルミナを加工していたクラスノヤルスク工場やブラーツク工場であった。そのため，制度の廃止は税制上の優遇が奪われることを意味していた。しかし，シバール配下のサヤン工場は，輸入アルミナを使っていたために国内トーリングの廃止によって痛手を受けることはなかった（Rozhkova and Rybak［1999］, Bardin and Vol'nets［1994］［1995］）[35]。

第三に，アブラモーヴィッチたちにとって，新たに獲得した資産は専門的に経営されなければならず，傘下のアルミニウム関連企業を順調に経営していると評価されていたシバールに，この責任を譲ることが賢明と思慮された（Kashulinskii［2000a］）。換言すれば，「リソースのまとめ役」（第1章を参照）として，シバールの経営機能は会社のリソースを組織化するのにより適していたとの判断であった。当時下院の経済政策委員会副議長であったゲネラーロフはインタビューで次のように言及した。

> シブネフチのオーナーたちが経営上の難局に立たされていたことは，私には明白だった。アルミニウム事業を専門的に切り盛りでき，さらに理想をいえば，盗みを働かずに経営できるチームをどこで見つければいいのか。これは極めて深刻な問題だ。（Rozhkova［2000c］）

　　ニウムの輸出は関税の適用から除外され，国産アルミナから作られた製品には付加価値税が免除された。このように国内トーリングとは国産アルミナの加工に公平な条件を提供することにより，崩壊過程にあった国内のアルミナ産業の保護を目指したものであった。*Vedomosti*, 31 December 1999, Rozhkova and Rybak［1999］, Bardin and Vol'nets［1995］, Smirnov［1997］, Bardin and Vol'nets［1994］を参照。

35）国内トーリング制度に基づく措置は，当初は1年という期限で実施するとされていた。この制度は実施当初から矛盾が指摘されていたが，1999年末まで完全に廃止されることはなかった（Rozhkova and Rybak［1999］, Bardin and Vol'nets［1994］）。なお，この制度の廃止に向け，シバールがロビー活動を行ったことは広く報じられている（Kashulinskii［2000a］, Burtin［2001a］）。

その解決法をシバールに見出したのであった。

　加えて第四に，電力大手統一エネルギーシステム（RAO UES）とシバールの当時の提携関係が事態にダメ押しをした（Kashulinskii［2000a］, Rozhkova［2000d］, *Vedomosti*, 25 April 2000）。最終的に具体化されなかったものの，統一エネルギーシステムの協力のもと，シバールとサヤン・シュシェンスク水力発電所は「サヤンEMO」というエネルギー・金属複合体の創立のため，合併に向けた合意を交わそうとしていた。アルミニウム生産のコスト全体のうち最大3割が電力にかかっていたことから，このような合併は，シバールに電力供給で競争力をもたらすことが見込まれた。また，「敵対的破産」の脅威が蔓延する中，シバールは統一エネルギーシステムとの提携によって，さらなる強みを獲得することになる。ノヴォクズネツク工場は破産手続きの苦しみの渦中にあったが，当の破産申し立てを行っていたのは統一エネルギーシステム配下の地方の電力会社クズバスエネルゴだった。当時多くのアルミニウム工場は電力会社に負債を抱えており，例えば競争相手の工場を電力料金滞納を理由に破産の憂き目にあわせることは，電力会社の「協力」次第で可能であった（Rozhkova［2000d］）。

　ルサールの設立は2000年春に発表された。この新会社は，2001年にはバーザヴォイ・エレメント（バゼール）と改称するデリパスカ配下のシバール，そしてアブラモーヴィッチのミルハウス・キャピタル（シブネフチを所有）という2つの投資グループによる資産所有権の掌握を前提に構想された。ルサールの所有権はこの2つのグループ間で平等に分けられた（Kashulinskii［2000b］, Korchagina et al.［2001］, Cottrell and Jack［2001］）。デリパスカはルサールのCEOに任命された。2001年，ロシアの反独占省はルサール編成を承認し，世界有数のアルミニウム会社が誕生したのであった（Rozhkova［2001a］［2001b］）。

8）統合後のルサールの発展（2001～05年）──ルサールからUCルサールへ

　以上のように，サヤン工場を土台として，オーナー経営者はインフォーマルな企業の統治慣行を駆使してアルミニウム業界の資産を再編した。その結果，ロシア最大の垂直統合型のアルミニウム企業にまで発展した。設立当初，ル

サールはアルミナ精製，アルミニウム製錬，半製品生産工場，ホイル製作所，アルミ缶製造会社，アルミ建材工場，そして特注のアルミニウム製品を製造する工場を包含する一大製造業者となっていた。その後ルサールはどのように発展したのであろうか。本項では2001～05年の展開を中心に考察する（より最近の展開については第6章で触れる）。

ルサールは合併・買収（M&A）によって成長を続け，自社のリソースと能力をますます高めた。また，ロシア国外のボーキサイト鉱床やアルミナ工場に対しては長期的な供給見通しの立案や投資を行い，国内のアルミナ工場に対しては最新技術の設備を導入することで，製錬能力に見合う充分なボーキサイトを確保し，原材料安定供給のための基盤作りを進めた。2001年，ルサールは傘下にあるヨーロッパ最大のアルミナ生産会社であるニコラエフスク・アルミナ工場への供給を目的に，ギニアのキンディア・ボーキサイトで25年の経営契約に基づく生産を始めた（Bream [2005]）。2005年には追加能力を確保するため，世界最大のアルミナ精製企業であるオーストラリアのクイーンズランド・アルミナの20％の株式を4億100万米ドルで獲得する契約を交わした。これは，当時オーストラリアにおけるロシア最大の投資であるとともに，ロシアのアルミニウム会社による最初の旧ソ連圏外への重要な投資であった（Bream [2005], *Dow Jones*, 20 October 2005）。この株式取得のための資金の一部は，サマーラおよびベーラヤ・カリトヴァの冶金工場をアメリカのアルミニウム企業アルコアへ売却することによって賄われた。これは，ロシア政府の了解済の上の取引であった[36]。

さらに，ルサールおよびルサールに次ぐ業界第2位のスアル（SUAL）は，欧州復興開発銀行の財政支援によるコミ共和国にあるロシア有数のボーキサイト鉱床の開発プロジェクトに参加した（Fedorinova [2006]）。海外企業からの資産購入や国際市場での資金調達に見られるように，ルサールの活動はロシアの企業活動の増大する国際化傾向を反映したものであった（Pappe and Galukhina [2005]）。

---

36) アルコアのウェブサイト (http://www.alcoa.com/global/en/news/news_detail.asp?pageID=20041231005058&newsYear=2004, 2006年2月1日閲覧)。

統合強化に次いで，ルサールは近代化ならびにマーケティングと財務機能の強化に乗り出した。ノヴォクズネツク，クラスノヤルスク，ブラーツクの各製錬工場の近代化・設備改善を加速化させ，世界の同業会社と伍していく中で技術的な弱点を克服すべく，環境に配慮した効率の良い進歩した技術を導入した。加えて，ルサールは研究・開発機能の強化を目指した。2002 年に工学・技術センターを設立し，2003 年にはロシアの研究機構 VAMI（全ロシア・アルミニウム・マグネシウム研究所）を傘下に収めた[37]。さらに，国際的なマーケティングを改善し，エンドユーザーと直接取引をするようになった（Sivakov and Shmarov［2005］）。ルサールは国際的な金融機関との交渉も順調に進め，2004 年には 8 億米ドルのシンジケート・ローンを受けることになった。これは，その当時，ロシアの鉱業・冶金会社が手に入れた最高額の融資であった[38]。

ルサールが利用できる比較的安価な電力供給は，他社との競争の中で有利に働いた（Sivakov and Shmarov［2005］）。生産量 1 トン当たりのルサールの総電力コストはスアルのそれに比べて低く，2005 年の場合，ルサールの平均電気料金が 13 米ドル/メガワット（MWh）であったのに対し，スアルのそれは 22 米ドル/ MWh にのぼった（Yakubov［2005］）。この強みを保つため，ルサールは発電所関連のポートフォリオを増やし，電力価格の上昇に予防線を張った（Bream［2005］）。ルサールとスアルはシベリアの電力会社イルクーツクエネルゴの共同支配を行った。また，ルサールはタジキスタンにあるログン水力発電所の建設にも関与することとなった[39]。2005 年，デリパスカは，統一エネルギーシステムとの間に，クラスノヤルスク地方にあるボグチャンスク水力発電所の建設を完成させるための交渉を始めた[40]。この発電所を支配下に置くことで，ルサールの製錬工場に対する安価な電力供給を確保しようとしたのである（Kornysheva and Grib［2005］）。双方は合意に達し，建設計画は財政的な援助を

---

37) ルサールのウェブサイト（http://www.rusal.com/about/us, 2006 年 6 月 5 日閲覧）。
38) ルサールのウェブサイト（http://www.rusal.com/about/us, 2006 年 6 月 5 日閲覧）。
39) イルクーツクエネルゴは地方の電力会社としてはロシアで 2 番目に大きく，統一エネルギーシステムの傘下に属さない四大企業の一つに数えられていた。
40) ボグチャンスク水力発電所の建設は 1980 年に始まり，資金不足が原因で 1994 年に中断していた（*Kommersant*, 9 July 2005）。

第4章　ロシア新興財閥の成長　197

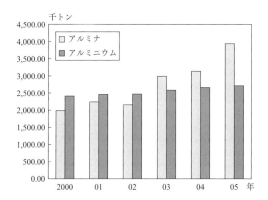

図 4-9　ルサールのアルミニウムおよびアルミナ生産量（2000〜05 年）

出所）ルサールのウェブサイト（http://www.rusal.com）。

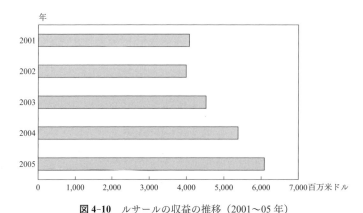

図 4-10　ルサールの収益の推移（2001〜05 年）

出所）ルサールのウェブサイト（http://www.rusal.com）。

申し出た政府からの支援を受けることとなった（Petrachkova et al. [2005]）。

このようにして，ルサールはアルコアおよびアルキャンに次ぐ世界有数のアルミニウム企業に成長した。2004 年当時，これら 3 社で世界のアルミニウム生産の 41.7 % が賄われた。同年，ルサールは世界のアルミニウム生産量の 10 %，ロシアでは 75 % を占めた[41]。同社は順調に増収を続け，労働生産性が劇的に改善したと発表した（図 4-9 および図 4-10 を参照）。ルサールは生産量の

80〜85％を輸出に向ける世界最大のアルミニウム輸出企業となった（Helmer [2005], *MosNews*, 11 May 2005, Korchagina et al. [2001]）。ルサールは上場を目指すものの, 会計が不透明という評価もあった。それにもかかわらず, 新規株式公開（IPO）の準備段階での企業価値評価では, 2005年の同社の時価総額を75〜100億米ドルの間とするアナリストもいた（Kassakovich [2005]）[42]。ルサールの発展戦略は上流部門を重視する方向性が明らかであり, 精製・製錬能力の拡張に執着するものであった（*Vedomosti*, 30 June 2005, Sivakov and Shmarov [2005]）。また, 成長戦略としては, アルコアやアルキャンを追い越し, アルミニウム生産で世界の先頭に立つ会社となることを目標にした。事実, 2006年にルサールとスアルの合併が発表され, 翌07年には世界最大のアルミニウム会社, UCルサールが誕生したことによって, この目標は果たされた（Kassakovich [2005]）[43]。

以上のように, 凝集的な垂直統合体としてのルサールの設立は, 組織・経営・技術面での改善や一層安定した財政的立場をもたらした。同社の創設から2000年代半ばまでの発展から判断するに, この会社は業界の中で生き残れることを証明し, 事業面での実績を示したといえる。また, 国際的な観点からすれば, 同社の積極的な成長戦略とは, とりわけ1990年代後半以降に主としてアルコアやアルキャンによって主導された統合強化のプロセスを受けて, 世界規模での集中化の進行を見せていたアルミニウム生産という一産業において, 自社のリソースをめぐる立ち位置を守りぬくことであった。こうして, ソ連のアルミニウム産業の徹底的な解体からの15年間で, 新興のロシアの企業家は, 民営化を経てアルミニウム産業における関連資産の集積を実現しただけでなく, それらの資産を管理・運営しグローバル市場での競争に伍することのできる企業へと組み替えることに成功したのだった。

---

41) ルサールのウェブサイト（http://www.rusal.com/about/us, 2006年6月5日閲覧）。

42) ルサールはその後UCルサールとして2010年1月に, ロシア企業として初の香港証券取引所上場を果たす。新規株式公開（IPO）により22.4億米ドルを調達した（公募価格は1株当たり10.8香港ドル）（Papuc [2010]）。

43) ルサールのウェブサイト（http://www.rusal.com/about/us, 2006年6月5日閲覧）。

3 ノリリスク・ニッケル――国家コンツェルンからの発展

次に，本節では，ニッケルや白金族金属（PGM）の世界的な生産会社ノリリスク・ニッケルを事例として取り上げる。興味深いことに，この節の研究対象は，ユーコスやシバール（ルサール）に比べると，1990年代の非公式なガバナンス慣行の際立った事象とはいえなかった。この点については，第2章で検証した，ロシアの複数の機関が行った企業統治に関する質的・量的評価に盛り込まれた論拠をもとにしている。ただ，これはノリリスク・ニッケルのコーポレート・ガバナンスが完璧で模範的だった，ということと同義ではない。

しかし，ブランズウィック・ウォーバーグによる1999年当時の格付けでは，ノリリスク・ニッケルは，民間企業の中で最低評価だったユーコスに比べればはるかに高く評価されていた（表2-4を参照）。第2章でも取り上げたトロイカ・ディアローグによるコーポレート・ガバナンスに関する週報は，ユーコス，そしてサヤン工場／シバールを含むアルミニウム産業関連企業が関わったいくつものコーポレート・ガバナンス軽視のビジネス慣行の事例を扱っているが，1990年代を通じ，ノリリスク・ニッケルに関する報告事例はわずかであった（Troika Dialog［1999］）[44]。

さらに，1997年にノリリスク・ニッケルを支配するインテルロスが，複数の株主集団にとって不利になる株式発行計画を変更したという事実がある。外国人ポートフォリオ投資家を含む様々な株主との良好な関係を保つことが，株式発行計画を変更する理由の一つであった（Rozhkova［1997a］，Arvedlund［1997］）。これには，ノリリスク・ニッケルがコーポレート・ガバナンスの評価を落とすような道に走ることを回避しようとする意図が働いていたと考えられる。当時，同じような動きがユーコスやシバールに見られることはなかった。

そこで，ノリリスク・ニッケルの行動を説明する試みの一つとして，同社がどの程度企業として統合されていたのかを考えてみたい。第1章で論じたよう

---

44) Troika Dialog, 'Bulletin on Corporate Governance Actions' 各号も参照。

に，どの程度，「リソースのまとめ役」であり「生産チェーンのつなぎ役」だったのか，ということである。本章では，ノリリスク・ニッケルの諸特徴が，同社を事業主体として再編するにあたりどのように影響したかを論じる。注目するのは以下の特徴である。すなわち，ノリリスク・ニッケル設立の起源は，経営に一体性が伴うように単一の意思決定構造を持たせて統合された，関連企業の連合体にさかのぼる。ノリリスク・ニッケルの事業は原料調達から製品加工まで共通の生産チェーンのもとにまとめられ，一連の重要資源がその傘下に収められるようになった。ソ連解体とそれに続く民営化の時代を通じ，ノリリスク・ニッケルは企業としてのこのような一体性を保つことができたのである。

ノリリスク・ニッケルが敵対的買収の対象となったことも，1990年代半ばに同社を買収し新たにオーナーとなったインテルロスが，株主権を侵害するような統治慣行の泥沼に手を染めようとしなかったもう一つの理由として挙げることができそうである。つまり，ノリリスク・ニッケルの民営化は次の点で類例のないものとなっている。それは，株式担保型民営化によって事実上の敵対的買収が行われた唯一の企業であった，ということである。当時の経営陣は会社を支配しようとするインテルロスの試みに激しく抵抗した。やがて，担保オークション方式を通じてノリリスク・ニッケルの獲得を成し遂げたインテルロスは，新規株主としての権限行使を試みることになる。事業支配のために同社が唯一拠り所としたのは，株式担保型民営化を通じた株式獲得であった。そのため，株主の権利尊重は，インテルロスにとって極めて重要なファクターであった。だが，2000年後半期には，同年から始まった企業改編の複雑なプロセスと関連し，ノリリスク・ニッケルのコーポレート・ガバナンスに関わる慣行について否定的な情報が出てくるようになった。以下ではこの現象も検証する。

1）国家コンツェルンとしてのノリリスク・ニッケル

ソ連は，精錬済みニッケルでは全世界の生産の3割近くを占める，世界最大のニッケル生産国であった。人を寄せ付けない北極圏にたたずむタイミール半島の都市ノリリスクを拠点としていた金属複合体が，長きにわたってソ連の

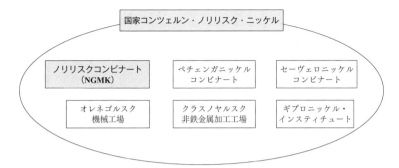

図 4-11 国家コンツェルン・ノリリスク・ニッケルの構成図

出所) Bond [1996] 295-7, Komarov and Gavrilina [1996] 31-9 より作成。

ニッケル産業で重要な地位を占めてきた。全世界のニッケルの3分の1以上，そして白金族金属の5分の2がそこに埋蔵されているという。コバルトや銅についても莫大な埋蔵量がある（Gordon [1997]）。ノリリスクでのニッケルや銅の大規模鉱床の開発，そしてそこを本拠地とする巨大な金属複合体であるノリリスクコンビナート（NGMK）の設立は，ソ連時代に進められていた金属採掘・製錬事業の一大拠点であった。その起源はスターリン時代にさかのぼる[45]。強制収容所の制度のもと，1935年から56年の間に囚人たちが原料を掘り出し，工場を建設し，ノリリスクという都市を作り上げていったのである（Applebaum [2003] 123, Hill and Gaddy [2003] 128-9）。

ノリリスク・ニッケルは，1989年11月4日付ソ連閣僚会議決定により，国家コンツェルン，「非鉄金属生産国家コンツェルン『ノリリスク・ニッケル』」として正式に編成された。図4-11に示すように，形式的には6つの企業が一体となった。これら6つの企業は，事実上すでに垂直的に統合された単一の生産複合体として機能していた（Bond [1996] 295）。この国家コンツェルンは，前述の通りタイミール半島のノリリスクにある金属複合体にしてコンツェルンの筆頭企業であるノリリスクコンビナートをはじめ，ペチェンガニッケルコンビナート，セーヴェロニッケルコンビナート（以上2社はともにムルマンスク州

---

45) 概要については，ノリリスク・ニッケルのウェブサイト（http://www.nornik.ru/kompaniya/o-kompanii/istoriya, 2015年3月2日閲覧）を参照。

コーラ半島に所在するニッケルと銅の生産業者)，採掘・冶金用の機械製造ならびに設備修理を含む事業を手がけるオレネゴルスク機械工場，ノリリスクコンビナートによって供給された白金族金属（プラチナ，パラジウム，ロジウム，オスミウム，ルテニウム）の製造に携わるクラスノヤルスク非鉄金属加工工場，そしてサンクトペテルブルクにある研究機関でデザインや科学技術に関する調査を担当するギプロニッケル・インスティチュートといった組織を一つにまとめたものであった。

　国家コンツェルンとしてのノリリスク・ニッケルの設立とは，ゴルバチョフによって1980年代後半に進められた経済改革の流れを背景にして起こった。ゴルバチョフの改革は，ソ連の産業の経済効率の妨げとなっていると批判を浴びていた，巨大な官僚機構を抱える産業別部門省の権限を抑制することを目指していた。先にも触れた通り，統廃合を含めた再編の結果，省庁の数は減少し職員数も1987年には半減した（Fortescue［1992］155）。当時の首相ニコライ・ルイシコフによれば，省庁削減の数値目標は4割減であったという（Current Digest of the Soviet Press, Vol. XLI, No. 33, 13 September 1989）。改革の目指すところは，意思決定の脱中央集権化であり，産業別部門省より下位にある諸主体——生産合同（第1章を参照）やいくつかの「国家コンツェルン」など——に，経営を担わせることにあった。国家コンツェルンとは，ソ連経済では新規のカテゴリーであり，自身の財務管理についてより大きな権限と責任を与えられた（Kryukov and Moe［1996］7）。1989年には，国家コンツェルンとしてノリリスク・ニッケルが，またガスプロムというガスコンツェルンがつくられた（第7章を参照）。石油産業では1991年に石油コンツェルン，ルガンスク・ウラル・コガルィム石油（ルクオイル）が発足したが（本章第1節を参照），その創設をめぐる論議は1989年には始まっていた。

　ゴルバチョフによる産業部門の改革以前，ノリリスクコンビナートをはじめ後にノリリスク・ニッケルのコンツェルンを構成することとなった企業は，ソ連全域の非鉄金属部門の企業を統括していた非鉄冶金工業省の傘下にあった。1989年に改革が着手されたとき，同省ならびに製鉄工業省は統合され，冶金工業省という単一の官庁となった。これを機にノリリスク・ニッケルは独立し，

新編の省庁の下に置かれることもなかった (IMF et al. [1991b] 233)。

　官庁の手を離れたノリリスク・ニッケルは，新たに法的に自立した主体，すなわち閣僚会議に直接報告を行う独立の金属コンツェルンとなったのである。ガスプロムの場合は，基本的に石油ガス工業省の手を離れて丸ごと国家コンツェルンに移行したものであった。第7章でも述べるが，石油ガス工業省は，1989年に石油工業省（ミンネフチェプロム）とガス工業省（ミンガスプロム）が合併し単一の官庁となったが，国家コンツェルン・ガスプロムの創設により，天然ガス産業はこの新官庁の管轄・支配から実質的に離されることとなった (Kryukov and Moe [1996] 7)。重要な違いは，ガスプロムの場合は経営だけでなくガス産業の規制機能に対しても責任を持つこととなったことであった (Ahrend and Tompson [2005b])。

　ノリリスク・ニッケルが省による統制・支配から解放されると，コンツェルンを構成する企業群はノリリスクコンビナートの主導で単一の意思決定構造の下に集約された (Komarov and Gavrilina [1996])。ノリリスクコンビナートは生産者であるとともに他の関連企業へ製品を供給する担い手であった。ノリリスクコンビナートは，1970年代にはすでにグラフク（総管理局）のステータスを得ていたという (Nove [1986] 71)。グラフク（第1章を参照）とは，中央省庁機構の行政上の単位であり，ソ連型企業である各生産単位が発注に従って生産活動をする上で最も直接的な責任を負っていた[46]。ソ連型企業の日常業務を管理するグラフクという立場が与えられ，有効な管理機能に対して責任を持つことによって，ノリリスクコンビナートは関連企業の経営に関わる主導的役割を獲得できたと考えられる。まさにノリリスク・ニッケルの中核を担うのが，ノリリスクコンビナートだった。新設コンツェルンの名称に「ノリリスク」と同コンビナート発祥地の名が冠されている所以といわれる (Komarov and Gavrilina [1996] 32)。

---

46) 産業別部門省の改革の中，各省庁支配下のグラフクの廃止ないし再編も論じられていたという (Fortescue [1992] 153)。

2）統合的主体としてのノリリスク・ニッケル
①ノリリスク・ニッケルの経済的重要性

ノリリスク・ニッケルが官庁の直接管理から独立を果たしたということは，ある意味，ソ連国内と世界の両方の市場にとって同社が経済的に重要であることを反映していた。同社は一連の希少金属を生産し，世界およびソ連において金属採掘生産で巨大なシェア（ソ連のニッケル生産の8割強）を占めていた（IMF et al.[1991b] 265）。また，ソ連でのプラチナ，パラジウム，その他の白金族金属の生産高のほとんどすべて，銅そしてコバルトなどニッケル鉱副産物の大半の生産を担っていた（IMF et al.[1991b] 235）。

1990年代後半期のノリリスク・ニッケルのロシアや世界での立ち位置を示す一連の数値がある。それらによれば同社のシェアは，銅が全世界の3～5％，全ロシアの60～70％，ニッケルが全世界の19％，全ロシアの85％，コバルトは全世界の17％，プラチナは全世界のおよそ20％，全ロシアの85％，パラジウムについては全世界の半分から3分の2，全ロシアのほぼ100％，ロジウムは全世界の20％，そして，オスミウム，イリジウム，ルテニウムなどその他の白金族金属，ならびに金と銀の生産も行っていた（Bond and Levine [2001] 79-80）。

ノリリスク・ニッケルは，輸出によって外貨を獲得する力を持つ企業として重要視されてきた。国家コンツェルンに対する官庁からの統制がなくなったことで，主要な外貨獲得の窓口であったこのコンツェルンそのものが財政的な恩恵を受けることができた。ノリリスク・ニッケルは以前から重要な金属輸出に携わっていたが，1980年代，その輸出量は増大した。1980年代後半期，西側市場へのニッケルの輸出は2万6,000トン（1985年）から8万トン（1989年）へと3倍超に増えた（IMF et al.[1991b] 265-7）。ノリリスク・ニッケルは膨大なニッケルだけでなく，プラチナやパラジウムも大量に輸出していた。

その経済的な重要性によって，ソ連時代にノリリスク・ニッケルは特別な地位を獲得していた。冶金工業省から独立し，閣僚会議に直接報告を行うこととなったことは，ノリリスク・ニッケルが産業別部門省と同格となり，ソ連における他の卑金属（ベースメタル）生産企業に比べてはるかに高い独立性を備え

るようになったことを意味した（IMF et al.［1991b］265）。

　このコンツェルンには，いくつかの特権が与えられた。例えば，対外経済活動の領域において，ノリリスク・ニッケルは対外経済関係省を迂回して独自に製品の輸出を仕切ることができた。また，外貨による収入を維持することが認められ，独自の貿易方針を打ち立てることができたことは極めて稀に認められる特権であった（Stepenin［1996］）。1991年に刊行された国際通貨基金（IMF）などが実施した調査報告書では，ノリリスク・ニッケルはソ連の各決算期には多大な収益を示し，外貨への特権的アクセスを手に入れているようだと指摘している（IMF et al.［1991b］268）。

　歴史的に見ても，ノリリスク・ニッケルの重要性は，生産能力の拡張を目指して国家から同社に付託された資源や資金に映し出されてきたといえる。ノリリスク・ニッケルの生産活動には1970年代以来莫大な投資がなされてきた。そこでまず優先されていたのは新たな鉱脈の探査を通じてニッケルの生産水準を維持することであった（IMF et al.［1991b］268）。1970年代，ソ連の計画経済担当者は，タイミール半島ノリリスクの北方25キロメートルにある巨大な鉱床，タルナフの開発に力を注いだ。その鉱床の採掘拡大のために巨額の資金が注がれた。その規模は，1960年代の最も主要な国家計画事業の一つであったブラーツクのダムおよび水力発電所建設に充当されたのと同程度であり，プロジェクトの重要性を物語っている（Bond［1984］357）。

　ノリリスク・ニッケルが受け取った継続的投資は同社のあらゆる事業に寄与し，それは国際機関によって肯定的に評価された。ノリリスク・ニッケルが深刻な公害の原因になっていることが指摘されている一方で（Bond［1996］305-8），同社は，近代的な採掘・製錬・精製のための施設を備えたソ連有数の効率的な金属生産業者であると認知されていた（IMF et al.［1991b］268）。ソ連経済が危機的状況に陥っていたとき，投資の欠如はソ連のベースメタル産業の典型的な問題となっていたが，ノリリスク・ニッケルが資金不足に思い煩うことはなかった。採掘・製錬事業の効率性は，ノリリスクでの地下採掘事業に適うものとなっていた。坑内通気システムは有効に働き，生産効率も西側諸国の鉱山に引けをとらないと評価されていたのである（IMF et al.［1991b］266）。

このほか，ノリリスク・ニッケルのソ連経済への経済的意義を示す指標として，政治的領域に関わるものがある。例えば，ノリリスク・ニッケルの生産事業の重要性は，ノリリスクコンビナートが拠点とするノリリスク市に対して，特別な政治・行政的考慮が与えられていたことに反映されている。物理的にはタイミール自治管区に所在していたとはいえ，ノリリスク市は自治管区による管轄を免れ，クラスノヤルスク地方の拡大行政単位の下に置かれていた（Bond [1984] 362-3）。さらにノリリスクコンビナートがどれだけ国家に重視されていたかは，ノリリスクコンビナートに関する9割近くの案件が，クラスノヤルスク地方行政府を通さず，直接モスクワで検討・決定されてきたということに示されている（Mau et al. [2001] 55）。

ノリリスク・ニッケルの特別な立場は，その幹部人事にも反映されていた。ノリリスクコンビナートの総支配人のポストは，通常政治的にも枢要な地位に就くことが見込まれる人物によって占められていた。ノリリスクコンビナートで総支配人の任にあった人々は，その後，内務人民委員会（NKVD）（国家保安委員会〔KGB〕の前身）副議長や，ソ連共産党の重工業担当中央委員会書記といった高位の職に就いた（Bond [1984] 363）。同コンビナートの総支配人は通例，ソ連共産党中央委員ないし中央委員候補であった（Mau et al. [2001] 55）。

② 「ノリリスクのツァーリ（皇帝）」

設立当初のノリリスク・ニッケルには強力な総支配人（社長），アナトーリー・フィラートフがいた。国家コンツェルン創設時，6つの企業を一つの傘下に収める上で彼は不可欠の役割を担った（Tarasov [1996]）。「ノリリスクの王」あるいは「ノリリスクのツァーリ」として一般に知られていたフィラートフは，ノリリスクでの絶大な権威をほしいままにした。彼は1980年代末に「官庁の監督・管理からの解放」が始まり獲得した自身の権力をもって，セーヴェロニッケルコンビナート，ペチェンガニッケルコンビナートやクラスノヤルスク非鉄金属加工工場を，ノリリスクコンビナートの保護下に集めコンツェルンを作った（Larsen [1996]）。ノリリスクコンビナートの主任技師であるニコライ・アブラモフはこの展開について，コンツェルン設立をめぐって何かしらの政治闘争があったことを匂わせながら「ノリリスクの乱」と表現した（Tarasov

［1996］）。

　フィラートフが一大収入源であるノリリスクの金属を掌握したことは，ノリリスク・ニッケル総支配人として彼が獲得していた政治的な手練手管や権威と表裏一体のものであった。また，中央省庁の権限を大幅に縮小することで産業構造の再編を目指すゴルバチョフ改革の波に乗じて，官庁支配からノリリスク・ニッケルを独立させようとする企てを助けることにもなった。フィラートフがノリリスク・ニッケルを離れることとなった1996年，アブラモフはコンツェルンが無傷の状態で生産を続け，ソ連解体後なおも増産を続けてきたことをフィラートフの功績と讃えた。つまり国家コンツェルンが企業としての一体性を保つことができたのはフィラートフの貢献によるところが大きかった（Tarasov［1996］）。

③「技術のチェーン」──ノリリスクの生産チェーン

　ノリリスク・ニッケルを構成する企業群は，ロシアでいうところの共通の「技術のチェーン」（前節を参照）のもとに組み込まれていた。つまり，企業間の協調的つながりによって支えられた生産チェーンあるいは連携のことである。ノリリスク・ニッケルを構成する企業群は，ニッケル鉱の生産工程について単一の生産複合体であり，お互い協力関係にあった（EKO［1988］）。垂直に統合されたノリリスク・ニッケルの中核を構成する技術のチェーンは，原料生産の拠点にして世界最大規模のニッケル鉱を擁するノリリスクコンビナート，そして原鉱や上質な副産的金属をなしている大量のニッケルが処理される，コーラ半島のセーヴェロニッケルコンビナートやペチェンガニッケルコンビナートへと，運ばれる仕組みからなっていた。このノリリスクコンビナートと他の2つのコンビナートとのつながりは，1960年代以来存続していたものであった（Bond［1984］323, 362）。

　ペチェンガニッケルコンビナートは，ノリリスクコンビナートから受け取ったニッケル鉱石を処理した。また，地元にある鉱床の採掘と，ニッケル硫化物の濃縮と転炉用のマット（精錬のための中間製品）の製造を担い，セーヴェロニッケルコンビナートにマットを供給した。セーヴェロニッケルコンビナートは，処理が進められてきたノリリスクコンビナートからの高純度の鉱石やマッ

トを受け取り，精錬済みニッケルや銅を生産した。また，ペチェンガニッケルコンビナートから供給されたマットを処理した。そして，ノリリスクコンビナートは原料供給者であるとともに，精錬済みの製品も生産した。このように，ソ連時代からノリリスクコンビナートは，他の供給元からの半製品に頼ることなくニッケル，銅，コバルトを濃縮段階から市販できる状態まで一貫して生産することのできる，コンツェルンにおいて唯一の企業であった（Komarov and Gavrilina [1996] 32）。

　生産チェーンを維持するために，北極圏内の2つの半島に点在する企業間の安定的な輸送ルートの確保はソ連政府が行った。鉱石やマットは，タイミール半島のノリリスクコンビナートからコーラ半島のペチェンガニッケルおよびセーヴェロニッケルの両コンビナートまで，北極海航路経由で輸送された。冬の航行期を伸ばそうと，従来型ならびに原子力砕氷船が使用され，これによりほぼ年間を通じて航路を維持することができた。北極海航路経由での輸送量の増加に伴い，1980年には砕氷船の使用は11カ月間に及んだ。2つの半島を結ぶ，この長距離にわたる外洋を使ったつながりに政府が関与すること自体，ノリリスクの金属生産が国を挙げた事業であることの証左とみなされた（Bond [1984] 361-2）。

3) ロシア株式会社 (RAO) ノリリスク・ニッケルの誕生
①国家コンツェルンから株式会社へ

　1993年6月，大統領令によって国家コンツェルンとしてのノリリスク・ニッケルは株式会社化され，民営化された[47]。RAO ノリリスク・ニッケル，正式には「非鉄金属・貴金属生産ロシア株式会社ノリリスク・ニッケル」が誕生した[48]。政府の方針により，民営・私有化のプロセスを通じても，このノリリスク・ニッケルの組織としての一体性は保たれた。

　RAO ノリリスク・ニッケルは国家コンツェルン・ノリリスク・ニッケルの

---

47) 1993年6月30日付ロシア連邦大統領令第1017号「非鉄金属・貴金属生産のロシア・コンツェルン『ノリリスク・ニッケル』の株式会社化と民営化の特例について」。
48) RAO は露株式会社 *Rossiiskoe aktsionernoe obshchestvo* の略。

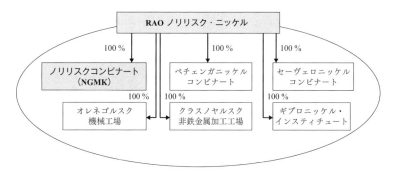

図 4-12 RAO ノリリスク・ニッケルの設立時構成図

出所）1993 年 6 月 30 日付ロシア連邦大統領令第 1017 号より。

権利承継者として位置づけられた。新しいことといえば，RAO ノリリスク・ニッケルが持ち株会社として設立されたことであった。図 4-12 に示すように，RAO ノリリスク・ニッケルの構成企業群は，同社が 100％所有する子会社となった。つまり，国家コンツェルンから株式会社へと変わり民営化されたとはいえ，ノリリスク・ニッケルが基本的な経営構造を変えることはなかった。生産チェーンは国家コンツェルン当時のまま残っていた。マーケティングの仕組みがまだ未発達であった一方（後述），生産活動のための主な事業機能はすでに統合されていた。そのため，組織編成上ノリリスク・ニッケルには目立った変化は見られず，ノリリスクコンビナート，セーヴェロニッケルコンビナート，ペチェンガニッケルコンビナート，オレネゴルスク機械工場，クラスノヤルスク非鉄金属加工工場[49]，ギプロニッケル・インスティチュートから構成されていた。

　このように，持ち株会社である RAO ノリリスク・ニッケルは，すでに経営的にはつながっている子会社を含めた単一の構造を管理する企業として機能するよう設計された。最初の数年は，実践の上で RAO ノリリスク・ニッケルは単なる「象徴的」組織であり，ノリリスクコンビナートが要としての会社であ

---

49) 1997 年，同工場は税金滞納の補塡として，クラスノヤルスク地方政府に売却された。

り続けた。事実，ノリリスクコンビナートと RAO ノリリスク・ニッケルの社長には同一人物であるフィラートフが就いていた（Iakovlev［2001］）。

②民営化と一体性の維持

1994 年まで大規模私有化のためのプログラムを進めてきたノリリスク・ニッケルであったが，1995 年に入ってこれに続いたのは，同社の所有権・経営のあり方に変化をもたらすこととなった株式担保型民営化であり，これによってウラジーミル・ポターニンを長とするインテルロスが所有権・経営を掌中に収めた。どのようにしてインテルロスがノリリスク・ニッケルを支配したかは後述するとして，ここで指摘しておかなければならないのは，ノリリスク・ニッケルの組織・経営上の一体性はこの民営・私有化プロセスの間も損なわれなかったことである。石油部門で起こったことと違い，ノリリスク・ニッケルの場合には二層の民営化はなかった。ユーコスで起こったような，子会社の所有者との違いに起因する持ち株会社の所有者に関わる問題は生じなかった。それまで存在していた企業間の生産チェーンはノリリスク・ニッケル内で維持され，ソ連解体がこの生産チェーンの破壊をもたらすことはなかった。発足時より，ノリリスク・ニッケルは連続する生産の諸段階を内包する垂直に統合された構造であったため，アルミニウム部門が経験したように，生産チェーンがばらばらの株主グループの手に渡るといった問題が生じることもなかった。

1995 年，インテルロスの出身者であるセルゲイ・バチコフとユーリー・ペトロフは次のように言及した。

> おそらく最も大事なことは，民営化プロセスの中で，コンツェルンが単一の生産体としてその企業の形を保持することができたことだろう。そのことを考えれば，私有化されたノリリスク・ニッケルの運命は，稀に見る幸運な事例であったということだ。(*Rossiiskii ekonomicheskii zhurnal*, 7, 1995 : 14)

加えて，彼らはそれぞれロシアの天然ガスや電力の独占企業である RAO ガスプロムや RAO 統一エネルギーシステム（UES）といった他の RAO（露株式会社）と比べても，RAO ノリリスク・ニッケルが総体的に恵まれた状況にあったことにも触れた。ガスプロムとは異なり，ノリリスク・ニッケルは象徴的な

低価格で一般消費者や，すでに当時から多額の負債を抱えていたウクライナのような国に商品を供給する必要がなかった。また，統一エネルギーシステムのように，ノリリスク・ニッケルはサービスへの対価（電力料金など）を払えない顧客と契約を結ぶ必要はなかった。

実際のところ，これらのエネルギー企業はガスプロムも統一エネルギーシステムもともに，1990年代の間，現金のやりとりを伴わない非貨幣取引に深く関わってきた。そして，国内産業に巨額の間接補助金を拠出してきた（Pinto et al. [2000], Woodruff [1999]）。さらに，1990年代初期にロシアで形成された3つのRAOの中ではノリリスク・ニッケルが相対的に有利な立ち位置にいた理由として，ノリリスク・ニッケルが世界の市場で競争できる製品を作り出してきたことも挙げられる（*Rossiiskii ekonomicheskii zhurnal*, 7, 1995 : 14）。

③経営資源の重要性

しかし，上の引用にある「稀に見る幸運な事例」とは，それが偶然の出来事だったことと同じ意味とみなしてはならない。単一の営利事業体としてのノリリスク・ニッケルの設立，ならびに民営化の過程からわかることは，経営が大事な課題であったということである。これまで論じてきたように，フィラートフは関連する企業を単一のコンツェルンに組み入れてきた。一つの統合体としてノリリスク・ニッケルを保つことができたのは，フィラートフの力によるものがあった。それでも，それは組織面中心の部分的なもので，企業としての発展にはさらなる要素が必要だった。これから考察する事実関係は，ソ連型経済が崩れ，市場原理に基づいた環境の下でノリリスク・ニッケルの経営を行うには，多様な能力やリソースが必要であったことを示唆している。

1996年にインテルロスが経営権を引き取ったとき，ノリリスク・ニッケルの財政の足腰は弱々しいものであった（Larsen [1997]）。財政のムダについて報告が相次ぎ，フィラートフの率いた旧経営陣による放漫経営が会社の負債の主たる理由の一つと考えられていた（Stepenin [1996], Skabichevskii [1996] 9)[50]。

---

50) 1996年当時，喫緊の課題の一つは，いわゆる「北方調達」——冬に備えノリリスクに事前に製品を送り届けること——に関係していた。財政難のため，計画通りに調達が実施できなかったのである。

旧経営陣ならびに彼らの親族は，RAO ノリリスク・ニッケルやノリリスクコンビナートが保証人となったローンや会社の資金によって，自身の個人会社を立ち上げていた。これらの債務について，一つとして完済されることはなかった。しかし債権者は保証人からの支払いを求めた。さらに，1995 年 11 月，ノリリスクコンビナートは，賃金支払いのためロシア最大の銀行ズベルバンクより 250 億ルーブル（550 万米ドル）の貸付を受けた。にもかかわらず，労働者が当該月以降だれ一人として賃金を受け取ることはなく，この金は様々な系列企業の財務に流用され，また，別の借金の返済にあてられた（Stepenin［1996］）。これは，ノリリスク市の検察当局において，フィラートフ率いるノリリスク・ニッケルの経営陣に対する刑事事件として立件されることとなった（Butrin［2001a］）。

　ノリリスク・ニッケルの企業城下町ノリリスク市にあって，1990 年代，同社は都市形成を担う企業として深刻な諸問題に直面していた。まず，ノリリスク・ニッケルは過剰な労働力を抱えていた。同社の雇用する労働者は 12 万人で，そのうち 4 万人が生産に関わっており，大半の 8 万人は，社会的領域を含め補助的な部局に属していた（Larsen［1997］）（つまり，ノリリスク・ニッケルの生産は，抱えている労働力の半分以下によって担われていたにすぎなかった）。同時に同社は，30 万の住民の拠り所となるノリリスク市の社会インフラストラクチャーを支える膨大なコストを負担しなければならなかった[51]。ノリリスク・ニッケルは，病院・学校・幼稚園・住宅・道路保全といった責務を引き受けていた。地元行政機関の運営や必需品の調達のための費用は，ノリリスク・ニッケルとインテルロス傘下のオネクシム銀行で折半された（栢［1996］）。ノリリスク・ニッケルの歳入のおよそ 4 割が，4 万 5,000 人にのぼる年金生活者支援や市域全体のインフラストラクチャー維持に消えていったのである（Peach［1997］）。

　市や会社に対するこのような交付金が徹底的に縮減されつつあった状況下で，ノリリスク・ニッケルには社会的支援とともに納税という負担も課せられてい

---

51) 1996 年，報じられるところによれば，このような住民向け事業にあてられた金額は 1.3 兆ルーブル（2 億 3000 万米ドル）超であった（Larsen［1997］）。

た (Larsen [1997])。そのため同社は負担削減を確実に進めるとともに，地元行政当局を巻き込んで，これまで述べてきた社会事業ならびに社会基盤整備の責務を担う独立した合弁会社を創設することを決めた (Larsen [1997])[52]。このような問題はしかし，ひとりノリリスク・ニッケルだけに降りかかってきたことではなかった。『ヴェードモスチ』紙によれば，ロシアの製造企業による社会的支出は，2002年には970億ルーブル (34億米ドル) に達した。これはGDP (国内総生産) のほぼ1％に相当する額であった (Grozovskii et al. [2003])。

以上のような状況に対応すべく，インテルロスは3名の経営幹部を任命した。まず，インテルロスによって設立された銀行である国際金融会社 (MFK) の若き頭取であるアレクサンドル・フロポーニンが，1996年にRAOノリリスク・ニッケルのトップに任命された[53]。そして，彼とは親子ほどの年の差があるが，ノリリスクコンビナートのトップにはジョンソン・ハガジェーエフが就任した。

金融に精通するフロポーニンがノリリスク・ニッケルの財務にメスを入れようとする一方，製造畑の叩き上げであるハガジェーエフはノリリスク・ニッケルの生産部門を一手に引き受けた (Shriaeva [2000])[54]。この外交的手腕を備えた若手財務専門家と，経験を積んだ老練の技術者との組み合わせは絶妙であった。会社の財務と製造能力は改善され，社会的側面をめぐる緊張は緩和された[55]。フロポーニンは会社の経費ならびに輸出の管理を確立し，また，公共サービスの改善を進めノリリスク市に秩序をもたらした。これによって，イン

---

52) フィオーナ・ヒルとクリフォード・ギャディのデータによれば，ノリリスク市は，世界銀行の「北方再構築計画」をはじめとする諸構想の条件に従い，2010年までに市の人口規模を16万人までに減らすことを目論んでいた。2001年，世界銀行はロシアに対して，ノリリスクを含む3つの北方地域からの移住を進めるため8000万米ドルの借款を認めた (Hill and Gaddy [2003] 148-9)。
53) 2002年，フロポーニンはクラスノヤルスク地方知事となった。その後も国家の要職を歴任している。
54) ノリリスクコンビナート支配人への就任以前，ハガジェーエフはカザフスタンのバルハシ非鉄金属工場の支配人であった。
55) 2003年11月11日，筆者がモスクワで実施した，政治経済問題専門家へのインタビュー。

テルロスとは地元のことを考えないモスクワからの「侵略者」あるいは「余所者（ヴァリャーグ）」ではないかというノリリスク住民の根深い疑念は，次第に解消されていった（Trofimova [2001]）。ノリリスク市の社会的緊張は緩和され，クラスノヤルスク地方の行政府との関係も改善した（Pappe [2002a]）。

インテルロスによって上級経営陣の一員に任じられた第三の人物は，対外貿易部門とつながりの深いユーリー・コトリャールであった（Vishnepol'skii [1996a]）。この人事によって，すでに強力な対外貿易事業を展開していたポターニンのインテルロスは，ノリリスク・ニッケルが市場拡大を成し遂げるための能力を備えることとなった。同社は着実な原料供給とソ連崩壊にも耐えた生産チェーンを我が物としており，生産部門では深刻な弱点が少なかった一方，マーケティング部門で能力向上の必要があったことは明らかであった。ノリリスク・ニッケルと競い合っていたのは西側の企業であるが，海外企業との競合により国際市場に占めるノリリスク・ニッケルのシェアは次第に脅かされるようになった（Sokolov [1996] 185）。ニッケルを世界中で売りさばくため，インテルロスにとって大事だったのはマーケティング機能を強化させることだった。

4）資本主義企業化への課題──ユーコスとシバールとの比較
①運営管理体制の確立

二層の民営化が企業経営にとって必要な内的結束の欠如をもたらしたユーコスの事例と違い，ノリリスク・ニッケルが私有化されたときには，同社を構成する子会社はすべて持ち株会社が完全所有するところとなっていた。また，株式担保型民営化を受け経営上層部の大幅な入れ替えがあったものの，会社は経営を進めていく上でグループ企業間の統一性の欠如に悩まされることもなかった。

このように，初期の民営化プロセスの間，従来から機能してきたいわゆる「ゴーイング・コンサーン（継続企業）」としてのノリリスク・ニッケルの存在は，経営側と株主側との間の利害対立によって脅かされることがなかった。ユーコスの場合は，持ち株会社（親会社）のオーナー経営者たちとは異なる関心を持つ子会社の株主たちの出現を見た。また，アルミニウム産業の場合は，

仲介トレーダーに頼る必要があったため，トレーダーは力を拡大し，また自ら株主となることでアルミニウム関連企業に対する支配を一層強めた。その結果，やがてユーコスやサヤン工場／シバールが資本主義企業化過程で新しい態勢に変わっていくにあたり，「好ましからざる」株主に対する権利侵害を伴うビジネス慣行が適用され，問題の排除と解決が進められたのである。

これらの事例とは対照的に，ノリリスク・ニッケルの場合は，こういった問題に煩わされることはなかった。ノリリスク・ニッケルが長期にわたり一体性を保ち，資産の再配分の余地が限られていたという事実が，同社がこのような問題に煩わされなかった理由の一つであった。さらに象徴的なことは，ロシア産業界では，企業支配の争奪をめぐる激しい闘いを意味する「石油戦争」や「アルミニウム戦争」という表現は使用されていたが，「ニッケル戦争」と呼べるようなものはなかった（Tarasov［1996］）。

②事業機能の統合

様々な事業活動に応用できる一連のリソースを抱えていたことをとっても，ノリリスク・ニッケルは有利な立場にあった。同社はノリリスクに自前の原料生産の拠点を持ち，原料供給を別組織に頼る必要がなかった。原料調達はすでにノリリスク・ニッケルの枠内での「自己完結的」機能だった。トーリングに頼ったアルミニウム産業とは対照的である。また，外貨取り扱いの特別な権限を持ち，投資プロジェクトのための資金調達を目的とする充分な資本も備えていた（IMF et al.［1991b］268）。ノリリスク・ニッケルが自社の輸出入を独自に管理していたことも重要だった。

ただ，これらの諸機能のすべてがノリリスク・ニッケルの枠内で行われていたということは，追加的なリソースは不要だったということを意味するものではない。ここで示されているのは，ソ連型経済システムの最下層にあった企業（生産単位）と比べ，ノリリスク・ニッケルにはリソースをやりくりできる一連の事業機能が当初から備わっていた，ということなのである。例えば，サヤン工場などのアルミニウム製錬工場には，原材料調達・資金調達・製品輸出を実施するためのリソースが備わっていなかった。これらの業務はすべからくトレーダーの差配するところとなっていた。一方，ノリリスク・ニッケルでは，

これらの機能は自前のものであり，アルミニウム製錬工場が経験したようなリソース不足から守られていたのであった。

③生産チェーンの再構築

さらにアルミニウム業界と著しく異なる点は，ノリリスク・ニッケルには，企業の境界を抜本的に調節したり，企業内に生産の連携を改めて導入したりする必要がなかったことである。ノリリスク・ニッケルの前身が国家コンツェルンであったことから，原料投入から加工・販売までのチェーンでつながる関連企業同士の一種の融合は，上述のようにすでに1960年代から存在していた。この従来の生産チェーンが，新たに設立されたノリリスク・ニッケルの枠内に組み込まれ続けることで，同社にはすでに上流・下流が一体となったネットワークが編成されていたのであった。さらに，ソ連型経済システムの崩壊とそれに続く民営化プロセスを通じて，RAOノリリスク・ニッケルは既存の構造を保つことができたことから，「技術のチェーン」が分断されることもなかった。

このように，ノリリスク・ニッケルは，私有化の第一段階で一貫性を備えた事業主体となるという課題については，ユーコスやシバールと比べれば極めて恵まれた位置にあった。ノリリスク・ニッケルは，共産主義体制崩壊後の移行の端緒にあってすでに統合されており，移行期中も組織的・経営的な一体性を維持することができた。以上のようなノリリスク・ニッケルの機能が，なぜ同社が1990年代，非公式なガバナンス慣行という手段に相対的に訴えようとしなかったかを説明しているといえるだろう。1990年代のノリリスク・ニッケルで，コーポレート・ガバナンスに関わる問題のある慣行が比較的小規模で限定されたものであったのは，企業のリソースベース論でいうところの企業の優位性が同社に備わっていたからではないか，と指摘することができよう。

5）ノリリスク・ニッケルの「敵対的買収」

さらに，株式担保型民営化を通じてインテルロスがノリリスク・ニッケルを獲得した方法を踏まえると，インテルロス自体が株主の諸権利を守っていくこと，ひいてはコーポレート・ガバナンスの評価を落とすことを回避することに

必然的な関心を持っていた，と論じることができる。

　株式担保型民営化の仕組みについてこれまで数多くの議論がなされてきたし，第3章でも考察したが，以後のノリリスク・ニッケルの議論のために，ここで簡単にその仕組みについて再度述べておく。担保オークション方式は次の2つのオークションのラウンドに大別された。すなわち，投資家（主として銀行）が政府に対して貸付の申し出を行い，その見返りに政府は銀行に対して担保となる株式の管理を容認した。国家が所有していた株式の管理権がオークションにかけられることとなったこの第一ラウンドは，1995年に始まった。そして第二ラウンドで，政府は，借金を返して株式を取り戻すか，あるいは，担保となった株式を放棄するかのいずれかの選択を行うこととなった。後者の場合，政府は貸付側である銀行に対してすでに彼らの管理下にあった株式をオークションで売却する権限を与えた。1997年，担保となっていた株式が売却されたが，これによって第一ラウンドのオークションで勝ち組となっていた投資家が引き続き株式を獲得・管理することとなったのであった。

　1995年に実施されたノリリスク・ニッケルの担保オークションは，ニッケルならびに白金族金属の世界的企業としての同社の潜在的価値からして，この方式の目玉となった（Allan [2002]）。インテルロスの総帥ポターニンが支配するオネクシム銀行は，ノリリスク・ニッケルのオークションにて，入札受付の責任機関となった。株式を担保とする発想を政府に提案したのはもともとポターニンといわれていることはすでに述べた。オネクシム銀行自身が入札者であったにもかかわらず，私有化を管轄する国家資産管理委員会（GKI）は，オネクシム銀行を幹事行としてオークションの実施を任せたのであった。ノリリスク・ニッケル株の38％に対する入札の開始価格（最低競売価格）は，1億7000万米ドルとされた。この38％とは，議決権全体の75％——残りの25％は無議決権優先株となっている——の過半数に相当することから，議決権全体の51％とともに会社支配に必要な所有比率となっていた。当初入札に応じた4社中3社は，ポターニン掌握下のオネクシム銀行やインテルロスと関係していた。オネクシム銀行と提携関係にある上述のMFK（国際金融会社），そしてMFKと提携しているレオラは，ともに1億7000万米ドルちょうどで応札した。

これらに対し，1億7010万米ドルと入札開始価格にたった10万ドル上乗せしただけの応札価格を提示したオネクシム銀行がこのオークションに競り勝った。ロシースキー・クレジットの提携企業であるコントの応札額は3億5500万米ドルにのぼったが，この競合社はオークション委員会によって入札資格を剥奪された。オークション委員会は国家資産管理委員会副議長アルフレッド・コフによる支持を取り付け，コントの落札が取り消されるよう画策した。落札額がロシースキー・クレジットの定款資本の額を超えており，それが中央銀行の規定違反であったというのである (Allan [2002] 148-51)。

ノリリスク・ニッケルのオークションは，それが敵対的買収にいたってしまったということから，主要な株式担保型民営化の中では唯一の例外的事例であったといえる (Tompson [2002b] 7)。担保オークション方式の民営化の対象になった会社のうち，例えば，ルクオイルやスルグートネフチェガスを含む3社は当時の経営陣によって買収された企業であり，ユーコス，シブネフチ，TNK，シダンコなど5社は経営者たちと密接に連携する銀行によって買収された。

フィラートフを長とするノリリスク・ニッケルの経営陣，そしてポターニン率いるインテルロスやオネクシム銀行は，株式担保型民営化以前，当初は緊密な協力関係にあった (Pappe [2000] 117, Shmarov et al. [1996] 18-26)。オネクシム銀行はノリリスク・ニッケル最大の債権者となり，1994年にオネクシムが設立した貿易会社であるインテルロス・インペックスは株式担保型オークションに先立ちノリリスク・ニッケルと取引を始めていた (Krotov [1996], *Segodnia*, 22 October 1996)。

しかし，ノリリスク・ニッケルの国有株式をインテルロスの支配下に移す計画が具体化すると，ノリリスク・ニッケルとオネクシム銀行との関係は悪化した。そして株式担保型民営化がノリリスク・ニッケル経営陣にとって次のように極めて不首尾に進んでいったことで，インテルロスに対するノリリスク・ニッケルの不満は募る一方となった。株式担保型民営化の実施に関する大統領令が発令された際，ノリリスク・ニッケル経営陣は最低競売価格である1億7000万米ドルはあまりに低すぎるとしてオークションに抵抗した[56]。ノリリス

ク・ニッケルは自社株の 38％ の価値を 30〜38 億米ドルの間と評価した (*Nezavisimaia gazeta*, 16 November 1995)。また，ノリリスク・ニッケル経営陣は，新規に参入する株主が会社の支配権を握ることのないよう，オークションにあたり国有株式の数を減らすという条件を設定した。ノリリスク・ニッケル経営陣は，38％ の国有株式のうち貸付担保は 15％ 未満とすべきだと主張した (Bekker [1996], *Kommersant*, 14 October 1996)。さらに，社内で自分たちの立場を守るための措置として，幹部たちは「取締役会には手を付けない」ことを求めた (Kokh [1998] 114)。

　ノリリスク・ニッケルのオークションは予定通り実施され，インテルロス／オネクシムが落札した。1995 年 12 月，新たな支配株主となったオネクシム銀行は，RAO ノリリスク・ニッケル経営陣に対し臨時株主総会の開催を要請した。しかし，提案された議題に恐れをなした当時の経営陣は，その要請を却下した。議案には，その経営陣の放漫経営が明らかになるようなノリリスク・ニッケルの悪化する財務状況についての審議が含まれていた。また，新参の株主は，定款ならびに経営陣や取締役会の構成の変更について議論することを求めた。それは，在職中の経営陣の地位喪失を意味した (Bekker [1996], Vishnepol'skii and Ivanov [1996] 9)。

　オネクシム銀行は株式会社法によって認められた諸権利を引き合いに出し，臨時株主総会の日程を 1996 年 2 月に設定した。しかし，RAO ノリリスク・ニッケル側は，オネクシム銀行は担保としてノリリスク・ニッケル株を保有している「貸方」にすぎず，その担保となっている持ち株に基づいて投票権や臨時株主総会の招集を行う権限を所持するものではない，と主張した。国家資産管理委員会副議長のコフは，株主総会招集権を含め，オネクシム銀行の新規株主としての諸権利を承認した。これに対し，フィラートフ率いる経営陣は，調停に持ち込むとともに，法廷では「RAO の活動に対する外部からのいかなる

---

56) 株式担保型民営化の対象となった企業は，ノリリスク・ニッケルに限らず，候補リストから除外されるようロビー活動を行ったり，企業自身がオークションの条件を提示したり，実施に向けて様々な駆け引きがあった (*Kommersant*, 14 October 1996, Tompson [2002b])。

介入とも闘う」用意があることを表明した（Vishnepol'skii and Ivanov [1996]）。

1996年2月，RAOノリリスク・ニッケル経営陣はオークションの結果を争点に，モスクワの仲裁裁判所においてオネクシム銀行とMFKに対する訴訟を起こした。RAOノリリスク・ニッケルは，ロシア経済ばかりでなく北極圏地域の社会的安定にとっても同社が「戦略的な重要性」を備えているとして，「同社の支配に必要な持ち株は国が保有し続けるべき」と主張した（Vishnepol'skii [1996b] 9）。ノリリスク・ニッケル経営陣にしてみれば，国家（政府）以外のいかなる主体にも会社を支配してほしくなかったのである。しかし，法廷はRAOノリリスク・ニッケル側の訴えを退けた。

株式担保型民営化のすえ，ノリリスク・ニッケルの新たなオーナー（インテルロス）へ権力が移譲されたが，オークション実施前の妥協が成立しなかったこともあって，このことが経営陣とインテルロスとの間の長きにわたる対立をもたらした。フィラートフとポターニンの対峙は，メナテップがユーコスを株式担保型民営化で獲得したときの雰囲気とは著しい対照をなしている。ユーコス元社長であったムラヴレンコはホドルコフスキーと良好な関係を作り，またそれを保ち続けた。このことがメナテップによるユーコス獲得を，「敵対的買収」でなく，「友好的譲渡」たらしめた（Pappe [2002a] 172）。

しかし，ノリリスク・ニッケルの場合は，株式がインテルロスに落札された後，自分たちの息のかかった人間をノリリスク・ニッケル経営陣に潜り込ませようとするインテルロスの思惑に対して，フィラートフがまだ率いていたRAOノリリスク・ニッケル経営陣は政治的にばかりでなく法的にも手を尽くして抵抗しようとした。これに対抗して，フィラートフに対抗するポターニン率いるインテルロス側は，株主の諸権利を是が非でも守ろうとした。ノリリスク・ニッケルの中では新参者であるインテルロスの要求は，担保オークション方式を通じて支配的株式を保有しているという一点であった。インテルロス側は，ノリリスク・ニッケルの新しいオーナーとなることをあらゆる手を使って妨害されたが，オークションの結果を踏まえインテルロスが株主の権利を守ろうとすることには相当の理由があったのである。

6) ノリリスク・ニッケル改編の背景――脱民営化のリスク

2000年になって，ノリリスク・ニッケルのコーポレート・ガバナンスの諸問題が，衆目を集めることとなった (Kashulinskii [2000c], Clark [2001] 12, Schofield [2002] 7)。この問題は，同じ年に始まった複雑な同社の改編と絡んでくるようになった。第2章で論じたように，ロシアにおけるコーポレート・ガバナンスが全般的に否定的に捉えられていたため，ノリリスク・ニッケルでの一連の出来事は，ロシアの投資環境の動向を見守る国内外の投資家の注目を集めていた (Moscow Financial Weekly [2000])。

トロイカ・ディアローグの資料によれば，ノリリスク・ニッケル改編期にあたる2000年末から01年にかけ，同社はコーポレート・ガバナンスが悪化しているとして警告されるようになった。これは，ユーコスが圧倒的な頻度でやり玉に挙がっていた1990年代の定性的評価とは著しい対照をなしている（表2-4および表4-2を参照）。例えば，ブランズウィックUBSによるコーポレート・ガバナンスの格付け評価によれば，2000年11月時点のノリリスク・ニッケルの評価点は19社中最低であった（表4-2を参照）。このことは，以下に見ていくように，「脱民営化」リスクと関係していると考えられる。

株式担保型民営化の結果，落札したインテルロスがノリリスク・ニッケルを掌握して以降，「脱民営化」のリスクが顕在化した。つまり，担保オークション方式による民営化が無効とされ，会社が再国有化されてしまう可能性である。

このような危惧は，以下の相関する3つの主立ったファクターに基づいていた。

①担保オークション方式の正当性

第一に，株式担保型民営化のスキームに関わる手続きは，かなりの程度「疑わしい」ものと認知されていた (Allan [2002] 148-51, Chirkova [1998] 4)。そのため，担保オークション方式の正当性をめぐる各方面からのインテルロスに対する攻撃の余地が広がり，ノリリスク・ニッケルの民営化の取り消しを求める声が広がった。このノリリスク・ニッケルの株式担保型民営化の正当性については，とりわけ次の2つの点で疑問の声が上がっていた。すなわち，落札価格があまりにも低すぎること，そして落札者がオークション主宰者でもあった

表 4-2 コーポレート・ガバナンスのリスク評価（格付け）(2000年)

企業名	産業部門	リスクの種類（高ければポイント換算：最大72ポイント）								
		透明性	希薄化	資産移転	合併/再編	破産	所有制約	企業統治イニシアチブ	株式登録機関	合 計
バルティカ	食品	5	4.5	2	0	0.5	0	5	1	18 (−1.5)
ガス (GAZ)	自動車	8	4	6	4	7	0	4.5	1	34.5 (+8)
ガスプロム	エネルギー	4	3	8	5	6	2	3.5	1	32.5 (−4)
イルクーツクエネルゴ	電力	0.5	6	5	5	1.5	0	6	0	24
レンエネルゴ	〃	3.5	0	3	4	2	0	1.5	0	14
ルクオイル	エネルギー	6.5	1	7	0	1	0	5	0	20.5 (+1.5)
MGTS	電気通信	10.25	3	9	4	4	0	6.5	1	37.5 (+0.75)
モスエネルゴ	電力	3.5	0	6	0	2.5	0	6.5	0.5	19
MTS	電気通信	2	3	5	0	1	0	5	0	16
ノリリスク・ニッケル	冶金	4	13	8	6	1	0	8	0	40 (+4.5)
PTS	電気通信	7	1	6	1	2	0	3	0	20
ロステレコム	〃	2	6	3	7	2	0	4	1	25
シブネフチ	エネルギー	2.5	10	9	1	0	0	1	0	23.5
サン・インタブリュー	食品	4	3	5	1	0	3	3	0	19
スルグートネフチェガス	エネルギー	8	9	3	4	1	0	7.5	1	33.5
タトネフチ	〃	2	3	7	0	1	2	7.5	0.5	23
統一エネルギーシステム	電力	4.5	3	6	8	3	2	4.5	0	31 (+5)
ヴィムペルコム	電気通信	0	3	2	0	0.5	0	5	0	10.5
ユーコス	エネルギー	4	3	9	1	0	0	1	1	19 (−25.5)
最大値 72ポイント		14	13	10	10	12	3	9	1	72

出所）Rodionov and Skaletsky [2000].

注）『コーポレート・ガバナンス・アナライザー』2000年11月号の評価。( ) 内の数字は『コーポレート・ガバナンス・アナライザー』創刊号2000年5月号の評価。いずれも，表2-4に示した1999年の評価格付けが基礎になっている。1999年版に比べ，リスク最大値が60から72に上げられ，評価対象企業が16社から19社に増えている。

ことである。

　担保オークションのこの2つの問題点については，1998年に公表されたロシア連邦会計検査院報告書で詳しくまとめられている。例えば，極端に低いオークション開始価格や，落札価格との差がほんのわずかでしかなかったことは「RAO ノリリスク・ニッケルのオークションが実質的に機能していなかったことの証左である」と同報告書では指摘された（Schetnaia palata [1998] 29）。会計検査院は RAO ノリリスク・ニッケル株全体の 38％ を競売対象とする担保オークションを「本質的に見せかけにすぎない」とした。

　会計検査院報告書は，応札したオネクシム銀行（前述の通り落札を勝ち取った会社であり，かつオークション主宰法人），MFK（オネクシム銀行担保引受法人），レオラ（MFK 提携企業）の3社は密約していたと結論づけた。また，これら3社が株の売却価格をできるだけ抑えようとあらかじめ談合できる状態にあったと指摘した（Schetnaia palata [1998] 28-9）。同報告書は，ロシア政府ならびに同政府から権限を託された国家資産管理委員会が，1995年8月31日付ロシア連邦大統領令第 889 号（「1995 年における連邦所有担保株式の移行手続きについて」）の要求によってではなく，オネクシム銀行の利益によって動かされていたと結論づけた。そして，「こうして一民間銀行の利益のために，政府の利益と連邦予算を軽視してきたことは，法執行機関による調査対象となるべきものである」と記した（Schetnaia palata [1998] 29）。

②敵対的買収の影響

　脱民営化のリスクを増した第二のファクターは，前述してきたように，ノリリスク・ニッケルの株式担保型民営化が事実上の敵対的買収だったことであった。オークション後の 1996 年 2 月，RAO ノリリスク・ニッケル経営陣はオネクシム銀行／MFK（インテルロス），国家資産管理委員会（GKI），連邦資産基金（RFFI）そして財務省を相手どり，モスクワ仲裁裁判所に提訴し，オークションの結果をめぐって争うこととした。ノリリスク・ニッケル経営陣の訴えは，実施された担保オークションにおけるこれらの企業や機関のとった行動は違法であった，というものだった（Vishnepol'skii [1996b]）。この提訴は，脱民営化を成し遂げようとする最初の試みとして特筆すべきものであり，これに続

いて様々な主体が類似の試みを行った。また，諸官庁とともにオークションで落札を勝ち取った銀行を訴えることで，この提訴は，インサイダー取引の可能性を指摘するとともに，担保オークション方式の民営化に共謀的特徴があったことを争点とすることで，オークションの前提となっていた法的根拠が曖昧なものであったことを露呈させた。

　フィラートフは加えて，オークションの結果を争うため，政治的手段を追求した。株式の 38％ がオネクシム銀行に移譲されてから数カ月後，ノリリスク・ニッケルの担保オークションの手続きについて検証する下院特別委員会が設置された（Boiko [1996a][1996b]）。この委員会は，ノリリスク・ニッケルとインテルロスの当時の経営陣同士の対立ばかりでなく，株式担保型民営化のあり方をめぐって当時進行していた政府と立法府との間の対立をきっかけに作られた側面もあった（Boiko [1996a][1996b]）。政府および野党諸派双方と密接な関係を持っていたフィラートフは，インテルロスとの闘いを支援してもらうべく当時ロシア連邦共産党が第一党であった下院に出向き，同党とノリリスク・ニッケルの民営化問題について意見を交わしたものと見られた（Krotov [1996], Larsen [1996], Gotova [1996]）。実際，大統領選挙に際しノリリスク・ニッケルが共産党を支援する見返りに，同党はオネクシム銀行（インテルロス）との対立ではフィラートフ側を支援するという合意が，フィラートフと共産党との間にあった，ということが後日明らかとなった（Lopaeva [1996]）。

③国家支配促進要因

　第三のファクターとして指摘できるのは，民間企業にとっての脱民営化リスクは，主として政治的な諸勢力によって持続されていたことである。それは，国家支配の拡大，つまりはオリガルヒ支配の縮減を継続的に追求している勢力だった。株式担保型民営化を経て，ノリリスク・ニッケルについては検察庁，会計検査院，下院の特別委員会などによって引き続き綿密な調査が及んだ。また，担保オークションの結果は，様々なレベルの司直による指摘を受け，繰り返し審理を受けることとなった[57]。例えば，ノリリスク・ニッケルの担保オー

---

57) 例えば Pak [1996] 1, Boiko [1996a][1996b] を参照。また 1997 年のオークションの第二ラウンドについては Schetnaia palata [1998] を参照のこと。2000 年，下院は再度

クションは適切であった，との判断を示した会計検査院の新たな報告書が2000年に発表された後も，この問題は引き続き検察による捜査の対象となっていた。

新たな会計検査院の報告書について言及すると，株式担保型民営化の違法性を指摘した前述の1998年5月の報告書（Schetnaia palata [1998]）の発表後，2000年6月に最終的なものと位置づけられた報告書が発表された。その中で会計検査院は完全に立場を変えた。2つの報告書はともに同一の会計検査官が担当していたが，会計検査院は，ノリリスク・ニッケルの担保オークションでの開始価格が過剰に低かったとはいえない，と結論づけた。2000年の報告書では，法規制の矛盾点や侵害を含め，前報告書が指摘した担保オークション方式の民営化に関する問題点について言及されることはなかった。さらに，会計検査院はオネクシム銀行に売却された後のノリリスク・ニッケルの業績について好意的に評価するとともに，株式担保型民営化に関連して「1995年11月17日のオークションを適法でないと判断する根拠は，それに続く1997年8月の売却同様，存在しない」と結論づけた（Schetnaia palata [2000]）。

このような報告書が出されたにもかかわらず，2000年6月，モスクワの検察当局は，1990年代半ばのノリリスク・ニッケルの株式担保型民営化の適法性を争点に，モスクワ仲裁裁判所においてRAOノリリスク・ニッケル売却に関する起訴を行った。告発を受けたのは国家資産省（前国家資産管理委員会），財務省，連邦資産基金，オネクシム銀行，同銀行と提携関係にあるMFK，落札を勝ち取ったスウィフト，ナショナル・レジストレーション，そしてノリリスク・ニッケルそのものであった（Semenenko [2000b], *The Moscow Times*, 4 July 2000）。しかし，これら諸機関に対し検察当局によって具体的にどのような告発がなされたのかは明らかではなかった。ノリリスク・ニッケルのスポークスマンは，公式の告発状については関知していないと語った。また，モスクワ検察当局によれば，訴訟の目的は「非合法に売却されたノリリスク・ニッケル株を国庫に戻すこと」であった（Semenenko [2000a]）。結局その訴訟は，告発対

ノリリスク・ニッケルの民営化についての見直しを行った。Zhuk and Butrin [2000] 4, Sysoev [2001] 3 を参照。

象の数があまりにも多岐にわたりすぎており，告発請求はより絞るべきであるとする裁判所決定により，即座に却下された (*The Moscow Times*, 4 July 2000, Semenenko [1999b])。

まもなくして，2000年7月初頭には検察庁はポターニンに対して書状を送った。それは検察当局の判断するところ，当該担保オークションは内部関係者の談合によって不正に進められたものであり，その結果国家に与えた損害賠償金として政府に1億4000万米ドルを支払う旨を命じるものであった。この書状において，ユーリー・ビリューコフ第一副検事総長は，ノリリスク・ニッケルの私有化が国家に損害を与えたと指摘し，「総額1億4000万米ドルの損害に対して自発的賠償を行うことで，貴君に対して法的追及がなされることはないだろう」と言及した[58]。ビリューコフによれば，オネクシム銀行はノリリスク・ニッケル株の38％を獲得したことで，1億7000万米ドルではなく，3億1000万米ドルを支払わなければならなかった。書状ではどのような根拠から3億1000万米ドルという数字が積算されたのか明らかにしていないが，書状で示された賠償金額1億4000万米ドルは，この2つの金額の差額であった。この第一副検事総長の書状に対抗し，ポターニンは公開書簡をしたためた。だが，報道されたところでは，ポターニンは賠償金を支払ったという (Ilina [2000])[59]。

7) ノリリスク・ニッケル改編の実行――「逆乗っ取り」
①ノリリスク鉱山会社の設立

インテルロスは自社を相手どった訴訟すべてに勝ったものの，株式担保型民営化プロセスを再検証しようとするこれらの試みは，同社にとってノリリス

---

58) 検察庁の見解では，オークションはポターニンとコフとの間の合意に基づいて不正に進められた。ビリューコフの書状は，コフとポターニンに対して引き続き刑事告発がなされるが，恩赦の一環で取り下げられると明言した (Feifer [2000b])。

59) エヴゲニー・ヤーシン元経済相は，検察の起訴したノリリスク・ニッケルに対する裁判に対し，脱民営化は，経営方針が誤っていたため倒産寸前となったような会社であれば意味があろう，とポターニンを擁護する指摘を行った (*Komsomol'skaia pravda*, 27 June 2000)。

ク・ニッケルにおける資産の保護をより確実にしようとするきっかけとなった (Rodionov and Slaletsky [2000] 9)。RAO ノリリスク・ニッケルが現状の形で存続する限り，脱民営化のリスクは依然として残っていた。そのため，インテルロスは，RAO ノリリスク・ニッケルの企業の構造を見直すことを決断し，ノリリスク・ニッケルの「見え方」を変え，目立たないものとするようにした。

　2000 年に始まった構造改革の断行は，持ち株会社（RAO ノリリスク・ニッケル）を，以前は同社の子会社であった企業の配下の子会社へと移し替える，いわゆる「逆乗っ取り」という形をとった。

　RAO ノリリスク・ニッケルの子会社のうち最も資産価値が高かったのは，重要な資産を獲得していたノリリスクコンビナートであった。とりわけ鉱山事業や採掘に関わるライセンスを保持していた意義は大きい。RAO ノリリスク・ニッケルは持ち株会社としてノリリスクコンビナートを所有していた。RAO ノリリスク・ニッケル自体は，子会社の所有権のほかは資産を直接有していなかった。このような状況は，親会社自体は，本当に値打ちのある子会社の株を持つ持ち株会社にすぎなかったユーコスの場合を彷彿とさせた。ノリリスク・ニッケルの所有権と経営権を握っていたインテルロスは，単に子会社の株を資産として持つだけの持ち株会社よりも，採掘のライセンスを獲得し，実際に生産を行っている会社の株を直接的に保有することを目指した。

　そこで，インテルロスは新しい子会社としてノリリスク鉱山会社（NGK）を創設した。そして，ノリリスクコンビナートの最も価値ある資産をこの提携企業に移管したのだった（Makarov [1999], Grigor'ev [2000]）。ノリリスクコンビナートが多額の負債を抱えていたことも，別の組織を作る背景にあった。そして，RAO ノリリスク・ニッケル株をノリリスク鉱山会社株に交換した。こうすることにより，オーナー経営者はこの子会社を親会社化し，親会社となったノリリスク鉱山会社は，最終的に「GMK ノリリスク・ニッケル」と名を改めたのである（GMK とは，鉱山・冶金会社の意がある）(Sivakov [2001] 28-31)。

　ユーコスの場合，持ち株会社が子会社を丸抱えにした。これに対しノリリスク・ニッケルでは，逆流が起こった（図 4-13 および図 4-14 参照）。持ち株会社 RAO ノリリスク・ニッケル（親会社）はその子会社の一つとなったノリリスク

228　第Ⅱ部　市場経済化政策とロシアの資本主義化

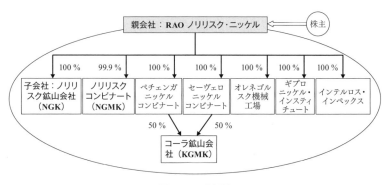

図 4-13　改編前

出所）Matveev [2000], Sivakov [2001], Adachi [2010].

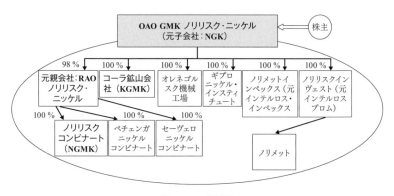

図 4-14　改編後

出所）Matveev [2000], Sivakov [2001], Adachi [2010].

鉱山会社（子会社）に接収されたのであった。

②資産保護と政治的リスクの排除

　この接収の主目的は，ノリリスク・ニッケルを脱民営化から守り，同社の民営化を逆戻りさせないようにすることだった。実際に，民営化の結果に疑義をさしはさもうとする様々な試みから会社を守るために行われた，とインテルロス側は説明している（Kashulinskii [2000c], Rodionov and Slaletsky [2000] 8-10, Matveev [2000] 8, Sivakov [2001] 28-31）。RAO ノリリスク・ニッケルと立場を交換した新会社は，法律的には別の存在であり，理論上，検察当局や諸官庁

の注目を浴びてきたノリリスク・ニッケルと同一のものではないとされた(Sidorov [2001])。

役目を終えた RAO ノリリスク・ニッケルに代わりノリリスク鉱山会社が表舞台に登場し,「GMK ノリリスク・ニッケル」と改称された後,証券取引所に上場された公開会社となる一方で,「RAO ノリリスク・ニッケル」という名称が取引所からは抹消された (Sivakov [2001] 28-31)。図 4-14 に見られるように,たとえ RAO ノリリスク・ニッケルが整理され,脱民営化されたりあるいは乗っ取られたりしても,いまや価値のある資産はすべてノリリスク鉱山会社に属しているのだから株主にとって不利にはならなかった。

改編後の構造において,RAO ノリリスク・ニッケルは,ノリリスクコンビナート,ペチェンガニッケルコンビナート,セーヴェロニッケルコンビナートなど,RAO ノリリスク・ニッケル傘下の諸企業ともども,経済的な価値のない抜け殻会社にすぎなくなった。また,この改編プロセスは,複数の司法当局も関わる様々な取引を伴うものとなった。その目的は,裁判をはじめとする法的手段によってノリリスク・ニッケルを脱民営化させようとする試みに対する重層的バリアの役割を果たす防壁を実際に構築することで,資産の図式を複雑化させることであった (Sivakov [2001] 29-30)。

RAO ノリリスク・ニッケルの経営陣は,改編が政治的リスクの排除につながることを認識していた[60]。そのため,新たに作られた企業は,ノリリスク・ニッケルの株式担保型民営化をめぐって司直の手が伸びる余地を残さないようデザインされていた (Kashulinskii [2000c])。当時 RAO ノリリスク・ニッケルの社長だったフロポーニンは,改編の理由が,民営化の結果を再検証しようとする試みが存在することで生じる諸問題の回避にあった,と発言した (Romanova [2000], Stoliarov [2000])。彼はその一方で,どのような企業改編がなされても,脱民営化や国有化を実行する政治的意思が当局にある限り,民営化を

---

60) ノリリスク・ニッケル型の改編を通じた政治的リスクの排除は,法執行機関による調査が及ぶことを回避しようとして,大手民間石油会社 TNK-BP(2003 年にロシア石油大手 TNK の筆頭株主であるアルファ・アクセス・レノヴァ〔AAR〕と BP とが 50 %ずつ出資して設立された合弁企業)による石油業界の再編においても検討されていた (Bekker et al. [2004])。

守りきれないということも認めていた（Stoliarov［2000］）。

　改編は，グループの資本の集約拠点をRAOノリリスク・ニッケルからノリリスク鉱山会社（のちのGMKノリリスク・ニッケル）へと移すことになる。これによって，企業構造を単純化し合理化することも目指していた（Norilsk Nickel［2001］34）。ノリリスク鉱山会社が必要な資源開発ライセンスを持ち，多大な収益の源となる資産を有していたことから，資産の集約拠点の移行によって株主は生産性のある資産を直接獲得することとなった。また，株主が企業の資金の流れをチェックしやすくなったことで，モニタリングのコストも低減した。さらに，資本を一つの拠点に集約する新会社の構造は，配当支払額に対する二重課税をなくした。旧来の構造（図4-13を参照）では，子会社の収益は配当を通じて持ち株会社（RAOノリリスク・ニッケル）へと送られていた。同時にRAOノリリスク・ニッケルの収入の一部とみなされ所得税を課されていた。収益確保に貢献するのは主としてノリリスク鉱山会社であるが，新しい企業構造によって同社は配当を株主に対して直接支払えるようになった。かくして，この逆乗っ取りは，より透明性が高く，経営に適した構造を作り出す一助となった。また，それが企業価値の上昇につながるものと期待された。

　オーナー経営者はより多くの資産を集約させることで，企業価値の拡大に一層熱心になった。所有権の集中は明らかに，資産の価値増大が中核的オーナーたちにとっての利益につながるという考え方と親和的であった。オーナーは株価の上昇によってますます豊かになり，今後の「出口戦略」（第6章を参照）に備えるようになったのである（Boone and Rodionov［2001］，Nash［2001］）。

　このように，逆乗っ取りは，ノリリスク鉱山会社を単一の資本集約拠点とすることによって企業構造を単純化させた。しかし，そこにはいくつかの疑問も浮かび上がる。まず，逆乗っ取りの目的が単一の収益拠点の形成による企業構造の単純化であったとすれば，それはRAOノリリスク・ニッケルを資本拠点とするほうが手続き的にも仕組み的にもよりシンプルではなかったか。そして，資源開発ライセンスを保有し，多大な収益への貢献をするのがRAOノリリスク・ニッケルではなくノリリスク鉱山会社であったというのが問題であったとすれば，単にノリリスク鉱山会社の資産の所有権をRAOノリリスク・ニッケ

ル側に移せばよかったのではないか（Kashulinskii and Rozhkova ［2000］）。そうすることで株主たちは，複雑な移行手順を踏むことなしに資産を持つ企業を獲得することができたかもしれない。

　これらの疑問点に対し，RAO ノリリスク・ニッケル取締役会会長のコトリャールは，大事なのは企業資産を国家から守ることなのだ，と答えている。ノリリスク鉱山会社の資産の所有権を RAO ノリリスク・ニッケル所有に移す可能性について，インタビューの中で，彼は次のように発言した。「そのような場合，掘削のライセンスをノリリスク鉱山会社から RAO（ノリリスク・ニッケル）へと再登録しなければならないだろうが，これに対して国がどう出てくるか予想できない」。明らかに彼は，政府がライセンスをはじめとするノリリスク・ニッケルの主だった資産を剥奪しようと思えばできうることを充分意識していたのである（Kashulinskii and Rozhkova ［2000］）。

　③ノリメットの秘密裏の買収
　実際に RAO ノリリスク・ニッケル株がノリリスク鉱山会社株へ交換されるに先立ち，株主の諸権利を守るという点で相矛盾する 2 つのことが起こった。第一は，ノリリスク・ニッケルが密かにノリメットという企業を買収したことである。第二は，ノリリスク鉱山会社での追加株式の発行であった。

　ノリメットはイギリスを拠点とするノリリスク・ニッケルのマーケティング部門を担当する会社であった。ノリメット買収は，対外貿易・マーケティングのネットワークがノリリスク・ニッケルに編入されたことを意味した。その背景には，ベースメタルの販売や貿易に活動の幅を広げ，国際的に会社の競争力をさらに高めようとする意図があった（Matveev ［2000］ 8-9）。自社の貿易構造を統合することにより，ノリリスク・ニッケルは貿易会社に仲介手数料を支払う必要がなくなった（Rozhkova ［2000h］）。また，ノリメットをノリリスク・ニッケルが完全所有する子会社とすることは，ノリリスク・ニッケルの貿易事業が集約的に展開され，より透明性を高めうることでもあった（Granville and Seleznev ［2000］ 2）。

　しかし，この企業買収は外部の株主に対して一切告知をしないまま実行された。巧みに仕組まれた買収劇であったため，法制度上，この買収について株主

の承認を得る要件はないと主張されたのである。ノリリスク・ニッケルが実行した策は，RAO ノリリスク・ニッケルがノリメットを直接買収するというものではなかった。ノリメットは，インテルロスがコントロールする関連企業であるインテルロスプロムが所有していた。そこで，ノリリスク・ニッケルは，インテルロスプロムの全株式を獲得することによって，ノリメットを手に入れた[61]。しかしこのやり方は，RAO ノリリスク・ニッケルが株主に対して前もって説明した方式とは異なるものであった（Rozhkova [2001c]）。

④ノリリスク鉱山会社株の追加発行

ノリメット買収後，ノリリスク鉱山会社は株式の追加発行を行った。同社は優良な資産を備えた企業であり，改編の結果，親会社となる企業であった。そのため，ノリリスク鉱山会社における中核的なオーナーの株式所有が大きければ大きいほど，新たに改編後の「ノリリスク・ニッケル」に対する彼らの支配権はより強くなる。そのため，私募発行を介してノリリスク鉱山会社株を追加発行した目的とは，ノリリスク鉱山会社におけるインテルロスの出資を増やすことであった。その一方で，この措置は，自分たちの持ち分が低くなってしまう少数派の株主にとっては不利であった（Sivakov [2001] 29）。この結果，追

---

61) この点を詳述すると以下の通りである。ノリリスク・ニッケルは仲介業者を通じ，ノリメットを 8390 万ルーブル（290 万米ドル）で獲得した。この企業買収が「大規模取引」と類型化された場合，株式会社法は株主総会による承認がなされるよう定められていた。同法は，企業の帳簿価格の 20％を超える買収は大規模取引であり，株主による総会の承認が必要であるとしていた。しかし，仲介者の活用ならびに 8390 万ルーブルを上限とする買収に関する基本契約を締結することにより，ノリリスク・ニッケルはこれらの規定を迂回できると説明した。同社の主張するところによれば，自社の帳簿価格は 120 億ルーブルであり，当該取引価格（8390 万ルーブル）はその 1％にも満たないものであり，契約価格は大規模取引に該当せず，株主総会による承認も必要としなかった。ロシア連邦証券市場委員会は，株主の承認を求めようとしなかった時点で，ノリリスク・ニッケル幹部は株式会社法に違反しているとした。ノリメットは監査によって 2 億 3400 万米ドルという値がつけられていたことから，同社株を 100％所有しているインテルロスプロムを RAO ノリリスク・ニッケルが買収した際，インテルロスプロムの価格は 2 億 3400 万米ドル（67 億ルーブル）とならなければいけなかった。このような経緯から，連邦証券市場委員会の主張では，当該取引は 67 億ルーブルの価値に相当する，大規模取引とされるべきものであったとされた（*Prime TASS*, 5 April 2001, 連邦証券市場委員会ウェブサイト [http://www.fcsm.ru/fcsm/rnews/2001/inf0124.htm, 2003 年 9 月 2 日閲覧]）。

加発行されたすべての株が，表向きは「無名のノリリスク鉱山会社株主」，しかし実際はインテルロスと協調関係にある人々に売られた。RAO ノリリスク・ニッケル自体がノリリスク鉱山会社追加株式の購入に乗り出すことはなく，RAO ノリリスク・ニッケルの少数派株主たちが追加株式を獲得できる機会はなかった。そのため，ノリリスク鉱山会社における RAO ノリリスク・ニッケルの株式保有は，62.1 % から 36.4 % までさらに減少した。これに先立ち，ノリリスク鉱山会社における RAO ノリリスク・ニッケルの持ち株は，ノリメットの買収後，100 % から 62.1 % に減っていた[62]。その結果，インテルロス関係者の持ち分が増加したのだった（Granville and Seleznev [2000], Matveev [2000] 18, Sivakov [2001] 29）。

　これまで触れてきたように，オーナーの出資比率が高まることは，ロシアのオーナー経営者にとって企業支配を確立するためには大事なことであった。より一般的には，企業の普通株の過半数を所有するのが支配株主とされる。所有比率が 50 % 以上で，株主総会の定足数を満たし多数決の決定権を持つため，当該企業に対して支配を有しているとみなされる。しかし，ロシアでは通常，企業支配の確立には株式全体の 50 % プラス 1 株を保有するだけでは企業支配の確立には充分ではなく，オーナー経営者は自らが所有する株式の比率を 70〜100 % に上げようとした。この比率は，ある程度株式会社法の規定を反映していることになる。同法によれば，定款における主要条項の変更には 75 % プラス 1 株の賛成票が求められる。

　インテルロスの中核的な株主たちは改編前の RAO ノリリスク・ニッケルにおいては少なくとも 58 % の株式を所有していたという。その場合，改編後のノリリスク・ニッケルで彼らは 63 % の株式を獲得するという計算になる（Boone and Rodionov [2001] 15, Seleznev [2000]）。しかし，ロシアの代表的な投資銀行であるルネッサンス・キャピタルによると，これらの数値は 1999 年のデータをもとにしているため，主要な株主は改編時にはすでに 7 割近い株を所

62）これは RAO ノリリスク・ニッケルがノリメット買収にあたりノリリスク鉱山会社株によって支払いを行ったためであった（Granville and Seleznev [2000], Sivakov [2001] 29）。

有していたに違いないとする。つまり，改編後には，70％を超える株を手中に収めたものと見られた（Startseva［2000］，Boone and Rodionov［2001］15）。

また，この追加発行の実施は，中核的オーナーのもとにある資産を守る側面もあった。この方式によって，インテルロスと結びついたこれら主要オーナーは，RAO ノリリスク・ニッケルにある彼らの保有株をノリリスク鉱山会社の株式に転換することができたのであった。つまりは原鉱やライセンスといった主たる資産を擁する同社の株式を獲得することができた。その結果，いまやインテルロスがノリリスク鉱山会社を所有することによってこれらの資産を直接手に入れたのであり，これによって政府がノリリスク・ニッケルの主要資産をインテルロスから「脱民営化」によって外すことはますます難しくなった，とみなされるようになった（Matveev［2000］8）。

さらに，改編プランの初期段階の完了後になってはじめて，企業改編のプロセスについて公開したということも，中核的なオーナー経営者が自らの資産を守りたいがための方途と考えられた。改編過程の初期の諸段階，つまり 2000年4月のノリメット買収や同年8月のノリリスク鉱山会社株の追加発行は，事前通告なしに実施された。インテルロスは，この発行のプロセスを妨げようとするかもしれない政府の画策を阻止するためにこれを秘密裏に実施したのだ，と説明し，正当化しようとした。また，この改編のタイミングは財産保護という観点からも一定の説得力を与えた（Matveev［2000］，Rodionov and Skaletsky［2000］9）。なぜなら，改編は，前述したように，6月に検察当局の起訴によってノリリスク・ニッケル民営化の適法性が改めて問われるようになった直後に手がけられていたからである（Feifer［2000b］）。そして，妥協を求めてきた第一副検事総長の書状がポターニンに届けられた直後の7月には，ノリリスク鉱山会社株の追加発行が臨時株主総会で承認されていた。つまり，改編によるリスク回避が急がれていたことがうかがえる。

⑤**RAO ノリリスク・ニッケルとノリリスク鉱山会社の交換（スワップ）**

ノリリスク鉱山会社株の追加発行の後，逆乗っ取りを実質的に形作っていくのには，いくつかのステップを要した。例えば，株式譲渡を進めるための技術的手続きがあった。2000年9月に改編が公式に発表された後，12月にはノリ

リスク鉱山会社の株数は，RAO ノリリスク・ニッケル株とノリリスク鉱山会社株とのスワップの準備のため増加措置がとられた。これは，株主の構成を変えることなくノリリスク鉱山会社株・RAO 株ともに同じ価格となるよう仕組まれた専門的手法であった（Sivakov [2001], Norilsk Nickel [2001] 34)。そして，2001 年 2 月にノリリスク鉱山会社は，「公開型株式会社（OAO）GMK ノリリスク・ニッケル」と改称した。「ノリリスク・ニッケル」を残した「RAO ノリリスク・ニッケル」から「OAO GMK ノリリスク・ニッケル」への改称は，新しい親会社の名称が投資家をはじめ人々に馴染みあるものとなることを意図していたと考えられている（Sivakov [2001]）。次いで，GMK ノリリスク・ニッケル株がロシア取引システム（RTS）に上場された。

2001 年末までには，これまで公式には RAO ノリリスク・ニッケルに属していたすべての主要な生産資産が GMK ノリリスク・ニッケル側に移譲された（図 4-14 を参照）。その結果，GMK ノリリスク・ニッケルの傘下には以下の企業群が置かれた。すなわち，RAO ノリリスク・ニッケル，コーラ鉱山会社（改編前はペチェンガニッケルコンビナートおよびセーヴェロニッケルコンビナートから成り立っていた），オレネゴルスク機械工場，ギプロニッケル・インスティチュート，ノリリスク・ニッケルの輸出登録を扱ってきたノリメットインペックス（元インテルロス・インペックス），そしてノリリスクインヴェスト（元インテルロスプロム）である。そして，GMK ノリリスク・ニッケルはノリリスクインヴェストを通じてノリメットを所有している（Rozhkova [2002]）。このようにして，ノリリスク・ニッケルを支配するインテルロスは企業構造を改革する目的を果たしたのだった。

8）ノリリスク・ニッケル改編後の展開（2001〜05 年）

「GMK ノリリスク・ニッケル」に改編後，企業経営のあり方にも変化があった。当時インテルロスでのポターニンの大事なビジネスパートナーであり，ノリリスク・ニッケルの共同経営者であったミハイル・プロホロフが 2001 年にノリリスク・ニッケルの CEO の座に就いた。同年，新経営チームの導入を受け，新たな発展戦略が策定され実行に移された。同社は，既存の生産基盤を

持続させ,かつ効率的に発展させるとともに主要生産分野でのコスト削減を目指した重点的生産計画を採択した。この発展戦略は,採掘や精錬事業を向上させるための投資プログラムを視野に入れ,その投資による収益向上も想定していた(Norilsk Nickel [2004])。概して有能と評価されていた経営陣は,コスト削減や資産の合理化を目指した。販売分野で際立った進展は見られなかったものの,会社は長期的な商品価格の安定のため,スポット市場よりも直接販売に焦点を当て続けた(Krasnitskaya [2003] 76, Edwards [2003], Brunswick UBS [2002])。

また,ノリリスク・ニッケルのコーポレート・ガバナンスは飛躍的に改善された。ノリリスク・ニッケルはロシアで導入された企業統治の指針であるコーポレート・コンダクト・コードで示された基準や勧告に従っていく姿勢を明らかにするとともに,それらに従って,ノリリスク・ニッケルの社内文書も改正された(企業統治指針については第2章を参照)。なお,ポターニンはロシア・コーポレート・ガバナンス評議会の会長を務めてきた。この評議会は「コーポレート・ガバナンスに関する法的枠組みを改善し,ロシアの企業が,ロシア実業界の企業評価ならびに投資の魅力を向上させるため,各自の活動において専門的・倫理的基準を導入すること」を目指し設立された機構である[63]。

株主価値を向上させるという点でも,ノリリスク・ニッケル経営陣は意識が高かった(Edwards [2003])。これまでも株価動向に応分に反応してきた同社の時価総額は,2000年末時点での18億米ドルから2005年末には191億4400万米ドルへと上昇した[64]。GMKノリリスク・ニッケルは,石油・ガス部門を除けば,ロシア最大の時価総額の資産を備えた企業に成長した。2005年時点で,同社に対するスタンダード&プアーズおよびムーディーズの信用格付けは高い状態にあった[65]。

成長戦略という点で付言すれば,ノリリスク・ニッケルは国内外で戦略的買

---

63) National Corporate Governance Council (NCCG) のウェブサイト (http://www.nccg.ru)。
64) インテルロスのウェブサイト (http://www.interros.com)。
65) ノリリスク・ニッケルのウェブサイト (http://www.nornick.com, 改訂後は http://www.nornik.ru)。

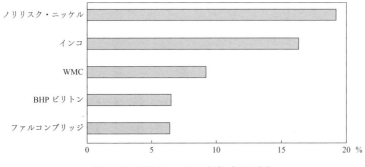

図 4-15 世界のニッケル生産（2004 年）

出所）ノリリスク・ニッケルのウェブサイト（http://www.norinick.ru）。

収に積極的に関わることになった。2003 年，同社は，アメリカ唯一のパラジウムおよびプラチナ生産企業であり，南アフリカとロシア以外では最大の白金族金属生産企業であるスティルウォーター・マイニングの 55.5 ％ の株式を獲得した[66]。この買収によって，ノリリスク・ニッケルはプラチナ販売市場に触手を伸ばすことができた。スティルウォーター・マイニングを買収するにあたっては，様々な規制という障壁が立ちはだかった。それを克服するためにも，ノリリスク・ニッケルの中核的な株主たちは自身の所有権を開示するなど企業の透明性を高める努力をし，改善を見た（Semenenko［2003］）。

　金の生産についても進展があった。ノリリスク・ニッケルはロシアの産金企業であるポーリュスを吸収し，2002 年にはロシア最大の金生産を誇るまでにいたった。さらに，ロシアの金鉱山会社であるレンゾーロトやマトローソフ鉱山会社といった企業も買収し，2005 年にはノリリスク・ニッケルの産金部門を分離させ，新会社ポーリュス・ゴールドが設立された（Rozhkova［2006］）。

　ノリリスク・ニッケルは，2004 年時点で世界のニッケル生産の 19.2 ％ を占める，ニッケル採掘・生産で世界最大の企業となった（図 4-15 参照）。また，パラジウムについては，全世界の半数近い生産量を誇る世界最大の企業でもある[67]。ノリリスク・ニッケルはプラチナおよび銅の生産では全世界で十指に入

---

66) その後，ノリリスク・ニッケルの企業戦略の変化もあり 2010 年にスティルウォーター・マイニングを手放すことになる。

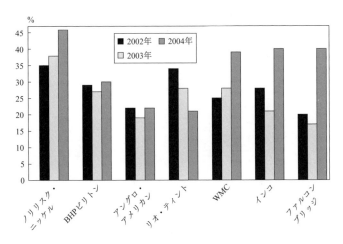

図 4-16 ノリリスク・ニッケルの躍進（EBITDA マージン）（2002〜04 年）
出所）ノリリスク・ニッケルのウェブサイト（http://www.norinick.ru）。

り，またロシア最大の産金企業となった結果，鉱山会社としての注目度や収益においても世界最大級となった。

　当時の金属市場の追い風もあって，ノリリスク・ニッケルは良好な財務結果を達成した。同社は，2002 年および 2003 年には世界基準を上回る EBITDA（金利・税金・償却前利益）マージンによって，業界における抜群の収益性を誇った（図 4-16 参照）。さらに，同社所有の鉱床は世界有数の経済的に魅力あるものに含まれている。ノリリスク・ニッケルの既存の硫化物鉱床の埋蔵鉱量は，追加の鉱脈開発がなくとも 40 年間の採掘が可能と見積もられた（Brunswick UBS［2002］146）。2005 年の同社の取りまとめによれば，ノリリスク・ニッケルは，ロシアの輸出の 3.2％ 超を占め，その生産は GDP の 0.5％ に相当するという[68]。

　このように，2000 年代半ばまでにノリリスク・ニッケルは世界的な鉱山・

---

67) 2004 年時点で，第 2 位はアングロ・プラチナ（18.9％），以下，インパラ・プラチナ（8.2％），ロンミン（6.1％）と続いた。

68) ノリリスク・ニッケルのウェブサイト（http://www.nornik.ru/investor/presentations，2007 年 11 月 9 日閲覧）。

冶金業におけるプレーヤーとなり，世界規模のビジネスを展開するまでに成長したのであった。

おわりに

　本章では，エリツィン時代に台頭した代表的な新興財閥の成長を，ホドルコフスキーのユーコス，デリパスカのルサール，そしてポターニンのノリリスク・ニッケルという3事例について，第I部で示した理論的枠組みをもとにして分析した。エリツィン時代を通じ，企業のガバナンスにおける欠陥，特に株主の権利を侵害する手法として批判を受けたインフォーマルなビジネス慣行は，ロシアのコーポレート・ガバナンスに関する研究で広く取り上げられた。本章では，その「問題」とされる現象が，民営化されたロシア企業がソ連型企業から市場経済に適合した資本主義企業に転換される企業組織再編過程においてある一定の役割を果たしたことを示した。

　次に第III部では，プーチン時代におけるロシア企業の発展メカニズムを考察する。本章で取り上げた企業も含め，どのように展開をしていくのか，エリツィン時代とは様相を異にする企業システムの歩みとその仕組みを明らかにしていく。

第 III 部
ロシア型国家資本主義の台頭

第5章
進む戦略的分野の国家主導

はじめに

　ロシア経済における天然資源セクターの役割は大きい。そのため，戦略的とみなされる資源の開発と発展に直接関係する国家による資源管理体制の重要性には改めて注目する必要があるだろう。2000年に始動したプーチン政権下では，石油産業を中心にエリツィン時代の企業民営化の流れを見直し，資源産業への国家の介入を強化する傾向が強まった。

　プーチン大統領退任直前，つまりドミトリー・メドヴェージェフ大統領就任直前の2008年4月，ロシアの主要産業政策の一環として次の2つの法律が新たに施行された。一つは，地下資源を保有する国家と，地下資源を利用する企業との関係を規定する「地下資源法」の改正である[1]。もう一つは，資源産業など，国家によって指定された「戦略的分野」への外資参入を制限する「戦略産業法」である。資源産業における国家・企業間関係を規定する新たな制度となるこれら2法は，相互に密接な関連を持っている。また，法案審議の過程で様々な政治・経済的行動主体の意見が対立し，それが主たる要因となって法案成立にはそれぞれ6年，3年と長い時間を要した。このような法施行の背景にある制度改革過程の分析，さらには新制度運用状況の分析は，現下のロシアにおける国家と企業との関係を理解するために資すると考えられる。そこで本章では，この動きを詳しく見ていくことにする。

---

1) 地下資源法改革の背景や動きについては，Tompson [2005c]，Skyner [2006]，Adachi [2009]，Fortescue [2009] を参照。

1 資源開発における国家と企業

1）地下資源の利用と開発

　ロシアにおける資源産業の国家・企業間関係を規定する軸となる法令は地下資源法である。同法は，石油，天然ガス，鉱物資源（ダイヤモンド，ウラン，金，銅やその他）の開発に際しての基本的な法的枠組みとして1992年に制定された[2]。これによって，鉱物資源の探査・開発・生産のためのライセンス（許可）制，すなわち地下資源利用者の権利の割当てと行使が法令によって規定され，ライセンスを当局から取得した者のみが地下資源の利用・開発ができる，という考え方が導入されることになった。この法律は，ロシアの石油・ガス企業など，資源採掘関連会社の活動に法的基盤を与えるものであった。

　2000年にロシアの大統領に就任したプーチンは，ロシア経済の重要部門に関わる地下資源利用・開発の制度改革に着手した。1992年制定の地下資源法は，ロシア連邦民法典が制定された1995年より以前，つまり，市場経済を機能させる上で鍵となる立法上の枠組みが完全には確立されていないときから存在していた。この地下資源法は1995年に大幅改正されたものの，地下資源利用・開発に関する法的枠組みが時代遅れになっていること，そして鉱物資源開発への大規模投資を容易にするためにも法的枠組みの大幅な見直しと改革が必要であることが指摘されていた（IEP［2005］，Kriukov［2006］）。

　そこで，政府は新地下資源法の制定を目指すことにした。新地下資源法案の作成は2000年代前半から進行していたが，ロシア連邦議会の下院に法案がようやく提出されたのは，2005年中頃のことだった。新地下資源法案は，既存の行政的なライセンス制から，国家と地下資源利用者との間の民法上の協定に基づく契約制へと制度転換を図るものだった。こうすることで，地下資源を所有する国家と，主に企業である地下資源利用者との双方の財産権をより明確にし，それが双方の権利保護につながることが期待されたのである（Tompson

---

2）1992年2月21日付連邦法「地下資源について」（No. 2395-1）。

[2005c], Skyner [2006], Adachi [2009]）。

　しかし，法案審議は難航した。下院で第一読会が予定されていた日の直前に法案が撤回され，ひとまず2～3週間の延期が発表されたのである。ところが2～3年経っても，新しい法案の運命は定かにならなかった。動きがあったのは，プーチン大統領第一次政権（2000～08年）の第二期（2004～08年）の終わりになってからだった。ただし，新法案は採択されることなく，現行法を改訂することで落ち着いた。新地下資源法制定の動きは停止してしまったのである。

　プーチン政権が抜本的改革として優先目標として掲げていた新たな地下資源法制定は，なぜ実現しなかったのだろうか。本節では，プーチン時代になって，連邦政府が産業界への支配力を強化する一方で，政府のコントロールが実際は一枚岩でなかった点や，国営企業の影響力が制度改革過程や政策決定過程に及ぼした作用がこの問いに答える鍵であることを以下に示す。

2）改革の必要性

　プーチンが大統領に就任した2000年当時，ロシア政府は国益と密接に関わる鉱物資源開発の長期的見通しに関心を持っていた。天然資源セクターへの1990年代の投資不足を挽回して，より多くの投資を引きつける必要性を当局は痛感していたのである。特に，既存のライセンス制には危機感を募らせていた（Dmitriev [2004]）。鉱床のさらなる調査と新たな商業開発を促進するのに効果的ではなかったからである。

　既存のシステムには次のような欠陥があった。まず，地下資源法によって規制されるライセンス制は，地下資源利用者の義務についての明確な定義を欠いていた。そして，ライセンスの解除や終了に関わる正確な仕組みが欠落していた。そこで，ライセンス制を根本的に改善するためにも，新たに地下資源法を制定する必要があるとの認識が当局者間で広がった。

　ライセンス制を司るのはロシア連邦天然資源省（2008年にロシア連邦天然資源・環境省に改称）である。地下資源開発に際しライセンスは不可欠であったが，ソ連解体直後の1992年から96年までの期間に認可されたライセンスは，厳密な手続きを経ずに出されていたことが，明らかになっている（Kornysheva

[2002])。序章でも述べたように 1990 年代のロシア国家の行政能力は全般的に弱く，多くのライセンスは単にソ連時代からの生産許可証を新生ロシアのライセンスに変換させたものにすぎなかった（Kryukov and Moe［2007］）。1992 年の地下資源法が，原則として入札などで地下資源の利用権を供与するライセンス制を導入したにもかかわらず，国家所有の石油・ガス資源の鉱床の 6 割以上は，入札または競売なしで，無料で企業に与えられてしまったという（Kornysheva［2002］）。供与されたライセンスのうち，1992～95 年に出されたものの 4 割は，その内容が実質的に「空っぽ」であった（Interfax［2004］）。ライセンスを取得する引き換えとしての現実的な要求や義務が何ら求められなかったからである。例えば，地下資源利用について，探査開始日や開発目標あるいは期日といった作業の予定を示す全般的プログラムの提示などが，ライセンスの必要条件になっていなかった。したがって，たとえ政府がライセンス保持（取得）者の仕事の進展に不満でライセンスを撤回したくとも，十分な法的根拠を欠くことがあった（Kimel'man et al.［2001］, Interfax［2004］)[3]。

　ライセンスの内容が実質的に中身の薄いもので，実現するのが難しいことがある一方で，それとは逆に，要求が詳細にわたりすぎることによって，遂行が非現実的になるライセンスも存在した。例えば，達成が難しいソ連時代の伝統に基づいた社会的インフラストラクチャーの整備を要求するものもあった（Dmitriev［2004］）。この種の，実現が不可能なほど詳細な仕様のライセンスは，当局側にとっては地下資源利用者である企業に対するライセンスを取り消す根拠にすることができた。

　石油会社は油田ごとにライセンス協定を政府と結ぶ。例えば，締結したライセンス協定に規定されていた数量の生産を達成できなかった場合，石油会社が修正申請をし，それを政府が認めるケースが慣例となっているという。しかし，政府と良好な関係にない会社には申請が認められず，協定違反としてライセン

---

[3]）石油分野のライセンス協定に関しては，多くの場合生産量に関する規定が存在しないことを天然資源省も認めている。地下資源の現行ライセンスは全部で石油・天然ガス・その他の鉱物資源を含めて 1 万 6,000 くらいといわれているが，ライセンスの遂行状況に関する情報を管轄官庁側が把握しきれていなかった（Interfax［2004］）。

スを取り上げてしまうことも可能なのである（坂口他 [2008]）。つまり，既存のライセンス制は，当局にいつ何時でもライセンスを撤回する自由裁量を与えていた（Kornysheva [2004b]）。これは，企業側にとっては大きな不安材料であった。場合によっては，当局側が，地下資源開発を促進させるため，未利用の鉱床のライセンス保持者にライセンス撤回の可能性をほのめかすことによってプレッシャーをかけるという行為も見られた（Tompson [2005c], Busheva et al. [2004], Reznik and Tutushkin [2003]）。

このように，ライセンス保持者の観点からすると，ライセンスをいつ取り上げられるかわからないというリスクが存在した。現行のライセンス制は安全な財産権をライセンス利用者に与えてはいなかったのである。

反対に，政府の立場からすると，既存の体制が国家の財産権を保護しているとはみなさなかった。当局がライセンスを寛大に与えているのにもかかわらず，その見返りに事業者からは特に何も受け取っていない，という認識を持っていたからである（Interfax [2004]）。政府にしてみれば，鉱物資源関連企業は，自らがライセンスを保持しているという事実が市場価値を高め，そのおかげで株価も上昇し，企業価値の向上という恩恵を受けているとの認識が強かったのである。

政府は，ライセンス保持者が資源を効果的に利用しておらず，探査，採掘や開発にもっと投資をするべきとの考えを持つようになった。また，当局はロシアの民間会社の地下資源利用・開発状況に対して不満を抱いていた。2005年の報告では，石油・天然ガス資源のうち，前者は92％，後者は83％が，すでに長期ライセンスが政府から利用者へと供与されていたという。そのため，政府は，新たな鉱区ライセンスの供与をちらつかせることによって企業へ影響力を及ぼすという切り札があまり残されていなかったことになる（IEP [2005]）。

企業にしてみれば，探鉱・開発が切迫した課題でなくなる事情があった。例えば，地下資源利用者が探鉱に投資し鉱床が首尾よく見つかったとしても，現行のライセンス制の仕組みでは，彼ら鉱床発見者がその鉱床を自ら開発してよいとする権利が保証されていなかったからである（Ahrend and Tompson [2006]）。さらに，全般的に財産権に対する信頼性が欠如していたため，企業家の計画対

象期間となる時間軸は短く短期的思考に走り，それも投資に対するインセンティブに影響した（*Kommersant*, 24 December 2003）。

3）資源利用・開発の制度改革における争点

プーチン政権は，このような地下資源管理に関する法的枠組みと諸慣行，特に現行のライセンス制の欠点に対処し，次世代の鉱物資源探鉱への投資を促進するために，地下資源利用・開発制度の改革の必要性を認識していた。改革が必要ということに異論の余地はなかった。問題は，どのように改革するかということだった。地下資源法の改革の過程では，資源の国家管理を明確化するために以下の3つの争点があった（Adachi［2009］）。

①地方 vs 中央

1992年地下資源法では，その後の1995年の生産物分与法制定を踏まえた改正により，連邦政府と地方（連邦構成主体）政府の双方に地下資源開発・利用ライセンスの交付権限を与えた[4]。それは，どの鉱区をライセンスの対象とするかを選択する権限と，実際に交付をする権限との両方であった。中央と地方双方の同意のもとに地下資源規制が行われることになり，連邦政府が第一番目の鍵を開け，地方政府が第二番目の鍵を開けることによってはじめて地下資源開発が可能になるというものであった。これは「二重鍵原則」と呼ばれる。

地方政府の関与を認めた二重鍵原則は，地方に対する中央政府の妥協の産物であり，それは当時のロシアの政治状況を反映していた。当時エリツィン政権は安定的な政治基盤を持っていなかった。そのため，二重鍵原則は，エリツィン政権が地方からの支持を取り付けることを目的にした連邦構成主体に対する譲歩の側面があった（Tompson［2005c］）。エリツィン時代，地方と中央の政治的闘争は激化しており，天然資源に対するコントロールの問題について，地方政府は全般的に連邦政府と対立していた。実際，地下資源法が1992年に制定

---

[4] 小田［2015］367によると「1992年に制定された現行の地下資源法の直接の起源は，1976年のソビエト連邦地下資源法の基本原理と，これに従って制定されたロシア社会主義連邦共和国地下資源法である」としている。また，「二重鍵原則」を導入したのは，1995年制定の生産物分与法であるとしている。

される数週間前に，いくつかの連邦構成主体が，連邦法と張り合うような地下資源法典を制定するまでにいたったという（Watson [1996] 453）。

エリツィン政権が退陣したあとのプーチン政権は，二重鍵原則の撤廃へと動いた。そこには，強い国家権力の実現のため「権力の垂直性」を強化するプーチン政権の基本方針があった。プーチン大統領は，権力基盤を中央集権的にし，垂直統治が行える政治体制づくりを行った。そのため，連邦機関の垂直の命令系統をまとめなければならなかった。ロシアに7つの連邦管区を創設したり，連邦会議（上院）を改革したりという政治改革もその一環だった。徴税にしても，税収の再配分比率を見直し，連邦政府に有利な形をとった。中央集権化を通じ，エリツィン時代に手に負えなくなった地方の力を削減する効果も期待された[5]。

プーチン政権は，新しい鉱区の開発を促すためには，ライセンス権限についても中央集約化が必要とみなした。実際，連邦当局は，ある一部の地方当局が故意にライセンスの承認を阻止することによって，新たな油田開発が妨害されてしまっているという問題点を指摘した。天然資源省は，ロシア北部で最も大きな油田の一つであるティマンペチョラ地域でのライセンス承認を，ネネツ自治管区知事のウラジーミル・ブトフが阻止するつもりでいると非難していた（Dmitriev [2004]）。このような状況から，二重鍵原則の撤廃へ向けて拍車がかかっていった。

②ライセンス制（行政法）vs 契約制（民法）

新地下資源法を制定する動きが活発化してきたのは，プーチン政権になってほどない2002年頃からである。新法の特徴として強調されていたのは，従来の行政法に基づくライセンス制から民法に基づく契約制への移行による地下資源利用・開発制度の「近代化」であった。前者は，当局が恣意的に事業者にライセンスを供与したり剝奪したりすることが可能という一方的な関係に基づいている制度であるのに対し，当局と地下資源利用者（企業）双方が契約の当事者となる契約制は，より透明性が高く，投資環境の改善にもつながると期待された。

5）プーチン就任直後の連邦制改革について，邦語では例えば溝口 [2004] を参照。

新しい制度への移行を推進する基礎となった考えは，地下資源利用の権利供与や利用規則に関して，国家と企業との間に，より安定的で透明性の高いルールを確立し，双方の権利と責任を明確化することだった。上述のように，行政的許認可制が国家の一層の自由裁量を許してしまう可能性があるのに対し，契約制は国家と地下資源利用者としての企業との関係が法のもとでより平等な契約当事者となるので，関係が一方的になるのを防ぐ効果がある。そのような制度では，特に国家と地下資源利用者との紛争解決の場において，司法制度が大きな役割を果たすことが期待される（Tompson［2005c］，Skyner［2006］）。

　プーチン大統領自身，地下資源利用・開発制度におけるパラダイムの転換が必要だと考えていたようである。2004年，毎年大統領が所信表明をする連邦会議での演説の際，地下資源法に言及するだけでなく，以下の発言をした。

> 我々は，行政的なライセンス制から完全な契約制へ移行する必要がある——国家と企業家の双方に対する権利と責任が明確に規定された契約に基づく制度へと。我々は，この（国家と企業家の）関係性に，予見可能性と安定性を確保しなければならない。（Putin［2004］）

加えて，プーチンは，地下資源を利用する権利を企業に与える手順として，競売の使用を主唱した。彼は次のように続けた。

> 我々は，地下資源へのアクセスに関し，例えば競売を利用するなどして，透明性が高く，不正のない状況を用意しなければならない。天然資源を利用するための効果的な制度も作らなければならない。（Putin［2004］）

権利を付与するにあたり，オープンな競売のほうが，入札よりも腐敗の傾向が少ないとみなされている（Dmitriev［2004］）。なぜなら入札の場合は，入札者の入札内容を見ることによって当局側に何らかの恣意的判断をする余地を与えることがあるが，競売の場合は，「勝者」である落札者は一番高額なオファーを出した参加者となり，決定の過程がわかりやすいからである。

　プーチン大統領の在職中（第一次：2000〜08年）は，想定されたような地下資源利用体制への移行は実現しなかった。しかし，改革の方向性としては，財

産権を重んじる契約制の導入と，原則として競売を使うという方針が示されたことは確かである。これは，ロシアの制度的不備を解決し，必要とされていた鉱物資源開発への投資を促進する目的にかなう動きであった。

③政府 vs 外資

特に第一次プーチン政権の二期目の間（2004～08 年），ロシアの鉱物資源への外資のアクセス制限が主要議論の一つとなった。背景には，石油やその他商品（コモディティ）の世界的価格が上昇したことがあった。政策の主な関心が，いかにロシアの鉱物資源への国家管理を強化するか，そして，いかに外資や非国営の企業による国家資源の利用を制限するかに移っていったのである。そこで浮上してきたのが，戦略的意義を持つ地下資源である「戦略的鉱床」の定義づけへの動きだった。地下資源法は外国投資家の参加を許可していたが，どの程度の参加が可能なのか，明確なルールが存在したわけではなかった。定義づけ作業の基本的な考え方は，資源の埋蔵量が一定量を超える鉱床を，「連邦的に重要な戦略的鉱床」として位置づけ，それら鉱床の開発への外資参入に対して，制限を設けようというものだった。

かくして，戦略的鉱床の定義を明確にし，地下資源利用への外資の参入をどこまで許容するかをはっきりさせることが，新地下資源法制定の争点となった。当初戦略的鉱床に該当するといわれていたのは，石油鉱床の場合は埋蔵量が1億 5,000 万トン以上，天然ガス鉱床の場合は埋蔵量が 1 兆立方メートル以上，金は 700 トン，そして銅の場合は 1000 万トンであった。その結果，外資の参加が制限される戦略鉱床は，イルクーツク州のスホイ・ログ金鉱床（埋蔵量 1,029 トンで，ユーラシア最大といわれる），チタ地方のウドカン銅鉱床，ネネツ自治管区ティマンペチョラ地域のロマン・トレブス鉱床とアナトリー・チトフ鉱床，そしてヤクート共和国のチャヤンダ鉱区などの代表的な五，六の鉱床に限られていた（Rebrov and Gribach ［2005］）。

しかしその後，戦略的鉱床の定義基準は大幅に引き下げられた。例えば，石油鉱床の場合，7000 万トンに引き下げられ，天然ガス鉱床は 500 億立方メートルに，そして金は 700 トンから 50 トンに，また，銅は 1000 万トンから 50 万トンにまで下げられた（Gorshkova ［2006］）（表 5-1 を参照）。

表 5-1 戦略的鉱床（定義基準の変更）（2005〜06 年）

	埋蔵量（定義基準引き下げ後）	埋 蔵 量
石油	7000 万トン以上	1 億 5000 万トン以上
天然ガス	500 億立方メートル	1 兆立方メートル以上
金	50 トン	700 トン
銅	50 万トン	1000 万トン

　戦略的鉱床の基準が下がったことにより，外資の参加が制限される戦略鉱床は約 70 と大幅に増加することになった。また，この戦略的鉱床についての定義の変更には，後に示すように，ガスプロムなど国有企業の意向が反映されていると考えられている。

　さらに，戦略的鉱床の定義を新地下資源法に盛り込む動きと関連して，政府は「戦略的分野」への外国投資を制限する法律の制定も目指すことになった。「戦略産業法」とも呼ばれるこの法案は，ロシア経済における「戦略的分野」を定義し，その分野で事業に携わる企業への外国企業からの出資を 50％ 未満に制限するものである（Pomeranz [2010], Gati [2008]）。次節で詳述するように，軍需や原子力産業や石油・天然ガスなどの地下資源の開発などが戦略的分野とみなされた。2005 年中に成立が目指されていたこの法案にも，遅れが生じた。法制定作業はヴィクトル・フリステンコ大臣を筆頭に産業エネルギー省が中心となっていたが，関係省庁である天然資源省，連邦保安庁（FSB）などとの調整が法案作成遅延の原因の一つとなった。また，もともと 2005 年当初の計画としては，ロシア政府は新地下資源法と戦略産業法の 2 つの新しい法案をセットにして下院に提出する予定であった。新地下資源法成立の遅延には，戦略的分野への外国投資に関する法案作成の遅れも影響した。このように，地下資源法は，戦略的分野への外資参入に対する問題と密接に絡み合っていたのである。

2 資源の国家管理をめぐる利害関心

1) 一枚岩でない「国家」と産業界の動き

　ここで，地下資源の利用とその国家管理に関わる主要な行動主体の動きを整理する。改革の進行を形作っている主役は，国家と企業である。しかし「国家」といっても一枚岩ではない。国家側も企業側も，双方ともそれぞれに多種多様な行動主体が，それぞれに違った利益を代表していた。国家──すなわち大統領府・政府ならびにそれを構成する天然資源省・経済発展貿易省（2008年に経済発展省に改称）・産業エネルギー省・連邦保安庁などの省庁やその部局──および企業，とりわけロシアの民間企業・国営企業・外資系企業，といったそれぞれのアクターが，二重鍵原則の撤廃，契約制への移行や外資制限などの争点に対して，どのような立場をとっていたのであろうか。国家機関と企業が持つ様々なモチベーションについての考察が必要だろう。

　①大統領府，政府（省庁）の関心

　まず，大統領府は，中央集権化を進める中で地方政府や実業界に対する全般的な影響力強化をはかっていた。その目的を達成するためにも，国家の鉱物資源管理を改善させる地下資源法改革の必要性は大きいと考えていた。2001年に，大統領府の主要統制部が現行のライセンス制に関する調査を行った。その結果は，関係省庁の活動がロシアの鉱物資源の開発に向けて効果的な成果をもたらしていないという評価であった（*Nezavisimaia gazeta*, 21 November 2001）。そして2002年前半，プーチン大統領自らがより効果的な国家の地下資源利用と開発の仕組みを確立しなければならないと主張するようになる（Vasil'chenko [2002]）。

　新法制定作業のイニシアチブをとったのは，2002年当時大統領府副長官であったドミトリー・コザークであったといわれている。コザーク率いるクレムリン（大統領府）の委員会（通称コザーク委員会）によって，改革の重大な提案が2002年7月になされた。コザーク委員会は連邦政府と地方（連邦構成主体）の間での権限分割に関わる問題の責任者だった。地下資源法に関しては，同委

員会は二重鍵原則の廃止を提案した。

さらに，既存のライセンス制に代えて，契約に基づいたいわゆるコンセッション方式を導入することを同委員会は提唱した（Stoliarov [2002b], Kaliukov and Litvinov [2002]）。現行の制度下では，地下資源は国家の所有財産であり，政府がライセンスを地下資源利用者（企業）に与える。そこから抽出された資源は，いったんライセンスが付与されると，その地下資源利用者の所有財産となる。しかし，コザーク委員会の提案は，地下資源は，抽出後も売られるまでは国家所有にしておくというものだった。そしてコンセッションを地下資源利用者に原価加算基準で提供しようという案であった（Helmer [2002]）。コザーク委員会のこの提案は，サンクトペテルブルク鉱山大学学長のウラジーミル・リトヴィネンコの助言に基づいていると伝えられている。リトヴィネンコは，プーチン大統領が1997年に準博士（カンディダート）学位取得論文を提出した際のアドバイザーである[6]。リトヴィネンコは現行のライセンス制には批判的で，プーチンにも地下資源の利用と開発に関する助言をし続けていたという（Helmer [2003]）。

コザーク委員会のこの提案は急進的とみなされ，撤回を余儀なくされた。しかし，この提案は地下資源利用・開発全般と地下資源利用者に対して，より厳しい姿勢をとるというクレムリンの態度を反映していた。特に政権は，石油価格高騰により資金力を蓄えていたロシアの民間石油会社から，ライセンス保持者として企業に課されている地下資源利用・開発に関する義務と責任をより強く追求し徹底していくことと，より多くのレントを引き出すことに関心があった（Stoliarov [2002a], Nikol'skii and Shcherbakova [2002]）。

省庁の中で，地下資源法改革に携わっていた中心的な機関は，ライセンス制を全般に管轄する天然資源省だった。同省は，ライセンスに対するより一層厳しいモニタリングを通して，その内容が地下資源利用者によって適切に順守されているかをチェックする体制を強化することに意欲的だった。

地下資源法の改革の必要性を認めていた当時のヴィターリー・アルチューホ

6）プーチンのカンディダート論文については，邦語では木村 [2008] に詳しい。

フ天然資源大臣は,「地下資源法典」の草案作りに着手し, 2002年には法案を用意した (Borozdina [2003])。当時, 天然資源省は従来のライセンス制を温存したがっていたので, アルチューホフの法案では契約制への移行ではなく, ライセンス制によって同省が権限を手放すことのないように工夫が施されていた。一部の議会議員らの協力もあって作成された同法案は, 基本的に現状維持の色合いが濃く, ライセンス制の思い切った改革を含まない表面的な案だった。二重鍵原則については, ライセンス供与に対するコントロールが中央に集中することから, 第二番目の鍵を撤廃するという方針を提唱した (Borozdina [2003])。

天然資源省の他に, 経済発展貿易省も新地下資源法の草案づくりにとりかかっていた。アルチューホフ率いる天然資源省が従来のライセンス制継続を主張したのに対し, 経済発展貿易省は, コザーク委員会と考えを同じくし, 契約制への完全移行を主張した (Rybal'chenko [2004], Pleshanova [2003])。経済発展貿易省を率いていたのはゲルマン・グレフ大臣であった。経済に対してリベラルなアプローチで知られる人物である。経済発展貿易省は, 経済改革に関わる法案を中心的に手がけ, 資源分野では, 資源国政府と外国企業との契約で資源開発が促進される方式の一つである生産物分与協定 (PSA)(第6章を参照) を管轄する官庁だった。コザーク委員会からライセンスをコンセッションに入れ替えようという提案があったとき, 経済発展貿易省は「コンセッション協定について」という連邦法を準備することになった (Shokhina [2002])。このように, 同省は, 行政的ライセンス制でなく契約制の地下資源利用・開発制度へと転換させる上で役割を担っていた。

以上のように複数の省庁間で意見の相違があったのに加え, 同一省内でさえ意見集約は難しかった。それは大臣の交替によっても影響を受けた。2004年, アルチューホフに代わり, ユーリー・トルートネフ前ペルミ州知事が天然資源大臣に任命された。石油産業のバックグラウンドを持つため石油問題に詳しく, グレフに近いという話も伝えられた。ロシアの民間石油会社, 特にルクオイル社長のヴァギト・アレクペロフは, トルートネフ就任を支持していた (V'iunova [2004])。前任者とちがって契約制を支持した。トルートネフが大臣に就任した後, 地下資源法改革は天然資源省管轄へと移された。

エネルギー省の存在も忘れてはならないだろう。エネルギー資源の開発を担当する同省が，かつて，地下資源管理の統括を天然資源省から引き継ごうとしたことがあった（Melikova [2001]）。2003年に政府の承認を得て発表された「2020年のエネルギー戦略」で，エネルギー省はアジア太平洋地域へのエネルギー輸出の増大を予見した。それは，東部シベリアや極東など，新たに開発される地域の大規模な石油・ガス田によって支えられることが前提だった。2004年に，エネルギー省は産業エネルギー省に改編され，前副首相だったフリステンコ大臣に率いられることになった。フリステンコは新しい地下資源法をサポートし，契約制の導入が，探鉱への投資を促すインセンティブになるだろうと主張した。同時に，地下資源利用・開発が国家の安全と関係する場合には，その権利を国営企業に移管するほうが望ましく適切である，との立場を示した（Bekker [2006a]）。これは外資の参入を必ずしも除外するというわけではなかった。そして，同省は，後述するように，外資のアクセスに関わる戦略的分野を定義する，戦略産業法作成の作業を任されることになった。

　二重鍵原則の問題については，ロシア政府は2つ目の鍵の廃止という姿勢で一致していた。2004年に，コザーク委員会が提示した連邦政府と地方との権限分割に関する改革案が連邦法として法制化された。この枠組みの中で地下資源法にも改正が盛り込まれ，二重鍵原則の撤廃が実現した[7]。この改正案は，特に大きな議論もなく下院を通過した。与党・統一ロシア党の過半数が改正案の支持にまわったからである[8]。こうして，ライセンス供与の手続きにおいて地方当局の許可は不要となったのであった[9]。

---

7) 二重鍵原則撤廃を定めたのは，2004年8月22日付連邦法「『「ロシア連邦構成主体の立法（代表制）及び行政機関の一般組織原則」及び「ロシア連邦地方自治体の一般組織原則」の改正について』の諸連邦法の採択に関わる，ロシア連邦諸法規の改正及び若干のロシア連邦諸法規の失効の承認について」（No.122-FZ），第13条。

8) 一方，上院議員と地方首長（知事）では意見が割れた。天然資源の豊富な地方の上院議員や知事は，二重鍵原則撤廃に反対した。なぜなら二重鍵原則は，天然資源を有する地域の議員や首長たちに，影響力を授けてくれる手段だったからである。逆に天然資源が豊富とはいえない地域の上院議員や知事は，撤廃に賛成だった（Enukov et al. [2001]）。

9) 改正案は，鉱物資源開発のライセンス交付についても新たなルールを定めた。ライセ

②企業（国営・民間・外資）の関心

　以上，国家機関を中心に見てきたが，実業界からの関与はどうだったのだろうか。ロシア企業は，ライセンスの内容が非現実的で実行が不可能であるとの不満を持っていたため，ライセンス制の再検討につながると見られた地下資源利用・開発の制度改革を全般的に支持していた (Koksharov [2002])。しかし，彼らは，既存のライセンス制をコンセッション方式へと転換しようという，コザーク委員会の提案には賛成できなかった (Stoliarov [2002b], Kaliukov and Litvinov [2002])。理由は，コンセッション方式の導入は追加的に「コンセッション手数料」がかかり，それは投資家の負担の増加を意味し，商業的にも魅力がなくなるからであった (Konoplianik [2002b])。

　本質的には，コザーク委員会提案は，国家と企業の関係をより「文明化」した形の関係にしていくことによって，企業（投資家）に財産権の安定と良い投資環境を約束しようする試みであった。しかし，それは企業にとって対価を伴った。民営化の結果，資源セクターの企業が潜在的市場価格に比べればごくわずかな額で民間の手に渡ったという批判については，第3章で述べた。それを踏まえたコザーク委員会の提案は，1990年代の民営化プロセスで国家が「失った」ものを民間企業から取り戻す試みであるとみなされたのである (Stoliarov [2002a], Konoplianik [2002a])。そのため，コザーク委員会の提案に対し，民間企業，特に石油会社は警戒心をあらわにした。民間石油会社の権利が侵害されるかもしれないとの恐れから，ユーコスとTNK（チュメニ石油会社）の社長は，抗議し反対意見を主張するためコザークに面会している (Stoliarov [2002b], Rybal'chenko [2002])。

　二重鍵原則の撤廃に関しては，乗り気ではないロシア企業もあった。ロシア企業は地方当局と良い関係を築き上げ，その関係を保つためにそれなりの投資をしてきたからである。ロシアにおいて地方政府と良好な関係を保つことは，

ンス交付は，連邦当局が設置する入札あるいは競売の委員会の決定に基づく。委員会には地方の代表も含まれている。そうすることで，連邦構成主体も決定過程に含まれた。しかし，地方の代表が何人委員会に入れるかなどの規定は存在しなかった (Tompson [2005c], White & Case [2005b])。

ビジネス上の成功の秘訣である（Koksharov［2002］）。場合によっては，大企業の中には，地方選挙に影響を与えるなど地方政治に積極的な参加をする場合もあったし，会社の幹部や役員が地方の議員として選出されることもあった（Tompson［2005c］5）。また，二重鍵原則は，外国企業に比べロシア企業に有利に働いた。地方当局との関係は，地方に根ざすロシア企業よりも，外国企業のほうが密な関係を築くのが難しかったからである（Koksharov［2002］）。

　その一方で，外資系企業にとって二重鍵の撤廃は，直面していた資源セクターへの参入障壁を下げた。単に鍵が一つ少なくなったからである。さらに，新しく契約制に移行すれば，投資環境の透明性がより高く安定したものになると期待された。外国企業にとって，外資の参入を実質的に制限するような戦略的鉱床の設定には歓迎できなかったが，どの鉱床なら参入できるのかという「ゲームのルール」がクリアになるという限りにおいて，許容できるものだった（Konovalov［2006］）。

　では，国営石油・ガス企業の立場はどうだったのだろうか。ガスプロムと国営石油会社ロスネフチの 2 社は，特権的な地位を得ることを望んでいた。国で最も大規模で有望な鉱床を，外資を含め外部との競争をできるだけ経験せずに得ることを希望した（*Neftegazovaia vertikal'*, No. 9-10, 2006）。よって，国営企業にとって，地下資源の利用と開発において，すべての企業が対等な立場という平等な競争条件を作り出すことに積極的な関心はなかったといえる。

2）政策方針の「振り子」と国家と企業の相互作用

　以上の考察を踏まえ，資源管理体制の改革に遅れが生じた理由について本項で整理してみたい。特に，プーチン政権の政策や方針が次に述べるように国家資本主義的な方向に動く中で，大統領府，政府，省庁など国家機関と資源企業がどのように影響を及ぼし合っていたか，その相互作用を軸に分析する。

①プーチン政権の優先事項のシフト

　2000 年からの第一次プーチン政権の 8 年間，地下資源管理体制改革の方針に対するクレムリンの政策優先事項は，ずっとブレずに一定であったわけではなかった。プーチンが権力を握った頃の力点は，石油とガス産業へより多くの

投資を引きつけることにあった。それは，企業・政府双方にとって有益な環境を作ることが主たる目的であり，そのために，投資環境を整備する制度改革の必要性を強調していた。プーチン政権が地下資源法改革に乗り出したのはその時期である。1990年代来のロシアの司法制度改革は継続しており，地下資源利用の行政的ライセンス制から契約制への転換は，政府の法制度改革の方向性にも沿うものだった。トルートネフは，天然資源大臣に任命された際，外国投資を引きつける重要性を強調し，新地下資源法の作成が天然資源大臣としての最優先課題であると宣言した (Bekker [2006b])。

同時に，政権はロシアの鉱物資源セクターに対する国家管理を強化することも目指していた (Balzer [2005][2006])。そのため，プーチンは石油・ガスセクターの重要性を説きながら，国家統制を強化すると同時に，外国投資家にとっての魅力の向上を狙っていたのだった (Olcott [2004] 26)。そこで，鉱物資源セクターへの外国投資重視か，あるいは国家統制の強化か，どちらにより重点を置くかが焦点となった。ロシア政府の石油・ガス部門への対外投資に関するこの「ためらい」が，1990年代の政策特徴であり，どちらの見解が支配的かは，時の政治と経済の状況に依存したという指摘がある (Heinrich et al. [2002])。この考え方は，何も1990年代だけでなく，プーチン時代（第一次：2000～08年）にもあてはまるだろう。プーチンの在任期間中，クレムリンはこの2つの立場の間で振り子運動をした。

プーチン政権下で顕著となった国内の資源企業に対する国家所有を通じた国家統制強化には，いくつかの効果があった。例えば，エリツィン時代に勢力を増したいわゆるオリガルヒと呼ばれるビジネス王たちの所有する企業グループに対する国家の支配を強化することができた。さらに，ロシアの地下資源利用・開発において，国営企業を優遇することができた。

国家コントロールの確立と拡張を狙った政権による一連の行動は，石油・ガスセクターで特に目立った。中でも最も重要な出来事の一つは，第6章で考察するユーコス事件である。これは，ユーコスへの追徴課税要求，社長ミハイル・ホドルコフスキーの逮捕，そして最終的な同社の解体と消滅をめぐる一連の出来事を指す。その他，国家コントロールの強化の動きとして象徴的なのは，

ユガンスクネフチェガス吸収後の国営ロスネフチの台頭，シブネフチ取得後の国営ガスプロムの拡張であろう。また，その他の出来事として，100％オール外資で運営されていた「サハリン2」プロジェクトへのガスプロムの参入と多数派支配権の獲得は，ロシアにおける「資源ナショナリズム」の高まりのあらわれとみなされた。

このような国家と企業との間の関係における政策方針や方向性は，後の章でも触れるように，「国家資本主義」と特徴づけられるようになった（Hanson [2007]，Aslund [2006]，Radygin [2004]）。国家資本主義的モデルには，明文化されたルールがあるわけではないが，次のような共通理解がある。すなわち，民間所有よりもむしろ国家所有を好む。大型プロジェクトについては，特に国営企業による支配権獲得を主張する。外国人投資家に関しては，「従順な少数派」の立場を保つなど，ある一定の限度内であれば，参入を歓迎するというものである（Aslund [2006]）。

当時の石油・ガスを中心とした資源価格高騰による資源ブームは，ロシア政府にとって，天然資源部門への投資を引きつけるための改革努力をするという優先度が下がり，その緊急性を失うことにつながった。放っておいても投資家は自ら資源セクターへの投資を魅力的とみなしてくれたからである。また，資源価格高騰の結果，ロシア政府や企業にとって，より多くの財源の確保が可能になった。そのため，ロシアにおける投資や経済に関わる制度環境はそのまま不変だったが，外的要因も手伝って，ロシア政府自体が改革努力をしないことで生じるコストが減少し，制度環境の改善に取り組むインセンティブが減ったのであった。

このようにして，時間とともに，政策方針の重点は，国営・政府系企業にとって有利な条件を作り出すことに向けられるようになった。それは，外国企業の地下資源へのアクセスを制限することを含んでいた。地下資源法改革の議論で，戦略的鉱床の定義に関する論議が重要度を増していた背景には，このことも反映している（Brookings Institution [2006]）。

そこで，政府にとって最も優遇する価値があると見られたのが，ガスプロムとロスネフチだった。大多数の石油とガス鉱区のライセンスがすでに利用者に

割り当てられているため、政府は、未割当ての中で最も大規模で最も利益をもたらす有望な鉱区の開発の権利をできるだけ保持し、外国企業でなくロシア企業に供与することを望んだ。東部シベリアとロシア極東部の新しい鉱床の開発は、これまで主な石油生産地域であった西シベリアで今後想定される生産の減少を補うことが期待されていた。そこでロシア政府は、東部シベリアと極東の石油・ガスの探査と開発に自ら干渉することで、大きな役割を担うことができるとみなした。国営のガスプロムとロスネフチは、今後予定される東シベリアの鉱床開発に関する競売において、ライセンスを供与される「最も望ましい候補」、つまり政府お気に入りの本命と考えられていたのであった (*Neftegazovaia vertikal'*, No. 9-10, 2006])。

もっともこの考え方は、プーチン政権が念頭に置いている、いわゆる「ナショナル・チャンピオン（国家的旗艦企業）」の創設とも合致するものだった。プーチンはかつて、ロシアが鉱物資源を中心に経済発展をしていくにあたり、西側の多国籍企業と対等に張り合える競争力のあるロシア企業の存在の重要性を示した。それは、国家の万全なるサポートを得て創設される大規模な企業グループのことである。その背景には、国家的旗艦企業を作り出すことで、国益を追うことがより容易になるとの考えがあった。国家の後押しをうけた大企業の機能の重要性を、プーチンは自らの論文で主張した (Balzer [2006] 51)。プーチンは前述のカンディダート学位取得論文から2年後の1999年に「ロシア経済発展の戦略における鉱物天然資源」と題する論文を学術誌 (*Zapiski gornogo instituta*) に発表しており、その中で石油・ガスを中心とした垂直統合型企業グループと国家の役割を強調している (Balzer [2005])。

②国家機関の動向

このような背景の中で、国家行政機関の利害調整が地下資源法改革へのブレーキの役割を果たした。政権の政策優先順位の揺らぎも手伝って、どの省が改革プロセスを主導するかが定まらないなど不確実な状況が続いた。複数の連邦省が新地下資源法作りに関係しており、いずれもが各省の利益を守りまた権益拡大を狙った。ロシアの地下資源管理体制の改革が、国家の資源管理において影響力を強化しようとする一枚岩でない「国家たち」の官僚的な縄張り争い

に巻き込まれたともいえるだろう。

　先に述べたように，天然資源省と経済発展貿易省は，最終的に前者が2004年に担当省となるまでは，それぞれ個別に新しい法律の起草に携わっていた。2002年秋に，各省とも政府に法案を提示したが政府は検討せず突き返した。当時のミハイル・カシヤノフ首相は，両省が協力して新地下資源法案作りに携わるよう，これらの省双方に作業を課した。そこで，2003年4月までに法案を完成させることが目標とされた。しかし，2省間の調整が難航してさらなる遅れを引き起こし，最終期限は2003年7月中旬までと延びた（Borozdina [2003]）。各省の新地下資源法へのアプローチは最初から異なっており，結果的に，2003年中に新しい地下資源法へ向けて天然資源省と経済発展貿易省は作業の手順についてお互いに合意に達することができなかった。当時のフリステンコ副首相は双方間の仲介役を任された。天然資源大臣であったアルチューホフが，この干渉を個人的に要請したといわれている（Simakov [2003]）。この間も法案作りは2つの省の間で行ったり来たりしたが，アルチューホフ率いる天然資源省は，いったん経済発展貿易省に主導権を譲った。それから後者はさらにいくつかの案を練った。しかし，2004年3月の行政改革・機構改革の影響もあり，これらの案については幅広い議論や討議が行われなかった（Subbotin [2004], Kornysheva [2004a]）。

　2004年3月の行政改革は，天然資源セクターにおける政府の監査機関・機構に変化をもたらした。それが，法案準備のさらなる遅れにつながった。地下資源法案を担当することになった天然資源省の管轄下に，連邦地下資源利用庁（ロスネドラ）と，連邦天然資源利用監督局（ロスプリロドナゾール）の2つの組織が創設された。地下資源利用庁は，ライセンスの交付とその利用状況を監督し，利用監督局は，地下資源に関わるライセンス活動に対する国家の統制の様子を監督することがそれぞれの役目となった（White & Case [2005a]）。

　地下資源利用・開発の制度改革の複雑さは，ライセンス内容に関する各省間，および省内間における意見の相違によっても増すことになった。例えば，ライセンスには特定の油田開発が要求されているのにもかかわらず，他の法令によって，実質その対象の油田の開発が禁止されている場合があった。当該油田

が特定の森林地帯と交差しており，森林法典によってその森林地帯での地質調査や開発が禁止されていたという事例であった（Khurbatov［2009］）。ロシアの森林資源も地下資源も，両方国家に属している。しかし，このケースでは，天然資源省の管轄下にある2つの組織，連邦地下資源利用庁と連邦天然資源利用監督局が，ある森林地帯における地下資源開発を許可するかしないかで，意見統一ができていなかったのである（Batutov［2009］）[10]。

トルートネフが大臣に就任して1年後の2005年4月になり，天然資源省は新地下資源法案を政府に提出した。その後6月17日にようやく政府は下院に提出した[11]。このときの法案は，地下資源利用を規定するために契約制を導入していた。また，原則として，腐敗や不正を減らすため，入札の代わりにオープンな競売によって開発の権利が付与されるとした。ただ，地下資源利用権についての明確な定義づけが十分でない，などいくつかの問題については，手つかずのままだった。よって，新地下資源法案は，法律学者によれば，民法と行政法の「妙な混成混合」だったという（Oda［2007］400, Ahrend and Tompson［2006］, Konovalov［2006］）。

第一読会は2005年11月2日に予定された。前日には，新地下資源法案は第一読会で下院議員の支持を得るだろう，と下院議長のボリス・グリズロフは発言していた（Kornysheva［2005a］）。ロシアでは，基本的に法案は下院（ドゥーマ）で3つ読会を経る必要がある（一部，4読会必要な予算案など例外もある）。その後，上院で承認され，大統領が署名して法律が制定される。下院での担当委員会である天然資源・資源利用委員会は，いくらか懸念はあったものの，第一読会通過を支持した。必要な修正があれば，第二，第三読会のプロセス中で加えればよいとの考えだった。しかし，第一読会の直前，天然資源省は，法案

---

10) 2009年2月に法改正があり，森林法典施行前にライセンスが供与されている場合に限り，そのライセンスが切れるまで，森林部の開発も認められることになった（Khurbatov［2009］）。

11) 改訂法案については，http://www.energypolicy.ru/files/Subsoil%20-law-Govt.17.06.2005.pdfにて閲覧可能。2005年6月に下院に提出する前の2004年11月，天然資源省によって草案が公開され，議会ヒアリングが下院で開催された。政府は検討の結果，全般的なコンセプトには賛同したが，天然資源省，経済発展貿易省，そしてエネルギー産業省の3省に，さらなる改訂作業を課した。

を下院から撤回した。そして，2～3週間の延期を申し出た（Kornysheva [2005b]）。

延期の表向きの理由は，先に言及した「戦略的鉱床」についての条項を法案に含めたいという天然資源省の意向があった。さらに，最終的に契約制に移行するための，段階的な地下資源利用に関する規制についても，追加措置が必要との判断だった（Granik and Kornysheva [2005]）。この延期は，新しい法案の行く末を不透明にし，結局，無期延期となってしまった。

天然資源省が新地下資源法案の枠組みの中で「戦略的鉱床」の概念規定を試みるのと時を同じくして，産業エネルギー省が戦略産業法の枠組みでいわゆる「戦略的分野」を規定する作業が並行した。契機になったのは，プーチン大統領が2005年に，連邦会議の演説で戦略産業法策定を立法的優先事項であると表明したことである（Putin [2005]）。主要な目的は，ロシアの戦略的分野への外国投資のルールを明確化したい，ということだった。この法案も，次節で詳しく考察するように，様々な国家機関の間で考えなどに相違があり，調整が難しかった。結局，制定まで3年かかった。当初，戦略産業法と地下資源法の双方の草案は，パッケージとして一緒に下院に提出される予定だった。しかし，2法は外資のアクセスの問題で互いに衝突した。天然資源省と産業エネルギー省は，戦略的鉱床で事業を行う企業の外国人所有をどのようにコントロールするかという点で合意形成ができなかった（Petrachkova and Bekker [2006]，Gudkov and Butrin [2006]）。

戦略産業法は，クレムリンの政策の，より一層の国家主義的な方向性を反映していた（Hanson [2007]）。これは，新地下資源法の基本となっていた契約制の導入など，よりリベラルなコンセプトとは明らかに食い違っていた（Tompson [2005c] 11）。結果として，戦略産業法を採択するという政権の一方の優先事項は，事実上，もう片方の優先事項であった新地下資源法と分離されてしまった。そして，最終的には，前者は採択されるが後者は日の目を見ることがなかった。また，懸案となっていた，「戦略的鉱床」の定義については，天然資源省でなく産業エネルギー省の監督のもと，戦略産業法の導入と現地下資源法改正というプロセスの中で実現することとなった。

③資源大手企業の影響力

それでは国営・政府系資源大手企業の動向とその利害はどうだろうか。地下資源管理体制の改革プロセスにおいて，ロシアの国営企業は，政府の意思決定に影響を及ぼすことが可能であった。先に述べたように，政府は，戦略的鉱床の正確な定義を取り入れるために，ロシア下院での検討から新地下資源法案を撤回した。天然資源省の意図は，数週間のうちに定義づけの作業が終わり，2005年中の採択へとつなげようということだった。しかし，プロセスは滞った。

この過程についてはいくらかの説明を要する。なぜなら，もし下院での承認前に政府によって再検討を必要としている主要な問題が，戦略的鉱床の定義を草案に加えるなどの技術的な性質のものだったならば，予定通り2〜3週のうちに解決できないことはなかっただろう。ましてや，法律を採択しようという強い政治的意志があったならば，問題は解決され立法上の手続きは進んだであろう。戦略的鉱床の定義など，若干の変更については，第二読会，第三読会でいずれにせよ必要とはなるだろうと，もともと予見されていたことである。したがって，新しい法律の採択にブレーキをかける何らか別の力や作用があったと仮定してもおかしいことではない。

実際，影響力のある石油・ガス大企業の利害に対して配慮しようとする傾向が，新たな法律採択への道を険しくした（Bekker［2006b］)。既存の体制は，ガスプロムやロスネフチなど国営企業が権益を維持するのに都合の悪いものでは決してなかった。自分たちの利益にかなうように，アドホックな操作を可能にしていたからである。よって，これら国営企業にとっては既存体制を変革することに大きな利点もなく，逆に大改革が利益に反してしまうかもしれなかった。そのため，改革へのモチベーションもなかった。とりわけ，ガスプロムやロスネフチは，地下資源利用・開発権の付与方法が入札から競売へと，より競争的になるという新しいルールに移行する前に，成し遂げたいと関心を抱いていることがあった。それは，ロシア東部の地下資源へのアクセス権やその他免税など優遇措置を取得すべく，なるべく政府から譲歩や合意を得ることだった。中でも，東シベリアの新たな鉱床開発におけるタックスホリデー（免税期間）の

導入や鉱物資源採掘税の差異化への動きは，国営石油・ガス会社のそのような関心を反映していた（*Neftegazovaia vertikal'*, No. 9-10, 2006）。

以下に示すように，ある特定の勢力は，外国企業を含むすべての投資家に対して魅力ある鉱床の利用・開発の権利を，できるだけ非競争的原則で国営企業が取得できるよう，取りはからいたいと考えていた。新地下資源法が想定する競売の導入は，より高い条件を提示するかもしれない非国営企業がそれら鉱床にアクセスする機会を増やす可能性があった。

このように，利害の方向性は一方通行ではなく，双方向だった。つまり，ロシア政府は外国企業やロシアの民間企業よりもむしろ国営企業による新しい鉱床の開発を支持した。同時に，なるべく優遇措置を得たい国営企業は，それを公式に可能にする法律作成のプロセスに影響力を発揮することができるかに見えた。

ロシアの民間企業はといえば，プーチン政権においてロシアの国営企業に優位的なステータスが与えられることについて寛容になっていた。政府による国営資源大手の優遇に理解を示していたのである。この点で，ロシアの代表的な民間石油会社の一つであるルクオイルのアレクペロフ社長が，2006年にルクオイルがガスプロムとの合弁事業計画において，多数派支配権をガスプロムに譲ったときの発言が象徴的である。

　ガスプロムは我々の兄貴分。兄貴は51％所有しなければならない。（*St. Petersburg Times*, 21 November 2006）

国営の石油・ガス会社には，地下資源法改革に歯止めがかかるよう促したいいくつかの理由があった。ロシア下院にいったんは提出された法案は，権利付与方法として競売を原則的に想定したが，国営企業は現行の入札による付与方法を持続させたいという立場だった。一部の専門家，例えばロシア下院天然資源・資源利用委員会の議長経験のあるアレキサンドル・ベリャコフは，開発困難な鉱床で長期投資が必要な場合には，入札のほうが，好ましいとの意見を表明した（Kornysheva［2005c］）。

そのような中，戦略的鉱床の定義問題に関連して，競売か入札かの選択が，

地下資源法改革の争点となっていった。新法が草案通りに可決すると，戦略的鉱床とみなされる地下資源鉱床も競売にかけられることになるという懸念が国営企業側にあったからである。国営ロスネフチは，ティマンペチョラのトレブス・チトフやサハリン3など，大規模で戦略的な鉱床のいくつかを開発する権利を取得することを切望していた。これらが競売に付されれば，勝者になるためには莫大な金額をつぎ込むことになろう。しかしロスネフチはユガンスクネフチェガスを取得後，負債を抱えており（第7章を参照），競売よりも入札を好んだ。入札は，プロジェクトの詳細など入札額だけでない面も考慮に入れるので，ロスネフチにとっては出費が抑えられると考えられたからである（ある試算によると，ロスネフチが狙っている鉱床を獲得するためのコストは，入札の場合と比べて競売のほうが，3倍高くなるという）(Fokina [2005])。当時のミハイル・フラトコフ首相は，新法案に賛成ではなかったロスネフチの意向や立場に同情的であったといわれ，入札による方法の維持を主張した。フラトコフは新地下資源法案を支持していたものの，法案の「愛国性」の欠如について懸念を表明した。つまり，ロシアの地下資源に対する外資参入に対して適切な障壁がない，という意見だったのである (Rebrov and Gribach [2005])。

　ガスプロムとロスネフチはお互いに協同したわけではないが，ガスプロムも，ロスネフチの立場と同じく競売への原則移行には難色を示した。その代わりに，ガスプロムは2段階計画を提案した。まず初段階では入札を行い，次に競売をする，というものだった。入札は，技術的に，より先進的な企業2〜3社を政府が選出することを可能にする。一種のスクリーニングの後，選ばれた企業が第二の段階で競売に参加できることになる (Sergeev [2005])。

　ガスプロムの継続的な干渉は，新地下資源法制定のハードルをより一層高くした (*Vedomosti*, 7 December 2007)。戦略的鉱床の定義について，当初戦略的鉱床に該当するといわれていたのは，先に述べた通り（表5-1を参照），石油鉱床の場合は埋蔵量が1億5000万トン以上，天然ガス鉱床の場合は埋蔵量が1兆立方メートル以上であった。ガスプロムはこの基準を甘すぎると批判した。できるだけ多くの鉱床が含まれるよう，天然ガス鉱床は300億立方メートルにという，より外資に厳しい条件をロビーした。その結果，最終的には500億立方

メートルとなった（Reznik［2005］，Rebrov and Gribach［2005］，Gorshkova［2006］）。

　このように，ガスプロムは，ロシアの地下資源への自らのアクセス状況の改善を目指し，法案に関与する真剣な意志を示していた。同社は，さらに，大規模鉱床の分配における政府の役割の強化を求めた。入札や競売などを経ずに，政府決定によって，戦略的鉱床は利用者に授けられなければならない，と提言した（Sergeev［2005］）。

　この提言は採用されることになった。政府は2008年，戦略的鉱床に分類されるであろうチャヤンダ石油・ガス田を，入札や競売なしで，ガスプロムに授与したのである。天然資源省は，このなんら競争的プロセスなしの措置に強い不同意を示した。現行の地下資源法でも，入札または競売で地下資源開発権を与えることになっていることを主張した（Tutushkin and Mazneva［2008］）。天然資源省と経済発展貿易省は，チャヤンダは，地下資源法で規定されているように，競争的プロセスを経て権利を付与すべきとの立場を持っていた。しかし，産業エネルギー省は，「ガス供給法」によれば入札や競売なしでも移譲できるとの見解を示した[12]。結果として政府が適用したのは地下資源法でなくガス供給法だった。この法律は，政府が指定した特定の鉱床を，ロシアにおける「統一ガス供給システム（UGSS）」，つまりガスプロムに競争的プロセスなしに譲渡することを可能にした（Krasnitskaia［2007］）。チャヤンダをはじめとする32のライセンス未交付の鉱床が，2007年末に，「ガス供給にとって連邦的意義のある鉱床」として指定された[13]。新地下資源法の枠組みで戦略的鉱床の定義づけを行う作業に遅れが生じている中，ガスプロムは，「ガス供給にとって連邦的意義のある鉱床」という形で戦略的鉱床の政府リスト作成を推進し，ガス鉱床の利用・開発に対する自らのコントロールを確実にし，有利な状況を作り上げたのだった（Grivach［2007］）。ガスプロムのロビー力が発揮された展開であった。

---

12) 1999年3月31日付ロシア連邦法「ロシア連邦におけるガス供給について」（No. 69-F2）。
13) 政府命令は32のガス鉱床を「ガス供給にとって連邦的意義のある鉱床」としたが，同一の鉱床が2つ2度数えられていたため，該当する実際の鉱床は30であった（Krasnitskaia［2007］）。

3) インフォーマルな駆け引きの余地

このような状況の中，既存の法律を改正するほうが，新しい法律を採用するより好ましいという結論に達し，新法案は幻と化してしまった。大統領府のメンバーからも，この方針を支持する意見が聞かれるようになった。当時大統領補佐官だったイーゴリ・シュヴァーロフは，新地下資源法を拙速に承認するべきではない，と公然と新法案に対して反対表明をするにいたった。まず第一に，外国投資家の戦略的鉱床へのアクセスの問題をはっきりさせることが必要だとの認識を示し，「我々が現行法の改正によってこれらの問題を解決すれば，その後，落ち着いて新しい法律を準備することができる」と発言した（Granik and Kornysheva［2005］, Rebrov and Sitnina［2005］, Rebrov and Gribach［2005］）。

その頃，クレムリンにてシュヴァーロフと個人的に面会し説得を試みたトルートネフは，2005年末までに新法案の承認にこぎつけることをまだあきらめていなかったという（Granik and Kornysheva［2005］）。新法案の主唱者であったトルートネフは，2007年8月末の時点で，必要な変更は，新しい法案よりもむしろ改正を通して対処されそうであることは認めていた。それでも，彼は契約制への移行の必要性を強調し続けた。しかし，契約制を導入した水資源法典および森林法典が2007年に施行されたこともあり，同じく天然資源分野で地下資源法を新たに契約制で採択することに関しては緊急性を要しない，として成り行きを静観するという空気があることも認めていた（Rebrov［2007］）。

産業エネルギー省の傘下にあるロシア連邦エネルギー庁の長官で，前ロスネフチ副社長のセルゲイ・オガネシアンも，一時は新法の利点について発言していたこともあったが，ここにきて新法制定よりも現行法の改正を支持するようになった（Granik and Kornysheva［2005］）。反対に，当時のメドヴェージェフ第一副首相（ガスプロム会長）とフリステンコ・エネルギー産業大臣やグレフ経済発展大臣は，新法案を支持していた（Rebrov and Gribach［2005］）。

新しい地下資源法の採用よりもむしろ現行法の変更を支持したガスプロムは，新法をめぐり長い議論をしている間に，かえって地下資源を管理する基本文書である現行法を改善する努力が停止した状況に陥ってしまったことを批判した。現行法の改正に取り組むために，ガスプロムの探鉱・ライセンス・地下資源利

用部の副部長は，地下資源利用者らの参加のもと，議会グループの設立を提案した (*Neftegazovaia vertikal'*, No. 9-10, 2006)。

新しい法案への反対の声は，より鮮明になった。サンクトペテルブルク鉱山大学学長のリトヴィネンコを含む数人の著名な専門家は，法案に反対であると断言した (Rebrov [2005], Fokina [2005])。加えて，2004年に撤廃された二重鍵原則を復活させようする勢力が依然として存在した。上院議長で公正ロシア党の党首セルゲイ・ミローノフは，最も声高に二重鍵原則撤廃に反論した。地下資源利用・開発に対する権利についての決定は，地方がしなければならないと主張した (*RIA Novosti*, 29 September 2005)[14]。

ともあれ，現行の地下資源法の改正を続ける動きが本格的に再開された。まず，2006年10月に改正がなされ，一つの持ち株会社内で，油田・ガス田を開発するライセンスの移譲が許可された。これは，石油会社で特に歓迎された待望の改正点であった (Sterkin [2006], Rebrov and Skorlygina [2006])。次いで2007年1月には，プーチン大統領と天然資源省，経済発展貿易省，産業エネルギー省の各大臣との間の会議で，オフショアの未認可石油・ガス田に関しては，ガスプロムとロスネフチにその利用権を付与していこうという決定がなされた。これら石油・ガス田は，オープンな競売でなく，非公開の入札で分配されることになった。この決定は，現行法と大陸棚法の改正で条文化されることになった。この時点で，新しい地下資源法の採択の長期延期は決定的となった (Bekker et al. [2007])。

このように，改革への期待が込められていた新地下資源法であったが，結局のところ実現しなかった。そして，現行法のさらなる改正に終わった。2008年に採択された改正法は，表5-1に示した戦略的鉱床についての規則を盛り込んだ[15]。加えて，地下資源の利用・開発の権利供与についても新しい規則が導

---

14) 実際の現場においては，2個目の鍵を持っていた地方を完全に除外することは難しかった。依然として地方当局には，土地の配分や，地域のインフラストラクチャーの提供などの地域性の高い問題に対する権限があったし，入札や競売の条件を設定する上での専門知識もあったからである (Tompson [2005c] 6)。

15) 戦略的鉱床について付言すると，内海，領海，またはロシア連邦大陸棚における地下資源鉱床も，戦略的鉱床に含まれる。加えて，戦略的鉱区のカテゴリーには以下の地

入され，戦略的鉱床の新ライセンスの入札や競売に適用された。それは，ライセンス保持者はロシア法人でなくてはならず，政府は外資が参加するロシア企業の入札または競売への参加を制限することができるというものである。既存の戦略的鉱床ライセンスについては，ライセンス保持者が探査段階から開発段階へと進んでいく前の段階で，政府の同意が必要とされた。もし，ライセンス保持者が外国人投資家であるか外資参加企業の場合，政府は，鉱床を利用する権利を認めることを拒否することができた（Baker & McKenzie [2008], Herbert Smith [2008]）。

　ここまで見てきたように，国家の政策や国家機関，そして国営企業などそれぞれの力の相互作用が，地下資源利用・開発の制度改革の展開を左右していった。図 5-1 にこれまでの流れを示す。

　地下資源法は明らかに資源大国ロシアにとって重要度の高い法律であり，地下資源利用・開発制度の改善の必要性については，全般的な合意がある。ただ，重要であるからこそ，多くの既得権がうごめき，改革の方針でなかなか合意にいたらないという現象が起こった。現行の地下資源利用の仕組みが，利用権を処理する側に自由裁量の余地を与えるため，見直しが必要だとの認識は共有されていた。それは大規模な投資を引きつけるためにも主要な課題であった。また，ロシアの経済成長を支える鉱物資源についての問題なので，なおさら重要性があった。しかし，時間とともに，資源国政府が自国保有資源へのコントロールを主張する「資源ナショナリズム」が，地下資源管理体制についての議論を支配するようになった。

　このような文脈の中で，ロシア政府と国営会社は，インフォーマルな駆け引きや策略が機能する現行制度を維持することに有利さを見出したと思われる。その結果，各行動主体は，原則として，不完全ではあるが部外者（外国企業など）よりもインサイダー（内部関係者）に有利な解決法をより一層好む傾向が出てきた。そのような状況が，ロシアの鉱物資源セクターにおける透明性や投

下資源が含まれる。ウラニウム，ダイヤモンド，高純度の水晶原石，イットリウム類希土類元素，ニッケル，コバルト，タンタル，ニオブ，ベリリウム，リチウムおよびプラチナ類金属。

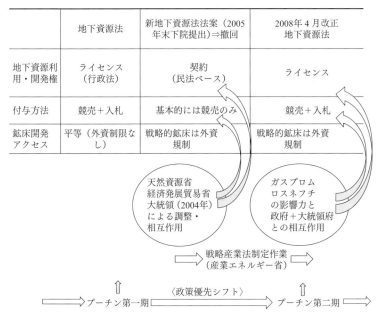

図 5-1 プーチン政権下の地下資源管理体制の改革の流れ（2000〜08 年）

資環境改善につながるかどうかは不明だが，地下資源利用・開発において，国家と国営企業の影響力の強化を可能にしたことは確かであろう。

3 戦略産業のコントロール

1) 戦略産業法の制定

　以上のように，既存の地下資源法改正がなされ，新地下資源法の採択は棚上げされた。戦略的鉱床についての規則を盛り込んだ地下資源法改正は，プーチンが大統領任期終了直前に署名した法案だった。施行されたのは大統領職を退いた数日後，後継者メドヴェージェフの就任日だった。それと同時に署名・施行されたのが戦略産業法である[16]。同法は，石油・天然ガスなどの資源開発や軍事や原子力を含む「戦略的」とみなされる分野で活動を行う企業（「戦略企

業」)への外国投資の制限を規定する。前節でも触れた通り,戦略産業法がようやく承認されたのは,プーチンがその法整備を命じてから3年経った2008年4月であった[17]。

戦略産業法は,安全保障,防衛,天然資源,航空宇宙,原子力を含む42分野を「戦略的」と位置づけた。それらは大きく分けて以下の12にグループ化できる。①防衛産業,②暗号化産業,③安全保障活動,④航空宇宙産業,⑤航空産業,⑥原子力産業,⑦自然独占に関連するモノ・サービスの生産・販売,⑧地下資源の調査・採掘・開発,⑨水産業,⑩冶金分野,⑪電気通信産業,⑫マスメディア(テレビ・ラジオ・出版)(Gati [2008] 5)[18]。

これら分野を定義した上で,投資条件を定めた。戦略的と位置づけられた42の産業分野で活動する「戦略企業」に,外国企業(外国民間投資家)が5割以上出資したい場合(50％以上の議決権付き株式を取得したい場合)にはロシア政府に許可を申請しなければならない。なお,外国企業といっても外国民間投資家と外国政府系投資家とに分けられる。後者の外国政府系の企業であれば,条件はもっと厳しく,50％でなく,25％以上の株式取得が許可申請対象となる(25％プラス1株あれば,株主総会で重要議案の可決をブロックできる)。さらに,戦略的と定義された地下資源採掘・開発に携わっている企業の場合,外国民間投資家は10％以上の株式取得に対し,外国政府系企業は5％以上に対し,許可を申請しなければならない。よって,戦略的鉱床の開発に携わる事業に関しては,外資規制がより厳しくなっている(Hogan Lovells [2012])[19]。

法案策定の主目的は,外資制限という側面と,投資環境改善のためのルール作りの側面とがあった。2005年4月25日にプーチン大統領が年次教書演説で,

---

16) 戦略産業法の正式名称は,2008年4月28日付連邦法「ロシア連邦の国防及び国家安全保障にとって戦略的意義を有する企業への外国投資手続きに関して」(No. 57-FZ)。
17) 戦略産業法については,Gati [2008], Heath [2009], Pomeranz [2010] に詳しい。邦語では浅元 [2008],唐津 [2008] などを参照。
18) Gati [2008] は,マスメディアをより細分化して,42分野を15にグループ化している。
19) その後ルールは改正された。2011年の改正では,規制が緩和され,戦略的意義のある鉱区開発に携わる企業に投資する場合でも,25％以上の株式取得が許可申請対象となった。改正前は10％だった。さらに,2014年に戦略産業法は改正され,42分野は45分野になっている(後述)。

戦略的分野への投資に関わるルールを法律として明確化する必要性を強調した。プーチンの発言要旨は以下の通りである。ロシアは外国投資を含む民間投資が必要である。だが，投資家はロシアで安全保障上の理由など様々な理由から投資に制限がかかることがある。しかしそれは法的に明確化されておらず，このような曖昧さが投資家にも国家にも双方に問題を生じさせる。そこで，ロシアの産業のどの分野で，またどのような条件で外国投資家が投資の制限に直面するのかを法律として明確にしなければならない。外国投資に対するそのようなアプローチが，先進諸国でもとっており，ロシアも導入すべきである（Putin [2005]）。

　プーチンが法案策定を指示したそもそものきっかけとして，2005年にドイツの鉄道車両・情報通信機器メーカー大手のシーメンスが，ロシアのパワー・マシーンズ（シロヴィエ・マシーニィ）の株式を取得しようとしたが，許可が下りなかったことが背景にあるといわれている。パワー・マシーンズはタービンや発電機などの発電設備を製造するロシアの大企業である。シーメンスはパワー・マシーンズの73.5％取得の許可を当局に求めた。これによって支配株を得ることになるが，取得については，パワー・マシーンズを筆頭株主として支配するロシアの企業グループであるインテルロスとシーメンスは合意済みだった。しかし，2005年，ロシア連邦反独占局は，発電設備市場において競争制限的になるという理由で許可を出さなかった。パワー・マシーンズの傘下にある企業が原子力を扱っていることや軍需産業に携わっていることから，安全保障上の懸念があることが背景にあったといわれる（Kiseleva and Iambaeva [2005], *Sekret firmy*, 18 April 2005）。このような経緯から，外国投資家が戦略的とみなされる分野のロシア企業の株式を取得する際のルールの明確化が，プーチン大統領によって問題提起されたのである。そこで戦略的分野をリストアップすることが課題となった（Mironova [2008]）。

　諸外国でも外国企業の投資を制限する法的措置がとられており，ロシアが特別なわけではないことをロシアの政策担当者は強調する。プーチン大統領も記者たちとの懇談の席で，2007年9月米国の事例を例に出して[20]，この法案の重要性を繰り返した[21]。大統領がこのように米国を引き合いに出したのは，ロシ

アが資源ナショナリズムの高まりから外資を締め出しているとの批判をかわすことに狙いがあったと考えられる。

2) 難航するルール作りとそこから見えてくるもの

ところが，この法案策定も難航した。2005年にプーチンが指示を出してから早急に法案策定作業が開始され，2005年中にも作業を完了させる予定だった。しかし，地下資源法と同じく，関係省庁などとの間で合意が得られずに法整備が遅れた。2007年9月13日には第一読会を通過し，同月に第二読会にかけられるはずだったが，延期されたのち2年が過ぎ，2008年3月21日にようやくロシア下院の第二読会を通過した（Heath [2009]）。

遅延の理由として挙げられるのは，分野・条件・手続きの3点につき，外資制限に積極的な勢力と，外資との関係拡大に積極的な勢力との意見調整が難航したことである。利害関係者（特に政府内）の意見の対立があり，連邦保安庁，天然資源省，産業エネルギー省，経済発展貿易省などの当局間と企業も含めて議論が続いた。また，戦略産業法とセットで採択を予定していた地下資源法制定の遅れとの関連はすでに述べた通りである。

①戦略的となる分野の選定

戦略産業法案の策定過程においても，多様な案が議論された。争点となった分野選定の問題では，2007年9月にロシア下院で第一読会を通過したときは，39のセクターが戦略的分野と特定されていた[22]。そこには，いわゆる戦略的鉱床における地下資源の調査や採掘，開発の分野は含まれていなかった。この除外を要請したのは天然資源省だった。このことは，同省が当時，地下資源法の枠組みの中で戦略的鉱床を定義する作業を行っていたこととも関係している（Ivanitskaia and Petrachkova [2007]）。ところが戦略的鉱床の定義づけについては，

---

20) 2007年に米国で「外国投資・国家安全保障法」が成立した。米国では対米外国投資委員会（CFIUS）が外資による米企業買収を審査し，国家安全保障上の脅威になるとみなされれば買収が阻止される。

21) 大統領府のウェブサイト（http://archive.kremlin.ru/appears/2007/09/10/1919_type63380_143618.shtml，2014年10月3日閲覧）。

22) 法案策定プロセスの中で，戦略的となる分野の内容が5回ほど変わっている。

天然資源省と連邦保安庁がなかなか合意に達することができなかった。天然資源省が，現在すでに外国人投資家に与えられている鉱床は影響を受けるべきではないと主張したのに対し，連邦保安庁は外国人投資家に権利が与えられている鉱床が戦略的なものか否かを，戦略性の範囲を推定するためにも過去にさかのぼって確認が必要だと主張した（Granik and Butrin [2007]）。このことから，産業エネルギー大臣のフリステンコは，戦略産業法制定の遅延の原因が，戦略的鉱床の開発を戦略産業法の枠外で規定しようとした地下資源法改革の遅れにあるという見解を示している（Granik and Butrin [2007]）。結局，最終的には「戦略的」となる対象分野の中に戦略的鉱床の開発も含まれることになり，42のセクターを戦略的であると分類することで落ち着いた[23]。

その他，戦略的分野の中には漁業，マスメディア（出版業，テレビ・ラジオ）なども入ったため，戦略産業法の適用範囲が広がりすぎとの批判も出た。メディア規制に関しては，クレムリンから積極的な意見があったとされ，「主権民主主義」の考えを唱えたことでも知られる大統領府副長官のウラジスラフ・スルコーフがインターネット規制を提案したといわれる（Ivanitskaia and Filippov [2008], Butrin and Gudkov [2008]）。しかし，インターネット・プロバイダーを含もうとする動きには情報技術・通信大臣のレオニード・レイマンが異議を唱え，メドヴェージェフ次期大統領もインターネット規制には反対した（Kuznetsova [2008]）。結局，プロバイダーについては対象分野から削除した。対象分野リストの中に入ったメディアは，発行部数が100万部を超える新聞雑誌社，ロシア全土，人口の半数以上に普及するテレビ・ラジオ局（テレビだとロシア3大ネットワークのChannel One, Rossiia, NTV），そして1カ月当たり2億ページを出版する出版社であった。メディア規制に対しては，プーチン政権による「民

---

23) このように，分野をどうするかが大きな争点となったわけであるが，経済発展貿易省は，分野別でなく，「戦略的企業」を法的に定めてリスト化することを提案した。対象がより具体的になるため，腐敗問題を軽減させるためにも，そのほうが望ましいとの判断であった。しかし，産業エネルギー省は「戦略的企業」ではなく「戦略的分野」にすることを主張し，結局それで折り合いがついた。連邦保安庁からは，存在する産業分野の一つ一つに，外国投資家参入の上限をパーセンテージで示したらどうか，という提案もあった。これには，経済関係の省（経済発展貿易省や産業エネルギー省）が反対した（Bekker [2006a][2006d]）。

主化の後退」との批判が上がったが，諸外国でもメディアの外資規制は行われていると当局側は正当化した（Ivanitskaia and Nikol'skii [2008], Pomeranz [2010]）。

冶金分野に関しては，「同分野のほとんどのロシア企業は対象企業となってしまうくらい範囲が広い」ということで，最後まで変更を加えようとする努力がなされた（Gudkov [2008b]）。例えば，法案が適用されるものとして，「軍事機器に用いる金属・合金の製造・販売で支配的な企業」と規定されたが，軍事機器に用いる金属とは何を指すのかを示したリストを追加するべきだという意見が出た。その他議論は尽きなかったが，時間切れだった（Gudkov [2008c]）。戦略産業法については，プーチンが大統領在任中に何としても法案を成立させたかったようで，結局，政府委員会が戦略的金属製品を製造している企業かどうかを判断する，という案で収まった。しかしながら，かねてからロシアの冶金分野には外国投資家は簡単には参入できないという共通の理解があり，その理解が文章化されたようなものと市場関係者は見ていたようである（Gudkov [2008a][2008b][2008c]）[24]。

② 条件・手続きの明確化

そもそも連邦保安庁は，戦略産業の対象を大幅に広げ，経済分野におけるありとあらゆるセクターを戦略的と分類したがっていた（Bekker [2005][2006c]）。そのため，42分野における投資条件をなるべく厳しくしようとした。例えば，外国企業がロシアの戦略企業に出資する割合を50％以上とするのではなく，25％以上にすることを希望するなど，外国人投資家の投資機会を狭めようと試みていた（Bekker [2005][2006c]）[25]。

そして，本法律が適用されない例外として，国営の石油・ガス会社が登場する。戦略産業法において，戦略的分野の範疇に入る企業への外国投資に関する

---

24) 実際，鉄鋼大手のミタル・スティールがロシアの石炭産業に参入しようとヤクートウーゴリの株を取得しようとしたが，許可されなかったという例もある。2007年10月，ロシアサハ共和国に極東最大のネリュングリ炭鉱があり，それを運営するのがヤクートウーゴリだった。インドのラクシュミー・ミタルがCEOを務めるミタル・スティールが参入しようとしたが成功しなかった（Cherkasova [2007]）。
25) 天然資源省は，資本市場で外国人がどれだけ株を取得したかを把握すべきではないかと提案したが，実行可能性が低いため，却下された（Bekker [2005][2006c]）。

規定は，ロシア政府が過半数の株を所有する企業は適用外となる。つまり，ロシア政府が 50％超の株を所有するガスプロム，ロスネフチやその子会社については規制を受けない。この例外措置は，ガスプロムが要望したと伝えられている（Butrin and Gudkov [2008]）。特に大陸棚での石油・ガス開発には外国の技術が不可欠で，外資参入の必要性があった。そのため，ガスプロムは，外国企業と仕事をしていく上で制約を受けることを心配していた（Butrin and Gudkov [2008]）。これに対し，特に連邦保安庁は例外を設けることに反対したという。このような，政府系企業への特別扱いの背景には，プーチン政権の国家的旗艦企業育成に対する思い入れや，国家の経済に対する役割についての考え方が反映していると見られる（Butrin and Gudkov [2008]）。

　手続きとしては，外国の投資家は株式取得に対し，「認定機関」の許可を得なければならない。認定機関は連邦反独占局が担うことになった。認可申請は，まず新設の政府委員会が検討し，結論を出す。検討期間は 3〜6 カ月で，投資家は委員会の裁定に対し，裁判所に不服申し立てを行うことができる。本法発効前に実施されている案件については，この規定は適用されないことになった。新設の政府委員会を率いるのは首相である。つまり初代委員長は，メドヴェージェフ大統領期に首相を務めたプーチン首相であった。

③戦略産業法の評価

　この法律が制定されると「外資締め出し」という論調で国内外のメディアで伝えられた。しかし，外国投資家の参入を禁止しているわけではなく，参入の際のルールを明確にしようというのが大きな目的であった。とはいっても，透明なルールが確立されたかどうかは判断が難しい。現状維持が可能なようにルール化しただけと見ることもできるからである。現実に何ら変わらないのは，最終的には政府当局の許可が必要なことである。個別のケースごとに事情が異なるということで，法の選択的な適用も可能ということになる。確かに法律にはどのような活動が「戦略的」なのかを明記しているが，結局のところ許可制ということは恣意性が排除できないという懸念が残る。ただ，ルールが皆無よりは望ましく，ひとまず歓迎の声が外国人投資家の間にも見られたことは確かである（Bush [2008]）。

外国投資を規制するという側面がクローズアップされる本法であるが，投資家の立場からすると，ロシア企業の株式を取得したい外国投資家もいれば，外国投資家に取得されることを望むロシア企業もある。後者は第4章で論じたロシア人企業家のいわゆる出口戦略と関連する。コインの裏と表ともいえるが，ロシア政府の立場から見る本法律の効果としては，ロシア企業が，外資に簡単に身売りできないようにする側面も指摘することができる。つまり，ロシア政府に無断で買収契約を進めてしまうロシアの企業をけん制する側面も，本法律には存在するといえそうである[26]。

3）戦略産業法制定後の展開

すでに述べたように，戦略的分野への外国投資に関する政府委員会を仕切るのは首相である。よって，メドヴェージェフ大統領の在任中（2008〜12年）は，プーチン首相が政府委員会を率いた。法律施行後に設置された外国投資モニタリング政府委員会は，定期的に開催され，ロシアの戦略的分野に属する企業の株を取得するために外国人投資家によって提出される申請書を検討している。プーチンが首相在職中最後の委員会が2012年5月2日に開催され，そのタイミングでノーヴォスチ・ロシア通信は，以下のデータを報告した。プーチンの在職期間の4年間，委員会は14回開催された。140の申請が委員会によって考慮され，132の応募は予備承認がなされた。そのうち26は，委員会が一定の義務を提示した条件付きのものだった。8つは却下され，32は申請者によって撤回された。42分野ある戦略的分野の中で，38％の申請は地下資源利用に関わる内容だった。21％が暗号化に関するライセンスを持っている企業への外資参入についての申請で，9％はマスメディア，そして6％は武器・軍事機器に関わるものであった（*RIA Novosti*, 2 May 2012)[27]。

戦略産業法は，施行後3年経った2011年になってはじめて改正された。その必要性が再三指摘されていた外国投資に対する規制緩和，特に外国民間投資

---

26) 米石油メジャーに身売りを計画したユーコスがその一例といえるであろう。第6章を参照。
27) その他，11％は自然独占の活動に関するものもあった。

家に対する規制を緩和する改正がなされた。具体的には，戦略的鉱床の地下資源の開発に携わる企業に投資する場合，当該企業の10％以上の株を取得する際に必要だった許可が，25％以上を入手する場合という条件になった。つまり，地下資源の利用・開発に関して，外資参入の基準の自由化が多少なりとも進んだのである。この改正は，2011年12月18日に施行された。

これに加えて，同様に改正の必要性が唱えられていた問題が，いわゆる「みなし外国投資」であった。すなわち，本法律によって外国投資の承認を求めている投資の多くが，本当は外国の法人や個人ではなく，「迂回投資」といわれるものだったのである。これは，キプロスなど税制が優遇されているタックスヘイブンを迂回して再投資される，事実上はロシア発の投資であった。実際，委員会に提出される申請のうち約3分の1は，海外に登録されたロシアの会社だといわれている。外資を制限する法律が実質ロシア資本を制限することになってしまったのである。本来の目的とずれが生じたことを受け，2011年の改正は，この問題に対処し，外国に登録されたロシアの会社であれば，委員会承認はもはや不必要としたのだった（BOFIT［2012］）[28]。その後，さらなる改正が2014年に行われた。ここでは，戦略的とみなされる42分野の規定が45分野と増加し，輸送インフラを担う分野が入ることになった（Syrbe et al.［2014］）。

おわりに――戦略的分野の国家管理

以上のように，戦略的分野で活動する企業は「クレムリンにお伺いをたてる」必要があるという意味で，戦略産業法はプーチンのロシアにおける政治経済体制を象徴する法律ともいえる。そして，地下資源法改革や戦略産業法制定は，国家権力を中央集権化し，鉱物資源に対する国家管理を強化しようとする

---

28) 2013年11月，2011年に続く改正について審議がされ，草案は第一読会に提出された。このとき，「戦略的」の範囲をインターネット会社にも拡大しようという動きが一時復活した。基準は6カ月の間，毎月2000万人の訪問がある検索・電子メールサイトを対象にしようという案であった（Kiselyova［2012］）。

プーチン政権の意向を反映している。

　しかし，「国家管理」といっても決して画一的ではない。国家といっても一枚岩ではなく，国家機関や民間・国営企業をめぐる相互作用が政策立案や施行の上で複雑に絡み合っている様子は地下資源管理を例に本章で分析した通りである。また，資源産業に対する国家管理というとき，投資に対する管理なのか，生産量の管理なのか，課税強化なのか，株式取得に対する管理なのかなど機能的に分けられるはずであろうが，多くの場合，レント獲得のための再国有化のコンテキストが強調されている[29]。

　本章では，資源分野の国家管理強化の方向性を，地下資源法と戦略産業法との分析で見てきた。どのようなルール作りがなされているのかを検証した中で明らかになったことは，政権と国営・政府系企業が，その時その時でそれぞれに優位な状況を維持あるいは創出できるよう，フォーマルなルールの枠組みの中で，インフォーマルな舵取りが可能なシステムになっているということであろう。

　プーチン時代になり，原油などの資源価格高騰に後押しされ，ロシアの経済は成長した。エリツィン時代に見られた，サハリン2プロジェクトをはじめ生産物分与契約によって資源開発を外資に頼るというスタンスは転換され，国家のプレゼンスを高める動きが強まっていった。このように，プーチン時代とエリツィン時代では，戦略分野の国家関与の度合いについてコントラストがある。そこで次章ではプーチン時代におけるロシア経済の大事件となった「ユーコス事件」を取り上げ，さらに経済への国家関与の度合いとロシアの企業システムの動きを見ていきたい。

---

29) 付言すると，本章で論じたように，天然資源省が地下資源利用ライセンスの利用状況を完全に把握していないという点からすると，地下資源の国家管理が適切になされているとはいえないだろう。

第6章
ロシア新興財閥の変容
―― プーチン時代 ――

はじめに

　エリツィン時代に台頭した新興財閥はプーチン政権下でどのように変容したのだろうか。本章では，まず第1節でソ連解体後のロシア企業の発展において最も重要な出来事の一つである「ユーコス事件」を取り上げる。その背景と影響，そして事件の意味するところを理解することは，現代ロシアにおける経済システムの分析に欠かせない。次の第2節ではユーコスと共に第4章で事例として考察したノリリスク・ニッケル／インテルロスとルサールを巻き込んだノリリスク・ニッケルをめぐる主導権争いについて検証し，プーチン時代とエリツィン時代における企業の行動と発展について，その変化と継続性を見る。そして第3節では，非公式性に支えられるプーチン時代の「ロシア株式会社」のメカニズムについて考察することによって，プーチン政権下の企業システムの特徴を明らかにする。

1　「ユーコス事件」と国家と企業

1）国家・企業間関係の分水嶺
①ユーコス事件とは
　第4章でユーコスというかつてロシアを代表した民間石油企業が発展していった様子を詳しく分析した。同社の目覚ましい成長のあとに待ち受けていた

のは,「ユーコス事件」として知られることとなる,ロシア最大規模かつ最高収益を誇った石油会社の消滅へといたる一連の出来事であった[1]。

2003年2月,プーチン大統領はロシアのビジネスリーダー(オリガルヒ)たちとクレムリンで会合を開いた。代表的な経済団体であるロシア産業家企業家同盟(RSPP,第3章を参照)の代表者が参加する会合で,プーチンが大統領に就任した2000年から定期的に開催されている。2003年2月19日の会合にて,ミハイル・ホドルコフスキーが汚職問題をテーマにプレゼンテーションを行った。汚職問題の弊害について言及したホドルコフスキーは,政府も汚職問題の当事者だと暗示するかのように,国営会社ロスネフチによる民間石油会社セーヴェルナヤネフチの買収について触れた。ロスネフチが買収したときに支払った金額が不当に高く,その取引によって関連する買収側内部者の一部が恩恵を受けたのでないかとの疑問を大統領に面と向かって提示したのだった。その場に居あわせた他の面々は凍り付いたという(Paniushkin [2006] 161)。プーチンはすかさず以下のように反応する。

> ロスネフチ——この会社は埋蔵量を十分に有せず,増強する必要のある国営企業だ。一方で他の石油会社,例えばユーコスは過剰な埋蔵量を有している。どのように手に入れたのか——これは,納税や脱税の問題も含め,今我々が話題にしているテーマの範疇に入る[2]。

プーチン大統領は,ユーコスが1990年代にいかにして資産を手に入れたのかを問い,さらにユーコスと政府との間に生じた税金問題に言及し,ホドルコフスキーに向かって次のように締めくくった。

> あなたにそのまま(アイスホッケーの)パックをお返し(パス)する。

自らアイスホッケーをするプーチン大統領は,ホドルコフスキーが政府に対し

---

1) ロシア語では Дело Юкоса (*Delo Yukosa*) として知られる。
2) プーチンとホドルコフスキーのやりとりの模様を録画した映像はインターネット上で閲覧可能である。例えば 'Khodorkovsky Putinu o korruptsii' (http://www.youtube.com/watch?t=17&v=cYGA5sIhWhc, 2015年2月10日閲覧) を参照。

てかけた汚職の嫌疑がそのままホドルコフスキーに当てはまることを示唆した。

　ユーコス事件について議論するときに，この会合を事件の大きな契機とする見方は多い。実際にはもう少し以前から，つまりユーコス解体へ続く一連の出来事が連続的に開始される前に，「メナテップ・ホドルコフスキー問題」について政府はすでに本格的な調査を始めていた。ロシア連邦最高検察庁に，約50人体制でユーコスとホドルコフスキーに対する容疑を集中的に扱う特別班が創設されたのは2002年末のことであった（Overchenko et al. [2014]）。

　2003年の上記の会合から半年も経たないうちに，ロシア当局によるユーコス幹部の逮捕が続く。6月，KGB（国家保安委員会）出身でユーコスの警備担当の部長であるアレクセイ・ピチューギンが殺人容疑で逮捕された。その殺人は，ユーコスの幹部でホドルコフスキーとは1980年代後半からのビジネスパートナーであったレオニード・ネヴズリンによる指示であったとの嫌疑をかけられた。ピチューギン逮捕の1週間後，最高検察庁がユーコスのモスクワ本社の捜索を行った。7月になると，ユーコスの主要株主であるグループ・メナテップの代表であり，ホドルコフスキー社長のビジネスパートナーであるプラトン・レベデフが，1994年の天然肥料生産企業であるアパティートの民営化にあたり国有資産を横領したとして逮捕・起訴された。同年10月3日に，ユーコスの主要株主の一人で下院議員でもあるウラジーミル・ドゥボフの事務所が捜索され，9日にはユーコス・モスクヴァ（第4章を参照）のトップであり，モスクワ副市長経験者のワシーリー・シャフノフスキーが逮捕された。そして同月25日にはホドルコフスキー自身が逮捕された。ホドルコフスキー個人に対する容疑は，詐欺・横領・脱税・文書偽造・裁判所判決不遵守など7つにわたった（Sakwa [2009]，本村 [2005a]）。

　10月30日に最高検察庁は，メナテップ保有の，当時150億米ドルと見積もられた44.1％のユーコス株を差し押さえる措置をとった（その後39.5％の差し押さえとなる）。これは，メナテップが支配するあらゆる関連オフショア企業にユーコス株が移転されるのを防ぐのが目的であった（Sakwa [2009]）。

　2003年12月には，ユーコスに対する税犯罪調査の結果，ユーコスが違法に税制優遇措置を悪用し，ダミー会社を利用して納税額を縮小していたと当局は

指摘した。税務省は，同月の 30 日に 2000 年分の追徴課税として 34 億米ドルを請求したが，これは同年のユーコスの税引き前当期利益の約 80％に相当した[3]。翌 2004 年，さらに追徴課税が請求された。その金額は同年末までで約 250 億米ドルにのぼった。最終的な追徴課税は，ユーコスに対しては，2000 年は 34 億 4000 万米ドル，2001 年は 41 億 5000 万米ドル，2002 年は 67 億米ドル，2003 年は 59 億米ドルの計 202 億米ドルとなった。さらにユガンスクネフチェガスに対しては 2001 年と 2002 年で 34 億米ドルにのぼり，その他の子会社の分も合わせ全体ではおよそ 255 億米ドルという金額になった（本村［2005a］130）。

2004 年 7 月にはロシア法務省が，ユガンスクネフチェガスを筆頭にサマーラネフチェガスやトムスクネフチなどユーコスの生産子会社の株式を差し押さえた。その 6 日後に，ユーコス全体の約 6 割の生産を担うユガンスクネフチェガスの株売却方針が発表される。総額 255 億米ドルという規模になったユーコスの追徴課税の支払いを回収する手段として，同社にとって最も価値のある資産であるユガンスクネフチェガス売却のための競売を実施することをロシア政府は決定したのだった。

このようにユーコス最高幹部の逮捕と並行してユーコス自体および主な子会社にもメスが入っていった。この一連の出来事は，主要株主でもある最高幹部に対する攻撃と，ユーコス自体への攻撃との境目が不鮮明であった。

生産部門の屋台骨を支えてきた子会社ユガンスクネフチェガスが，課税により生じた負債の穴埋めとして競売に出されたのは 2004 年 12 月であった。同社普通株式の 76.79％が競売により売却されることになったのである。12 月 19 日の競売で，落札したのは，バイカル・ファイナンス・グループという無名のペーパーカンパニーだった。競売日の 2 週間ほど前にモスクワの南にあるトヴェーリ州のとある町に登記されたばかりの会社である。競売には 2 社が参加し，バイカル・ファイナンス・グループの他に，当初ユガンスクネフチェガスを買収するつもりでいたガスプロムがもともと設立していたガスプロムネフチも参加した[4]。結局，後者は競売で値付けをせずに退席し，バイカル・ファ

---

3) ホドルコフスキーのウェブサイト（http://www.khodorkovsky.com/timeline/，2015 年 2 月 10 日閲覧）。

イナンス・グループが 2607.5 億ルーブル（93 億 5000 万米ドル）で落札した。入札開始価格は 2,470 ルーブル（88 億 5000 万米ドル）だった（本村［2005a］［2005b］）。

　突然出現した謎のバイカル・ファイナンス・グループの正体については，情報がほとんどないため憶測が飛びかった。登記された住所に存在したのは携帯電話販売店，不動産屋，そして「ロンドン」という名称のカフェであった。背後に真の落札者がいることは明らかだった。プーチン大統領も，バイカル・ファイナンス・グループの真の所有者は長年エネルギー関連のビジネスに携わっている人々だと明かした（BBC Russian, 21 December 2004）。当時，同社が登記されたトヴェーリ地方の副知事は通信社のインタビューでこう発言している。

> そのうちバイカル・ファイナンス・グループは身元を明かすだろう。この会社が純粋に名目上のものであることは誰の目にも明らかだ。そして，この手の会社の事務所が実際には登記されている住所に存在しないというのも日常茶飯事である。これはごく普通の慣行だ。(Korchagina ［2004］)

　バイカル・ファイナンス・グループが落札して 3 日後の 12 月 22 日，国営石油会社のロスネフチがバイカル・ファイナンス・グループを獲得したとの声明を出した。これで，ユーコスの主力子会社であったユガンスクネフチェガスはロスネフチの手に渡った。この結果，ユガンスクネフチェガスに対する政府のコントロールも効くようになるし，一晩でロスネフチの石油生産量は 3 倍に増加することになる（後述）。しかも追徴課税の支払い義務はユガンスクネフチェガスに残る。ロスネフチにとっては「旨味のある」買い物だった。

　不透明なやり口を規制しなければいけない立場の政府が，このような不透明な方法で資産を獲得したのであった。ロシア産業家企業家同盟のイーゴリ・ユルゲンス副会長は，ユガンスクネフチェガス売却をスキャンダラスな競売と特徴づけた（NEWSru, 9 December 2004）。かつてプーチン大統領の経済顧問を務めたアンドレイ・イラリオーノフも，出来レース的な競売によって実現したユガ

---

4) ガスプロムは結局競売からは手を引くことになる。第 7 章を参照。

ンスクネフチェガスの売却を「その年で最悪の不正事件」と批判した（Ostrovsky [2004b]）。

ロスネフチが買収したことを受け，ロスネフチの子会社プルネフチェガスの社長がユガンスクネフチェガスの社長に任命された。結局，ユーコスの資産をロスネフチが獲得したことから，一連のユーコス事件の背後にはロスネフチの会長（当時）であるイーゴリ・セーチンの影響力があったと考える向きがあり，ホドルコフスキー自身は，セーチンがバックにいると発言している（Belton [2005], Sixsmith [2010]）。ユガンスクネフチェガスをはじめとするユーコスの資産をめぐっては争奪戦が繰り広げられ，そこには獲得したユーコス資産を再分配することを目論む勢力の存在があったとの見方は多い（Fortescue [2006a]）。

翌2005年5月，ホドルコフスキーは懲役9年の判決を受けた。同年9月には嘆願により8年に減刑された[5]。その解体は望ましくないとプーチンが発言したこともあったが（*BBC Russian*, 17 June 2004），ユーコスは最終的に分割・解体されることになる。2006年8月に，モスクワ仲裁裁判所がユーコスの破産を宣告した。資産は売却され，2007年11月21日にユーコスは清算された。

②なぜホドルコフスキーとユーコスなのか

ホドルコフスキーやユーコスに対するクレムリンの攻撃として表面化したユーコス事件は，国内外に衝撃を与えた[6]。それまでオリガルヒ最大の成功者とみなされていたホドルコフスキーや彼のビジネスが標的とされたのには，ホドルコフスキーの政治活動や政策への介入，そしてそれを実現するホドルコフスキーの膨張する経済力など，いくつかの要因が組み合わさった結果だった。プーチン政権の立場から見たホドルコフスキーの「罪」について，栢 [2007] は，脱税行為，国の経済政策への介入，資産の争奪戦，政治への介入，米政権への接近と米企業への身売り工作を挙げている。実際のところ，ユーコスの脱税行為とそれに関わるロビー活動，ユーコス独自のパイプライン計画，米石油

---

5) 例えば，ホドルコフスキーのウェブサイト（www.khodorkovsky.com/legal/cases-in-russia/）を参照。

6) ユーコス事件についての分析として Sakwa [2009], Fortescue [2006a], Tompson [2005a], Hanson [2005], Hanson and Teague [2005] を参照。

大手への売却計画，ホドルコフスキーの政治的野心，ユーコスによる野党への支援など，以下に述べるように，ユーコスとホドルコフスキーは経済的にも政治的にもプーチン政権の方向性に相反する動きを続けていた。

（1）経済的要因：ユーコスが行っていた税金問題に関するロビー活動は，その強引さで抜きん出ていたといわれる。ユーコスの主要株主であり，副社長から下院議員に転身したドゥボフは下院の小委員会である税制委員会の議長を務めていた[7]。ドゥボフ議長のもと，ユーコスにとって「望ましくない」法案の成立が阻止されたり，逆に都合の良い改正案が成立したりしていた。例えば，政府は株式配当に対する課税の引き上げ案を打ち出したが抵抗にあった。ユーコスをはじめとした大企業は当時配当を増額していた。配当増額は，株主権を尊重しようとするコーポレート・ガバナンス向上の一環でもあったが，同時に経営者でもある主要株主たちが，配当収入をより多く得る結果につながっていた。政府はこの状況を見直そうとしたが，阻まれた（Fortescue［2006a］）。

また，ドゥボフは「ユーコス改正」として知られるようになった関税法典の改正を実現させた。これは，石油製品にかかる輸出税については，原油の輸出税の 90％が一律に課されると規定するものであった。政府にとって，ガソリン・軽油や重油への課税率を国内の需要にあわせて差別化することができず，不都合な規定であった。政府はユーコス改正の撤回を試みては失敗していた。アレクセイ・クドリン財務大臣は，「ユーコスのロビー活動は前副社長が税制委員長を務める下院だけにとどまらなかった」と嘆き，「他の会社のロビイストたちはあんなに強引なやり方はしなかった」と語っている（Sitnikova［2004］）。

プーチン大統領もユーコスを中心に下院で展開される「ユーコス改正」を念頭に置いたロビー活動について懸念を抱いていた。大統領は，ゲンナジー・セレズニョフ下院議長との会話の一部を引用し，同議長が大統領に対して次のように語ったと明かしている。

7）エリツィン時代から 2003 年後半までの時期は，石油など資源部門はいわゆるオリガルヒたちに忠実な代表たちがあらゆる政党の下院の議員ポストを支配していたといわれる（Fortescue［2006a］）。

もううんざりでムカムカします。これ以上じっとしていられない。(中略) ビジネス(企業・企業家)が下院内でしでかしていることは限界を超えています。(*Vedomosti*, 18 November 2003)[8]

セレズニョフの台詞を借りて不満を表明したと解釈されたこの出来事は，レベデフが逮捕されてから2週間ほど後のことであった。

　ホドルコフスキーが逮捕されて間もなく，税金問題で大きな進展があった。逮捕から1カ月もしないうちに，プーチン大統領による政府に対する指示もあり，ユーコス改正は撤回された。ユーコス改正を撤回する法改正は，いきなり第一読会だけでなく一気に第三読会をも通過した(Granik [2003], Netreba [2003])。また，ユーコスを中心に大手石油会社が「節税」に利用していた「国内オフショアスキーム」(第2章を参照)も廃止された。廃止については，11月17日に下院の予算委員会で，クドリン財相が提案し，すんなりと合意された。税法典が改正され，2004年1月1日からモルドヴィア，カルムィキア，チュコトカにおける3地域への優遇税制措置が撤廃された(Visloguzov [2003])。

　ユーコスの激しいロビー活動は税金問題にとどまらなかった。ロシアの資源政策の分野でも，ユーコスはその強力なロビー力を活かした。ロシア政府は，1990年代に落ち込んだ資源開発を促進するため，外資が参入しやすい生産物分与協定(PSA)による開発方式を採用した。これは，外国企業が資金や技術を提供し，産出された生産物をその外国企業と資源国政府とで分けるというものである。外資にとっては，資源が豊富だが法整備が不安定なロシアで資源開発事業に参加するためには適した方式だと考えられた。日本企業も参画する石油・天然ガス開発の大型プロジェクトであるサハリン1やサハリン2はPSAが採用されている。ロシア連邦法「PSAについて」が1995年に制定されてからも，ロシア政府は引き続きこの法律の改正作業に取り組んでいた。しかし，2002年にユーコスは法の改正案をブロックしたのである。その結果，政府が期待していたようなPSAによる外資呼び込みの効果向上へはつながらなかっ

---

8) ヴェスチのウェブサイト(http://www.vesti.ru/doc.html?id=29643, 2015年2月10日閲覧)。

た[9]。

　エネルギー政策への介入という点では，ユーコス独自のパイプライン建設計画があった。これも政府を苛立たせたといわれる（Kraus [2003]，栢 [2007]）。ロシアではガス部門と異なり石油部門は分割民営化されたが（第4章を参照），パイプライン輸送については国営会社のトランスネフチの独占下に置かれることになった。しかし，ホドルコフスキーは，対中国輸出向けにアンガルスクと大慶を結ぶパイプラインをユーコスが自前で建設することを目論んだ。これは，ロシアの石油輸出に対する国家支配の要である国営トランスネフチによるパイプライン独占を脅かす動きであった。

　さらに，資源分野ではホドルコフスキーは「重大案件」を画策していた。ユーコスをシブネフチと合併させ，その一部をアメリカの石油メジャーに売却しようとする計画である。2003年，独占禁止政策・企業活動支援省はユーコスとシブネフチの合併を容認した。これは，BP，エクソンモービル，ロイヤル・ダッチ・シェルに次いで世界第4位の石油会社の創設を意味した。このとき，ユーコスのオーナーたちは自社株を欧米石油メジャーに売却する交渉をしているとのもっぱらの評判であった（Koksharov [2003]）。

　もしユーコスの外資への売却話が実現していれば，株式担保型民営化で手に入れたロシアの石油資産をその外資系企業の影響下に移すということになる。プーチン大統領は，2003年10月，インタビューでこの点について質され，次のように答えた。

　　ユーコスの取引に関してだが，（中略）このような重大案件についてはロシア政府に対して事前の相談があってしかるべきだったのではないか[10]。

この発言は，ロシア石油業界への外資参入の一切排除を意味するものではない。その証拠に，TNK-BPの創設やコノコフィリップスによるルクオイル株の購入

---

9) ユーコス事件とPSAについて，邦語では棚村 [2004] を参照。PSAについては坂口 [2003]，中居 [1999] など。
10) 大統領府ホームページ（www.kremlin.ru/eng/speeches/2003/10.04/1345_53478shtml, 2006年2月8日閲覧）。

といった例がある。外国のパートナーたちはロシアが大いに必要としていた技術やロシアの石油・ガス産業を発展させる専門知識を導入してくれる。むしろこの発言のポイントは，クレムリンは石油をロシアの戦略的分野と捉え，当該産業の主要計画は政府と国益によって調整されるべきだと考えていたことにある（Olcott [2004]）。ユーコスの欧米メジャーへの売却は国益にかなうとはみなされず，そこにプーチン政権の賛同はあるはずもなかった（Rutland [2005], Aron [2003]）。

　(2) 政治的要因：経済的要因に加え，ホドルコフスキーの政治的野心がユーコス事件につながったと見る説もある。政界への転身を明確に宣言したわけではないが，2008年に大統領選が行われるというタイミングにあわせるかのように，ホドルコフスキーは自身が2007年以降にはユーコスから退くなどとかねてから発言していた（Fortescue [2006a] 139）。また，ユーコス事件の起こった2003年は，その12月に下院選挙を控え，翌年の3月には大統領選が予定されていた。

　そんな中，ホドルコフスキーやユーコスは，プーチン与党の統一ロシアではなく，野党支援を積極的に行った。ホドルコフスキーは市場経済化改革を提唱するヤーブロコや右派勢力同盟（SPS）といった党に対して資金援助をしていたし，ユーコスの幹部はロシア共産党にも資金援助をしていた（さらに，ロシア共産党の候補にはユーコス幹部が含まれていた）（Fortescue [2006a] 139）。

　また，ホドルコフスキーは，2001年には「オープンロシア」という非政府組織を創設し，自由や民主主義の価値を唱え，市民社会を確立するための活動に奔走した。同時に，欧米，特にアメリカのエリートたちとのネットワーキングを積極的に行っていた。純粋に石油会社の社長としての活動というよりも，より幅広い行動と積極的な発言を繰り返すホドルコフスキーは，ロシアの政治のあり方そのものについても，口をはさむようになった。そのような中，本章冒頭に述べたクレムリンでの汚職をテーマにしたホドルコフスキーとプーチンのやりとりが取り交わされたのだった。

③プーチンとオリガルヒ

　ホドルコフスキーの行為は，2000年にプーチン大統領とオリガルヒと呼ば

れる実業家たちとの間で結ばれた「協定」に逆らうものであった。プーチンは，大統領就任後まもなく，オリガルヒたちに対し，政治に介入しない限りにおいて，オリガルヒたちの財産権は保障するという自らの立場を暗黙裡に示した（Tompson［2005a］185）。上に見てきたように，ホドルコフスキーの言動はクレムリンにとっては「反則」であり，プーチン政権を刺激するものであった。

2003年10月，プーチンは『ニューヨーク・タイムズ』紙のインタビューで，次のような発言をしている。

> ロシアには一夜にして億万長者になったという類の人々がいる。国家が彼らを億万長者に任命したのだ。国家が大量の資産を手放した。ほぼ無料で。彼ら自身も「自分は億万長者に任命された」という。そして時がたち，彼らは全能で，何をやっても許されるのだ，という印象を持つようになった[11]。

同インタビューでプーチンは，ロシアにおいて彼ら億万長者が構築を試みた「オリガルヒ支配体制」を批判している。それは，国益にとって重要な決断を政治の表舞台ではなく，裏で操るような体制のことを指している。

エリツィン時代に比べ，プーチン時代になると，経済の戦略的セクターにおいて国家統制が強化され，それに並行して国家と大企業の関係も推移した。ユーコス事件はこのような流れの中で起こった。第3章で論じたように，巨大ビジネス――特に天然資源セクターにおける大企業――は，事業発展のため寛大に「認可」を国家から受けていた「授権」セクターであった。

ユーコス事件は，エリツィン政権に続き，プーチン政権期でもこれら大企業の国家への組織的依存が続くことを裏付けたように見える。ただ，Hanson and Teague［2005］が指摘するように，プーチンのもとでは，ロシアの大企業と国家の関係は，より国家優位に傾いていった。プーチンが国家機構の集権的統制を打ち立て，また1998年の経済危機以降ロシア経済が回復したことで国家財政も立て直し，「強いロシア」をつくるためのプーチンの国家建設プロジェクトが進められていた。また，ビジネス界の代表としてのオリガルヒたちに対す

---

11) 大統領府ホームページ（http://en.kremlin.ru/events/president/transcripts/22145，2015年2月10日閲覧）。

るロシア国民の不満も，国家の方針を後押しした。彼らの大半は不正な手段で蓄財したとみなされていたため，彼らに対する失望感は小さくなかった（Hanson and Teague［2005］）。

なお，プーチン政権期の国家と大企業との間のバランスや実業界の国家に対する依存性についてのこの議論は，特に資源セクターに当てはまる。なぜなら，天然資源は埋蔵されている限りは国家に属し大企業の私的所有とはみなされない。そして，資源開発を可能にするインフラストラクチャーは国家によってソ連時代に整備されたものであり，オリガルヒや企業によってではないという認識が広く定着している（Breach［2005］）。また，多くの大規模ビジネスが天然資源関連の輸出による収入に頼っていたため，それらは実質的に国家による介入に対して脆弱であったからである（Hanson［2005］）。

2）ユーコス事件の含意──透明性のパラドックス

第4章で見たように，ユーコスは「悪夢のようなコーポレート・ガバナンス」から「コーポレート・ガバナンスのお手本」へと変身した。ところが同社がコーポレート・ガバナンスのメカニズムを悪用する企業から，透明性を高めて良質なコーポレート・ガバナンスを強力に推し進める会社として投資家から好評を得る会社へと変貌を遂げたとたん，凋落への道へ転じていったのだった。ユーコスの没落を顧みれば，政府によるユーコスへの攻撃は，同社の透明性が高まり自身のコーポレート・ガバナンスを改善していたことで，政権にとって一層容易になっていたといえそうである。そこで浮かび上がる疑問が，企業の透明度と国家による企業収用の可能性との関連と，それがロシアにおける国家と企業間の関係にとって意味するものは何か，ということである。

ロシア企業の基本的なサバイバル戦略は，非公式性をうまく利用することにある。第2章や第4章で見てきたように，ロシア企業の不透明性の維持は，ロシア企業が，政府当局やライバル企業から受けるかもしれない干渉から身を守るために，一般的に採用される戦略であった。しかし，企業構築や再編成をうまく成し遂げた企業の有力支配者・オーナーにとっては，透明度の強化とコーポレート・ガバナンスの改善は，彼らの「出口戦略（エグジット・ストラテ

ジー）」と関わっていた．

　出口戦略とは，この場合，ロシアのオーナー企業家が大規模な自社保有株を外国人投資家に売り渡すことを指す．自身の資産を多角化し，流動性を改善させるためである．企業透明度が向上すれば，企業の時価総額を高める役割を果たす．時価総額が高ければ高いほど，ロシアのオーナー企業家が自身の所有分を売却する際に良好な状況をつくることになる．これに加えて，外国人投資家が自社の株式資本に加わるならば，その会社は，政府が突然に選択的・恣意的な資産没収をしようとする動きを防ぐことができるかもしれない．なぜなら，より高い外国人のプレゼンスがあれば，政府が国際的な評判などを考慮し，いきなり企業を攻撃し収用することを政治的に困難にさせる効果がありうるからである（Negodonov [2001]）．

　同時に，ロシアのオーナー企業家にしてみれば，エグジットのタイミングが難しい．Guriev and Rachinsky [2004] は，あまり拙速に資産を手放しすぎるのも，かといって遅すぎるのも良くないと述べる．資産価値が過小評価されている段階ではリターンが少ない．企業を組織再編し，経営も立て直し，透明性を高めれば株価は上がる．しかし，良い企業にすればするほど，政府も当該企業を標的にし，今度は政府による没収・収用のリスクが高まってしまうと指摘する（Guriev and Rachinsky [2004] 140-1）．後述するように，ロスネフチが吸収したのも，再編や立て直しを終えていたユーコスの優良資産であった．

　企業の透明度と政府による企業収用の関連は多面的で単純ではないが，政府によるユーコスへの法的・政治的な攻撃は，ユーコスの透明度の改善が契機となったと見る専門家は少なくない．例えば Makarenko et al. [2003] は，ユーコスがターゲットになった理由は，ロシアの官僚機構が透明性に対処する準備が未だできていなかったときに，同社が「裏」から「表」の世界へ出てきはじめて，他企業に対するモデルケースとなったことにあると見る．透明度が高いと評判のロシア企業は往々にして西側の有名どころの監査法人に監査を依頼し，国際会計基準を導入する．そうした動きは，企業が「裏金」を貯めたり，賄賂を利用したりする余地を少なくすると Aron [2003] は指摘する．これは，非公式に政権を支持するための資金源が少なくなるという意味でもある．

ユーコスは，ロシア企業の中で最も高いレベルの透明度を達成した。そして企業のより高い透明度は，その企業の国家からの独立度の高さを表しているといえる。このことは，ロシアに特有のことではない。Leuz and Oberholzer-Gee［2003］は，政府にとっての企業の利用価値は，企業について不透明な点が多いほど高くなるから，「外国における証券の発行に伴う，より厳しい開示義務や厳重な審査は，国内での企業の緊密な政治的結びつきとは反目する」と指摘する。

政府が一部の企業を好み，そうでない別の企業を収用するという手腕を働かせるような国では，透明度の不足が，企業にとってより有利に働くことがある。そのような場合，政府によって好まれている企業にとっては不透明性の価値が高くなる（Stulz［2005］1614）。要するに，政府の立場からすれば，透明性の高い企業は，政府と密な関係を保ち続けている企業に比べ，コントロールするのが難しいということである。

このことをユーコスに当てはめると，ユーコス事件は，企業透明度の向上が結果として企業にとって命取りになったということを示しているといえよう。ユーコスは高い透明性を達成し，政府からの独立性を確保したかに見えた。しかしそのような企業がプーチン政権下で進む国家主導の資本主義化にどう適合するかという疑問が生じる（Radygin［2003］［2004］）。特に資源大手企業は，「強いロシア」作りのため，一定の貢献が期待されているからである。ユーコス事件は，ロシアでは国家の意向から大幅に独立しようとする企業は，戦略的分野では生き残ることが難しいことを示唆している（Adachi［2006a］）。

こうして，独立性を増したユーコスが政府のターゲットとなり，2007年にロスネフチに吸収合併される形で消滅した。ユーコスの資産を獲得することにより，ロスネフチはロシアを代表する石油会社となった。ユーコスの資産が，ロスネフチの生産と精製のそれぞれ70％以上も貢献することになり，ロスネフチは石油生産と精製で第8位から第1位に躍り出た。つまり，ユガンスクネフチェガス，サマーラネフチェガス，トムスクネフチの3つのユーコス資産がロスネフチの生産の7割以上を担うようになり，アンガルスク石油化学コンビナート，クイビシェフ製油所，スィズラン製油所，ノヴォクイビシェフ製油所，

アチンスク製油所がロスネフチの製油部門の7割以上を担うようになったのである。さらに，ユガンスクネフチェガス，サマーラネフチェガス，トムスクネフチを獲得することにより，ロスネフチは埋蔵量を4倍にも伸ばすことができた。加えて，これら資産を獲得するのにかかったコストは，市場価格で獲得するのに比べると，43.4％のディスカウントがあったという試算が出ている（Reznik [2007]）。

ユーコス事件を境目に，政府と大企業のパワーバランスが明確に国家主導に傾いていき，国営企業・国策会社の台頭へとつながっていく。ユーコス解体に加え，民間石油会社シブネフチの約70％の株が国営ガスプロムによって買収されたことも，国家の企業支配強化のあらわれだった。さらに，第5章でも触れたが，2007年にガスプロムは，これまで100％外資主導で開発が進んできた大型石油・天然ガス開発プロジェクトであるサハリン2の事業に対して50％を上回る出資を行い，実質的な支配権を手に入れた（ガスプロムや，ユーコス資産の吸収で台頭したロスネフチについては次章で詳細に分析する）。以上のように，プーチン時代の国家・企業間関係の転換を規定したという意味でも，ユーコス事件は分水嶺的出来事であった。

2　ノリリスク・ニッケルをめぐる攻防──ルサールとの争い

1）鉱業・冶金業界における新興財閥の主導権争い

エリツィン政権からプーチン政権へと時代が変わり，本書がこれまでケーススタディとして取り上げた3つの大企業のうち，前節で考察したユーコス以外の2つの企業──ルサールとノリリスク・ニッケル──はどのような道を歩んだのだろうか。2社とも，ユーコスとは違い，メジャーなロシア大企業であり続けている。プーチン政権下で国家と企業の関係が変化する中，これら2社をそれぞれ支配するオレグ・デリパスカとウラジーミル・ポターニンは，ホドルコフスキーとは違い，プーチン政権と良好な関係を保っている。2007年に『フィナンシャル・タイムズ』紙のインタビューの中で，デリパスカは次のよ

うに述べた

> もし国家が（ルサールを）手放せというのであれば，そうする。自分を国家と切り離して考えてはいない。(Belton [2007])

ホドルコフスキーやユーコスとの違いを強調するかのような発言である。

それでもルサールやノリリスク・ニッケルがビッグビジネスの代表格として順風満帆だったかというと，そういうわけではない。それは，2000年代後半に入り，ノリリスク・ニッケルの主導権をめぐり，デリパスカとポターニンの間で紛争が繰り広げられたからである。本節では，ロシア企業の発展メカニズムの継続性と変化を考察するにあたってインプリケーションがあると思われるこの出来事に注目する。

2）事態の発端と争点

2000年代後半から10年代前半にかけてのノリリスク・ニッケルの大株主間の対立は，当時のロシアにおけるコーポレート・ガバナンス上の最大の懸案の一つと位置づけられ，ロシアビジネス界を賑わせた。それはロシアを代表する大企業と著名なオリガルヒを巻き込み，政治のトップレベルも無関心でいられない企業紛争であった。

1990年代に株式担保型民営化によりポターニンの手に渡ってから，ノリリスク・ニッケルは2007年までミハイル・プロホロフとポターニンの2人によりコントロールされていた。2人は合わせて54％の株を保有していた。しかし2007年にこの2人のビジネスパートナーシップが解消された。このときの資産分割がその後5年にもわたって続いた争いのきっかけとなった。

ビジネスパートナーシップ解消の際，ノリリスク・ニッケルにおけるプロホロフの保有分は，ポターニンが購入することになっていた。それによってポターニンはノリリスク・ニッケルの支配を確立できる。これは双方の合意の上だった。しかしこの合意は文書として存在していたわけではなく，いわゆるインフォーマルな「パニャーチヤ」的慣行（第2章を参照）に基づいていた（Igumentov and Malkova [2013]）。

ところがパートナー関係の解消は，金額で折り合わず円満にはいかなかった。1年ほど続いた交渉の末，結局プロホロフは2008年4月にノリリスク・ニッケルの25％プラス1株をデリパスカ所有のアルミ大手ルサールに売却した。引き換えに，プロホロフは70億ドルとルサール株14％を受け取った。このことから，デリパスカとポターニンとの間の，ノリリスク・ニッケルをめぐる経営方針に関する対立が始まったのである（Fedorinova [2008]）。

　デリパスカはノリリスク・ニッケル株を所有しはじめた頃から，短期的な投資目的でなく，積極的な企業運営への参加を考えていた。デリパスカは，ノリリスク・ニッケル株の取得を「ロシアで最初のグローバル鉱業メジャー設立への第一歩」と宣言し，ルサールとノリリスク・ニッケルを合併し，いわゆる国家的旗艦企業（ナショナル・チャンピオン）の設立を目指す意図を表明した。合併が実現すれば，ノリリスク・ニッケルへのポターニンの支配力は薄れることになる（ポターニンは自らが支配するインテルロスを通じ，ノリリスク・ニッケルの29.78％を所有していた）。同時に，ポターニンはポターニンで，大実業家であるアリシェール・ウスマノフと，ウスマノフが所有するメタロインヴェストとノリリスク・ニッケルとの合併による世界的鉱業メジャーの創設を考えていた。実際に，プロホロフのノリリスク・ニッケル株の売却先がルサールに決まる以前に，ウスマノフはノリリスク・ニッケルの株式の約5％を取得していた。逆にポターニンとウスマノフのこの合併が実現すれば，デリパスカの支配力は薄れることになる（NCCG [2011], Igumentov and Malkova [2013]）。

　こうして主導権争いが始まったのだが，大きな争点となったのが，①ビジネス戦略，②取締役会の構成，そして③経営陣，特にCEO（最高経営責任者）のポストの選出といった企業統治の柱となる問題であった（NCCG [2011]）。闘いの「武器」となったのが，第2章や第4章で議論してきたような，非公式性に富んだツールだった。この点に1990年代との継続性が見てとれる。

　ルサールは，2008年4月にノリリスク・ニッケル株を取得してまもなく，5月にはノリリスク・ニッケルの少数株主との会合を始めた。そしてすかさず7月の年次株主総会を前に，ルサールはノリリスク・ニッケルのビジネス戦略の方向性に異議を唱えた（Sivakov [2010]）。特に，企業発展のための戦略や，環

境政策についてルサールは現行のノリリスク・ニッケルの方針を批判した。

　取締役の構成でも対立が見られた。株主総会を前に，ルサールは取締役会の構成について新提案をした。9人の取締役のうち，当時はプロホロフの支配するオネクシム・グループから1人，ポターニンの支配するインテルロスから2人，経営陣から2人，そして4人が独立取締役だった。会長は，インテルロス副社長のアンドレイ・クリシャスであった。そこで，取締役会に代表者がいないルサールは，次の提案をした。3人を独立取締役に選び，3人をルサールから，そして3人をインテルロスから選出し，会長は独立取締役の中から選ぶというものだった（Fedorinova [2008], NCCG [2011]）。しかし，この提案は通らなかった。7月7日にノリリスク・ニッケルの取締役会が開催され，ポターニンが会長に選出されたのである。

　ノリリスク・ニッケルのCEOはプロホロフが退いた後はデニス・モロゾフが務めていたが，彼が解任されインテルロスのセルゲイ・バフテンが新CEOに選ばれた。7月7日の取締役会は，ルサールが新株主として参加した初の取締役会であったが，モロゾフを引き続きCEOにという意向も，ポターニンではなく独立取締役を会長にと推したルサールの意向も反映されなかった。モロゾフに代わって選ばれたバフテンはインテルロスの副社長で，ポターニン派である（NCCG [2011]）。

　しかし，バフテンのCEO時代は短命だった。1カ月後の2008年8月8日の取締役会で，インテルロスのイニシアチブにより，ウラジーミル・ストルジャルコフスキーが新CEOに選出された。ストルジャルコフスキー（後述）は，プーチンに近い人物であるといわれている。プーチンはロシアを代表する非鉄企業ノリリスク・ニッケルにおける騒動の沈静化に関心を持っていた。そのような中，ストルジャルコフスキーが正式にCEOに選出される前に，プーチンはポターニンとノリリスク・ニッケルの状況や今後について7月末の時点ですでに数回会見していた（Igumentov and Malkova [2013]）。

3）プーチン時代のCEO

　CEOの座に就いたストルジャルコフスキーは，サンクトペテルブルク出身

で，1980 年から 91 年まで KGB に勤務していた。その後ペテルブルクで旅行会社を設立したが，プーチン大統領の庇護のもと，モスクワに移り，スポーツとツーリズムの副大臣と経済発展貿易副大臣を歴任した。その後ノリリスク・ニッケル CEO に就任する直前までの 4 年間，連邦観光局長官を務めていた (*The Moscow Times*, 8 July 2008)。

　ストルジャルコフスキーの登用は，ノリリスク・ニッケルにおける，ポターニン体制へのプーチン政権の支持を，ポターニンが確保することが大きな目的だったといわれている（Igmentov and Malkova [2013]）。ポターニンはデリパスカの動きに危機感を抱いていた。25％プラス1株を保有し，他の少数株主とも協議していたルサールのオーナーであるデリパスカは，すでに言及したように，ルサールとノリリスク・ニッケルの合併を示唆し，ノリリスク・ニッケルを基盤にした鉱業・資源巨大企業創設を念頭に置いていた。そしてさらに追加的にノリリスク・ニッケル株式を取得することを検討していくことも表明していた。この動きと相容れない立場であったポターニンは，プーチン政権からのサポートを取り付けるよう動いた。その結果の一つがストルジャルコフスキー CEO の誕生である。同時に政権側は，非鉄と鉄鋼部門を合併し，ナショナル・チャンピオン的な鉱業メジャー創設計画を抱いており，ストルジャルコフスキーの就任は，ノリリスク・ニッケルを基盤にした政権主導の合併計画が背景にあるとの見方もあった（Igumentov and Malkova [2013]）。

　こうして，プーチンの意向を受けたと考えられているストルジャルコフスキーが CEO となったのだが，ルサールが同氏の CEO 就任に反対した。その結果，デリパスカ側とポターニン側の対立は収束しなかった。ルサールは，ストルジャルコフスキーが非鉄業界の専門家ではないことを理由に CEO 選出に反対の意を唱え続けた。また，ストルジャルコフスキーをはじめとするノリリスク・ニッケル経営陣は大株主であるインテルロスの利益を代表しており，その結果もう一方の大株主であるルサールは不利な立場に置かれているとの主張を続けた（NCCG [2011]）。

4) 長引いた対立と予想外の結末

　この大株主間の対立は，いかにロシアでは企業支配権の確立に高い価値が置かれているかを改めて示すこととなった。企業支配権をめぐるルサールとノリリスク・ニッケル／インテルロスの争いのツールとして，「準自己株式（準金庫株）」と呼ばれるものが役に立った。準自己株式とは，子会社が保有する親会社の株式で，子会社によって購入され，子会社のものとして計上される株式のことを指す。法律上は，親会社の株式を子会社が買い，子会社が親会社の株主として株主総会で議決権を行使することは禁止されてはいなかった。インテルロスはこの規定の「緩さ」をうまく利用したのだった（NCCG [2011], *Novaia gazeta*, 10 March 2011）。

　2008年秋，ノリリスク・ニッケルの子会社が 8.6％のノリリスク・ニッケル株を取得した。子会社は準自己株式を保有する株主としてノリリスク・ニッケルの株主総会で議決権を持つことになった。株を購入した子会社とは，コルビエールとラレーという 2 社のオフショア会社で，事実上ノリリスク・ニッケルの経営上層部の支配下にあったという。また，ノリリスク・ニッケルの上層部はインテルロス側に立っていた。よって，準自己株式の利用は，インテルロスの影響力の強化につながることを意味した（Vin'kov [2011], Iambaeva and Cherkasova [2008]）。

　一部の大株主に有利になるように準自己株式を利用するこのような方法に対し，25％プラス 1 株を持つルサールは反発した。図 6-1 は，年次株主総会で，取締役会の権利に関わるある問題について投票した際の株主の内訳である。ルサール側にはルサール（25％）と少数株主（10％）を含み，インテルロス側にはインテルロス（25％），少数株主（6％），メタロインヴェスト（4％），そして 8％の準自己株式保有者となっている。つまり，8％の準自己株式が利用されなかった場合，投票結果では，ルサール側はインテルロス側より対等な立場を保てていたことがわかる（Vin'kov [2011]）。

　2011 年になり，問題になっていた約 8％の準自己株式が商社トラフィグラに売却された。ノリリスク・ニッケルの子会社とトラフィグラによる取引だったので厳密にはノリリスク・ニッケル本体の取締役会の承認は必要とされな

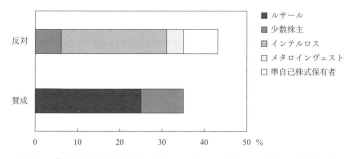

図 6-1 「準自己株式保有者」がキャスティングボートを握る（2011 年）
出所）Vin'kov［2011］.

かった。この取引によって，ノリリスク・ニッケルの経営陣は準自己株式を株主総会で利用できなくなったと思われた。しかし，それでもルサールはトラフィグラの独立性を疑った。すなわち，トラフィグラはインテルロスの利益を代表していると見た。実際のところ，トラフィグラへの売却の条件や価格については不透明な部分が多かったという。一点明らかだったのは，トラフィグラは 2011 年のノリリスク・ニッケルの年次株主総会が終わるまで株を売却してはならない，つまりそれまではノリリスク・ニッケルの株主としてとどまる，という条件があったことだった（NCCG［2011］122-3, Asankin and Kuznetsova［2010］)。

　その後ノリリスク・ニッケルはさらに約 7 ％の自社株を市場で購入することを決めた。この決定の目的に対してもルサールは疑問視した。ロシア投資家保護協会（IPA）の副会長も，ルサールの立場を支持した。当時，同協会はデリパスカに対して株主権保護の改善を訴えていた。にもかかわらず，このノリリスク・ニッケルとルサールとの争いに関しては，株主権保護の考え方はルサールのほうが正しいとの見解を示した。問題とされたのは資金の使い方であった。投資家保護協会の副会長は，上述のトラフィグラへの準自己株式売却益や，約 7 ％の自社株購入に利用した資金を，インテルロスの支配権強化のために使うのではなく，事業への投資や環境問題解決のために回すほうが，企業と株主双方にとってより意味があるだろうという見解を示した（NCCG

[2011], Vin'kov [2011]）。この事例は，インテルロスにとって，株主権保護よりも支配権強化に高い優先度が置かれたことを示唆するものであった。

　このように，インテルロスは「間接的な」子会社などを動員しながら準自己株式をうまく利用し，ノリリスク・ニッケルにおける主導権を保ち続けることができた。ルサールにしてみれば，インテルロスを「出し抜く」ことができなかった。一方でインテルロスは幾度となくルサールに，ノリリスク・ニッケル株の買い取りを申し出た。だがルサールはノリリスク・ニッケルを決して手放そうとはしなかった。

　紛争は続き，プーチン大統領自身も終わりの見えない対立に苛立ちを見せていたという（Igumentov and Malkova [2013]）。2012年3月には，経済発展大臣からズベルバンク総裁となったゲルマン・グレフが仲介役を試みた。グレフはプーチンからも全面的に仲介を任されたと伝えられているが結果が伴わず，その後，ロマン・アブラモーヴィッチが仲裁に入ることになった。2012年10月，ポターニンとデリパスカの仲介役をアブラモーヴィッチが引き受ける用意がある旨を伝える電話がポターニンに入ったという。それは元大統領府長官でエリツィン元大統領の娘婿であるヴァレンチン・ユマーシェフからであった（ユマーシェフの娘ポリーナはデリパスカの妻である）。この電話がきっかけとなり，当事者たちの話し合いが進み，12月10日に新たな合意が達成された（Terent'eva [2012], Igumentov and Malkova [2013]）。

　デリパスカは引き続き，ストルジャルコフスキーの解任と準自己株式の償却，そして配当の増額を要求した。一方のポターニンはノリリスク・ニッケルの経営管理を統括する役割を保持することを要求した。最終的に合意が達成し，当事者たちは，10年間有効の協定に調印し，これまでのすべての法定審理を停止した。インテルロスとルサールは，ノリリスク・ニッケル株の4.87％を，アブラモーヴィッチが所有するミルハウス・キャピタルに14億8700万米ドルで売却することになった（ミルハウス・キャピタルはインテルロスから2.84％，ルサールから2.03％を購入）[12]。ミルハウスはこれをエージェントとなる銀行の

---

12) その結果，インテルロスが30.3％，ルサールが27.8％，ミルハウスが5.87％という所有構成になった。

特別口座に預け，同じ口座にルサールとインテルロスもそれぞれ7％ずつを預けることになった。約20％になる株はミルハウスが代表して管理する。つまりミルハウスが協定を順守しているかどうかフォローするのである。5年間は，当事者たちはノリリスク・ニッケルの株を売ってはいけないことになった。このような取り決めを結び，長年の争点が解決したのであった（*Ekspert*, 30 June 2014, Igumentov and Malkova［2013］, Alekseeva［2012］）。

　すべての準自己株式は償却され，ノリリスク・ニッケルは配当の増額をすることになった。新CEOにはポターニンが就任した。ストルジャルコフスキーは「プラチナ並みのゴールデンパラシュート」といわれた退職手当を獲得し，CEOの座を退いた。アブラモーヴィッチは，ノリリスク・ニッケル株の管理をすることになった。つまり，最終的には，すべての登場人物が欲しいものを受け取ったことになる（Terent'eva［2012］）。

　このように，ポターニンは会社の経営権，ルサールは配当，ストルジャルコフスキーは報酬，そしてミルハウスは株価高騰で利益を上げる可能性，というように当事者それぞれに利点があるような結果となった。この合意については，協定を破るインセンティブのある者はいないだろう，との見方が優勢である。当事者たちは違反者の株を20％のディスカウントで買い戻しができるからである。さらなる争いになれば，ロンドンの法廷で闘わなければならない（Terent'eva［2012］）[13]。ポターニンもデリパスカも敵対するより協力するほうが良いとし，結果には満足したという。双方とも，今回の紛争解決が時価総額の上昇につながると踏み，予想通り停戦の情報が明らかになると，モスクワ取引所ではノリリスク・ニッケルの株は上昇した（Terent'eva［2012］）。

　その後，ノリリスク・ニッケルではポターニンを筆頭に新チームが形成された。コーポレート・ガバナンス問題も解決し，安定的な経営体制が確立している（安達［2015a］）。

13）アブラモーヴィッチもデリパスカもイギリスの法定での争いの経験があり，似たような経験を繰り返したくないだろうという憶測も存在した（Terent'eva［2012］）。アブラモーヴィッチはボリス・ベレゾフスキーとの訴訟，デリパスカはミハイル・チェルノイとの訴訟がいずれもロンドンの法廷で行われた。

5) プーチン時代の民間大企業

　以上のように，ロシア版『フォーブス』誌の大実業家リストの常連であるビジネスエリートらによる大企業の主導権争いが繰り広げられた。勝敗の鍵を握ったのは，いかにあらゆる手段を用いて自分の保有株を増大させるかであった。

　第4章で検証したように，デリパスカは様々な手段を利用して企業改編を行い，アルミニウム工場をルサールへと発展させていった。ノリリスク・ニッケルをめぐる今回の攻防では，デリパスカが逆にポターニン側が利用した手段の犠牲者になった面が大きく，これまで加害者としてのイメージが強かったルサールがどちらかといえば被害者側だったことが特徴的である。

　また，1990年代との根本的な違いは，今回の紛争や支配権争奪戦が企業の構築や一体性に対して大きなインパクトを与えなかったことであろう。つまり，対立する双方の企業が，資本主義企業化され，企業体としての確立が済んでからの紛争であったのが，第4章で中心に見てきた状況と異なる。

　一方，継続性も観察できる。オーナーと経営陣が一体化している傾向の強いロシアでは，75％プラス1株か，あるいはそれに近い程度のコントロールを確保することが大きな意味を持つ。その重要性が，ルサールとインテルロス間の紛争の成り行きの中で改めて示された。それは，75％以上のスーパーマジョリティは絶対条件ではないが，それに近い程度の支配権を確保してはじめてオーナー経営者は安心して経営体制を築けるということである。今回の出来事によって，コントロール確立はロシア企業の存続と発展にとって従来通り最重要ということが再確認されたといえる。

　この企業紛争は，国家の最高指導者の間接的な関与と財界のキーパーソンの仲介によって収束していった。当事者であるルサールのデリパスカ，ノリリスク・ニッケル／インテルロスのポターニンは，ともにエリツィン時代からプーチン時代へと生き残ったオリガルヒである。しかし，ストルジャルコフスキーのCEO就任に見られるように，新たな顔ぶれも登場している。すなわち，エリツィン時代とは別の勢力が明らかに実業界の利害関係に影響を与えた。解体されたユーコスに続き，ノリリスク・ニッケルへの支配権を誰が獲得するのか。ニッケル，パラジウムの世界最大の生産者で，プラチナや銅の生産でも世界大

手である企業をめぐり，エネルギーのみならず冶金分野へ利権を拡大しようと目指す動きが政府・大統領府関係者にあったと見られる（Hanson［2011］）。

　ユーコス事件のあと，国内外の投資家の間では，ロシアの投資環境の悪化や民営化の後退が不安視された。資源分野では経済に対する国家の介入が進んだが，必ずしも国有化一辺倒ということではない。確かに，なかなか紛争が決着しなかったため，可能性として，ノリリスク・ニッケルを国有化して収束を図ろうとする案も浮上した。しかし，国有化の可能性が存在したにもかかわらず，最終的にはその手段はとられなかった。ここに，優良民間企業を是が非でも国有化しようとしているわけではない政府の意向が見てとれる。

　つまり，この企業紛争におけるプーチン政権の関与の仕方は，ロシアの大企業と国家の関係における「望ましい形」あるいは「受け入れ可能な形」のあり方の一つを提示している。ロシアを代表する資源系大企業は，政府が統制の及ぶ範囲で事業を行う限りにおいて，民間所有も是認されるというスタンスを政府がとっているのである。これは，ホドルコフスキーのもと政府の息がかからなくなったユーコスが，対照的に「受け入れ可能な形」でなくなったという見方と親和性があるといえよう。

3　「プーチン社長」と「ロシア株式会社」

1）プーチン時代のビジネスエリート
①オリガルヒから「シロヴァルヒ」へ

　エリツィン時代の1996年当時，ボリス・ベレゾフスキーは，自分を含めたオリガルヒ7人組によってロシア経済の約半分がコントロールされていると強調していたことはすでに述べた。そのうちの2人（ミハイル・フリードマンとポターニン）は現在も実業界で活躍している。序章にも登場したフリードマンはアルファ・グループの総帥として，健在である。ポターニンはインテルロスの総帥として，ノリリスク・ニッケルを中心にビジネスを行っている。彼は2015年のロシア版『フォーブス』の億万長者ランキングでは1位になった[14]。

第 3 章でも触れたように，エリツィン時代に台頭したオリガルヒ 7 人組のうち，プーチンと対立した 3 人はロシアのビジネス界から消えている。ベレゾフスキーはロンドンに移り，2013 年に死亡した。ウラジーミル・グシンスキーはスペインに亡命した。ホドルコフスキーは 2003 年に収監され，釈放されたのは 10 年後の 2013 年末のことだった。その後はヨーロッパに拠点を移し，活動を開始している。

プーチン時代に入り，シロヴィキと呼ばれる，軍や連邦保安庁（FSB）やその前身であるソ連時代の KGB，内務省など，国防や治安および諜報に関わる機関の出身者が政治エリートとして台頭した。シロヴィキの台頭は以下の調査結果にもあらわれている。Kryshtanovskaya［2009］によると，エリツィン時代初期の 1993 年にシロヴィキは政治指導部の 11.2 ％ を占めていたが，第一次プーチン政権第一期の 2002 年には 25.1 ％ となり，第二期が終わる 2008 年には 42.3 ％ になった。官僚組織の中でシロヴィキといえる人々は不均一に分散しており，2009 年 2 月の時点では，最も集中度が高いのがシロヴィキが 70 ％ を占める大統領府で，大臣など連邦レベルの官庁や部局のトップの間では，39.5 ％ がシロヴィキであった。地方エリートの中では，集中度が低いが，それでも 20.7 ％ であった（Kryshtanovskaya［2009］115-6）。

シロヴィキは，政治分野に加え，経済分野でも存在感を増すようになった。ベレゾフスキーが自身の力を豪語した 1996 年から 10 年経った 2006 年には，表 6-1 に示すプーチン大統領に関係が近い 5 人が頭角を現した。5 人が支配する大企業の資産額は，2005 年に合わせてロシアの GDP（国内総生産）の 3 分の 1 を上回ったという（Treisman［2007］）。このうち，ガスプロム社長のアレクセイ・ミーレルを除く 4 人は，シロヴィキの代表格といわれる人物ばかりである。表 6-1 は，これらの企業をコントロールするトップが，エリツィン時代のオリガルヒからプーチン指導下のシロヴィキに代わった様子を示している。

セーチンはプーチンの側近で，プーチン大統領のもと大統領府副長官，大統領府補佐官，そしてプーチン首相のもと副首相を務めた。2004 年 7 月からは

---

14)『フォーブス』誌のウェブサイト（http://www.forbes.ru）。

表6-1 プーチン時代の「シロヴァルヒ」

プーチンの「シロヴァルヒ」たち	2006年 「シロヴァルヒ」支配企業	1996年 「元祖オリガルヒ」支配
I. セーチン（シロヴィキ）	ロスネフチ／ユガンスクネフチェガス（石油ガス）	ホドルコフスキーがユガンスクネフチェガスを支配
V. イヴァノフ（シロヴィキ）	アエロフロート（運輸），アルマズ・アンテイ（機械）	ベレゾフスキーとアブラモーヴィッチがアエロフロートを支配
S. チェーメゾフ（シロヴィキ）	ロスアバロンエクスポルト（兵器輸出），アフトヴァズ（自動車）	ベレゾフスキーとアブラモーヴィッチがアフトヴァズを支配
V. ヤクーニン（シロヴィキ）	ロシア鉄道（運輸）	
A. ミーレル	ガスプロム，シブネフチ（石油ガス），NTV（放送）	ベレゾフスキーとアブラモーヴィッチがシブネフチを支配，グシンスキーがNTVを支配

出所）Treisman［2007］146.

ユーコス事件を契機にロシア最大の石油会社にのし上がった国営石油大手ロスネフチの会長に就任し，2012年から社長を務める。セーチンは，プーチンがサンクトペテルブルク市役所に勤務していた際の部下であった。

　セルゲイ・チェーメゾフもプーチンに近い存在で，国家コーポレーション・ロステク（ロステフノローギー，後述）の代表として戦略産業，特に防衛部門での存在感を発揮している。KGB出身でプーチンがドレスデン勤務中に交流を深めたとされる。かつて「元祖オリガルヒ」としてエリツィン時代に君臨したベレゾフスキーの富の源となったアフトヴァズは，2000年代半ばよりチェーメゾフ率いるロステクの傘下に置かれている。ベレゾフスキーはアブラモーヴィッチとともにアエロフロートも所有していた。プーチン時代となりアエロフロートの会長の座はシロヴィキの重鎮格といわれるヴィクトル・イヴァノフに渡った。KGB出身のイヴァノフは，サンクトペテルブルク市役所でプーチンと共に勤務したのち，プーチンが大統領に就任した際，人事を担当する大統領府副長官に任命された。2004年に大統領府補佐官を務め，2008年から連邦麻薬取引監督庁長官に就任した。実業界では2005年にアエロフロートの会長に就任（2008年まで）し，2002年には国営防衛企業のアルマズ・アンテイの会

長にも選出されている。

ウラジーミル・ヤクーニンは国営ロシア鉄道の社長を2005年より10年間務めた[15]。ソ連閣僚会議対外経済関係国家委員会での勤務や国連代表部幹部としての経験がある。ヤクーニンもプーチンと近い関係にあるといわれる。プーチンはレニングラード州のコムソモリスク湖畔にダーチャ（別荘）を所有しており，1996年に，湖という意味の「オーゼラ」というダーチャ利用協同組合の共同設立者となる。ヤクーニンはそのうちの一人である[16]。

1990年代がエリツィン時代のオリガルヒの面々にとっての黄金時代であったとすれば，エリツィン後は，プーチンに近い人々がこれらオリガルヒにとって代わっている。彼らを示すのに，オリガルヒになぞらえて，「シロヴァルヒ」という造語まで生まれた（Treisman [2007]）。

② プーチンの非公式ネットワーク

このように，プーチンを取り巻く非公式ネットワークが，金融セクターや石油・ガス産業をはじめ，ロシア経済のあらゆる部門に張りめぐらされて影響を及ぼしている。その状況は，様々な資料によって明らかにされている。例えば，2011年に『ノーヴォエ・ヴレーミヤ』誌は「ロシア株式会社——プーチンと友人たちが国を分かち合う」と題する記事を掲載し，プーチンのビジネス・ネットワークを示した（Al'bats and Ermolin [2011]）。そこでは，プーチン・ネットワークを，①「肩章組」，②サンクトペテルブルク人脈，③オーゼラ，④身内の4つのグループに分ける。肩章組とは基本的にシロヴィキを指す。シロヴィキの中には，プーチンの出身地であり，彼が役所での勤務経験を積んだサンクトペテルブルク出身の人々もいるが，サンクトペテルブルク出身だが肩章組でない人々も存在する。②はそのような人々をまとめている。③のオーゼラとは，上述のダーチャ協同組合を基盤としたネットワークである[17]。④は子

---

15) 2015年8月，ヤクーニンは社長職を解任された。
16) プーチン大統領の他，協同組合共同設立者は7名で，いずれもプーチンの出世とともに政府・関係機関の要職に就任し，プーチン政権の重要な決定に関わっているといわれる（Hill and Gaddy [2013]）。
17) プーチンの別荘購入は元首相でガスプロム会長のヴィクトル・ズプコフの紹介によるといわれる。共同設立者の中には，ヤクーニンの他にはアンドレイ・フルセンコや

供・親戚・近い友人などプーチンの「身内」とみなされる人々のグループである。そして，これらの人脈がどのように経済分野に張りめぐらされているかを示したのが表 6-2 である。金融，石油・ガス，輸送，建設，電力エネルギー，軍産複合体，冶金，化学，メディアなどの分野でいかにプーチンのネットワークが形成されているかを示している。

　表にも現れているように，最近では，ネットワークの中心人物の息子たちが要職に就いているケースが注目を集めるようになっている。例えば連邦保安庁長官のニコライ・パートルシェフの息子はロスネフチ会長の顧問に 2006 年に就任したことなどが知られている（*Kommersant*, 13 September 2006）。

　表 6-2 ではプーチンが「家長」のごとく最頂上に位置している。同様に，ニコライ・ペトロフは「太陽系モデル」というプーチンの非公式ネットワークを描写する（Petrov［2011］）。登場人物は表 6-2 とかなり重なっている。それによると，プーチンを太陽と捉え，プーチンを中心として，周りを惑星が三重になって環のように連なっているイメージである。太陽に最も近い環をなしているのが，プーチンに最も近い「パートナー」たちである。そこには，ユーリー・コヴァリチュク，アルカーディー・ロッテンベルク，ゲンナジー・ティムチェンコ，アレクセイ・クドリン，アンドレイ・フルセンコ，ストルジャルコフスキー，シルヴィオ・ベルルスコーニ，アブラモーヴィッチ，セーチン，セルゲイ・ソビャーニン，マティアス・ヴァルニク，ウラジーミル・リトヴィネンコがいる。

　その周り，2 番目の環には，「ジュニア・パートナー」が名を連ねる。ミーレル，ウラジーミル・エフトゥシェンコフ，ピョートル・アヴェン，デリパスカ，グレフ，ヴィクトル・ズプコフ，ヤクーニン，チェーメゾフ，ニコライ・トカレフ，アナトーリー・チュバイスがいる。

　3 番目の環には，「従順な公僕」として，ボリス・グリズロフ，ヴァレンティーナ・マトヴィエンコ，ウラジスラフ・スルコーフ，ヴャチェスラフ・

　　　ユーリー・コヴァリチュークが名を連ねる（表 6-2 を参照）。共同設立者のうち，プーチン以外の 7 人は，物理学や工学のバックグラウンドを持つビジネスマンであった（Hill and Gaddy［2013］）。

表6-2 プーチンを中心としたビジネス・ネットワーク「彼らの家ロシア」(2011年)

凡例:
- ■「肩章組」
- ▓ サンクトペテルブルク人脈(非肩章)
- □ 内輪・友人・親戚
- ▨「オーゼラ」(別荘コーペラチフ)
- ▧ その他

			ウラジーミル・プーチン首相			
			ドミトリー・メドヴェージェフ大統領(ペテルブルク市役所で部下)			
ヴィクトル・ズプコフ 第一副首相(ペテルブルク市役所で部下)	イーゴリ・セーチン 副首相(ペテルブルク市役所で部下)	セルゲイ・イヴァノフ 副首相(KGBの同僚)		ドミトリー・コザーク 第一副首相(ペテルブルク市役所で部下)	ニコライ・パートルシェフ 安全保障会議書記(KGBの同僚)
アレクサンドル・ボルトニコフ FSB長官(KGBの同僚)	イーゴリ・レヴィチン 運輸大臣(KGBの同僚)	アナトーリー・セルジュコフ 国防大臣(ズプコフ娘婿)	アンドレイ・フルセンコ 教育大臣(オーゼラ共同創設者)		イーゴリ・ショゴレフ 通信マスコミ大臣(KGBの同僚)
ウラジーミル・コージン 大統領総務局長(KGBの同僚)	ウラジーミル・チューロフ 中央選挙委員会長(ペテルブルク市役所で部下)	アンドレイ・ベリャニノフ 連邦関税局長(KGBの同僚)		ユーリー・チハンキン 金融監督庁長官(KGBの同僚)	イーゴリ・チュヤン アルコール市場監督庁長官、A.ロッテンベルクのビジネスパートナー(プーチンの幼なじみ)
ミハイル・ドミトリエフ 連邦軍事技術協力庁長官(KGBの同僚)					アレクサンドル・スホルコフ 第一国防副大臣(KGBの同僚)

銀行・金融

ゲルマン・グレフ ズベルバンク総裁(ペテルブルク市役所の同僚)	ユーリー・コヴァリチュク ロシア銀行会長(オーゼラ共同設立者)	ウラジーミル・ドミトリエフ ヴネシュエコノムバンク(VEB)総裁(KGBの同僚)	イーゴリ・プーチン マステル銀行頭取(プーチンの従兄弟)	セルゲイ・イヴァノフ ガスプロム銀行取締役、ソガス社長(S.イヴァノフ次男)
アンドレイ・コスチン VTB銀行総裁(KGBの同僚)	ニコライ・シャマロフ ロシア銀行創設者の一人/株主(オーゼラ共同設立者)	アレクサンドル・イヴァノフ VEB取締役(S.イヴァノフ長男)	アルカーディー・ロッテンベルク 北海航路銀行株主(プーチンの柔道仲間)	ドミトリー・パートルシェフ ロスセリホズ銀行社長(N.パートルシェフの息子)
デニス・ボルトニコフ VTB経営陣(A.ボルトニコフの息子)	セルゲイ・ロルドゥーギン ロシア銀行株主(プーチンの友人)	アンドレイ・アキモフ ガスプロム銀行会長、ノヴァテック取締役(KGBの同僚)	ボリス・ロッテンベルク 北海航路銀行株主(プーチンの柔道仲間)	ヴェーラ・プーチナ ガンゼコムバンク取締役(プーチンの親戚)
アレクセイ・コザーク VTBキャピタル(D.コザークの息子)	ミハイル・シェロモフ アクツェント社(ロシア銀行株主)社長(プーチンの甥)	ユーリー・シャマロフ ガスプロム銀行副社長、ガスフォンド代表(N.シャマロフの息子)	ミハイル・プーチン ソガス副社長(プーチンの甥)	アレクサンドル・プーチン リッチフォードクレジット副社長(プーチンの親戚)

第6章　ロシア新興財閥の変容　311

ガス		石油関連		建設	
アレクセイ・ミーレル ガスプロム社長 (ペテルブルク市役所で部下)	アルカーディー・ロッテンベルク ストロイガスモンタージュ所有 (ガスプロム用パイプライン建設)	アレクサンドル・ネキペロフ ロスネフチ会長＊ (プーチンによる推薦)	アレクセイ・ミーレル ガスプロムネフチ会長 (ペテルブルク市役所で部下)	アルカーディー・ロッテンベルク セヴェロザパド・コンセッションカンパニー創設者	
ヴァレリー・ゴルベフ ガスプロム副社長 (KGBの同僚)	ボリス・ロッテンベルク トゥルーブヌィメタロプロカート所有 (パイプライン用パイプ製造)	アンドレイ・パートルシェフ ロスネフチ社長顧問 (N. パートルシェフの次男)	キリル・シャマロフ＊＊ シブール副社長 (N. シャマロフの息子)	ウラジーミル・コーガン モスメトロストロイ取締役会長 (ペテルブルク市役所の同僚)	
アレクサンドル・メドヴェージェフ ガスプロム副社長 (KGBの同僚)	ゲンナジー・ティムチェンコ ノヴァテック取締役, ロシア銀行創設メンバー (ペテルブルクでプーチンのビジネスパートナー)	ウラジーミル・バグダノフ スルグートネフチェガス社長 (ティムチェンコとビジネス仲間)	ゲンナジー・ティムチェンコ ガンヴァー・インターナショナル共同所有者, シブール株主 (ペテルブルクでプーチンのビジネスパートナー)	セルゲイ・ガブリコフ オリンプストロイ総裁 (プーチン内閣官房副長官)	
ヴァレリー・ムシン ガスプロム取締役 (プーチンに近い教授)		ニコライ・トカレフ トランスネフチ社長 (KGBの同僚)		ジャヴジン・マゴメドフ スマ・グループ (モスクワの大手住宅建設業) 共同オーナー	
	イーゴリ・ロマシェフ ストロイトランスガス取締役 (ティムチェンコのビジネスパートナー)	ウラジーミル・シマノヴィッチ トランスネフチプロダクト社長 (内務省出身)			

軍産複合体	メディア	エネルギー		冶　金	
セルゲイ・チェーメゾフ ロステク総裁 (KGBの同僚)	ユーリー・コヴァリチュク ナツィオナーリニー・メディア・グループ所有 (オーゼラ共同設立者)	ボリス・コヴァリチュク インテルRAO社長 (Iu. コヴァリチュクの息子)		ウラジーミル・ストルジャルコフスキー ノリリスク・ニッケル社長 (KGBの同僚)	アレクセイ・モルダショフ セヴェルスターリ社長
アナトリー・イサイキン ロスアバロンエクスポルト社長 (KGBの同僚)	ユーリー・シャマロフ ガスプロムメディアホールディング取締役 (N.シャマロフの息子)	ユーリー・オレーニン TVEL社長, ロシア銀行のビジネスパートナー		ワシーリー・アニシモフ メタロインヴェスト株主 (A. ロッテンベルグ友人, ロシア柔道連盟会長)	ヴィクトル・ラシニコフ マグニタゴルスク冶金コンビナート社長

鉄道・航空・水上輸送				化　学	
ウラジーミル・ヤクーニン ロシア鉄道社長, オーゼラ共同設立者 (KGBの同僚)	イーゴリ・レヴィチン シェレメチェヴォ空港取締役会長 (運輸大臣・KGBの同僚)	イリヤ・クレバノフ ソフコムフロート取締役会長, 元北西連邦管区大統領全権代表	ヴィタリー・サヴェリエフ アエロフロート社長, Iu.コヴァリチュクのビジネスパートナー, 元ロシア銀行頭取	アルカーディー・ロッテンベルク ミンウダブレーニヤ所有 (プーチンの幼なじみ・柔道仲間)	
コンスタンチン・ニコラエフ Nトランス社長, ティムチェンコとロッテンベルクのビジネスパートナー	アンドレイ・ムロフ プルコヴォ空港社長, ロシア連邦警護庁長官 (E.ムーロフの息子)	アナトリー・バロマレフ 航空 (VEB所有) 取締役, VEB副総裁	ゲンナジー・ティムチェンコ ウスチルガ港ターミナル所有, その他ノヴォロシースク港ターミナルなど	スレイマン・ケリモフ ウラルカリ・ナフタ・モスクワ所有	

出所）Novoe vremia, 25 October 2011.
注）役職は2011年10月現在。＊セーチンは2011年にロスネフチの会長職を退きネキペロフに代わるが，2012年5月から社長。＊＊プーチンの娘婿（Grey et al. [2015]）。

ヴォロディン，ドミトリー・コザーク，タチアーナ・ゴーリコワ，ヴィクトル・イヴァノフ，アナトーリー・セルジュコフ，アレキサンドル・バストリキン，イーゴリ・イヴァノフ，アレクサンドル・ボルトニコフ，ラシド・ヌルガリエフがいる（Petrov [2011]）。

ビジネスエリートとして台頭した「プーチンの友人たち」を示す文献はいくつか存在するが（Mokrousova [2011]），ここでもう一つ，第3章でも参照した実業家ランキングでお馴染みのロシア版『フォーブス』誌のデータを確認する[18]。人名が続くが，プーチン時代の経済システムを把握する上で人的ネットワークは重要なので，ここに列挙する。『フォーブス』誌は，プーチン第二次政権が始まった2012年，「プーチン時代のキーパーソン10人」と題して，経済の中心的存在となった10人の経営幹部・オーナーを選んだ（Berezanskaia et al. [2012]）。その10社の売上げを合計すると，ロシアのGDPの4分の1と等しく，セクターは石油・天然ガスの開発と輸送，鉄道，金融，メディア，建設，機械などの重要分野にわたっている。その顔ぶれは，①ミーレル，②セーチン，③ヤクーニン，④チェーメゾフ，⑤グレフ，⑥トカレフ，⑦コヴァリチュク，⑧ロッテンベルク，⑨ストルジャルコフスキー，⑩ヴァルニクとなっている。

③民間企業と国営企業

エリツィン時代に台頭したオリガルヒから，ビジネスエリートの面々が変わったということは，大企業のトップを構成する人物が変わったということでもある。そしてさらに，企業システムの中で，上位を構成している企業にも変化が現れている。このことを検証するために，2000年，2007年，2013年と3つの時期に，それぞれどのような企業がトップ企業として名を連ねたかを，民間企業と国営間企業に分けて見てみたものが，次の表6-3である。

これは，民間企業と国営企業について，売上高でトップ30位を占めた企業についてのデータである（Abakumova and Fomicheva [2014]）。2000年はプーチンが大統領に就任した年，2007年は世界的金融危機の前でロシア経済が好調

---

18) プーチンの友人たちについては，邦語では加藤 [2012]，塩原 [2012] を参照。

表 6-3 国営・民間企業売上トップ 30 社（2000 / 07 / 13 年）

（百万ルーブル）

順位	2000年			
	民間トップ30社		国営トップ30社	
1	ルクオイル［石］	378,067	ガスプロム［石］	641,520
2	ユーコス［石］	275,674	統一エネルギーシステム［エ］	295,912
3	スルグートネフチェガス［石］	162,591	タトネフチ［石］	174,863
4	ノリリスク・ニッケル［冶］	152,989	ロスネフチ［石］	69,390
5	TNK（チュメニ石油会社）［石］	119,569	スラヴネフチ［石］	56,436
6	シブネフチ［石］	64,975	アフトヴァズ［機］	83,186
7	セヴェルスターリ［冶］	63,246	アルロサ（ダイヤモンド）	56,334
8	マグニタゴルスク冶金コンビナート［冶］	46,381	バシネフチヒム［化］	38,124
9	ノヴォリペツク冶金コンビナート［冶］	37,200	バシネフチ［石］	36,948
10	シビリア・ウラル石油ガス化学会社［石］	32,237	TVEL［機］	28,634
11	ゴーリキー自動車工場（ガズ）［機］	29,602	ニジネカムスネフチェヒム［化］	19,178
12	シダンコ［石］	28,016	カマズ［機］	18,487
13	オレンブルグネフチ［石］	21,711	コムソモリスクナアムーレ航空機生産合同［機］	12,649
14	スアル［冶］	19,794	タトエネルゴ［エ］	12,030
15	ニジニタギル冶金コンビナート［冶］	18,280	クーポル［機］	10,641
16	クラスノヤルスクアルミ工場［冶］	17,935	イルクーツクエネルゴ［エ］	8,606
17	西シベリア冶金コンビナート［冶］	16,022	レベディンスキーGOK［鉱］	6,974
18	チェリャービンスク冶金コンビナート［冶］	15,563	クリスタル［化］	6,849
19	メタロインヴェスト［冶］	15,069	カザンオルグシンテズ［化］	6,483
20	セヴェルナヤヴェルフィ［機］	14,949	ニジネカムスクシーナ［化］	6,466
21	イリム・パルプ［冶］	14,000	カラリョフ名称エネルギヤ［機］	6,012
22	ブラーツクアルミ工場［冶］	13,552	シベリア化学コンビナート［化］	5,598
23	クズネック冶金コンビナート［冶］	12,833	ノルシ・オイル［石］	5,475
24	シバール［冶］	11,779	ヤクートウーゴリ［鉱］	5,346
25	ノスタ［エ］	10,398	ヴォルクタウーゴリ［鉱］	5,240
26	クズバスラズレズウーゴリ［鉱］	10,219	アフトディーゼル［機］	4,905
27	ノヴォクズネツクアルミ工場［冶］	10,066	イジマシュ［機］	4,800
28	オスコルスクコンビナート［冶］	9,959	アヴィテック［機］	4,658
29	ヴァリエガンネフチ［冶］	9,455	キロヴォチェペツキーコンビナート［化］	4,650
30	バルティカ・ビール［消］	9,374	ウファ・エンジン生産合同［機］	4,513
		1,644,503		1,640,911

（つづく）

(百万ルーブル)

順位	2007 年			
	民間トップ30社		国営トップ30社	
1	ルクオイル [石]	17,717,090	ガスプロム [石]	2,390,470
2	TNK-BP [石]	702,450	ロシア鉄道 [輸]	975,590
3	スルグートネフチェガス [石]	617,280	ロスネフチ [石]	920,500
4	ノリリスク・ニッケル [冶]	420,940	統一エネルギーシステム [エ]	821,690
5	セヴェルスターリ [冶]	389,510	タトネフチ [石]	356,276
6	ルサール [冶]	382,280	スヴャジインヴェスト [電]	246,130
7	エヴラズ・グループ [冶]	327,240	トランスネフチ [輸]	221,940
8	マグニタゴルスク冶金コンビナート [冶]	209,430	アフトヴァズ [機]	187,540
9	MTS (モバイルテレシステム) [電]	208,820	スラヴネフチ [石]	159,410
10	ノヴォリペツク冶金コンビナート [冶]	197,220	シブール [化]	142,650
11	ウラル鉱業冶金会社 [鉱]	196,960	ロスエネルゴアトム [エ]	123,580
12	TAIF グループ [化]	192,100	モスエネルゴズビート [エ]	108,350
13	ヴィムペルコム [電]	183,220	アエロフロート [輸]	97,290
14	ルスネフチ [石]	178,980	カマズ [機]	97,230
15	メチェル [冶]	170,780	サラヴァトネフチェオルグシンテズ [化]	96,970
16	メタロインヴェスト [冶]	164,730	アルロサ (ダイヤモンド)	90,730
17	ガズ (GAZ)・グループ [機]	152,780	アルマズ・アンテイ [機]	83,110
18	コンプレクス・エネルギーシステム [エ]	148,000	モスエネルゴ [エ]	78,600
19	メガフォン [電]	140,390	ロシア郵便 (郵便)	70,600
20	X5 リテールグループ [消]	135,930	ロステレコム [電]	64,600
21	エルドラド [消]	131,660	FSK UES [エ]	61,380
22	フォード・モーター [機]	121,240	バシキールエネルゴ [エ]	53,881
23	メガロポリス [消]	116,480	TVEL [機]	48,950
24	OMK (鋼管冶金会社) [冶]	107,830	ルスギドロ [エ]	47,770
25	TMK (統一冶金会社) [冶]	106,770	スホイ [機]	47,450
26	バシネフチ [石]	102,340	タトエネルゴ [エ]	47,130
27	メトロキャッシュ&キャリー [消]	96,630	MOEK [エ]	42,780
28	マグニート [消]	93,950	ウラルワゴンザヴォード [機]	39,590
29	ロルフ [消]	92,110	ウラルスヴャジインフォルム [電]	39,150
30	エヴロセーチ [消]	91,980	ロスジェルドルストロイ [建]	38,980
		7,897,120		77,822,317

(百万ルーブル)

順位	2013年 民間トップ30社		国営トップ30社	
1	ルクオイル［石］	4,512,319	ガスプロム［石］	5,249,965
2	スルグートネフチェガス［石］	837,734	ロスネフチ［石］	4,694,000
3	ヴィムペルコム［電］	719,281	ロシア鉄道［輸］	1,762,838
4	マグニート［消］	580,641	ロスセーチ［エ］	759,779
5	バシネフチ［石］	563,296	トランスネフチ［輸］	749,617
6	X5リテールグループ［消］	535,432	インテルRAO［エ］	662,321
7	エヴラズ・グループ［冶］	459,711	ロステレコム［電］	325,704
8	タトネフチ［石］	454,983	ルスギドロ［エ］	313,632
9	TAIFグループ［化］	442,800	アエロフロート［輸］	290,956
10	メガロポリス［消］	442,162	アバロンプロム［機］	276,484
11	セヴェルスターリ［冶］	423,817	アルマズ・アンテイ［機］	272,100
12	MTS（モバイルテレシステム）［電］	398,443	モスエネルゴズビート［エ］	246,422
13	メチェル［冶］	398,443	ロスエネルゴアトム［エ］	232,857
14	ノリリスク・ニッケル［冶］	366,499	スラヴネフチ［石］	193,038
15	ノヴォリペック冶金コンビナート［冶］	348,011	アフトヴァズ［機］	177,500
16	ルサール［冶］	311,344	アルロサ（ダイヤモンド）	168,505
17	ノヴァテック［石］	298,158	FSK UES［エ］	157,970
18	メガフォン［電］	297,229	モスエネルゴ［エ］	156,663
19	KESホールディング［エ］	270,600	TVEL［機］	137,457
20	シブール・ホールディング［化］	269,814	ロシア郵便（郵便）	133,092
21	アシャン［消］	267,725	MOESK［エ］	129,125
22	マグニタゴルスク冶金コンビナート［冶］	261,261	カマズ［機］	114,317
23	ストロイガスコンサルティング［建］	259,700	トムスクネフチ［石］	112,547
24	ヴォルクスワーゲングループ・ルス［機］	241,249	OGK-2［エ］	111,976
25	メタロインヴェスト［冶］	233,634	MOEK［エ］	97,903
26	トヨタモーター［機］	230,855	MRSKツェントラ［エ］	93,297
27	ストロイガスモンタージュ［建］	226,592	極東エネルギー会社［エ］	91,216
28	TMK（統一冶金会社）［冶］	204,843	モスインジュプロエクト［建］	82,609
29	JTインターナショナル［消］	196,077	MRSKツェントライプリヴォルジア［エ］	77,554
30	メトロキャッシュ＆キャリー［消］	183,200	テフスナブエクスポルト［エ］	69,578
		15,235,854		17,941,021

出所）Abakumova and Fomicheva [2014].
注）企業名の後の［ ］内は産業分野を示す。［石］：石油・ガス，［化］：化学・石油化学，［消］：消費，［冶］：冶金，［機］：機械製造業，［電］：電気通信，［エ］：エネルギー（電力），［建］：建設，［鉱］：鉱山会社，［輸］：輸送。

だった年，そして2013年は危機を乗り越えて落ち着きを取り戻した頃，またウクライナ危機が発生する以前のことである（Abakumova［2014］）。

3つの時期を見比べると，2013年の表に新しいタイプの企業が浮上していることがわかる。ストロイガスコンサルティングやストロイガスモンタージュなど，ガスプロムの請け負いの仕事を主業務とする企業がトップ30に入った。後者はプーチンの友人であるロッテンベルクが所有しており，小売り大手のメトロキャッシュ＆キャリーより上位につけている。

また，2013年に急浮上しているのが，民間ガス会社のノヴァテックである。レオニード・ミヘルソンによって創設された同社は，プーチンに近いといわれるティムチェンコのヴォルガ・グループが2009年に18.2％を所有するようになった。2013年に売上高を2009年の900億米ドルから2980億米ドルに大幅に伸ばしトップ30にランクインした。このように，2013年にはプーチンに近しい人々が多くのトップ企業を指揮するようになったことを表6-3は示している（Abakumova［2014］）。

民間企業と国営企業とのコントラストで見ると，以下のことがいえる。2000年は，トップ30社の売上高合計は，民間30社も国営30社もそれぞれ16.4兆ルーブルと，同じ程度であった。2007年についても，民間トップ30社の売上高合計が7.897兆ルーブル，国営トップ30社の売上高合計が7.782兆ルーブルとで，大差はあまりない。しかし，2013年になると，ガスプロムとロスネフチが抜きん出ている。国営のトップ30社の売上高の合計が17.9兆ルーブルとなり，民間トップ30社の売上高合計の15.2兆ルーブルよりも18％上回っている。つまり，明らかに国営企業の台頭がトレンドとして見られようになったのである（Abakumova［2014］）。なお，国営企業の台頭については，次章で詳しく検討する。

2）非公式ネットワークと「レント管理システム」が支える「ロシア株式会社」
①「非公式取締役会」

以上のように，資源分野をはじめ，戦略的とみなされる分野の大企業の支配や経営に関わる人物を見ると，プーチンのインナー・サークルに属する個人が

目立つ。Kupchinsky［2006］は，プーチンを囲む2つの代表的なグループが，サンクトペテルブルク・グループとシロヴィキ・グループであり，この2つの陣営が，プーチン時代の新たな「非公式な取締役会」を構成していると2006年に論じた。ダニエル・トレイスマンは，「シロヴァルヒがロシア経済の『管制高地（コマンディング・ハイツ）』をコントロールし，彼ら治安部隊が企業の役員室を掌握するようになったことが，プーチン政権を特徴づけている」と分析する（Treisman［2007］142）。

確かなことは，「プーチンの友人たち」が大企業の経営や取締役会の主要ポストに就任するようになったことである。しかし，友人を優遇するのはロシアに限ったことではないだろう。では，このことは現代ロシア経済における企業システムについてどのような示唆を与えているのだろうか。一つの解釈として，クリフォード・ギャディーとバリー・イッケスの論じる「レント管理システム（RMS）」を手がかりに考察できそうである（Gaddy and Ickes［2010a］［2010b］［2011］）。

②非公式レントとレント管理システム

レントとは，超過利潤のことである。ギャディーらは，ロシアの産業構造はソ連時代と本質的に変化しておらず，石油・ガス産業が生み出すレントが防衛産業をはじめとする機械製造業を支えていると論ずる。つまり，ソ連から引き継がれたロシアの産業構造において，石油・ガス企業など資源大手は，競争力があるとは限らない機械製造企業の需要に応じるために機能しなければならないのである。機械製造企業の生産活動を助けているのは，それらに資材（燃料・エネルギー・金属・部品など）を供給する資源企業や，サービス（鉄道やパイプライン）の提供者である。また，資材を供給した企業が，供給先である機械製造企業の生産物を買い取る仕組みになっている（Gaddy and Ickes［2010a］［2010b］［2011］）。

レントが石油・ガス部門から機械製造企業に移転されるといっても，その基本的な方法は，税金として石油・ガス産業から集められたレントの一部を機械製造部門に振り分けるという公式的なものだけではない。石油・ガスなどの資源部門から機械工業へと連なるレント分配チェーンに資源企業を巻き込むとい

う仕組みになっていて，その振り分けは，大部分非公式性に基づいている（Gaddy and Ickes［2011］）。例えば，資源生産者は，資材の供給価格を市場価格より低くして機械製造業者に供給する。あるいは製造業者に対し，割高に注文を出してその支払いをする。前者は資材コストの形をした非公式レントであり，後者は貨幣化されたものである。これらは，いずれも資源生産者が機械製造業へ直接的に非公式レントの移転を行う場合である。間接的には，石油・ガス産業から仲介業者（運輸インフラ建設・石油精製）を介してレントが行き渡る場合もある。機械製造業者へ資材を輸送するのにコストが割高の鉄道を用いるなどが，その一例である（Gaddy and Ickes［2010a］［2011］）。

このように，石油・ガス部門が機械製造部門を支えるために，ロシア経済では「超過コスト」の形をしたインフォーマルなレントの分配システムが機能している。この分配システムは不透明で明文化されておらず，部外者には把握しにくい（Gaddy and Ickes［2011］）。

ギャディーらのこの議論に同調するセーン・グスタフソンは，次の石油業者による発言を引用している。

> あなたたち西側の人々は収益から金を稼ぐ。我々ロシア人はコストから金を稼ぐのだ。(Gustafson［2012］25)

グスタフソンも，石油・ガスからのレントのフローがロシアの経済システムを支え，そして政治システムを維持管理するためにも必須であると主張する。

③ロシア株式会社とその社長

ソ連時代には，これら石油・ガスレントは指令経済のもと，中央集権的に統制されていた。プーチン時代になると，レント配分の決定は概ね企業レベルで行われるようになった（Gaddy and Ickes［2010a］［2011］）。ここで重要となるのが，いかにレントのフローを管理するかである。ギャディーらは，石油・ガス生産から機械工業生産へとつながるレントの流れをしっかり掌握しているのがプーチン政権下のレント管理システムだと述べる。そして，ロシア経済全体がこのレント管理システムに支えられる巨大企業――「ロシア株式会社（RUSSIA Inc.）」――であり，プーチン時代のオリガルヒやシロヴァルヒら実業家たちは，

ロシア株式会社内でレント管理を任される部門長ということになる（Gaddy and Ickes［2010a］［2011］）。

ロシア株式会社の社長（CEO）はプーチンである。社長としては，レントの消失を抑え，レント管理システムを保つことが国家の経済運営には欠かせない。このレント管理システムを支える役割を果たす限りにおいて，企業は国営でも民間でも構わないのである。この意味でも，第一節で検証したように，ユーコスは「ロシア株式会社」において果たすべき役割を担っていなかったといえるだろう。

おわりに

　本章で見てきたように，国家と大企業の関係が国家主導に傾いていく転換点を象徴するのがユーコス事件であった。プーチン時代となり，石油・ガス産業は，セーチンとミーレルがそれぞれ社長を務めるロスネフチとガスプロムのツートップが君臨するようになった。石油・ガス企業に加え，レント管理システムにおいて，レントの分配チェーンをなす輸送インフラ部門や機械製造部門の大企業でも，プーチン・ネットワークからの代表者が要職に就くようになっている。ロシア鉄道の社長はヤクーニン，トランスネフチのトップにはトカレフ，自動車やその他防衛産業においてはチェーメゾフが上層部に任命されていることなどが良い例であろう。セーチンもチェーメゾフも国家主導型の経済を支持するプーチン時代のエリートである。

　「ロシア株式会社」の「社長」の立場からは，ロシア株式会社を「国益」にかなうようにし，そして安定的に機能させるためにレント管理システムを維持する必要があろう。このように理解すれば，プーチン時代において，「ロシア株式会社社長」にとって信頼のおける人材が非公式ネットワークから主要なポストに登用される傾向の説明が部分的ながらもできそうである。この点については，次章でより具体的に考察する。

第7章
経済の国家関与強化と企業システムの発展

はじめに——プーチン時代の「国家資本主義」

　リーマンショックに端を発したグローバル金融危機への政府主導的な政策対応や、国営企業を重視するロシアや中国をはじめとする新興国の台頭を受け、経済における国家の役割が注目されるようになった。実際、国有企業、民間の国家的旗艦企業、政府系ファンドなどの機能が高まることで、国家は主要な経済アクターとして看過できない存在となっている。ロシアや中国など、市場メカニズムを受け入れながら国家の影響力強化を追求し、政府が経済において支配的な役割を担う国々が台頭し、「国家資本主義/ステート・キャピタリズム」として位置づけられるようになった（Bremmer［2009］［2010］等）[1]。

　これまで示してきたように、ソ連解体後、ロシアでは資本主義の導入に伴い大規模な私有化・民営化が進められ、民間大企業の躍進が見られた。しかし、2000年に始動したプーチン政権下では、資源・エネルギーなど政府によって戦略的とみなされる分野での国家による関与が進んだ。このような状況から政府や国営企業が影響力を拡大するロシア型「国家資本主義」が形成されていると見られている（Radygin［2004］, Bremmer［2009］［2010］）。エリツィン時代の企業私有化の流れは減速し、資源産業への国家の介入が強化され、国家主導で

---

[1] 21世紀になってからの国家資本主義の台頭については、米国ユーラシア・グループのイアン・ブレマーが2010年に『自由市場の終焉』と題する著作を発表し話題を呼んだ。さらに、2012年1月には『エコノミスト』誌が「国家資本主義の台頭」と題する特集を組むなど、グローバルな主要テーマとして定着している。

企業の垂直的統合を推進する取り組みが行われた。こうした傾向の強まりによって,「企業による国家捕獲(ステート・キャプチャー)」から,「国家による企業収奪(ビジネス・キャプチャー)」へと,国家と企業の関係が変貌したとの見解も出てきた(Yakovlev [2006])。

プーチン政権下での資源採掘企業に対する国家介入強化の象徴的な出来事が,ユーコス事件であったことは第6章で述べた。戦略産業への国家の影響力増強の動きは,ロスネフチやガスプロムなどの国営資源大手を優遇する動きや,外資企業の活動を制限する資源ナショナリズムの高まりという形でもあらわれた。第5章でも見たように,2008年には,地下資源開発,航空,軍需,原子力産業など政府は40以上の「戦略的分野」を定義し,国家の経済への関与を増大し,外資の参加を限定する法律を施行した。

国家の経済への関与拡大傾向は続き,規模も小さくない。本章では,まずこの流れをデータによって確認する。その後ロシアの国営企業の代表格である石油・天然ガス企業の躍進と,「国家コーポレーション」に代表される国策会社の設立をそれぞれ考察する。このことによって,前章で論じた非公式性に支えられる「ロシア株式会社」の働きや仕組みを具体的に検証し,プーチン時代の国家主導型経済における企業システムの展開を示していく。

1 経済への国家関与——プーチン-メドヴェージェフ双頭体制から第二次プーチン政権へ

1) 国家の経済への関与拡大傾向

ロシアにおける民間セクター誕生の経緯は,主としてソ連型計画経済を軸とする社会主義経済体制の崩壊と,国有資産の大規模な民営化・私有化プログラム実施の結果によるものであった。ロシアでは第3章で示した通り,ネオリベラル的政策がとられ,急進的改革が進められた。特に1990年代前半に多くの私有化企業が誕生し,民間セクターが急増した。しかし2000年代に入り,その波は沈静化する。

企業数に占める私有企業を見ると,表7-1にあるように,総企業数では

表 7-1 企業数と組織形態（1995～2013 年）

(千社)

年	1995		2000		2005	
総企業数	2,250	%	3,346	%	4,767	%
国有	322	14.3	151	4.5	160	3.4
自治体所有	198	8.8	217	6.5	252	5.3
私有	1,426	63.4	2,510	75.0	3,838	80.5
混合所有	—	—	246	7.4	265	5.6
年	2010		2012		2013	
総企業数	4,823	%	4,886	%	4,843	%
国有	119	2.5	113	2.3	116	2.4
自治体所有	246	5.1	231	4.7	225	4.7
私有	4,104	85.1	4,195	85.9	4,160	85.9
混合所有	197	4.1	201	4.1	198	4.1

出所）ロシア統計局のウェブサイト（http://www.gks.ru）。

表 7-2 民間セクターの GDP に占める割合（1991～2008 年）

年	1991	1992	1993	1994	1995	1996	1997	1998	1999
%	5	25	40	50	55	60	70	70	70
年	2000	2001	2002	2003	2004	2005	2006	2007	2008
%	70	70	70	70	70	65	65	65	65

出所）EBRD, *Transition Reports* 各号。

1995 年には 225 万社（うち私有企業 143 万社）であった総企業数が，2010 年には 482 万社（うち私有企業 410 万社）に達した。私有企業数は，1995 年は総企業数の 63 % であったのが，2010 年は 85 % を占めるようになった。私有化の結果，経済活動に従事している者のうち国有・公有企業就業者の比率は 1985 年に 91.1 % であったが，2000 年には 37.9 % にまで下がっている[2]。

---

2) ロシア国家統計局では，国家所有の企業と混合所有の企業とを分けており，前者は 100 % 国家所有の企業を指す。また，直接的な国家所有の場合のみが国有企業とみなされる。例えばシブネフチがガスプロムに吸収されて改称したガスプロム・ネフチは国家（政府）が直接所有しているのではなく，ガスプロムが所有している。このように政府の保有が間接的な場合，統計上は国家所有の企業とみなされない（Sprenger [2008]）。なお，「国有部門」の中に分類される企業の中には，国家が過半数かそれ以上を所有する企業が含まれている。ちなみに，ロシアでは，大企業：従業員 251 人以上，中企業：101～250 人，小企業：100 人以下，ミクロ企業：15 人以下，となってい

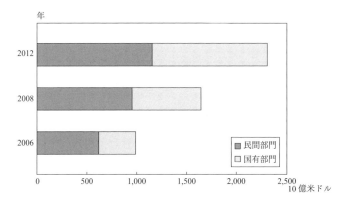

図 7-1 ロシアの国有部門の推移（2006 / 08 / 12 年）

出所）Tseplyaeva and Eltsov［2012］.

それでは，民間セクターが GDP（国内総生産）に占める割合はどうであろうか。欧州復興開発銀行（EBRD）は，年次報告書『移行報告』で，ロシアをはじめとするいわゆる移行経済諸国における民間部門の発展の度合いを示す指標として，民間セクターの GDP に占める割合を報告している。ロシアの場合，1991 年は 5 ％であったが，民営化が進み，民間部門も拡大し，1997 年には 70 ％に及ぶようになったが，70 ％の状態は 2004 年まで続いたが，2005 年に民間セクターの割合が 5 ％減少し 65 ％となった（表 7-2 を参照）。2010 年の年次報告書によると，その状態が少なくとも 2010 年まで続いている（EBRD［2010］)。なお，以下に見るように，GDP を担う国有部門の比率は，EBRD の報告書が示す 35 ％よりも実際は大きかったと見られている。

プーチン政権になり，国の経済におけるプレゼンスが拡大したことを示すいくつかのデータがある[3]。例えば，BNP パリバ証券の Tseplyaeva and Eltsov［2012］によると，ロシアの国有部門は 2000 年以降増大し，2012 年には経済の約半分を占めるようになった（図 7-1 を参照）。移行経済研究所（ガイダール研究所）や経済発展省によると 2006 年にはロシアの GDP の 38 ％を国有部門

る。

3）ロシア経済における国家関与拡大については，Adachi［2015］も参照。

表 7-3 部門ごとの国家所有（2011年）

(%)

部　門	割　合
運輸・輸送	73
銀行	49
石油・ガス	45
電力	35
機械	15
電気通信	14
冶金	1

出所）Tseplyaeva and Eltsov［2012］．

が占めていたが，2008年には40〜45％程度に増えたという結果が報告されている。さらに2008年の金融危機は国有部門拡大の傾向を強め，2009年には50％を超えるようになった（Radygin and Entov［2008］）。

具体的な産業別に見てみると，石油部門では，1998年から99年に原油生産の10％を国有部門が担っていたのが，2011年には40％から45％を担うようになった。表7-3にあるように，2011年，運輸・輸送部門における国有の割合は73％であり，銀行部門は49％に及んでいる（Tseplyaeva and Eltsov［2012］）。

2）企業活動への関与

経済開発協力機構（OECD）による調査も，国家によるコントロールの拡大を示している。政府の経済活動への関与を指標化した製品市場規制（PMR）指標では，様々なビジネス部門の競争に対する規制障壁の状況を評価することができる。PMR総合指数は，「企業への国家関与・統制」，「起業への法的・行政的障壁」，「国際貿易・投資への障壁」の3要素を0〜6点で評価し，加重平均している。数値が高いほど政府による製品市場規制が強い。このうち「企業への国家関与・統制」については，「公的所有」と「ビジネス活動への関与」について指標化されている（表7-4を参照）。表7-4が示すように国家のビジネス活動に対する関与に関しては，ロシアでは先進国と比べて大きいことがわかる（国家コントロールに関しては，OECD平均値と大きな差がある中国とロシアは比較的同程度ともいえる）（OECD［2009］［2010］）。

ロシアの株式市場では，ロシア政府が保有する上場大企業の株式が着実に増加している。株式時価総額において，政府保有株が占める割合が2004年の24％から2007年は40％となり，金額にすると，4690億米ドルが政府保有の上場株式総額であった。2012年には，上場ロシア企業のトップ50社（時価総額）のうち，国営企業の割合が50％を超えるようになった。ガスプロム，ロスネ

表7-4 経済活動への国家関与（PMR 指標）（2008年）

	ロシア	中国	OECD 平均	OECD 新興国	ユーロ圏	米国
PMR 総合指数	3.3	3.3	1.34	1.83	1.32	0.84
国家コントロール	4.39	4.63	2.03	2.54	2.19	1.10
・公的所有	4.28	5.33	2.91	3.46	3.08	1.30
・ビジネス活動への関与	4.50	3.94	1.15	1.61	1.30	0.90

出所）OECD [2009][2010].
注）0〜6点で評価。点が高ければより国家コントロールが高い。OECD 新興国：チェコスロヴァキア，韓国，メキシコ，ポーランド，トルコ。ユーロ圏：オーストリア，ベルギー，フィンランド，フランス，ドイツ，イタリア，ルクセンブルク，オランダ，ポルトガル，スペイン。

フチ，ズベルバンクの時価総額はそれぞれ3兆6960億ルーブル，2兆2610億ルーブル，2兆790億ルーブルであった。その他の国営企業が4兆310億ルーブルだったので，国有部門は約12兆ルーブルである。それに対して民間部門は11兆470億ルーブルであった（Tseplyaeva and Eltsov [2012]）。

他のデータも，経済の国家統制の高まりと，すでにその傾向が2008年の第一次プーチン政権第一期の終わりまでには範囲が拡大していたことを示している（Radygin and Entov [2008]）。経済誌『エクスペルト』は，毎年トップ400社をランク付けした企業ランキング「エクスペルト400」を発表している（表3-4を参照）。総売上高ランキングでは，2004年は400社のうち，81社（20％）は国家がコントロールする企業であり，81社の総売上高は1450億米ドルであった。2年後の2006年には，この数字が400社中102社（25.5％）となり，総売上高も2380億米ドルに上がっている。また，経済の独占化も進んだ。連邦反独占局とロシア統計局によると，2003年には52の企業がロシアのGDPの20％を担っていたが，2006年になるとその企業数が52社から11社に減少した（Radygin and Entov [2008]）。

国家が経済活動においてプレゼンスを高めることによって進行する症状がある。それは，政治と経済との区別，国家と企業との境界が曖昧になってしまうことである。国営企業が商業目的とは離れて，自社の事業とは直接無関係にもかかわらず，野心的な国家的プロジェクトに多額投資をする事例が目立つようになった（Tseplyaeva and Eltsov [2012]）。連邦予算と国営企業の予算との境界が

不鮮明になっている例として，ガスプロムが挙げられる。ガスプロムは2014年に開催されたソチ冬季五輪において，連邦政府に次いで2番目に大口の投資家であった。1000億ルーブルの投資額のうち，ガスプロムのコアになる事業に関係するものは，315億米ドルのドジュブガ・ラザレフスコエ・ソチ・ガスパイプラインに関するものくらいであった。すなわち，投資額の半分以上が国家の威信に関わる五輪の成功と，ソチ地域の開発と発展のために投入されたことになる（Tseplyaeva and Eltsov［2012］）。

2　政府系企業の躍進──ガスプロムとロスネフチ

1）国営石油会社の時代

　2007年3月,『フィナンシャル・タイムズ』紙が「新セブンシスターズ」の台頭を特集した（Hoyos［2007］）。第二次世界大戦後，中東の石油を支配してきた欧米の石油メジャーをセブンシスターズと呼んだことはよく知られている。①エッソ（エクソンモービル），②ソーカル（シェブロン），③テキサコ（シェブロンに吸収），④ガルフ（シェブロンに吸収），⑤モービル（現エクソンモービルに吸収），⑥ロイヤル・ダッチ・シェル，⑦ブリティッシュ・ペトロリウム（BP）の米国5社，欧州2社を指す。1970年代まで，国際石油市場はこれらセブンシスターズによって牛耳られていた。そしてこのたび，新セブンシスターズとして注目されたのは，①サウジアラムコ（サウジアラビア），②ガスプロム（ロシア），③中国石油集団（CNPC）（中国），④国営イラン石油会社（NIOC）（イラン），⑤ベネズエラ国営石油公社（PDVSA）（ベネズエラ），⑥ペトロブラス（ブラジル），⑦ペトロナス（マレーシア）である。

　新セブンシスターズは，ガスプロムについては100％の株式を国家が所有しているわけではないが，すべて国営企業である。新セブンシスターズは世界の石油・天然ガス生産の約3分の1を担い，埋蔵量でも3分の1以上を誇る。元祖セブンシスターズは1990年代に業界の再編により4大メジャーになり，石油・天然ガス生産では世界の10％，埋蔵量では3％と，新興勢力に比べて

表 7-5 世界石油会社ランキング(『ペトロリウム・インテリジェンス・ウィークリー』)(PIW 指標)

2007 年	2006 年	PIW 指標*	会社名	国名	国家所有 (%)
1	1	30	サウジアラムコ	サウジアラビア	100
2	2	33	国営イラン石油会社	イラン	100
3	3	37	エクソンモービル	米国	—
4	5	51	ベネズエラ国営石油会社	ベネズエラ	100
5	7	53	中国石油集団(CNPC)	中国	100
6	4	55	BP	イギリス	—
7	6	63	シェル	イギリス・オランダ	—
8	8	83	コノコフィリップス	米国	—
9	9	88	シェヴロン	米国	—
10	10	90	トタル	フランス	—
11	11	91	ペメックス	メキシコ	100
12	12	99	ソナトラック	アルジェリア	100
13	12	102	ガスプロム	ロシア	50.0023
14	14	103	クウェート石油公社	クウェート	100
15	15	111	ペトロブラス	ブラジル	32.2
16	24	116	ロスネフチ	ロシア	75.16
17	18	124	ペトロナス	マレーシア	100
18	16	126	アブダビ国営石油	UAE	100
18	17	126	ルクオイル	ロシア	—
20	19	141	ナイジェリア国営石油会社	ナイジェリア	100

出所)Energy Intelligence [2008].
注)* PIW 指標は 2007 年。ポイントが小さいほど上位。

勢いが鈍っていた。『フィナンシャル・タイムズ』は,欧米の民間石油メジャーと互角に競争し,石油・天然ガスセクターに新たなゲームのルールを規定する勢力になりうるという観点から,新セブンシスターズに注目したのである。

　同様に,エナジー・インテリジェンスによる,『ペトロリウム・インテリジェンス・ウィークリー(PIW)』誌のデータも,国営石油・ガス企業の躍進を示している。同誌は毎年石油・ガス企業のランキングを発表している。表 7-5 に,2008 年 1 月に発表されたエナジー・インテリジェンスによる上位 20

社を示す。この PIW 指標は，石油および天然ガスの埋蔵量，生産量，石油精製能力や販売量など6つの事業分野を分析基準としてランキングを出している。2007年にかけて，エクソンモービルなどスーパーメジャーは上位をキープしたが，新セブンシスターズをはじめとする国営石油・ガス会社の台頭が顕著で，上位50位のうち27社を占めるようになった。2007年のランキングでは，ロスネフチの上昇も注目された（Energy Intelligence [2008]）。

　また，企業の市場価値を示す時価総額をもとに順位付けする『フィナンシャル・タイムズ』が毎年発表する，全世界上位500社をランキングした「FT グローバル500」において，2008年，ベスト4のうちの2社を占めたのは，中国とロシアの国営企業であった。1位は米国のエクソンモービル，CNPC が2位，そして4位にランクインしたのがロシアの天然ガス会社ガスプロムであった。

　こうした，『フィナンシャル・タイムズ』の特集や石油・ガス企業の代表的なランキングに見られるように，2000年代前半，国営石油会社の台頭が世界的に注目された。特に2008年の世界金融危機が起こるまでは，資源価格の高騰やエネルギー需要増により世界的に国営石油会社が勢いづいた。ロシアでは石油・天然ガスセクターでの国家のプレゼンスが高くなり，ガスプロムとロスネフチといった国営企業が躍進した。国営石油・ガス会社の台頭は，このように新興国を中心とした世界的な流れでもあり，プーチン政権下で戦略的分野への国家の影響力が高まっていたロシア的背景での動きでもあった。

2）1990年代の混乱を乗り切ったガスプロム──国家コンツェルンの設立

　本節で分析の対象となるガスプロムとロスネフチは，ロシアの2大国営石油・天然ガス会社として資源大国ロシアの地位を固め，「強いロシア」を目指すプーチンの助けになる役割を担うことが期待された。以下に示すように，ガスプロムとロスネフチはそれぞれ企業体としての初期条件が異なり，よってソ連解体後にはそれぞれ違う発展経路をたどった。これら2社は，国営企業として政府とどのような関わりかたをしてきたのだろうか，そしてどのように「プーチン社長」の「ロシア株式会社」（第6章を参照）の主要企業に発展していったのだろうか。

ガスプロムは，ソ連時代に設立されたソ連ガス工業省を起源とする。ソ連におけるガス産業は，石油産業より遅れて発展し，長いこと石油産業の影に隠れていた。1950年代に西シベリアで大規模なガス田が発見されたことをうけ，1956年にソ連のガス開発を促進するため，ソ連閣僚会議付属ガス産業総管理局（グラフガス）が組織された。1963年にはガス工業委員会が創設され，その後同委員会は省に格上げされ，1965年にガス工業省が設立された（Kryukov and Moe［1996］，本村［2008］）。

　ソ連時代末期になると，効率性向上を目的とした省庁再編の一環として，ガス工業省と石油工業省が合併し，石油ガス工業省が設立されることになった。その際，ガス部門の中心部分が，丸ごと省からの離脱を図った。そこで「国家コンツェルン」という形態をとり，探鉱・開発・生産・輸送・保管・販売を一手に展開する機構設立へとつながった。開発された天然ガスはパイプライン網が未整備だと輸送も輸出もできないため，天然ガスの開発と，輸送手段であるパイプライン操業との一体化を保つ必要性が認識された。石油産業のたどった道とは逆に，ガス産業は分裂せずに統一性を保ったのである（Kryukov and Moe［1996］，本村［2008］）。

　1989年8月，ソ連閣僚会議決定により，コンツェルン・ガスプロムの設立が制定された。ガスプロムはソ連で最初の国家コンツェルンとなった。ソ連末期にこのようにコンツェルン化されたのは，ガスプロムと，第4章で論じたノリリスク・ニッケル，そしてルクオイルの3つである。

　天然ガス事業を一括して一つのコンツェルンに収めたガスプロムの設立には，当時ソ連ガス工業大臣であったヴィクトル・チェルノムィルジンの強い働きかけがあった。第1章で展開した，経営資源の集合体としての企業論を当てはめると以下の指摘ができる。チェルノムィルジンの指揮のもと，まずはコンツェルンとして管理的枠組みを整えた。ガスプロムという垂直統合型の組織を創設し，その中には上流から下流への生産チェーンが組み込まれた。企業の境界内には，天然ガスの生産と販売に必要なリソースを含有した。

　チェルノムィルジンがソ連のガス工業大臣を務めたのは1985年から89年までであった。1992年から副首相，1993年からは首相の地位に就いた。ソ連ガ

ス工業大臣としてのチェルノムィルジンは,仕事上,外国(主に欧州)のパートナーとの関わりが多く,出張に出かけた際には必ず各国の経営スタイルに関心を持ち疑問点をぶつけたという(Paniushkin and Zygar' [2007])。

その中で,ガス工業省をコンツェルンにして企業組織化を図ろうという構想を練った。諸外国では,ガス事業に対するアプローチが生産面でも法的にもあらゆる点でロシア・ソ連と異なっていた。そこでチェルノムィルジンは,諸外国でのスタイルをロシアで忠実に実現することに焦点を当てるのではなく,あくまでもロシアの天然ガス事業を支える安定的で強固な生産システムの構築を重視した(Pusenkova [2010])。ガスプロムを中心としたシステムをいったん整備し,それを機能させることさえできれば,ロシアのガス生産は安定するし,起こりうる多少の困難も打開可能であると考えた。チェルノムィルジンいわく,

> 私たちは,いかに「まぬけ」な人たちが来ても,崩されることのないようなシステムを作らなければならない。私たちは世界のシステムを研究し,良いものをセレクトした。技術面でも設備面でも。壊されることがないように,システムは「まぬけ」対応型でないといけない!(Paniushkin and Zygar' [2007] 17)

チェルノムィルジンといえば,名言や迷言で知られる。チェルノムィルジン語録で最も有名なのは,「良かれと思ってしたのに結局いつも通りになってしまった」であろう[4]。「より良い結果を目指して努力したが,残念な結果に終わってしまった」と,ロシアの日常でもよくありがちな状況に当てはまるので,頻繁に使用されることわざとなった。

そのチェルノムィルジンが,「まぬけ対応型システム」の確立のために主に参考にしたのは,イタリアの国営石油・ガス会社 ENI だったという。しかしシステム作りのため,ソ連ガス工業省を再編するといっても簡単な作業ではなかった。コンツェルン・ガスプロムの従業員は50万人いたし,省庁時代はその3割ほど多い人員がいた。改革に着手する前に,チェルノムィルジンは部下

---

4) ロシア語で,Хотели как лучше, а получилось как всегда.

を西側，特にドイツとイタリアに連れて行った（Pusenkova [2010]）。

　このようなチェルノムィルジンの影響力もあり，ガス部門は石油部門のようにバラバラになることを逃れることができた。垂直統合型組織として一体性を保ちソ連末期から新生ロシアを生き残ったガスプロムはチェルノムィルジンの「産物」といっても過言ではないだろう。

3）株式会社化・私有化を経て「国家の中の国家」へ

　ガスプロムはソ連が解体したあと，国家コンツェルンから株式会社に改編された。1992年11月5日にエリツィン大統領がコンツェルン・ガスプロムを株式会社にすることを示した大統領令を出し，1993年2月17日にロシア政府の決定により，RAO（露株式会社）ガスプロムが設立された[5]。ガスプロムが株式会社として設立されたときは，100％ロシア政府の所有であった。1992年にチェルノムィルジンが政府職に就いてから，ナンバー2だったレム・ヴャヒレフが社長に就任する。彼はチェルノムィルジンのガス工業省時代からの部下・腹心であった。

　ガスプロムは1990年代に実施されたバウチャー私有化の対象となった。ガスプロムは1993年から95年の間に，以下の株主構成となった。41％の株は政府所有に，10％はバウチャーと引き換えにガスプロムが取得，15％はガスプロムの社員がバウチャーあるいは現金により取得した[6]。私有化政策が施行される中で，アナトーリー・チュバイスとエゴール・ガイダールたちは，より競争的要素を含んだ私有化プランを提示した。チェルノムィルジンはそれを抑え，現職の経営陣がコントロールを確実に維持できるような形で私有化プロセスが進められた。ガスプロムは，株式担保型民営化の対象にもならなかった。

---

5) 設立当初はRAOガスプロムと呼ばれていたが，1998年にOAOガスプロムになった。現在はPAOガスプロムである。第2章でも言及したように，2014年に民法典の改正があり，従来のOAO（公開型株式会社）とZAO（閉鎖型株式会社）の分類が廃止され，PAO（公開株式会社）と非公開株式会社とに分類されることになった。ガスプロムは2015年7月にOAOからPAOに改称している。
6) その他，32.9％は60ものロシア地域の住民がバウチャーで入手し，1.1％がロスガジフィカツィヤに渡った。ガスプロムのウェブサイト（http://www.gazpromquestions.ru/about，2014年7月5日閲覧）を参照。

ガスプロムの政府所有といっても，実際にコントロールしていたのは，ガスプロムの経営幹部だった。政府保有株のうち，35％の株が「信託管理」されることになった。つまり，ガスプロムの経営陣が好きなように議決権を行使することができた。実際には，35％分の議決権は社長のヴャヒレフが個人的に有することが認められていた（Ivanova［2001］）[7]。

　ソ連解体の結果ガスプロムは，ソ連時代のコンツェルンだったときと比べ，ロシア以外の旧ソ連共和国内の資産を失うことになった。ロシアからヨーロッパへのすべてのトランジットパイプラインは CIS（独立国家共同体）諸国やバルト諸国の管理下に移ってしまった（石油パイプラインはトランスネフチという国営会社が管理している。つまり，石油産業では垂直統合型石油企業とは別に輸送会社がある。天然ガスについては輸送もガスプロムが担っている）。生産・輸送・販売の独占であったコンツェルンが失った資産は，パイプラインの3分の1，コンプレッサー・ステーションの出力パワーの4分の1に相当した。また，地下貯蔵庫も含まれた（Pusenkova［2010］）。

　それでも，ソ連解体後，ガスプロムはガスをロシア国内に供給し続け，公共事業を担う組織としての役割を果たすことができた。また，国外へはガスを契約通りに輸出し，外貨の稼ぎ頭としての役割も果たした。これは，ソ連解体後のロシア経済が混乱に陥る中，ガスプロムの功績として認識されるべき事実であろう。

　ガスプロムの使命として，低価格で国内にガスを安定供給するということがある。国民の生活にとって，寒い冬を過ごすためにも，ガスの安定供給は死活問題である。ガス価格を抑えることで社会的安定を確保できる。さらに，ロシアでは電力の大半をガスが担うため，ガス料金を抑えることによって国内の産業競争力向上を図るという目的がある。対外的には，滞りなくガスを輸出する

---

7) 1997年になってはじめて，ヴャヒレフ一人が議決権を有するという形での35％信託管理に関する取り決めが変更された。チェルノムィルジンが休暇中に，チュバイスとボリス・ネムツォフがエリツィン大統領に35％信託の制度を変更するよう迫ったが，チェルノムィルジンは結局阻止することができた。しかしその際に，新たな取り決めが成立する。ガスプロムの指導部が35％を信託管理することには変わりないが，ヴャヒレフ一人が議決権を有するということではなくなったのであった（Ivanova［2001］）。

という責務を果たしている。政府にとって，ガスプロムによるガス輸出が国庫に果たす貢献は大きい。その一方，ガスプロムに対し，政府は一定の優遇措置を与えている。一つ目としてはガス生産における税優遇，二つ目は輸出・輸送の独占権である（Kryukov and Moe［2013］）。

このように，ガスプロムとロシア政府の間には独特な「契約」関係が成り立っていた。ガスプロムはロシア政府のために，政治・経済・社会的に大きな役割や義務を果たし，その代わりガスプロムは政府から様々な優遇措置を受ける，という関係が機能していた（Mitrova［2014］）[8]。

また，「暗黙の了解」として，上記の義務を果たすことによってガスプロム経営陣は会社経営において自立性を与えられていたといわれている。例えば，ヴャヒレフ時代には，国内で安くガスを供給し，国外からの輸出収入を国庫に収めるという義務を果たせば，輸出による外貨収入の4割強を，ガスプロムがキープしてよいという優遇措置が政府より与えられていた。さらに，ヴャヒレフ率いるガスプロム経営陣は，ガス輸出に関して契約を独自に結ぶことすら許されていたという（Kryukov and Moe［2013］）。

政府の官僚はガスプロムの経営には口出しはせず，ガスプロムの生みの親であるチェルノムィルジンは首相の立場からガスプロムの利益を守った。つまり，チェルノムィルジンが首相で，社長がヴャヒレフで，大統領がエリツィンという状態が続く限り，ロシア政府はガスプロムをコントロール下に置くことはできなかったのである（Pusenkova［2010］, Ivanova［2001］）。

逆に，ガスプロムが政府・大統領府や省庁に資金を提供する立場であったので，社内の資金の流れや支出については国家官僚が影響を及ぼすことのできる問題ではなかった。ガスプロムは「お国のため」に次のような形でも貢献した。1998年に政府はガスプロム株の2.5％をドイツのルールガスに売却した。約6600万米ドルの売却益は，ガスプロムやロシアのガス産業の発展のために使われたのではなく，ロシアの対外債務返済にあてられた（Kryukov and Moe［2013］, Pusenkova［2010］）。

8）この「契約」関係に，近年変化が見られるようになっている。安達［2015b］を参照。

以上のようなことから，ガスプロムは「国家の中の国家」と呼ばれた。組織内の様子は一部のガスプロムの生え抜きを中心とした中枢幹部にしかわからない不透明な会社だった。ヴャヒレフが2001年に第一線を退くまで，最も閉鎖的な会社の一つとみなされていた。また，ガスプロム内ではヴャヒレフの部下同士の間で権力闘争が絶えなかったという[9]。

　さらにガスプロムの大きな問題点として，縁故主義的なクローニー経営が常に比判の対象とされていた。第2章で，結果的にストロイトランスガスの利益にかなうような形で行われたガスプロムの資産剝奪疑惑について述べた。当時パイプライン建設に携わるストロイトランスガスといえば，その約50％の株をガスプロムの経営トップとその家族が保有していたといわれる。例えば，その株主の構成は，チェルノムィルジンの息子であるヴィターリーとアンドレイがそれぞれ6％，ヴャヒレフの娘であるタチアーナ・デディコヴァが6.4％，ストロイトランスガス社長でガスプロム取締役のアーノルド・ベッカーが20％，そしてベッカーの親族3名が12.3％を保有していた（Jack and Ostrovsky [2000]）。

　11人から構成されるガスプロムの取締役会へは，ロシア政府が5人を派遣していたが，ロシア政府もガスプロムの資産剝奪の事例などについては不満を表明していたほどだった（Jack and Ostrovsky [2000]）。外国投資家を含め，ガスプロムの不透明な実情やそのガバナンス改革の必要性は国内外から大きな関心を集めていた。政権がエリツィンからプーチンに代わったとき，ロシアのコーポレート・ガバナンスの試金石はガスプロムの社長が交代するか否かに現れる，との見解も示されていたほどだった。

9）ヴャヒレフの退陣については，常に噂が絶えず，後任にチェルノムィルジンが再び社長に就くという話もあった。これについてヴャヒレフは，「この職に就くにはチェルノムィルジンはまともすぎる」と言ったという。ガスプロムが特殊な組織であることを示す発言であろう（Ivanova [2001]）。

4）「国家の中の国家」からクレムリンの管轄下へ——非公式な「慣行」から「統治」へ

　ソ連解体後のガスプロムの歴史は，エリツィン大統領期のチェルノムィルジン－ヴャヒレフ時代と，プーチン大統領期のプーチン－ミーレル時代との２つに区分できる。これまで見てきたように，チェルノムィルジン－ヴャヒレフ体制では，政府との暗黙の了解や，表には出てこない商取引を中心とした，非公式的な「慣行」があった。その非公式性が，「慣行」のレベルから，より整然とした「統治」になるのがプーチン時代である。

　プーチン大統領は就任してからしばらくして，ガスプロムの刷新にとりかかり，アレクセイ・ミーレルをガスプロムの社長に据えた。これまでの，ヴャヒレフをはじめとするガスプロム幹部たちが牛耳る閉鎖的な体制に，プーチン政権がメスを入れる形となる。

　ミーレルは，サンクトペテルブルク出身で，1991年から96年まで同市役所でプーチンのもと対外関係委員会に勤務していた。ガスプロム社長に就任する直前の 2000年にはエネルギー省次官も経験した。1991年にアナトーリー・サプチャク市長のもとで働くプーチンの部下として勤務する前は，チュバイスが率いていたインフォーマルな経済改革グループの一員として名を連ねていた（Paniushkin and Zygar' [2007]）。

　2001年9月はじめに，ミーレルはガスプロムの大規模な幹部刷新を断行する。ヴャヒレフに忠誠心を持っていたといわれる幹部を退け，代わりに自身の同郷者や知り合いを中心に幹部を固めていった。例えば，ミーレルが以前務めていたサンクトペテルブルク港やバルト・パイプライン・システムといった会社の出身者が中枢となるミーレル・チームをガスプロム内に作った（Paniushkin and Zygar' [2007]）。

　新体制のもと，前体制下に特徴的とされていた緩い体質の是正が行われた。ガスプロム関係者によって奪われていた会社の資産をガスプロム自体に取り戻し，増大した負債の削減にとりかかった。企業の規律・統制を強化し，企業としての立て直しが目指された。経営刷新の効果は見られ，前体制の時に比べ，ガスプロムの事業や経営方針などが，より明確に示されるようになった（酒井

[2007][2010]）。

　ヴャヒレフ時代，ロシア政府のガスプロム株の保有は 41 ％ だったので過半数を有していなかった。しかし，2005 年 9 月にロシア政府はガスプロム株の 50 ％ 超（50.002 ％）を確保した。そして，過半数を確保した上で，残りの株式を市場で自由に売買できるように株式自由化を行った。2006 年 1 月にモスクワ銀行間通貨取引所（MICEX）の主要銘柄としての取引が自由化され，ロシア取引システム（RTS）では，ドル建てで外国人投資家を対象に取引が可能になった[10]。

　それまでは「リングフェンス」と呼ばれ，1997 年の大統領令により，ガスプロムの株式の取引には制限が設けられていた。外国投資家はロシアの株式市場で取引されるガスプロム株を所有することができず，ロンドンかニューヨークで取引される米国信託株式（ADS）のガスプロム株約 20 ％ が外国人が所有できる最大限だった。よって，この自由化により，株の流動性の改善が促されたのであった。このように，ミーレル体制となり，ガスプロムの過半数を政府が支配することになったことで国家管理が強化されたと見ることもできるが，同時に，残りの株が自由化される措置がとられたことによって，外国投資の促進が図られる動きと見ることもできる（Stern［2005］, Lavelle［2005］）。

　さらにプーチン時代になり，ガスプロムは，国営企業として国家の政策を推進する役割を任されることになる。特に優先的事項と目されたのは，プーチン政権の重要課題であるロシアの極東・東シベリア地域の開発への寄与であった。ソ連時代，当時のガス工業省はロシア東部の開発の経験はなく，ソ連解体後も，ロシア極東・東シベリア開発に対する関心は実現可能性の面からも低かった（酒井［2007］）。しかしプーチン大統領就任により，ロシア東部への関心が高まった。2002 年にロシア政府は，ロシア極東・東シベリアにおいて，ガス生産・輸送・供給の総合システムを構築・発展させるためのプログラムに着手し，ガスプロムにロシア東部における天然ガス案件のコーディネーターの役を任せた。中国やアジア太平洋地域への天然ガス輸出も考慮に入れたこの「東方プロ

　10）ロシア取引システムとモスクワ銀行間通貨取引所は 2012 年に統合され，モスクワ取引所（MOEX）になった。

グラム」は，2007年になると政府によって公式に承認された（酒井［2012］）。

　プーチンの登場によって，大統領府や政府はガスプロムを掌握できるようになった。社長にはプーチン大統領の腹心が就き，取締役会には大統領府や政府の中核メンバーが顔をそろえた。ガスプロムのトップと国家のリーダーとの距離は常に近い。メドヴェージェフ前大統領もかつて大統領府長官時代にガスプロムの取締役会会長を務めた。メドヴェージェフの後，2008年から会長職に就いたヴィクトル・ズプコフも前職は首相である。

　国家政策の担い手として期待されるガスプロムにおいて，その戦略上重要な決定は，政治指導者の関与のもとになされる。そのため，グローバル市場に展開する株式会社として商業利益を追求しつつも，その経営戦略には国益第一主義の側面が強く現れる。国内の産業政策を遂行するための中心的役割を果たしたり，外交目的を達成するためのツールとして機能したりするといわれるのも，「国益」が全面的に出てくるからこそであろう。

　かつて「国家の中の国家」といわれたガスプロムは，プーチン政権の支配のもと，国家を代表する世界的巨大企業となった。2008年5月に時価総額が3670億米ドルに達し，世界第3位となった。ガスプロム幹部はその頃，数年後には1兆米ドルに達すると豪語するくらいだった（Kim and de Roy［2007］）。しかし2008年の世界金融危機以降，ヨーロッパからの需要も落ち込み，いわゆるシェールガス革命の影響もあり，状況は変化している。2015年8月，ガスプロムの時価総額は2008年のピーク時より3000億米ドル低い510億米ドルだった。最近では，西側報道などでは「傷ついた巨大企業」(*The Economist*, 23 March 2013) と呼ばれるなど，課題に直面するガスプロムのイメージがより目立つようになっている。ガスプロムを取り巻く諸条件，制度基盤，国内外状況は変化しており，対外関係・国内関係ファクターによってガスプロムの従来型ビジネスモデルの調整が迫られていることは確かである[11]。

---

11) 岐路に立つガスプロムについて，例えば安達［2015b］を参照。

5) 残り物の寄せ集めからの飛躍――ロスネフチ

　ソ連解体後の石油産業は，ガスプロムという一つの企業がほぼ独占的な地位を占めてきたガス部門とは対照的な発展過程を経た。ソ連時代の石油ガス工業省からガス部門がガスプロムとしてコンツェルン化されたことを受け，石油部門もコンツェルン化しようという動きがあった。実際に，ソ連最後の石油大臣となったレフ・チュリロフが石油コンツェルン創設を提言した。しかし，当時のイワン・シラーエフ首相をはじめ，石油業界の主要プレーヤーたちが反対し，ガスプロムのようなコンツェルンではなく，緩い石油公団が設立されることになった。1991年に，実質上，任意参加の団体として「ロスネフチェガス」と呼ばれる石油公団が創設された（Sim [2008], 本村 [2013]）[12]。

　しかし，1992年11月の大統領令第1403号（石油関連企業の株式会社化や，ユーコス・ルクオイル・スルグートネフチェガスを垂直統合型企業として設立することを規定した大統領令，第4章を参照）によって，ロスネフチェガスは廃止が決まり，国営企業ロスネフチにとって代わることになった。1993年4月に設立されたロスネフチの傘下には，約260の石油関連企業が入った。ところが，その後ロスネフチの傘下にあった資産は，いくつかの別の石油会社の母体となり，新たな民間石油会社が生まれていった。つまり，ロスネフチから分離する形で，民間石油企業が組織されていったのである。その結果，ロスネフチは，余った石油資産の寄せ集めにすぎなくなってしまった。1998年には，ロスネフチはロシアの石油生産の4％を占めるだけとなった。100％国営石油企業にもかかわらず，同社は，取り残された弱小の生産会社を管理するだけの企業として，かろうじて存続していた（本村 [2013], Henderson [2012], 坂口 [2011]）。

　1990年代には何度も消滅しかかったロスネフチであるが，1998年10月にセ

---

[12] この旧ロスネフチェガスとは別に，2004年に主に石油・天然ガス分野でのプロジェクト業務や持ち株会社を管理する目的の特別名目会社（SPV）として，同名別機関のロスネフチェガスが創設された。ロスネフチェガスはガスプロムやロスネフチの株主となっている。この新ロスネフチェガスはロシア政府が100％保有するが，実際の国家保有株の管理任務は連邦国家資産管理庁（ロスイムーシェストヴォ）に委ねられている。ロスネフチェガスについては，ロスネフチのウェブサイト（http://www.rosneft.ru）を参照。ロスイムーシェストヴォの国営企業のガバナンスにおける役割についてはFrye and Iwasaki [2011], Filatov et al. [2005] を参照。

ルゲイ・ボグダンチコフが社長に就任してから，企業としての飛躍が始まった（Pusenkova [2006]）。瀕死状態に近いと見られていたロスネフチの社長にボグダンチコフを抜擢したのは当時首相だったエフゲニー・プリマコフだといわれている（Gustafson [2012]）。プリマコフ首相は，1990年代初頭の市場経済化政策のもとにバラバラに民営化された石油セクターの現状に不満を持っており，国営石油企業の発展を狙っていた。そこでロスネフチを他の民間石油会社と渡り合えるような国営石油会社に発展させようと考えた。そのためにオナコとスラヴネフチをロスネフチに合併させようとする案が生まれたが，彼が首相在任時は実現にはいたらなかった。だが，ボグダンチコフのもと，ロスネフチはロシア最大の国営石油大企業に変身していく[13]。

ボグダンチコフは，1993年にロスネフチの生産子会社であるサハリンモルネフチェガスの社長になり，その後1997年にロスネフチの副社長になっている。ロスネフチでは極東担当であった。ロスネフチは極東を中心に勢力をのばしていった会社である。サハリンモルネフチェガスは，親会社ロスネフチとサハリン1の権益を有している。サハリン1には，オペレーターのエクソンモービルや日本のサハリン石油ガス開発（ソデコ）も出資している。そのため，ボグダンチコフは，サハリンプロジェクトを通して，国際的なプロジェクトや外資との協働の経験が1990年代から豊富であった（Gustafson [2012]，Henderson [2012]）。

6）整合的な垂直統合石油会社形成へ──インフォーマルな再編過程の再来

1998年にトップに就任してから，ボグダンチコフはロスネフチを企業の体をなす集合体にもっていくために奮闘する。ロスネフチをいかに経営資源の集合体として，そして管理組織体として機能させるかという資本主義企業化の課題に直面していたのである。まずは有力子会社のプルネフチェガスを親会社ロ

---

13) プーチンは，ボグダンチコフを評価し，二人の関係は良好であったようである。ボグダンチコフはエリツィン時代にロシアの石油産業で台頭していたオリガルヒ勢力と一線を画していたことや，政治的野心が旺盛ではなかったこと，そして一貫して国益を重視する側面があったこと，などが背景として考えられる（Makarkin [2003]）。

スネフチの管理支配下に戻すため，19にものぼる訴訟を乗り越えた。しかし，石油産業に詳しいセーン・グスタフソンいわく，それは単なる序の口で，ロスネフチを救済し「残骸から存続可能な会社」に変革させるために成し遂げなければならない仕事はまだまだ残されていた。事実，その他の子会社に対するコントロールを確立し，原油のフローとキャッシュフローを中央集権化し，新たな生産や事業に投資をしはじめることができるようになるまで，4年以上の年月がかかった（Gustafson［2012］328）。

　コントロール確立のため，ボグダンチコフはあらゆる手を尽くした。プルネフチェガスやサハリンモルネフチェガスなどの子会社の経営上層部や取締役には，持ち株会社の方針に忠実な幹部を登用した。これら子会社の経営陣は，人事，経営戦略，契約，そして資金調達などの面で，ボグダンチコフに無断で決断を下すことが禁じられた。さらに，子会社の社長たちがボグダンチコフの許可なく個別に政府当局（中央および地方）と接触することや，法的措置を講じることも禁じた。また，すべての輸出は持ち株会社であるロスネフチを経由して行うことを決定した（Pusenkova［2006］）。子会社は親会社からの独立を切望していた。しかし，それを阻止すべく，子会社の75％は親会社が管理してもよいとする政府の許可を，ボグダンチコフは2000年には得ていた（Gustafson［2012］）。

　持ち株会社が子会社に対する支配を確立し，企業として統合していくプロセスとその手法は，第2章や第4章で議論したような1990年代によく見られたパターンの再来だった。子会社の少数株主は，ロスネフチによる資産剝奪，移転価格の操作，株式の希薄化に対して不満を表していた。少数株主の反感をよそに，トゥアプセ精製所から始まり，サハリンモルネフチェガス，プルネフチェガス，クラスノダルネフチェガスなどの子会社に対するコントロールを強化し，ロスネフチは統合されていった。2002年中旬になり，ようやく子会社の株をロスネフチ株に単一化するという最終ステップを踏める段階までにボグダンチコフはコントロールを確立した（Gustafson［2012］333, Pusenkova［2006］）。

　しかし，ここで指摘しておくべきことは，法や法制度の弱さを逆手にとって少数株主の権利を侵害するやり方を，今回はユーコスやシバール（ルサール）

など民間企業が用いたのではなく，国営企業が行ったところに大きな違いがあろう（Pusenkova［2010］，Gustafson［2012］）。法の遵守や法制度の整備を積極的に促進すべき政府にもかかわらず，政府系企業のロスネフチによるインフォーマルな行動様式は民間のそれと変わらなかった。

　ロスネフチの大手石油会社としての躍進は，ユーコス傘下にあったユガンスクネフチェガスの取得を契機とする。しかし，ロスネフチがユガンスクネフチェガスを吸収し，ガスプロムとならぶ国営企業になることは，もともとは想定されていなかった。というのも，ガスプロムがロスネフチを吸収して，石油と天然ガスを包含するロシアの巨大エネルギー国営メジャーを創設する案が，プーチンの同意のもといったんは浮上していたからだった。2004年にガスプロムによるロスネフチの吸収合併案が持ち上がるが，突然の合併話に，ボグダンチコフはすぐさま反対表明をする。もちろんイーゴリ・セーチンも反対した。そのような中，合併構想の流れを一気に変えたのがユガンスクネフチェガスの競売だった。

　第6章で述べたように，ロシア政府は追徴課税で苦しむユーコスの屋台骨であるユガンスクネフチェガスを競売に付した。当初，ガスプロムがユガンスクネフチェガスを落札すると考えられていた。競売の対象になったのは，ユガンスクネフチェガスの普通株76.79％で，開始額は88億5000万米ドルとする方針が2004年11月に固められた。ユーコスは12月，テキサスの連邦破産裁判所に米連邦破産法第11条に基づく破産措置適用申請を行った。同裁判所はガスプロムと欧米の金融機関に対し，競売の参加を差し止める命令を12月16日に下していた。このため，法的な問題が起きる可能性を回避したい外国の金融機関は，ガスプロムへの融資を拒否した。それゆえ，ガスプロムは，ユガンスクネフチェガスを獲得するための資金調達ができなかった。競売は12月19日に実施されたが，最終的にガスプロムは競売に参加することを取りやめた。

　結局ユガンスクネフチェガスを落札したのはバイカル・ファイナンス・グループという無名の会社だった（第6章を参照）。落札価格は93億5000万米億ドルだった。この会社は，競売日の2週間ほど前に登記されたばかりで，入札の目的だけに突然現れた謎めいた組織だった。競売の数日後，12月23日にロ

スネフチがバイカル・ファイナンス・グループを買収した。そこでバイカル・ファイナンス・グループの役目は終わった。

　高額な落札価格にも注目が集まった。落札価格の93億5000万米ドルはそう簡単に調達できる額ではない。だが，解決策は中国との関係に見出された。ロスネフチは，4840万トンの原油を担保に中国のCNPCから60億米ドルの前払金を得ることによって，ユガンスクネフチェガス買収を可能にしたのである。こうして，ロスネフチはルクオイル，TNK-BPに次ぐ第3位の石油会社に躍進した。そしてその頃には，ガスプロムによるロスネフチの吸収合併構想は消えていた（本村［2013］）。

　ただ，ユガンスクネフチェガスを獲得したからといって，すべてバラ色というわけではなかった。ロスネフチの傘下に入ったものの，ユガンスクネフチェガスの生産は崩壊寸前だったという。ボグダンチコフはすぐさま生産を軌道に乗せるべく動いた。スルグートネフチェガスのウラジーミル・バグダノフ社長が救いの手を差し伸べ，掘削装置や，鋳物パイプ，セメントなどの必需品を提供し，ユガンスクネフチェガスは石油生産の事業を続けることができたという。シュルンベルジェとの協業も再開され，西シベリアのプリオブスコエ油田からの生産も進展した。その甲斐もあり，2005年2月には危機的状況を脱し，ロスネフチの石油生産量は2005年に前年の2倍以上の伸びを達成した（Gustafson［2012］348-9）。

　2005年以降もボグダンチコフは経営者としての能力を発揮する。合併・買収（M&A）に頼るのでなく，新規の開発による成長戦略をとっていく。すでに2003年には，ヴァンコール油田のライセンスを取得し，開発への投資を始めた。のちにヴァンコールはロスネフチの主要な油田に発展する。資金調達や投資家向け広報活動に関しては，西側のノウハウを巧みに導入した。生産に関しては，掘削を重視し，より伝統的な手法にも回帰しながら生産活動を行う等，バランスのとれた発展戦略をとった（Henderson［2012］, Gustafson［2012］）。

　2006年には新規株式公開（IPO）も行った。7月に株式の14.5％を新規公開し，104億米ドルを調達した。ユガンスクネフチェガス以外のユーコスの子会社もロスネフチ傘下に吸収し，2007年には，ロシア最大の石油生産量を誇る

国営石油会社となる。このようにして、ロスネフチは、ガスプロムと並ぶ二大国営企業となっていったのである。

7) 拡大路線——世界最大の石油会社へ

セーチンは 2004 年にロスネフチの取締役会長に就いた。ガスプロムへの吸収合併話を共に切り抜けたボグダンチコフとセーチンの 2 人だったが、ボグダンチコフ社長とセーチン会長の間には経営方針の違いをはじめとした不協和音が目立つようになっていた。そして 2010 年 9 月、ボグダンチコフが社長職を退いた。エドワルド・フダイナートフが一時社長職に就いたが、2012 年 5 月、プーチン大統領再選直後にセーチンがロスネフチ社長に就任した。

ロスネフチは、ボグダンチコフ後のセーチン体制のもと、拡大路線をさらに進める。2011 年初頭に、ロスネフチは BP と業務・資本提携で合意をする。ロスネフチの株式 9.5 ％を BP の株式 5 ％と交換し、北極海のオフショア開発を進めるための合弁企業設立（ロスネフチ 67 ％、BP33 ％）についての協力協定を締結した[14]。しかし、BP はすでに TNK-BP をロシアで設立しており、その 50 ％の所有者であった。そのため、ロスネフチと BP との合意が発表されると、TNK-BP のもう半分を所有している TNK 側の株主であるアルファ・アクセス・レノヴァ（AAR）が反発した。AAR は、ミハイル・フリードマンのアルファ・グループ（AAR の 25 ％）、レオナルド・ブラヴァトニックのアクセスインダストリーズ（同 12.5 ％）、ヴィクトル・ヴェクセルベルグのレノヴァ（同 12.5 ％）からなる。AAR は、ロスネフチと BP の今回の合意は、先に結ばれた BP と AAR との間の株主協定に違反するとして、提携取り消しを求め裁判を起こした。その後、ロスネフチと BP との協力協定は白紙となった（Mokrousova and Dziadko [2012]、Aliev [2011]）。

しかし翌年 2012 年に、ロスネフチによる TNK-BP の買収へと事態が展開する。2012 年 6 月に BP は TNK-BP の 50 ％分を売却する意向を表明した。10 月にはロスネフチと BP の間で、TNK-BP の買収について合意がなされた。BP

---

14) 英国大手石油会社 BP とロスネフチの間で、160 億米ドルにのぼる、業務・資本提携が合意された。

は現金 171 億米ドルとロスネフチ株 12.84 ％と引き換えに TNK-BP の 50 ％をロスネフチに売却することになった。BP はロスネフチ株 5.66 ％をロシア政府から取得し，すでに保有していた 1.25 ％と合わせ，最終的に BP のロスネフチ保有株は 19.75 ％となる。また，AAR はロスネフチとの間で，TNK-BP の 50 ％を 280 億米ドルでロスネフチに売却することで合意した（*Oil and Gas Journal*, 21 March 2013, Chazan and Belton［2012］，本村［2012］）。

そして 2012 年 11 月に正式にロスネフチによる TNK-BP の買収が合意に達した。取得金額は，1999 年にエクソンがモービルを買収したときの 800 億米ドルに次ぐ史上 2 位となる 548 億米ドルであった（本村［2013］）。買収に要した資金が膨大だったため，その後ロスネフチは借金の返済に追われることになった。

この買収の結果，ロスネフチは世界最大の石油企業にのし上がった。上場企業としてはエクソンモービルを抜いて世界最大の石油生産量と埋蔵量を誇る会社となった。このようにして，ロスネフチは，プーチン大統領の側近といわれるセーチン社長のもとで，2013 年に TNK-BP を買収し，ロシア最大そして上場する世界最大の石油会社になった。そして，ロシア大陸棚やシェールオイル・ガス層の開発，極東での LNG 生産に乗り出すことになる。

3　国家主導型資本主義への動き——国策会社の創設へ

1）国家による国営企業への関与の積極化——国家コーポレーション

エリツィン時代，脱国有化が促進され，石油部門では民間企業が躍進し，取り残された国営石油会社ロスネフチは苦戦を強いられていた。しかしプーチン時代になり，状況が様変わりする。石油・ガス部門をはじめ防衛部門など，戦略産業における国営企業の役割が増大する。前節で検証したように，ロスネフチの蘇生はプーチン時代の企業システムを象徴するかのような動きであった。

本節では，プーチン政権がいかに積極的に国営企業に対する関与を強めていったかを，新たな戦略企業体の設立という視点から考察する。注目するのは

「国家コーポレーション」という特殊法人である。国家コーポレーションに注目する理由は，以下に示す通り，そのメカニズムには非公式性が基礎となっていること，またプーチン時代の国家資本主義のツールとして期待されていること，の2点を押さえることが，現代ロシア経済の理解に有用と考えるからである。

2)「掃除機方式」による「ベルベット再国有化」

　「国家コーポレーション」と呼ばれる形態の法人が相次いで設立されたのは，第一次プーチン政権の2期目が終わる直前2007年のことであった。同じく2007年に，『コメルサント』紙が，それまではほぼ無名のビジネスマンであったオレグ・シュヴァルツマンのインタビューを掲載した。その内容は，まるで国家コーポレーションの仕組みや特徴を要約しているかのようだった。

　彼はクレムリンの「ベルベット再国有化」について語った。ベルベット再国有化とは，ベルベット（ビロード）のようになめらか（円滑）に，市場経済と矛盾しない方法で，多くの場合シロヴィキたちの利益にかなうよう，国家が戦略的資産を吸収し統合することを指す。シュヴァルツマンによると，

> これは市場経済に則って，補助を受けている地域の戦略的資産を吸収するための方法です。（中略）企業の収益がそのような地域に残らなかったり，間違った経営者が居座ったりしています。収益を国内外のどこかに移転させ，様々なスキームを利用して税金逃れが起こっているような間違った構造を正さなければなりません。(Kvasha [2007])

　そして，ベルベット再国有化の具体的なやり方として，「掃除機方式」を挙げた。それは，企業資産の吸収先として，国家が統制する国家コーポレーションを機能させるというものだった。シュヴァルツマンは，この再国有化がロスアバロンエクスポルトの利益にもなっていると述べる。ロスアバロンエクスポルトとは，後述する代表的国家コーポレーションであるロステフノローギー（ロステク）の中核となる企業である。彼はこう発言する。

掃除機のような仕組みです。企業の資産を吸い込む先を作っておいて，それを国家コーポレーションにします。資産はプロのチームが経営するマネジメント会社に渡ります。（中略）ユーコスのときみたいな接収はありません。（中略）国家が資産を統合する，これが今日の国家の政策なのです。（Kvasha, 2007）[15]

誰の支持で彼が動いているのかという問いに対しては，シロヴィキ・グループ，具体的にはセーチンによって率いられているグループとシュヴァルツマンは答えている。このインタビューをミヒャエル・シュテュルマーは，「今日のロシアにおける権力の仕組みを映し出す，めったにないレントゲン写真」と呼んだ（Stuermer [2008] 67）。このインタビューが掲載された後，シュヴァルツマンは自らの発言を「文脈違い」として弁明した。チュバイスはシュヴァルツマンの発言を真実だと語っている（Proskurina and Pis'mennaia [2009]）。これら一連の「告白」は，プーチン時代の企業システムのメカニズムの舞台裏の一端が垣間見えるエピソードであろう。

3) 国家コーポレーションの特徴と変則性
①特徴
ロシアの法人組織には，「営利法人」と「非営利法人」がある。商業組織である営利法人は，①「事業組合」，②株式会社や有限会社など「事業会社」，③「生産協同組合」，そして，④「ユニタリー企業」がある。ユニタリー企業とは，連邦政府，地方政府，地方自治体が資産の所有者で，株式などへの資産分割はできない単一資産企業のことをいう。主に公益事業が目的で，連邦政府や自治体が経営を任命する。非営利法人は，社会・宗教団体や基金などが含まれる[16]。

プーチン時代の新たな国策会社の形として現れた国家コーポレーションは，株式会社でも，ユニタリー企業でもない。これは，形式上は非商業組織と位置

---

15) シュヴァルツマンいわく，彼らは国家からの全面的な支援を得ており，ロシア全土に60万人もいる諜報機関の元工作員たちが手足となっているという（Kvasha [2007]）。
16) ロシアの株式会社の法制構造について，邦語では藤原 [2009]，加藤 [2009]，岩﨑 [2012]，溝端 [2003a] [2003b] を参照。

づけられている。しかし，非商業組織である国家コーポレーションの傘下に，営利法人を子会社に抱えて実質的にビジネス活動を行っているものもある。重点産業を育成するため国家資金を優先的に配分することを目的としているといわれ，国家コーポレーションは，経済への国家の拡張の新しい形となった（Pappe and Galukhina［2009］，Pappe and Antonenko［2014］，Avdasheva and Simachev［2009］）。

　この組織形態の起源は1999年にさかのぼる。1996年非商業組織法の改正が1999年に行われ，非商業組織としての国家コーポレーションについての規定が導入された後，金融機関再建庁が国家コーポレーション第一号として誕生した。銀行システム再建を担う機関として存続したが2004年に解体され，その後継機関として2004年に預金保険機構が創設された。預金保険システムを運用する目的の国家コーポレーションである。

　その後，2007年になり矢継ぎ早にヴネシュエコノムバンク（VEB，対外経済銀行），ロスナノ，住宅公共サービス改革助成基金，オリンプストロイ，ロステフノローギー（ロステク），ロスアトムが国家コーポレーションとして創設された（表7-6を参照）[17]。

　もともと，国家コーポレーションという組織形態を実現するにいたったのは，チェーメゾフの考えがあったという。ロステクの母体となるロスアバロンエクスポルトの社長だったチェーメゾフは，国外でロシア製ハイテク製品の販売促進を目的とした新たな組織を，同社を基礎にして創設する考えをプーチンに相談した。チェーメゾフ案によると，新たな組織は，国家機関に付与されるような権威を有し，同時に商業活動の機会をも有するというものだった。法人格は非商業組織だが，傘下に株式会社を擁するという点でも，国家コーポレーションという形態が理想的と考えられた（Proskurnina and Pis'mennaia［2009］）。プーチンはチェーメゾフの考えを支持し，チェーメゾフはロスアバロンエクスポルトを基盤にロステクを創設し，新設組織を率いることになった。その他，ヴネシュエコノムバンクを除く国家コーポレーション（ロスアトム，オリンプストロ

17）2007年5月から11月の間に，設立時の資本金として200億米ドルがこれら新設の6つの国家コーポレーションに移譲された（Sakwa［2010a］）。

表 7-6　国家コーポレーション

名　称	設立年・根拠法	組織のタイプ	移譲資金額（億米ドル）	代表者（設立時）	設立目的
ヴネシュエコノムバンク（VEB）	2007 年 5 月 17 日付連邦法（No.82-FZ）	国家コーポレーション	7.5	V. ドミトリエフ	国内開発金融・輸出信用
ロステク（ロステフノローギー）	2007 年 11 月 23 日付連邦法（No.270-FZ）	〃	—	S. チェーメゾフ	ハイテク工業製品の開発・生産・輸出促進
ロスナノ	2007 年 7 月 19 日付連邦法（No.139-FZ）	〃	5.4	L. メラメド（2008 年からA. チュバイス）	ロシアのナノテク産業の発展と促進
ロスアトム	2007 年 12 月 1 日付連邦法（No.317-FZ）	〃	—	S. キリエンコ	原子力の発展・原子力産業の育成
オリンプストロイ	2007 年 10 月 30 日付連邦法（No.238-FZ）	〃	13	S. ヴァインシュトク	ソチオリンピック施設の建設，インフラ整備，ソチ地域開発
住宅公共サービス改革助成基金	2007 年 7 月 21 日付連邦法（No.185-FZ）	〃	10	G. ツィツィン	老朽化した住居・上下水管の修復，改装の促進
預金保険機構	2003 年 12 月 23 日付連邦法（No.177-FZ）	〃	—	Iu. イサーエフ	預金保険システムの運用
金融機関再建庁	1999 年（2004 年に解体）	〃	—	—	銀行システムの再建
アフトドル	2009 年 7 月 17 日付連邦法（No.145-FZ）	国家カンパニー	—	S. タラーソフ	連邦高速道路網の建設
統一航空機製造コーポレーション（OAK）	2006 年大統領令 2 月 20 日付第 140 号	株式会社（100％国有）設立当時	0.25	社長：A. フョードロフ（取締役会会長：S. イヴァノフ，2011 年よりV. ドミトリエフ）	航空機製造（民間・軍用・貨物）
統一造船コーポレーション（OSK）	2007 年大統領令 3 月 21 日付第 394 号	株式会社（100％国有）	1.1	社長：Iu. ヤーロフ（取締役会会長：S. ナルィシキン，2008 年から I. セーチン）	造船

出所）Volkov［2008］，塩原［2010］，各社ウェブサイトより作成。

注）アフトドルは「国家カンパニー」であるが，国家コーポレーションと同様に非商業組織として設立された国策企業である。OAK と OSK についても厳密には「国家コーポレーション」ではないが，この 2 社は，プーチンが『ヴェードモスチ』に寄稿した選挙綱領論文（後述）にも言及され，国家の政策に見合う形でトップダウンに統合が完成した企業体である。表 7-7 を参照。

イ，住宅公共サービス改革助成基金，ロスナノ）の設立は，プーチンのイニシアチブによるところが大きかったという（Proskurnina and Pis'mennaia［2009］）。

国家コーポレーションは，それぞれがまったく違った目的を持ち，また，創設の経緯は即興的・場当たり的であった。一括りでまとめにくい，同質でない組織ではあるが，それらは以下の3つに類型できる（Savitskii et al.［2011］）。

一つ目は，投資ファンドの役割を担うもので，ヴネシュエコノムバンクとロスナノが該当する。ヴネシュエコノムバンクはロシア連邦政府が100％出資の国内開発金融，輸出信用を担う政策金融機関である。ロシア国内のインフラストラクチャー整備，ハイテク分野の発展，輸出促進などのプロジェクトを担う。ロシアにおけるナノテク産業の発展と促進を目的に設立されたロスナノは，しばらく国家コーポレーションの形態をとっていたが，株式会社化された[18]。

第二に，具体的なプロジェクトのオペレーターとしての国家コーポレーションとして，オリンプストロイがある。オリンプストロイは，2012年開催のソチオリンピック施設の建設，インフラストラクチャー整備，地域開発を担う国家コーポレーションである。主たる設立目的であったソチ冬季五輪準備に関しては，政府によると，準備費用は2140億ルーブル（65億米ドル）で，1000億ルーブル（33億米ドル）は国家予算から，1140億ルーブル（35億米ドル）は民間投資からということになっていた。ところが，別の見積もりによると，500億米ドルという計算が出ており，冬季五輪史上もっとも高額なオリンピックだったといわれる（Markedonov［2014］，Orttung［2013］）[19]。

そして第三として，巨大な複合企業体がある。これに該当するのはロステクとロスアトムである。2007年終盤になり創設され，国策会社として期待される代表的な国家コーポレーションとなるのはこの2社である。2012年にロステクに名称変更したチェーメゾフ率いる「国家コーポレーション・ロステフノ

---

18) ロスナノのトップはチュバイスが務めている。ロスナノについて，邦語では服部［2011］を参照。
19) コスト超過もスケールが大きく，120億米ドルといわれている。その他，建設に関しては，遅れやキックバックの蔓延などの問題がとりざたされた。また，プーチン大統領に個人的に近い関係とみなされているロッテンブルク兄弟が関係する会社に，様々な受注契約が集まったともいわれている（Markedonov［2014］）。

ローギー」は，ハイテク工業製品の開発・生産・輸出を促進する目的で創設された[20]。ロシア政府は，軍需産業の再編と立て直しを目指しており，その役割を担うことが期待されている。ロスアトムは，民間部門と軍需部門，そして研究教育関連機関とを統合した国家コーポレーションである[21]。民生用原子力産業と，軍事用核セクターの指揮系統と一本化することによって，様々な承認手続きの無駄な部分を省き，ロシアの原子力部門全体のより効率的な発展を促すことが期待された。トップにはエリツィン時代に首相を務めたことがある，セルゲイ・キリエンコが就いている。

② 変則性

これら国家コーポレーションは，以下に述べるいくつかの点で変則的である。

まずは所有権の様相からして変則的である。国家コーポレーションは，厳密には連邦による資産の納付に基づいて設立され，移管された資産は国家コーポレーション自体の所有となる。たとえば，ロステクが設立されたとき，移管された資産の多さが批判の対象となった。対象資産は，一時期600社にまで増えたものが470社ほどまで削減され，最終的には420社となった。それでも420社がロステクの傘下に収まるということで，その多さが問題視された。ロステクの場合，国有であるユニタリー企業が183社移管され，それらは国家コーポレーションの所有となった (Kiseleva [2008a] [2008b])。移管対象は，2004年に大統領令により特定された「戦略企業リスト」に掲載されている企業が多かった[22]。このリストに記載されている企業は，別の大統領令によってリストから

---

20) 国家コーポレーション，ロステクについて，邦語では塩原 [2007] [2010]，伏田 [2010] を参照。

21) ロスアトム設立によってロシアの原子力部門の統合が完結した。1991年のソ連の解体後，ロシアの原子力部門は再編続きだった。1992年にロシア連邦原子力省 (ミンアトム) が成立した。2004年には組織を再編し，ロシア連邦原子力庁 (ロスアトム) に変わった。2007年に，ロシア原子力庁は，再度再編され原子力企業としての国家コーポレーション・ロスアトムという形態にたどり着いた。通称のロスアトムはそのまま維持されている。ロスアトムは，原子力エネルギーの平和的利用と，核不拡散レジームに関して，ロシア連邦として国際的な責務を果たす役割を担っている。さらに，この国家コーポレーションに限って，国際協定を結ぶ法的資格を有している。ロスアトムのウェブサイト (http://www.rosatom.ru) 参照。

22) 2004年8月4日付ロシア連邦大統領令第1009号「戦略的な意義を有する企業及び株

除外されない限り，私有化は認められない。リスト制定当時，1,000社以上が含まれていた[23]。

このように，数百の国家所有の企業の所有形態が変わり，国家コーポレーション所有のものになった。このことから，前財務大臣のアレクセイ・クドリンは，ロステクの設立を「隠れた私有化」と非難し，国家予算からの「歳入逃避」につながると警告した（*The Moscow Times*, 11 June 2008）。当時首相だったミハイル・フラトコフもロステクの創設には反対し，認可のタイミングを遅らせていた（Butrin and Belikov［2007］）。

法人格の形態についても，営利法人を抱える非商業組織という立場にあり，イレギュラーである。大枠は「非商業組織について」という法律によっているが，表7-6に見るように，個別法によってそれぞれの国家コーポレーションが設立される。例えば，ロステクの設立については，2007年11月23日付連邦法「国家コーポレーション『ロステフノローギー』について」（No. 270-FZ）といった個別法が存在する。株式会社などの事業体は民法典による規定があるが，国家コーポレーションはその中に入っていない。つまり国家コーポレーションは民法典による規定が当てはまらない組織なのである。

運営上も，独特な点がある。特殊な法人格によって，競争法や破産法が定める法的義務から免除されている。2011年までは会計検査院の統制下からも外れていた。2011年に非商業組織に関する法律が改正され，会計監査についてのみ，会計検査院のチェックが及ぶことになった。また，国家コーポレーションは，その資産の用途に関して，年次報告書を作成しなければならないが，株主総会などは開催する必要がない。このように，会社法の定める法人のような説明責任は要求されていない（Sprenger［2008］）。特に破産認定がされないという意味合いは大きい。というのも，このことは破産手続きを利用した敵対的な

　　式会社のリストの承認について」。第5章で論じた「戦略産業法」とは異なる。
23) 同リストは，国有資産のコントロール権とアクセス権を大統領に与えたといってよい。リストは，公開型株式会社とユニタリー企業とに分かれており，リスト制定当初の2004年8月には，前者には549社が入り，後者には514社が入った。リストに入っている企業数は削減するという方針がプーチンによって再三表明されており，実際に削減傾向にある。

企業乗っ取りや，資産没収のリスクから免除されることを意味するからである。ロシア企業の発展において，特に第 2 章や第 4 章で見てきたように，企業乗っ取りを目的にした破産手続きの濫用が見られた。しかし，国家コーポレーションはその犠牲にならないのである（Radygin [2008], Sprenger [2008]）。国家コーポレーションにとって，これは大きな特権である。

　国家コーポレーションのガバナンスについても，特有の要素がある。国家コーポレーションのトップマネジメントと監査委員会の形成に重要な役割を果たすのがロシア連邦大統領である。総裁（社長）の任命や解任も基本的に大統領によってなされる。そのため，人事権を持つ大統領の意向が反映しやすくなっている。政府も国家コーポレーションに対して一定の影響力を持ち，監査委員会のメンバーの多くは大臣や高官によって構成されている。大抵の場合，担当大臣が監査委員会を率いることが多いが，副首相が率いる例もある[24]。

4）国家コーポレーション設立の基本原則

　そもそもどのような目的で国家コーポレーションは設立されたのであろうか。立て続けに創設されていた 2007 年当時，国家には潤沢な資金があった。ロシア経済が平均約 7％ 成長を遂げていた時のことである[25]。ロシア経済の高成長期に，政権は，経済の近代化の必要性と，それに対する公共投資の役割を模索

---

24) 2015 年 7 月現在，ロステクでは，マントゥロフ産業貿易大臣が監査委員会委員長である。その他監査委員会には，チェーメゾフ総裁のほか，アントン・シルアーノフ財務大臣，イーゴリ・レヴィチン大統領補佐官（元運輸大臣），ユーリー・ボリソフ国防次官などが入っている。経営執行部門である経営委員会には，チェーメゾフ総裁の他に，第一副社長を 2014 年よりウラジーミル・アルチャコフが務めている。アルチャコフは，ロスアバロンエクスポルト副総裁，アフトヴァズ会長，サマーラ州知事等を歴任した。2007 年創設時から 14 年までは，やはりロスアバロンエクスポルト出身のアレクセイ・アリョーシンがロステクの第一副総裁を務めていた（ロステクのウェブサイト http://www.rostec.ru）。このように，政権や総裁（社長）と関係が深い人的ネットワークが企業の中枢に据えられている。
25) 2000〜07 年の間，ウラルシブ銀行の推定によると，70 億米ドルもの石油ガス輸出収入が国庫に入った。といっても，すべての石油ガス収入が公共投資に向けられていたわけではない。クドリンによると，34 億米ドルが「超過利潤」をなし，そのうち，11.6 億米ドルが対外債務支払いに充てられ，12.2 億米ドルが安定化基金に積み立てられた。残りの 10.2 億米ドルは公共投資に向けられることになったという（Volkov [2008]）。

していた。豊富な資金も蓄積されたところで、政権は、2005～06年にかけて、官民パートナーシップ（PPP）や連邦投資プログラム、国家的優先プロジェクトなど、開発スキームへの効果的な資金の使い道を求めていた（Volkov [2008]）。しかし、官民パートナーシップは官と民との間の相互不信や、民が官を頼らずとも国際金融市場から資金調達ができるようになっていたことから行き詰まっていた。連邦投資プログラムは、行政的コストや汚職のリスクが高いことがネックとみなされていた。複数の省庁と大勢の役人たちが、予算財源や企業の管理に携わらなければならず、公共投資の効果的な制度が整っていなかったのである（Volkov [2008]）。

　このような背景の中で、国家コーポレーションの設立のアイディアが浮上した。「予算と資産を特別に創設された非営利組織に移管し、優先順位の高い目的達成のために少数精鋭の経営陣と責任ある監査委員会を任命する」というやり方である（Volkov [2008]）。既存の枠組みを超え、政府当局の権限の枠外に大統領の権限が強い国家コーポレーションを創設する。これは、通常の予算手続きを超えていた。すなわち、連邦投資プログラムの遂行に必要な当該省庁における手順も省略できてしまうのであった（Proskurnina and Pis'mennaia [2009]）。そのぶん、仕事が進む速度は上がることが期待されることになる。

　これはまた、既存の省庁や国家機関が効果的でないということの裏返しでもあった（Shokhina [2007]）。このような新設国家組織は、実際に官僚的コストを削減し、トップ個人に責任と裁量を与え、迅速な意思決定を可能にする。その半面、透明性と公に対する説明責任が緩くなり、恣意的で私利的な決定を下す機会を作り出すというリスクもある（Volkov [2008]）。

　要するに、設立から見てとれる国家コーポレーションの基本的原則とは、「解決を要する問題があれば、信頼できる人材を上層部に据えた新たな国営組織を作るべし」ということであろう。例えば、ソチ冬季五輪開催に向けた準備を行うためには、限られた時間しかなかった。準備を迅速に進めるため、オリンプストロイを国家コーポレーションとして創設し、問題に対処した。そしてこれは以下の国家コーポレーション設立の原則に基づいていた。何かしら解決しなければならない問題が存在するのであれば、そのために国家機構を創設す

る必要がある。もしその問題が重要で複雑であれば，それに対応して創設される機構には特別な権限が与えられなければならない。そしてその機構は，国家機関の枠から外れているが，国家のコントロールの及ぶ人材によって埋められなければならない（Pappe and Galukhina［2009］）。

　このような基本原則の根底にあるのは，複数の研究者が指摘するプーチン期のロシア型統治システムである。例えばリリア・シェフツォーワは，ロシア型システムは，特異なガバナンス体制を有すると論じる（Shevtsova［2003］）。その特徴に含まれるのが，パターナリズム，個人に対して支配的な国家，外部世界からの孤立，および大国への野望である。この体制の中心に位置するのが全権を掌握しているリーダー（指導者）の存在である。そのようなリーダーシップを念頭に，シェフツォーワは次のことを指摘する。

> ロシア型システムには，繰り広げられるゲームにおいて，フィックスされた（決められた，固められた）ルールは不要であり，必要なのはフィクサー（まとめ役）である。（Shevtsova［2003］16）

同様に，アリョーナ・レデニョーヴァは，2000年以降プーチン時代のロシア型統治システムである「システーマ」（ロシア語で体制・システムの意）は，インフォーマルな統治方法によって支えられていると説明する。そしてそれは次のような状況や局面で適用される。すなわち，設計済みの制度や公式なルートや手段が通用しないとき，指導者が介入し，実行可能な手段を利用して，物事をまとめ，目的を達成する。実行可能な手段とは，インフォーマルな関係，影響力，ネットワークなどが中心となる（Ledeneva［2013］）。

　この考え方は，国家コーポレーションの設立と発展のメカニズムを理解するのに有用である。つまり，国家コーポレーションは，すでに現存する組織や枠を逸脱する形で作られ，経営上層部には物事をまとめることができる「ロシア株式会社」の「部門長」的なエリート（第6章を参照）が任命されているからである。ロステクのチェーメゾフはその代表的な例であろう[26]。

---

[26] そして，「部門長」であるこれらまとめ役（フィクサー）たちの「総まとめ役」がリーダーであるプーチン「社長」である。

5）プーチン流国策会社——国家資本主義の担い手としての大企業

　2008年に大統領に就任したメドヴェージェフは，国家コーポレーションには批判的だった。2009年になると，国家コーポレーションを株式会社に改組する必要性を訴えるなど，より透明性を求める改革を提唱した[27]。また，2010年には，1990年代以来の壮大な民営化計画が発表された。これは，民間主導の経済発展のための環境整備を目的としており，ロスネフチをはじめ，トランスネフチ，ロシア鉄道，ズベルバンクなど有力ロシア企業を対象にしていた。2011年には民営化対象企業がさらに拡充されたが，その実施は延期されている。改革停滞の背景には，ロスネフチを支配するセーチンが石油関連企業の民営化に抵抗したことなどがあるといわれている（Melnikov［2012］）。

　2012年，大統領に返り咲くことが決まったプーチンは，大統領選直前の2月に，石油・ガス部門における国家の所有と管理の意義を強調した。彼はロスネフチを例に挙げ，石油・ガス部門の拙速な民営化をけん制した（*RIA Novosti*, 6 February 2012）。

　大統領選前の2012年1月30日，プーチンは『ヴェードモスチ』紙に選挙綱領論文を寄稿し，国家コーポレーションはじめ，国家主導の垂直統合型国策会社による国家資産管理の重要性を再確認した。自らの言葉でロシア型資本主義の担い手として期待される国策会社について説明し，その意義を明確にしている。

　「我々の経済的課題について」と題するこの選挙綱領論文はプーチン政権下のロシアが模索する資本主義の形を考察する上で重要な点が含まれている。例えば，政府主導の垂直統合型持ち株会社による資産の結集や管理の中央化，そして重点産業の育成などである。優先分野には経済の近代化を担うハイテク分野が含まれ，国内の知識集約型産業の発展を目指している。プーチン流の国家資本主義のツールともいえるのが「国家コーポレーション」という形であった。

---

27) メドヴェージェフ大統領の在任中，2011年に一時期国営企業の取締役会からすべての副首相と大臣を排除するという決定があった。国家の経済への介入の度合いを薄め，透明性を高めようとアピールする意図もあった。2008年から副首相を務めていたセーチンも，メドヴェージェフの決定を受けて2011年にロスネフチの取締役会長職を退いた。しかし，プーチンが大統領として再登板した後になると状況は変わった。2015年になると，国営企業の取締役に大臣たちがこぞって選出されるようになっている。

表 7-7　優先国策会社 4 社

名　称	構　成　企　業
ロステク	・中核企業：ロスアバロンエクスポルト（兵器輸出会社，武器・軍装備品独占的国家仲介業者） ・その他ロステク傘下：オボロンプロム（ロシアヘリコプター社，統合エンジン会社含む持ち株会社），アフトヴァズ（ロシア最大自動車メーカー），VSMPO－アヴィスマ（世界最大チタン製造会社），カラシニコフ（アサルトライフル製造），防衛システム（防空ミサイル製造），ルス・スペッスターリ（軍需特殊合金生産），スカルテル（ヨタ・フォーン製造）など
ロスアトム	・民生原子力部門中核企業：アトムエネルゴプロム（ロスアトム 100％持ち株会社。原子力分や民間企業約 90 社含む。ウラン採掘から電力生産まで核燃料サイクル全体を担う） ・アトムエネルゴプロム傘下：ロスエネルゴアトム（原子力発電企業），TVEL（核燃料会社），TENEX（濃縮輸出），アトムレドメトゾーロト，アトムエネルゴマシ，国立濃縮企業研究所など
統一航空機製造コーポレーション（OAK）	・スホイ，イルクート，ミコヤン，イリューシン，ツポレフ，ヤコブレフ，ベリエフなど航空機企業
統一造船コーポレーション（OSK）	・各地域（西部，北西，極東，南方）造船所管轄の企業 ・極東造船船舶修理センター（FESRC）傘下：ズヴェズダ船舶修理工場，アムール造船所など

出所）各社ウェブサイトより作成。

『ヴェードモスチ』紙のプーチンによる選挙綱領論文には以下のポイントが述べられている。

- 産業政策の優先度から，我々はロステフノローギー（ロステク），ロスアトム，統一航空機製造コーポレーション（OAK），統一造船コーポレーション（OSK）といった大規模な国家コーポレーション，垂直統合持ち株会社を創設した（表 7-7 を参照）[28]。

---

28) OAK と OSK は，100％ロシア連邦政府所有で設立された株式会社である。OAK については，その後政府保有が 90.3％となり，5.6％はヴネシュエコノムバンク（VEB）が保有するようになった。ヴネシュエコノムバンク会長のウラジーミル・ドミトリエフが 2011 年より取締役会長を務める。なお，OAK の再編過程については Cooper [2010]，Pappe et al. [2007] を参照。

- 公式的には国家に属しているものの，実際にはバラバラに管理・経営され，研究・設計センターとのつながりも途切れてしまっている資産を集結・統合する必要があった。
- この戦略を実行する結果として，国際競争力を持ち，グローバル市場において自らの立ち位置を見出し，拡大していくようなコーポレーションが創設されなければならない。
- まさにこうしたコーポレーションが，ハイテク製品の研究，製品開発から生産と供給，メンテナンスまでを統合し，航空機や造船，IT，そして医薬品・医療機器のグローバル市場を支配できる。
- 国家の努力は，ロシアが競争力を復活させることに向けられている。それは，グローバル市場におけるプレーヤーが少数にすぎない分野においてである。
- そのような分野では民間のイニシアチブはただ単に存在しなかっただけであり，決して国家が民間を抑圧しているというわけではない。(Putin [2012])

特に，バラバラだった資産を結集・統合・管理させるという点で，国家主導による経営資源の集約と，国際競争力のあるリソースの集合体としての企業を成立させようとする意図が汲み取れる。この『ヴェードモスチ』紙にプーチンが寄稿した論考は，プーチンが1999年に出版した学術論文を想起させる。第5章でも触れたように，プーチンはかつて，国家のバックアップのもとに複合企業体を設立し，西側の多国籍企業と対等に張り合える国際競争力のあるものに成長させることがロシア経済の発展に重要だと論じた（Balzer [2006] 51）。まさに大統領就任前から暖めてきたアイディアを実現していると捉えることができる。

おわりに

プーチン大統領のリーダーシップのもと，ロシア経済の多角化の実現へ向け

て，軍需産業を含むハイテク産業，航空機製造業や造船業，原子力産業など，戦略的産業に従事する企業の再編・統合が国家主導で進められている。ソ連時代に競争力を誇り，ソ連解体後に低迷を続けたこれら部門を，政府の主導によって再生させようという方針である。また，軍需・国防産業を再生し活性化することによって，最先端技術の開発やイノベーションを推進し，ロシア経済近代化の原動力にする狙いがある。宇宙開発も優先分野の一つで，プーチン第二次政権となり，新たな国家コーポレーションが同分野で「ロスコスモス」として誕生することが 2015 年 1 月に発表された。ロシア宇宙庁と統一ロケット宇宙コーポレーションが統合する形で創設される運びになったのである[29]。不透明な存在で批判の多い「国家コーポレーション」であるが，その組織形態は健在である。

　本章では，国営巨大石油・天然ガス会社の台頭や国家主導で企業の統合・設立を推進する取り組みという流れで経済に対する国家の関与を考察した。これらの動きは，プーチン期ロシアにおける経済システムを特徴づけるものであり，そこには非公式性をその根底に内包するロシア版「国家資本主義」的な要素が見てとれる。国家資本主義とは，経済目的だけでなく，政治的思惑からも市場を利用しようとするシステムであり，政府が経済介入し，国家が管理を強めようとする。政府が中心となって巨大企業を運営し，巨額な資本を左右し，国営会社や政府に近い民間巨大企業，政府系ファンドなどが大きな影響を持つシステムである。プーチン時代のロシアでは政府系企業・国策会社の台頭が顕著であることと，国家の経済政策のツールとしてこれら大企業の利用価値を見出そうとするところにプーチン政権下で模索されるロシア型の国家資本主義の形があるといえるだろう。

---

29) ロスコスモスの総裁にはロステク傘下のアフトヴァズの社長を務めていたイーゴリ・コマロフが任命された。それ以前は，彼は 2002 年から 08 年までノリリスク・ニッケルの幹部であった。ロスコスモスの設立背景については，邦語では小泉 [2015] を参照。

終 章
変わるロシア，変わらないロシア

　本書では，各章を通じて，市場経済移行政策による資本主義化の進展から国家主導型資本主義の台頭へと展開する現代ロシア経済の歩みを，ロシア経済を支える資源関連企業の発展メカニズムとそのプロセスを構造的に明らかにしながら，考察してきた。

　第一に，ソ連解体後のロシア企業の成立過程や条件を，それを取り巻く制度的環境や企業組織の特質を考慮に入れ，企業の再構築や組織再編の際には，経営資源・組織的能力の集合体としての企業の効率性を無視してはならないことを示した。第二に，ロシア社会に埋め込まれた「インフォーマリティ・非公式性」や「不文律・見えない掟」が，エリツィン時代からプーチン時代を通して，いかにロシア企業システムの発展を理解する鍵となるかを，企業の統治行動の仕組みや，企業家の生成，大企業の成立を検討することで明らかにした。第三に，国家とロシアを代表する資源系大企業との関係の展開に着目し，ロシアの政府・企業間関係の勢力バランスが企業システムに及ぼす影響の移り変わりを分析した。

1) ロシア型資本主義の形

　大きな流れとして，エリツィン時代に形作られたロシア型資本主義は，オリガルヒと呼ばれる新興財閥によって国家が捕獲対象となる「オリガルヒ・キャピタリズム」として描写され，プーチン政権下では，国家によってビジネス（実業界）が捕獲対象となる「ステート・キャピタリズム（国家資本主義）」として描かれる。しかしながら，確かに，大まかな国家と大企業のバランスは

プーチン時代に前者が優勢となるようシフトしていったが，その変容は，その底流にある継続性の中で捉える必要があるという微妙な側面がある。というのも，本書で示したように，エリツィン時代の元祖オリガルヒは国家に「任命」されたビジネスエリートであったし，また，プーチン時代に「強いロシア」へと舵を向けたといっても，特定の集団から自律しているという意味での「国家の強さ」（序章を参照）が増したということでもない。ここでポイントとなるのは，政府と企業は，継続して相互依存・補完関係にあるということである。政権は特定の大企業の発展を助け，そのかわりに政権が権力維持のために必要なサポートを大企業側が提供した。このような相互浸透関係は常に動的で，影響力の方向性は振り子のように揺れ，一定ではない。その結果，国家（政界）とビジネス（財界）の境界がぼやけるようになった。

ロシアの国家体制を特徴づけるのが，フォーマルとインフォーマルの二重性（Sakwa [2010a]）にあるように，ロシアの企業システムを特徴づけているのも，本書で見てきたように，公式の法秩序が支配するフォーマルな部分と，非公式なルールが支配するインフォーマルな部分が融合し，フォーマルとインフォーマルを行き来する二重性である。こうした企業システムの二重性・交差性の背景には，ロシアにおける法制度の脆弱性がある。特に企業にとって問題なのは，法の適用が選択的なことである。また，二重性が耐性を有するのは，非公式なルールが，公式の制度の欠陥の埋め合わせを実質的に行っているからでもある。しかし，非公式性は制度の脆弱性に起因するが，同時に脆弱性の原因にもなっているということが，ロシアが抱える問題の深刻さを物語る。法制度の脆弱性の克服と法の支配の強化が今後の発展の鍵となるであろう。

プーチンは大統領就任後，エリツィン時代に形成された非公式性を基盤とする政権と企業との関係について，その境界の曖昧さを問題視し，是正しようとした。

> どこで国家（政界）が終わりビジネス（財界）が始まるのか，どこでビジネスが終わり国家が始まるのか，理解するのが難しい。(Simon'ian [2003])

とオリガルヒとの会合で述べ，新政権では，政権と大企業との「等距離」政策

を宣言した。これで両者の関係が脱非公式化されることが期待された。しかし，結局のところトップレベルでの政治から実業界を切り離すことはできなかった。それどころか，かえって非公式性の要素を定着させてしまう結果となった。なぜなら，企業家や企業活動に対する法の選択的適用や「処罰の保留状態」の存続は，オリガルヒたちが自らを守るためには法やその他の公式制度に頼るよりも，私的な関係や非公式な調整を利用するほうが問題解決にはより確かであることが明らかになったからである（Tompson［2012］）。また，私的な関係や非公式な調整を通じた解決は，指導者側にとっても都合が良い側面もある。いわゆる「手動統治（マニュアル・コントロール）」が容易になるからだ。「手動統治」は，まさにプーチン大統領の統治方法を特徴づけるものである。

　プーチン政権下で顕著になった経済における国家の介入強化には，本書で考察したように，次の根本原則が見られる。すなわち，(1) 戦略的分野において政府の役割を促進すること，(2) 民間企業や外資企業よりも国営企業を優先すること，(3) 国営複合企業体が産業政策のツールとして関与すること，の3つである。そこには，ロシア型資本主義の発展には政府の役割が不可欠だという基本理念がある。大統領就任前に出版されたプーチン自らの学術論文にも示されているし，第7章でも触れた『ヴェードモスチ』紙に寄稿したプーチンの選挙綱領論文でもその信念がはっきりと述べられている。

> 韓国や中国などの経済近代化の成功経験は，政府による正しい方向への後押しが必要であることを物語っている。そして，そのような後押しによる成果は，間違いを侵してしまうというリスクを補って余りある。（Putin［2012］）

　現在進行中の「ロシア的特徴を持った資本主義」の背景には，このような考え方がある。ロシア型資本主義の発展のための経済近代化という国家的事業を推進するためには，大企業は国営も民間も，政府と協調的な態度をとるべきであると期待されており，国益の追求のために企業経営を行うことが求められていると考えられる。

　ロシアが直面する問題は，「ロシア志向を持ったエリート」の欠如にあると述べたのは，「主権民主主義」を唱えたウラジスラフ・スルコーフ（第5章を

参照）である。すなわち，ロシアのビジネス活動が，いわゆる「オフショア貴族」によって担われていることへの憂慮を示し，彼らがロシアを「自由狩猟区」程度にみなして企業経営を行い，国外への資本逃避を続けていることを批判した（*Izvestiia*, 18 May 2006）。プーチン時代になり，ロシア一の石油会社を海外に身売りしようとした実業家が逮捕されたユーコス事件は象徴的な出来事であった。これ以降，よりロシア国民としての自覚を持ったビジネスエリートやその企業が優遇されるようになった。

　プーチン大統領就任後，取り決められたといわれるオリガルヒらとの暗黙の了解は，政治に口出ししない限りにおいて獲得した財産に手をつけない，という「協定」であった（第6章を参照）。しかし，プーチン時代の国家主導型の資本主義が進むにつれ，財産権・私的所有権は，ロシアの国益に照らして相対的に捉えられる対象となる傾向が見てとれるようになった（Radygin [2008]，Trudoliubov [2014]）。2014年，バシネフチという石油会社を所有するいわゆるオリガルヒの一人であるウラジーミル・エフトゥシェンコフが逮捕され，ユーコス事件を想起させた。エフトゥシェンコフはミハイル・ホドルコフスキーのような「協定違反」をしているとはみなされておらず，彼の逮捕は国内外に衝撃を与えた。背景にはバシネフチをめぐる支配権闘争があるといわれ，2014年末には同社は政府所有となった。一連の出来事をうけ，「ロシアでは私的所有権は相対的」というような論調が目立つようになった（Trudoliubov [2014]）。

　そこには，財産権に対する指導層や国民の認識が影響しているようである。プーチンと一時期近い関係にあったとされる実業家のセルゲイ・プガチョフは，大統領は私的所有権の概念について誤解をしていると述べている（Belton and Buckley [2014]）[1]。大統領側近で国営石油大手ロスネフチ社長のイーゴリ・セーチンは「国家の所有であろうが，私的所有であろうが，なんの違いがある

---

1) プガチョフがかつて所有していた造船所で，ロシア国内で35年ぶりに製造された原子力砕氷船を大統領と見学したときのことである。プールや庭や温室を備えた10億米ドルの価値のある砕氷船に大統領は驚きを隠せなかったという。このときプガチョフは，私的所有者はパン屋を所有しパンを作ることはできるが，造船所を所有し砕氷船や軍艦を造ることはできないとの見解を大統領が持っていることに気付いたという（Belton and Buckley [2014]）。

のか」と発言したというし（Hanson［2011］113），エリツィン時代からのオリガルヒであるオレグ・デリパスカは，自身と国家を分離して考えず，所有するアルミ大手ルサールを政府に差し出す用意がいつでもあるという発言をしている（Belton［2007］，第6章を参照）。このような認識は国家の指導者やビジネスエリートだけのものではなさそうである。現地調査中に私的所有権の話をしているときにロシア人のある知り合いは筆者に次のように述べた[2]。「ロシアの一般国民は，小さな商店に対して個人が私的所有権を主張するのは許容するが，例えばロスネフチに対してはそういうわけにはいかないだろう」。

　ソ連解体後，財産権・私的所有権の確立を目指した私有化・民営化から25年ほどたち，ロシアでは市場経済化も進み，経済のグローバル化も進んだ。しかし，そのような中，ロシアの企業システムでは，「ゴスダールストヴェンニク」と呼ばれる国家志向者がビジネスの表舞台に出る時代となっている[3]。「オフショア貴族」ではなく，ロシア国民としての自覚を持った実業家が政権の信頼を勝ち取り，戦略的分野で台頭する。ロシア経済の「脱オフショア化」も，プーチン大統領が年次教書演説で提起して以来，租税回避地に登録された企業や逃避された資金のロシア国内還流を目的とした重要な政策となっている。2014年にウクライナのヤヌコーヴィッチ政権の崩壊とクリミアのロシア編入を契機にウクライナ危機が先鋭化し，ロシア全体に政治面でも経済面でも国益を重視する機運が高まっている。本書冒頭で引用したウィンストン・チャーチルは，ロシアを謎としながらも，その謎を解くための鍵は「ロシアの国益にある」と述べ，その発言を締め括っている。

2）ロシア型資本主義のゆくえ

　国家主導型の経済発展の成否は，国家指導者が経済の発展にどれだけ強く，

---

2) ロシアにおける財産権保護体制改善の難しさについては，例えばHedlund［1999］［2001］, Gaidar［2009］などを参照。
3) プーチン大統領自身が「ゴスダールストヴェンニク」であるということは，石郷岡［2013］も指摘する。「国家主義者」と訳されるが，日本語にない概念で，国家主義といっても偏狭な民族主義や国粋主義の要素は含まれず，ロシアの歴史や多民族性から導きだされる国家観が土台となっている（石郷岡［2013］36-8）。

長期的にコミットし，自らの政治的・経済的な利益を国家発展のためにどこまで犠牲にできるかにかかっていると考えられる。つまり，国益を唱える指導者層が口先だけでなく，実際にどこまでコミットしているかが重要であるし，また，指導者層を支えるテクノクラートの存在も重要である（浅沼・小浜［2013］）。

　本書で見てきたように，2000 年にプーチン時代が始まって以降，ロシアは国家主導のロシア型資本主義への転換を模索している。この動きを大統領のいう「正しい方向」に向かって進めていくためには，乗り越えなければならない様々なハードルが存在する。まず，政府が企業活動にどの程度，どのような方法で関与するのかについての方針が，場当たり的で非公式性に基づいたものだと，企業にとって重要なビジネス環境の安定性が損なわれてしまう。また，国家主導型資本主義の流れは，企業経営において利潤追求よりも政治的な思惑が優先され，企業の効率性が損なわれる可能性がある。さらに，政府と企業の癒着によって，汚職やレントシーキングが深刻化し，経済の活力を奪う危険性がある。企業活動への過度の国家介入は，近年の経済成長を牽引してきたロシア企業の活動に悪影響を及ぼす恐れがあろう。

　ロシア型資本主義がこの先どう歩んでいくのかを予測するのは難しい。いわゆる「多様な資本主義」論が示唆するように，同じ資本主義経済といっても，先進諸国の間でも多様な型が観察される（Hall and Soskice ［2001］, Amable ［2004］, Whitley ［2000］ など）。加えてロシアは，社会主義計画経済から資本主義市場経済への転換を図っている移行経済国である。同じ移行国経済の中国は，独自の資本主義化の過程をたどっている。これらのことから，資本主義が一つの型に収斂するとは限らず，ロシアも独自の資本主義への転換を遂げるとの議論を行うことも可能であろう。

　「見かけほど強くもないし，かといってそれほど弱くもない」のがロシアである。天然資源だけでなく人的資源も豊富に有し，ポテンシャルのある隣国について，その企業の発展と成長，そしてそれに関わる国家・企業間関係の展開，企業家の発展や民営化の進展，財産権保護体制の改善や法の支配の強化など，今後の動向を注意深く見守っていく必要があるであろう。

参考文献

【和文】

浅沼信爾・小浜裕久［2013］『途上国の旅――開発政策のナラティブ』勁草書房
浅元薫哉［2008］「戦略分野に対し包括的外資規制を導入」『ジェトロセンサー』9月号，pp. 18-9
安達祐子［2013］「ロシアにおける私有化――『資本主義企業化』の実態」村上勇介・仙石学編『ネオリベラリズムの実践現場――中東欧・ロシアとラテンアメリカ』京都大学学術出版会
─── ［2014］「コーポレート・ガバナンス改革がロシア市場を変える」『ユーラシア研究レポート』10月（http://yuken-jp.com/report/category/russia/）
─── ［2015a］「ロシア企業をめぐる最近の動き――コーポレート・ガバナンスと危機下の行動」『ロシアNIS調査月報』5月号，pp. 68-72
─── ［2015b］「「ガスプロムにとって良いことは，ロシアにとって良いこと」なのか――岐路に立つ国営ガス企業」『ERINAレポート』124号，pp. 19-20
───・毛里和子［2014］「二つの市場化――ロシアと中国」唐亮・松里公孝編著『ユーラシア地域大国の統治モデル』ミネルヴァ書房
池田正弘［2006］「ロシアを読み解く数式」『しゃりばり』295号
石郷岡建［2013］『ヴラジーミル・プーチン――現実主義者の対中・対日戦略』東洋書店
伊藤庄一［2008］「ロシアの石油産業――オイルブームは非民主化への序曲か？」坂口安紀編『発展途上国における石油産業の政治経済学的分析――資料集』アジア経済研究所調査研究報告書
井上幸義［2011］『ゴーゴリ「鼻」全文読解』ナウカ出版
岩﨑一郎［2005］「新世紀ロシアのコーポレート・ガバナンス」『経済研究』56巻2号，pp. 162-85
─── ［2012］「ロシア企業の執行機関――株式会社のミクロ実証分析」『経済研究』63巻2号，pp. 155-70
───・鈴木拓［2010］『比較経済分析――市場経済化と国家の役割』ミネルヴァ書房
上垣彰［2009］「比較の意義について――経済学の立場から」『比較経済研究』46巻1号，pp. 35-51
─── ［2014］「ロシアの「国家資本主義」について」比較経済体制学会共通論題報告要旨，6月
上野俊彦［1993］「ソ連邦共産党解体過程の分析――統計と世論調査から（CISの行方）」日本国際政治学会編『国際政治』104号，pp. 16-34
宇多文雄［1989］『ソ連――政治権力の構造』中央公論社
大坪祐介［2011］「ロシアビジネスの現状と将来の可能性」『Taiyo ASGエグセキュティブニュース』3月
小田博［2002］「法・制度 ロシアにおけるコーポレート・ガバナンス」『開発金融研究所報』

9号，pp. 4-11
─── ［2015］『ロシア法』東京大学出版会
加藤志津子［2006］『市場経済移行期のロシア企業──ゴルバチョフ，エリツィン，プーチンの時代』文眞堂
─── ［2009］「ロシアのコーポレート・ガバナンスの特徴と課題」海道ノブチカ・風間信隆編『コーポレート・ガバナンスと経営学──グローバリゼーション下の変化と多様性』ミネルヴァ書房
─── ［2012］「ロシアの新しいビジネス・エリート──「プーチンの友」」『ユーラシア研究レポート』9月 (http://yuken-jp.com/report/category/russia/)
栢俊彦［1996］「ソ連の負の遺産にメス」『日経産業新聞』12月15日
─── ［2007］『株式会社ロシア──混沌から甦るビジネスシステム』日本経済新聞出版社
唐津康次［2008］「戦略産業への投資ルール作りが難航」『ジェトロセンサー』2月号，pp. 76-7
木村汎［2008］『プーチンのエネルギー戦略』北星堂書店
久保庭真彰［2011］『ロシア経済の成長と構造──資源依存経済の新局面』岩波書店
小泉悠［2015］「国家企業「ロスコスモス」の設置に関する法律」『外国の立法』265-1号 (http://ndl.go.jp/jp/diet/publication/legis/)
金野雄五［2015］「欧米制裁から1年が経ったロシア」『みずほインサイト』9月14日
酒井明司［2007］『ガスプロム──ロシア資源外交の背景』(ユーラシアブックレット No. 111) 東洋書店
─── ［2009］『ロシアと世界金融危機──近くて遠いロシア経済』東洋書店
─── ［2010］『ガスパイプラインとロシア──ガスプロムの世界戦略』東洋書店
─── ［2011］「二つの顔を持つガスプロム──国家と私企業の狭間で」『石油・天然ガスレビュー』45巻1号，pp. 1-14
─── ［2012］「ロシアのエネルギー政策と戦略」『国際問題』613号，pp. 33-42
坂口泉［1998］「ロシアのアルミニウム産業の現状」『ロシア東欧経済速報』12月5日
─── ［1999a］「ミクロ経済の視点から見たロシア経済の特殊性」『ロシア東欧貿易調査月報』2月号，pp. 21-82
─── ［1999b］「ロシアの非鉄産業の現状について」『ロシア東欧貿易調査月報』12月号，pp. 59-101
─── ［2003］「ロシアのPSA（生産分与協定）をめぐる動き」『ロシア東欧貿易調査月報』8・9月号，pp. 19-51
─── ［2011］「ロスネフチの過去・現在・未来」『ロシアNIS調査月報』1月号，pp. 1-16
───・兵頭慎治・安達祐子・上野俊彦［2008］「ロシアの今──政治・経済・社会」『ソフィア』57巻3号，pp. 10-50
塩原俊彦［1998］『現代ロシアの政治・経済分析──金融産業グループの視点から』丸善
─── ［2004］『現代ロシアの経済構造』慶應義塾大学出版会
─── ［2006］『ロシア資源産業の「内部」』アジア経済研究所
─── ［2007］「「国家コーポレーション」と「ロシアテクノロジー」」『ロシアNIS調査月報』12月号，pp. 11-24
─── ［2010］「国家コーポレーションを探る──ロシアテクノロジーを中心に」『ロシア

NIS 調査月報』9・10 月号，pp. 80-93
─── [2012]『プーチン 2.0──岐路に立つ権力と腐敗』東洋書店
志田仁宏 [2011]「ソ連構成共和国における第二経済，1969-1988 年」『スラヴ研究』58 号，pp. 123-57
鈴木義一 [2007]「計画経済体制における中央計画当局──第 1 次五カ年計画期のソ連邦ゴスプラン」『クヴァドランテ』9 号，pp. 451-70
栖原学 [2001]「経済の犯罪化」中山弘正・上垣彰・栖原学・辻義昌編著『現代ロシア経済論』岩波書店
棚村秀樹 [2004]「Yukos 事件とロシア PS 法の行方」『石油／天然ガスレビュー』37 巻 1・2 号，pp. 98-107
田畑伸一郎 [2008]「経済の石油・ガスへの依存」同編著『石油・ガスとロシア経済』北海道大学出版会
─── [2015]「油価低落と制裁下のロシア」『ロシア NIS 調査月報』5 月号，pp. 1-25
───・塩原俊彦 [2004]「ロシア──石油・ガスに依存する粗野な資本主義」西村可明編『ロシア・東欧経済──市場経済移行の到達点』日本国際問題研究所
中居孝文 [1999]「PS 法制の整備状況とロシアの石油開発」『ロシア東欧貿易調査月報』7 月号，pp. 1-31
西村可明 [1995a]「ロシアにおける私有化」望月喜市・田畑伸一郎・山村理人編『スラブの経済』弘文堂
─── [1995b]『社会主義から資本主義へ──ソ連・東欧における市場化政策の展開』日本評論社
服部倫卓 [2011]「ロシアのナノテク戦略とロスナノ社」『ロシア NIS 調査月報』1 月号，pp. 52-8
伏田寛範 [2010]「「ロステフノロギー」の創設過程にみる政府・軍需産業間関係」『ロシアの政策決定──諸勢力と過程』平成 22 年度日本国際問題研究所報告書
藤原克美 [2003]「ロシアの破産制度」『ロシアにおける企業制度改革の現状』平成 14 年度日本国際問題研究所報告書
─── [2009]「ロシアにおける株式会社」桜井徹・細川孝編著『転換期の株式会社──拡大する影響力と改革課題』ミネルヴァ書房
─── [2012]『移行期ロシアの繊維産業──ソビエト軽工業の崩壊と再編』春風社
二村秀彦・金野雄五・杉浦史和・大坪祐介 [2002]『ロシア経済 10 年の軌跡──市場経済化は成功したか』ミネルヴァ書房
溝口修平 [2004]「ロシアにおける連邦・地方自治制度の改革」『外国の立法』219 号，pp. 126-30
溝端佐登史 [1996]『ロシア経済・経営システム研究──ソ連邦・ロシア企業・産業分析』法律文化社
─── [2003a]「ロシア企業における所有・支配とコーポレート・ガバナンス」『ロシアにおける企業制度改革の現状』平成 14 年度日本国際問題研究所報告書
─── [2003b]「ロシアにおける企業形態と国家─企業関係」『ロシアにおける企業制度改革の現状』平成 14 年度日本国際問題研究所報告書
─── [2004]「国有企業の民営化と企業統治」大津定美・吉井昌彦編著『ロシア・東欧経

済論』ミネルヴァ書房
村上勇介・仙石学編［2013］『ネオリベラリズムの実践現場——中東欧・ロシアとラテンアメリカ』京都大学学術出版会
本村眞澄［2005a］『石油大国ロシアの復活』アジア経済研究所
———［2005b］「ユガンスクネフチェガスの競売」JOGMEC 資料，1 月 12 日（http://oilgas-info.jogmec.go.jp/pdf/1/1501/0501_motomura_yugansk_r.pdf，2014 年 11 月 23 日閲覧）
———［2008］「天然ガスの巨人——ガスプロム（ロシア）」JOGMEC（石油天然ガス・金属鉱物資源機構）編『台頭する国営石油会社——新たな資源ナショナリズムの構図』エネルギーフォーラム
———［2012］「ロシア——Rosneft による TNK-BP 買収と BP/Rosneft の新戦略」JOGMEC 資料，12 月 28 日（http://oilgas-info.jogmec.go.jp/pdf/4/4810/1212_out_j_Rosneft_TNKBP.pdf.，2014 年 11 月 23 日閲覧）
———［2013］「ロスネフチとガスプロム」『石油開発時報』179 号，pp. 22-27
湯浅剛［1999］「「ノメンクラトゥーラ」浸透指標におけるロシア統治エリートの分析——閣僚を中心に」『ロシア・東欧学会年報』28 号，pp. 136-44

【欧文】
Abakumova, M.［2014］'Tuda i obratno', *RBK*, October.
——— and Fomicheva, M.［2014］'Vladel'tsy krupneishikh kompanii Rossii', *RBK*, October.
Adachi, Y.［2006a］'Corporate Control, Governance Practices and the State : The Case of Russia's Yukos Oil Company', in T. Mickiewicz (ed.), *Corporate Governance and Finance in Poland and Russia*, Basingstoke : Palgrave Macmillan.
———［2006b］'The Ambiguous Effects of Russian Corporate Governance Abuses of the 1990s', *Post-Soviet Affairs*, Vol. 22, No. 1, pp. 65-89.
———［2006c］'The Development of Russian Firms in the Energy and Metals Sectors : A Resource-Based View', Paper presented at the European Association for Comparative Studies Conference, July.
———［2009］'Subsoil Law Reform in Russia under the Putin Administration', *Europe-Asia Studies*, Vol. 61, No. 8, pp. 1393-414.
———［2010］*Building Big Business in Russia*, London and New York : Routledge.
———［2015］'Dynamics of State-Business Relations and the Evolution of Capitalism in Russia in an Age of Globalization', in T. Hirai (ed.), *Capitalism and the World Economy*, London and New York : Routledge.
Afanasiev, V.［1998］'Beskonfliktnyi zakhvat', *Ekspert*, 21 December.
Ahrend, R.［2005］'Can Russia Break the "Resource Curse"?', *Eurasian Geography and Economics*, Vol. 46, No. 8, pp. 584-609.
——— and Tompson, W.［2005a］'Russia's Economy : Keeping Up the Good Times', *OECD Observer*, No. 249.
——— and ———［2005b］'Unnatural Monopoly : The Endless Wait for Gas Sector Reform in Russia', *Europe-Asia Studies*, Vol. 52, No. 6, pp. 801-21.
——— and ———［2006］'Realising the Oil Supply Potential of the CIS : The Impact of

Institutions and Policies', *OECD Economics Department Working Paper*, No. 484.
AK&M ［1999］ 'Analitika — Saianskii aliuminievyi zavod', 28 June.
Al'bats, E. and Ermolin, A. ［2011］ 'Korporatsiia Rossiia — Putin s druz'iami podelili stranu', *Novoe vremia*, 21 October.
Alekseeva, O. ［2012］ 'Desiat' let mira', *Gazeta.ru*, 17 December.
Aliev, A. ［2011］ 'Sdelka zavisla', *Ekspert*, 14 April.
Allan, D. ［2002］ 'Banks and the Loans-for-Shares Auctions', in D. Lane (ed.), *Russian Banking : Evolution, Problems and Prospects*, Cheltenham : Edward Elgar.
Allen, F. and Gale, D. ［2000］ 'Corporate Governance and Competition', in X. Vives (ed.), *Corporate Governance*, Cambridge : Cambridge University Press.
Amable, B. ［2004］ *The Diversity of Modern Capitalism*, Oxford : Oxford University Press.
Andreff, W. ［2005］ 'Post-Soviet Privatization in the Light of the Coase Theorem', in A. Oleinik (ed.), *The Institutional Economics of Russia's Transformation*, Aldershot : Ashgate.
Aoki, M. ［2000］ *Information, Corporate Governance, and Institutional Diversity*, Oxford : Oxford University Press.
―――― ［2001］ *Toward a Comparative Institutional Analysis*, Cambridge, MA : MIT Press（滝沢弘和・谷口和弘訳『比較制度分析に向けて』NTT 出版，2003 年).
―――― and Kim, H. ［1995］ *Corporate Governance in Transitional Economies : Insider Control and the Role of Bank*, Washington, DC : World Bank.
Appel, H. ［2008］ 'Is It Putin or Is It Oil? Explaining Russia's Fiscal Recovery', *Post-Soviet Affairs*, Vol. 24, No. 4, pp. 301-23.
Applebaum, A. ［2003］ *GULAG : A History*, London : Penguin Books.
Aron, L. ［2003］ 'The Yukos Affair', *Russian Outlook*, American Enterprise Institute for Public Policy Research, Fall.
Arvedlund, E. ［1997］ 'Norilsk to Vote on New Share Proposal', *The Moscow Times*, 17 September.
Asankin, R. and Kuznetsova, E. ［2010］ '"Nornikel" prodaetsia za pokupku', *Kommersant*, 21 December.
Aslund, A. ［1995］ *How Russia Became a Market Economy*, Washington, DC : Brookings Institution.
―――― ［2006］ 'Russia's Energy Policy : A Framing Comment', *Eurasian Geography and Economics*, Vol. 47, No. 3, pp. 321-8.
―――― and Johnson, S. ［2004］ 'Small Enterprises and Economic Policy', *Carnegie Papers*, No. 43.
Astakhov, P. ［2008］ *Reider*, Moscow : Eksmo
Aukutsionek, S., Filatochev, I., Kapelyushnikov, R. and Zhukov, V. ［1998］ 'Dominant Shareholders, Restructuring and Performance of Privatised Companies in Russia : An Analysis and Some Policy Implications', *Communist Economies and Economic Transformation*, Vol. 10, No. 4, pp. 495-517.
―――― and Bataeva, A. ［2000］ *Rossiiskie predpriiatiia v rynochnoi ekonomike*, Moscow : Nauka.
Avdasheva, S. ［2000］ *Khoziaistvennye sviazi v rossiskoi promyshlennosti : problemy i tendentsii poslednego deciatiletiia*, Moscow : HSE.
―――― and Simachev, Iu. ［2009］ 'Gosudarstvennye korporatsii : mozhno li otsenit' korporativnoe

upravlenie?', *Voprosy ekonomiki*, No. 6, pp. 97-110.

Baker & McKenzie [2008] 'Subsoil Law', *Baker & McKenzie Legal Alert*, April.

Balzer, H. [2005] 'The Putin Thesis and Russian Energy Policy', *Post-Soviet Affairs*, Vol. 21, No. 3, pp. 210-25.

—— [2006] 'Vladimir Putin's Academic Writings and Russian Natural Resource Policy', *Problem of Post-Communism*, Vol. 53, No. 1, pp. 48-54.

Bardin, V. and Vol'nets, A. [1994] 'Tamozhnia vmeshivaetsia v igry s tollingom, importery zhe ostaiutsia na zapasnom puti', *Kommersant*, 1 September.

—— and —— [1995] 'Metallurgi primeriaiut tolling, neftianiki meriaiut eksport nefti kreditami', *Kommersant*, 9 February.

Barnard, A. [1995] 'Komineft Assures Shareholders Rights are Intact', *The Moscow Times*, 4 February.

Barnes, A. [2003] 'Russia's New Business Groups and State Power', *Post-Soviet Affairs*, Vol. 19, No. 2, pp. 154-86.

Bashkinskas, V. [2000] 'Bespredel bespredela', *Ekonomika i zhizn*', 9 December.

Batutov, A. [2009] 'Nedra na zamke', *Neft' Rossii*, 12 January.

Behar, R. [2000] 'Capitalism in a Cold Climate', *Fortune*, 12 June.

Bekker, A. [1996] 'Noril'skii nikel' : postoronnim vkhod zapreshchen', *Segodnia*, 30 January.

—— [2001] 'Interv'iu : Mikhail Fridman, sovladelets "Alfa-grupp"', *Vedomosti*, 7 October.

—— [2005] 'Vkhod zapreshchen', *Vedomosti*, 27 October.

—— [2006a] 'Interv'iu : Viktor Khristenko, ministr promyshlennosti i energetiki', *Vedomosti*, 6 March.

—— [2006b] 'Luchshe nyneshnogo, khuzhe proshlogo', *Vedomosti*, 6 July.

—— [2006c] 'Strategicheskii spor', *Vedomosti*, 24 October.

—— [2006d] 'Vse otrasli strategicheskie', *Vedomosti*, 27 March.

——, Bushueva, Iu. and Karpov, V. [2004] 'Sniat' politicheskie riski', *Vedomosti*, 28 January.

——, Surzhenko, V. and Debilova, E. [2007] 'Shel'f na dvoikh', *Vedomosti*, 22 January.

Belton, C. [2005] 'Khodorkovsky Says Sechin Led Yukos Attack', *Financial Times*, 5 August.

—— [2007] 'I don't need do defend myself' (interview with Oleg Deripaska), *Financial Times*, 13 July.

—— and Buckley, N. [2014] 'Businessmen are "serfs" in Putin's Russia, warns Sergei Pugachev', *Financial Times*, 8 October.

Berezanskaia, E., Zhegulev, I., Ivanitskaia, H., Igumenov, V., Levinskii, A., Malkova, I. and Sololova, A. [2012] '10 Kliuchevykh figur putinskoi vertikali', *Forbes*, 27 August.

Berglof, E. and von Thadden, E. [1999] 'The Changing Corporate Governance Paradigm : Implications for Developing and Transition Economies', *Annual World Bank Conference on Development Economics Conference Paper*, Washington, DC.

——, Kunov, A., Shvets, J. and Yudaeva, K. [2003] *The New Political Economy of Russia*, Cambridge, MA : MIT Press.

Berle, A. and Means, G. [1932] *The Modern Corporation and Private Property*, New York : Macmillan.

Berliner, J. [1952] 'The Informal Organization of the Soviet Firm', *The Quarterly Journal of Economics*, Vol. 66, No. 3, pp. 342-65.
―――― [1957] *Factory and Manager in the USSR*, Cambridge, MA : Harvard University Press.
Bevan, A., Estrin, S., Hare, P. and Stern, J. [2001] 'Extending the Economics of Disorganization', *Economics of Transition*, Vol. 9, No. 1, pp. 105-14.
Black, B. [2001a] 'Does Corporate Governance Matter? A Crude Test Using Russian Data', *University of Pennsylvania Law Review*, Vol. 149, pp. 2131-50.
―――― [2001b] 'The Legal and Institutional Preconditions for Strong Securities Markets', *UCLA Law Review*, Vol. 48.
――――, Kraakman, R. and Tarassova, A. [2000] 'Russian Privatisation and Corporate Governance : What Went Wrong?', *Stanford Law Review*, Vol. 52, pp. 1731-808.
Blanchard, O. [1997] *The Economics of Post-Communist Transition*, Oxford : Oxford University Press.
―――― and Kremer, M. [1997] 'Disorganization', *Quarterly Journal of Economics*, Vol. 112, No. 4, pp. 1091-126.
Blasi, J., Kroumova, M. and Kruse, D. [1997] *Kremlin Capitalism : Privatizing the Russian Economy*, Ithaca, NY : Cornell University Press.
Bloom, D., Ratnikov, K., Osipov, K. and Areshev, S. [2003] 'Peredel sobstvennosti "po-rossiiski" : chto eto takoe i kak emu protivostoiat', *Courdert Brothers*, March.
――――, ―――― and Baranovsky, P. [2004] 'Russia', *Global Corporate Governance Guide 2004*, (http://www.globewhitepage.com/, accessed 23 August 2006).
BOFIT [2012] 'Foreign Strategic Investment Law Continues to Evolve', *BOFIT Weekly*, January.
Boiko, B. [1996a] 'Deputaty uvlekalis' formotvorchestvom', *Kommersant*, 28 May.
―――― [1996b] 'Deputatam ponravilos' izuchat' predpriiatiia', *Kommersant*, 8 June.
Bond, A. [1984] 'Economic Development at Noril'sk', *Soviet Geography*, Vol. 25, pp. 354-68.
―――― [1996] 'The Russian Copper Industry and the Noril'sk Joint-Stock Company in the Mid-1990s', *Post-Soviet Geography and Economics*, Vol. 37, No. 5, pp. 286-329.
―――― and Levine, R. [2001] 'Noril'sk Nickel and Russian Platinum-Group Metals Production', *Post-Soviet Geography and Economics*, Vol. 42, No. 2, pp. 77-104.
Boone, P. and Rodionov, D. [2001] 'Rent Seeking in Russia and the CIS', Paper prepared for the EBRD tenth anniversary conference.
―――― and ―――― [2002] 'Sustaining Growth : Three Investment Strategies—Turnarounds, ROIC Growth and Yields', *Brunswick UBS Warburg Research*, Moscow.
Borisov, Iu. [2003] 'Aliuminievaia saga', *Sliianiia i pogloshcheniia*, No. 3, pp. 76-86.
Borozdina, S. [2003] 'Chto takoi nedr—kazhdyi ponimaet po-svoemu', *Gazeta.ru*, 11 March.
Boycko, M., Shleifer, A. and Vishny, R. [1994] 'The Progress of Russian Privatization', in A. Aslund (ed.), *Economic Transformation in Russia*, London : Pinter Publishers.
――――, ―――― and ―――― [1995] *Privatizing Russia*, Cambridge, MA : MIT Press.
BP [2015] *BP Statistical Review of World Energy 2015*, London : BP.
Brady, R. [1999] *Kapitalizm : Russia's Struggle to Free Its Economy*, New Haven and London : Yale University Press.

Breach, A. [2005] 'Kremlin LBOs : The end of an era?', *Brunswick UBS Global Equity Research*, September.
Bream, R. [2005] 'Rusal : We Want to be Number One in the World', *Financial Times*, 2 November.
Bremmer, I. [2009] 'State Capitalism Comes of Age', *Foreign Affairs*, May/June.
―――― [2010] *The End of the Free Market : Who Wins the War between States and Corporations?*, New York : Portfolio（有賀裕子訳『自由市場の終焉――国家資本主義とどう闘うか』日本経済新聞出版社，2011 年）.
Brookings Institution [2006] *The Russian Federation*, The Brookings Foreign Policy Studies Energy Security Series, Washington, DC.
Brown, A., Ickes, B. and Ryterman, R. [1994] 'The Myth of Monopoly—A New View of Industrial Structure in Russia', *World Bank Policy Research Working Paper*, No. 1331.
Browne, J. [2010] *Beyond Business : An Inspirational Memoir from a Visionary Leader*, London : Weidenfeld & Nicholson.
Brunswick UBS [2002] *Russian Equity Guide 2002/03*, Moscow : Brunswick UBS.
Burger, E. [2004] 'Corruption in the Russian *Arbitrazh* Courts : Will there be Significant Progress in the Near Term?', *International Lawyer*, Vo. 38, No. 1.
Bush, J. [2008] 'Russia to Set Investment Rules', *Bloomberg News*, 19 March.
Bushueva, Iu., Tutushkin, A. and Egorova, T. [2004] 'Slyshkom mnogo nefti', *Vedomosti*, 7 October.
――――, ―――― and Lysova, T. [2002] 'Kapital v $7.8mld', *Vedomosti*, 20 June.
Butrin, D. [2001a] 'Komu prenadlezhit Rossiia : Tsvetnaia metallurgaia', *Kommersant-Vlast*, 9 October.
―――― [2001b] 'Komu prenadlezhit Rossiia? Chernaia metallurgiia', *Kommersant-Vlast*, 18 September.
―――― and Belikov, D. [2007] 'Mikhail Fradkov osvaivaet "Rostekhnologii"', *Kommersant*, 11 September.
―――― and Gudkov, A. [2008] 'Dizain bar'erov dlia investrov utverzhden', *Kommersant*, 6 March.
Catan, T. [2004] 'Before the Crash', *Financial Times*, 14 May.
Chandler, A. [1962] *Strategy and Structure : Chapters in the History of the American Industrial Enterprise*, Cambridge, MA : MIT Press（有賀裕子訳『組織は戦略に従う』ダイヤモンド社，2004 年）.
―――― [1990] *Scale and Scope : The Dynamics of Industrial Capitalism*, Cambridge, MA : Harvard University Press（安部悦生他訳『スケール・アンド・スコープ――経営力発展の国際比較』有斐閣，2005 年）.
―――― [1992] 'Organizational Capabilities and the Economic History of the Industrial Enterprise', *Journal of Economic Perspectives*, Vol. 6, No. 3, pp. 79-100.
Charkham, J. [1994] *Keeping Good Company : A Study of Corporate Governance in Five Countries*, Oxford : Oxford University Press.
Chazan, G. and Belton, C. [2012] 'BP to Sell TNK-BP Stake to Rosneft', *Financial Times*, 22 October.
Cherkasova, M. [2007] 'Strana ne dala uglia', *Kommersant*, 8 October.

Chetverov, S. [2001] 'Ideal'nykh zakonov ne byvaet', *Russian Corporate Governance website*, 6 December (http: //www. corp-gov. ru/bd/db. php3? db_id=423&base_ id=3, accessed 21 May 2002).

Chirkova, E. [1998] 'Skhema "kredit pod zalog"', *Nezavisimaia gazeta*, 27 January.

Christiansen, T. and Neuhold, C. (eds.)[2012] *International Handbook of Informal Governance*, Cheltenham : Edward Elgar.

Chubais, A. [1999] 'Kak dushili privatizatsiiu', in A. Chubais (ed.), *Privatizatsiia po-rossiiskii*, Moscow : Vagrius.

―――― and Vishnevskaya, M. [1994] 'Privatization in Russia : An Overview', in A. Aslund (ed.), *Economic Transformation in Russia*, London : Pinter Publishers.

Clark, T. [2001] 'In Search of Corporate Governance', *The Moscow Times*, 28 May.

Clarke, S. [1996] 'The Enterprise in the Era of Transition', in S. Clarke (ed.), *The Russian Enterprise in Transition*, Cheltenham : Edward Elgar.

―――― and Kabalina, V. [1995] 'Privatisation and the Struggle for Control of the Enterprise', in D. Lane (ed.), *Russia in Transition : Politics, Privatisation and Inequality*, London : Longman.

Clateman, P. [2004] 'More Yukos', *Johnson's Russia List*, 11 May.

Coase, R. [1988] *The Firm, the Market and the Law*, Chicago, IL : Chicago University Press（宮沢健一他訳『企業・市場・法』東洋経済新報社，1992 年）．

―――― [1992a] '1991 Nobel Lecture : The Institutional Structure of Production', in O. Williamson and S. Winter (eds.), *The Nature of the Firm : Origins, Evolutions, and Development*, Oxford : Oxford University Press.

―――― [1992b] 'The Nature of the Firm : Influence', in O. Williamson and S. Winter (eds.), *The Nature of the Firm : Origins, Evolutions, and Development*, Oxford : Oxford University Press.

Commander, S., Dolinskaya, I. and Mumssen, C. [2000] 'Determinants of Barter in Russia : An Empirical Analysis', *IMF Working Paper*, No. 155.

Considine, J. and Kerr, W. [2002] *The Russian Oil Economy*, London : Edward Elgar.

Cooper, J. [2010] 'Security Economy', in M. Galleoti (ed.), *The Politics of Security in Modern Russia*, New York : Ashgate.

Cornelius, P. and Kogut, B. (eds.) [2004] *Corporate Governance and Capital Flows in a Global Economy*, Oxford : Oxford University Press.

Cottrell, R., and Jack, A. [2001] 'Russian Aluminium Given Green Light', *Financial Times*, 4 April.

Dashevsky, S. [2000] 'The Russian Oil Industry : Sustainable growth ahead', *Aton Equity Research*, March.

Davies, S. [1987] 'Vertical Integration', in R. Clarke and T. McGuinness (eds.), *The Economics of the Firm*, Oxford : Blackwell.

Davydov, S. [1999] 'Idet za volnoiu volna : kto gonit ikh?', *Rossiiskaia gazeta*, 1 June.

Dean, R., Metzger, B., Bloom, D. and Ratnikov, K. [2003] 'Abusive Corporate Takeovers in Russia : Proposals for Reform', *Courdert Brothers*, Moscow.

Deliagin, M. [2000] 'Ne vozroditsia segodnia―umret zaftra', *Nezavisimaia gazeta*, 3 March.

Demkin, A. and Komarov, A. [1996] 'Problemy i dostizheniia aliuminievoi promyshlennosti', *Rynok tsennykh bumag*, No. 18, pp. 20-4.

Dienes, L. [1996] 'Corporate Russia : Privatisation and Prospects in the Oil and Gas Sector', *Donald W. Treadgold Papers*, No. 5.

——— [2004] 'Observations on the Problematic Potential of Russian Oil and the Complexities of Siberia', *Eurasian Geography and Economics*, Vol. 45, No. 5, pp. 319-45.

Dittus, P. and Prowse, S. [1996] 'Corporate Control in Central Europe and Russia : Should Banks Own Shares?', in R. Frydman, C. Gray and A. Rapaczynski (eds.), *Corporate Governance in Central Europe and Russia*, Vol. 1, Budapest : Central European University Press.

Djankov, S. and Murrell, P. [2002] 'Enterprise Restructuring in Transition : A Quantitative Survey', *Journal of Economic Literature*, Vol. 40, No. 3, pp. 739-92.

Dmitrienko, A. [1999] 'Saianskii aliuminievyi : inostrantsy ne sdaiut', *Vremia MN*, 13 July.

Dmitriev, E. [2004] 'Gluboko kapaet', *Profil'*, 26 July.

Dolgopiatova, T. [1995] *Rossiskie predpriiatiia v perekhodnoi ekonomike : ekonomicheskie problemy i povedenie*, Moscow : Delo.

——— [2001] 'Modely i mekhanismy korporativnogo kontrolia v Rossiiskoi promishlennosti', *Voprosy ekonomiki*, No. 5, pp. 46-60.

——— (ed.) [1988] *Neformal'nyi sektor v Rossiiskoi ekonomike*, Moscow : ISAPR.

——— (ed.) [2001] *Rossiskaia promyshlennost' : institutsional'noe razvitie*, Moscow : HSE.

———, Iwasaki, I. and Iakovlev, A. (eds.) [2007] *Rossiiskaia korporatsiia : vnutrenniaia organizatsiia, vneshnie vzaimodeistviia, perspektivy razvitiia*, Mocow : HSE.

Dolgopyatova, T. and Evseyeva (Boeva), I. [1995] 'Behaviour of Russian Industrial Enterprises under Transformation,' *Communist Economies and Economic Transformation*, Vol. 7, No. 3, pp. 319-31.

———, ——— and Yakovlev, A. (eds.) [2009] *Organization and Development of Russian Business : A Firm-Level Analysis*, Basingstoke : Palgrave Macmillan.

Dosi, G., Nelson, R. and Winter, S. (eds.) [2001] *The Nature and Dynamics of Organizational Capabilities*, Oxford : Oxford University Press.

Drankina, E. [2001] 'Masterklass dlia perekhvatchikov', *Ekspert*, 26 March.

Dubovskii, M. [1991] *Istoriia SSSR v anekdotakh*, Smolensk : Smiadin'.

Dunaevskii, A., Osinovskii, A. and Borisenko, E. [2002] *Kommentarrii k Federal'nomu zakonu 'Ob oktsionernykh obshshchestvakh'*, SPb : DNK.

Dynkin, A. and Sokolov, A. [2001] *Integrirovannye biznes-gruppy —proryv k modernizatsii strany*, Moscow : Tsentr issledovanii i statistiki nauki.

——— [2004] 'Krupnyi biznes : nashe nasledie', *Vedomosti*, 20 January.

Earle, J. and Estrin, S. [2001] 'Privatization and the Structure of Enterprise Ownership', in B. Granville and P. Oppenheimer (eds.), *Russia's Post-Communist Economy*, Oxford : Oxford University Press.

Easterbrook, F. and Fischel, D. [1983] 'Voting in Corporate Law', *Journal of Law and Economics*, Vol. 26, No. 2, pp. 395-427.

EBRD (European Bank of Reconstruction and Development) [1999] *Transition Report 1999*, London : EBRD.

——— [2010] *Transition Report 2010*, London : EBRD.

―――― [2001] 'EBRD News release', 1 October.
Edwards, R. [2003] 'Norilsk Nickel : Past, Present, and Future', *Renaissance Capital*, January.
EIA (U.S. Energy Information Administration) [2013] 'Today in Energy', 23 July.
EKO [1988] 'RAO "Noril'skii nikel'" : problemy i perspectivy', *EKO*, No. 11, p. 293.
Ellman, M.(ed.) [2006] *Russias Oil and Natural Gas : Bonanza or Curse?*, London : Anthem.
Energy Intelligence [2008] 'Petroleum Intelligence Weekly Ranks World's Top 50 Oil Companies', January.
Enukov, M., Nikol'skii, A. and Bushueva, Iu. [2001] 'Stroev predlagaet Putinu nedra', *Vedomosti*, 30 August.
Ericson, R. [1991] 'The Classical Soviet-Type Economy : Nature of the System and Implications for Reform', *The Journal of Economic Perspectives*, Vol. 5, No. 4, pp. 11-27.
―――― [2006] 'Command Versus "Shadow" : The Conflicted Soul of the Soviet Economy', *Comparative Economic Studies*, Vol. 48, No. 1, pp. 50-76.
Evgrafova, E. [1999] 'Smena partnerov―ne izmena', *Vedomosti*, 28 October.
Fagullinina, G. [2000] 'To, chto khorosho dlia biznesa, khorosho dlia menia' (interview with Konstantin Titov), *Ekspert*, 25 December.
Fama, E. [1980] 'Agency Problems and the Theory of the Firm', *Journal of Political Economy*, Vol. 88, No. 2, pp. 288-307.
―――― and Jensen, M. [1983a] 'Separation of Ownership and Control', *Journal of Law and Economics*, Vol. 26, No. 2, pp. 301-25.
―――― and ―――― [1983b] 'Agency Problems and Residual Claims', *Journal of Law and Economics*, Vol. 26, No. 2, pp. 327-49.
FCSM (Federal Commission for the Securities Market) [1999] *Regulatory Update*, October.
―――― [2002] *Corporate Governance Code*, Moscow : FCSM.
Fedorinova, Iu. [2006] 'Rusal otkroet tainy', *Vedomosti*, 18 January.
―――― [2008] 'UC Rusal nachala s kritiki', *Vedomosti*, May 28.
Fedorov, A. [1999] '"Sibirskii aliuminii" zabral samarskii zavod', *Kommersant*, 19 February.
―――― and Rozhkova, M. [1999] 'V Samare bankrotiat kompaniiu-prizrak', *Kommersant*, 9 February.
Fedorov, O. [2000] 'Three Case Studies of Abusive Self-Dealing', Paper presented at the OECD 2nd Round Table on Corporate Governance in Russia, Moscow.
Feifer, G. [2000a] 'Yukos Shareholders to Get $106M Dividend', *The Moscow Times*, 6 June.
―――― [2000b] 'Prosecutors : Sale of Norilsk Fixed', *Moscow Times*, 12 July.
Fenkner, J. [1999] 'How to Steal an Oil Company', *Troika Dialog Research*, March.
―――― and Krasnitskaya, E. [1999] 'Corporate Governance in Russia', *Troika Dialog Research*, May.
Filatotchev, I., Wright, M. and Bleaney, M. [1999a] 'Privatization, Insider Control and Managerial Entrenchment in Russia', *Economics of Transition*, Vol. 7, No. 2, pp. 481-504.
――――, Bleaney, M. and Wright, M. [1999b] 'Insider-Controlled Firms in Russia', *Economics of Planning*, Vol. 27, No. 2, pp. 129-51.
Filatov, A., Tutkevich, V. and Cherkaev, D. [2005] 'Board of Directors at State-Owned Enterprises

(SOE) in Russia', Paper Prepared for the Russian Corporate Governance Roundtable Meeting, Moscow, 2-3 June.

Flynn, J. and Kranz, P. [1996] 'The Lords of Aluminium', *Business Week*, 30 September.

Fokina, E. [2005] 'Neftianik rubl' berezhet', *Profil'*, 19 December.

Fortescue, S. [1992] 'The Industrial Ministries', in E. Huskey (ed.), *Executive Power and Soviet Politics : The Rise and Decline of the Soviet State*, New York : M.E. Sharpe.

―――― [1997] *Policy-Making for Russian Industry*, London : Macmillan.

―――― [1999] 'Russian Mining and Metals Sector : Integration or Disintegration?', in V. Tikhomirov (ed.), *Anatomy of the 1998 Russian Crisis*, Melbourne : Contemporary Europe Research Centre.

―――― [2006a] *Russia's Oil Barons and Metal Magnates*, Basingstoke : Palgrave Macmillan.

―――― [2006b] 'Russian Aluminium Industry in Transition', *Eurasian Geography and Economics*, Vol. 47, No. 1, pp. 76-94.

―――― [2009] 'The Russian Law on Subsurface Resources : A Policy Marathon', *Post-Soviet Affairs*, Vol. 25, No. 2, pp. 160-84.

―――― [2012] 'The Russian Economy and Business-Government Relations', in G. Gill and J. Young (eds.), *Routledge Handbook of Russian Politics and Society*, Abingdon : Routledge.

Fox, M. and Heller, M. [1999] 'Lessons from Fiascos in Russian Corporate Governance', *William Davidson Institute Working Paper*, No. 28.

―――― and ―――― [2006] *Corporate Governance Lessons from Transition Economy Reforms*, Princeton, NJ : Princeton University Press.

FPI (Fond perspectivnykh issledovanii i initsiativ) [2003] *Krupnyi rossiiskii biznes-2003*, Moscow : FPI.

Freeland, C. [2000] *Sale of the Century : The Inside Story of the Second Russian Revolution*, London : Little, Brown and Company (角田安正他訳『世紀の売却―――第二のロシア革命の内幕』新評論, 2005 年).

Frydman, R. and Rapaczynski, A. [1996] *Privatization in Eastern Europe : Is the State Withering Away?*, Budapest : Central European University Press.

――――, Gray, C. and Rapaczynski, A. [1996] 'Overview', in R. Frydman, C. Gray and A. Rapaczynski (eds.), *Corporate Governance in Central Europe and Russia, Vol. 1*, Budapest : Central European University Press.

Frye, T. [2002a] 'The Two Faces of Russian Courts : Evidence from a Survey of Company Managers', *East European Constitutional Review*, Winter/ Spring Vol. 11, pp. 125-9.

―――― [2002b] 'Capture or Exchange? Business Lobbying in Russia', *Europe-Asia Studies*, Vol. 54, No. 7, pp. 1017-36.

―――― and Shleifer, A. [1997] 'The Invisible Hand and the Grabbing Hand', *American Economic Review*, Vol. 87, No. 2, pp. 354-8.

―――― and Iwasaki, I. [2011] 'Government Directors and Business-State Relations in Russia', *European Journal of Political Economy*, Vol. 27, No. 4, pp. 642-58.

Gaddy, C. and Ickes, B. [2005] 'Resource Rents and the Russian Economy', *Eurasian Geography and Economics*, Vol. 46, No. 8, pp. 559-83.

――― and ――― [2010a] 'Rossiiskaia ekonomika : kak slezt' s "syr'evoi igly"', in M. Lipman and N. Petrov (eds.), *Rossiia 2020 : Stsenarii razvitiia*, Moscow : Rosspen.
――― and ――― [2010b] 'Russia After the Global Financial Crisis', *Eurasian Geography and Economics*, Vol. 51, No. 3, pp. 281-311.
――― and ――― [2011] 'Smozhet li Rossiia Slezt' c "syr'evoi igly"', *Pro et Contra*, Vol. 15, No. 5, pp. 23-39.
Gaddy, D. [2000] 'Fresh Opportunities Arise in Russia as Country's Oil Majors Respond to Lessons Learned from the 1990s', *Oil & Gas Journal*, 28 February.
Gaidar, E. [2009] *Vlast' i sobstvennost' : Smuty i instituty. Gosudarsvo i evoliutsiia*, St. Petersburg : Norma.
Galin, A. [2000a] 'Poslednii boi za aliuminii', *Vedomosti*, 10 March.
――― [2000b] 'NkAZ ushel ot "LogoVAZa"', *Vedomosti*, 13 March.
――― [2000c] 'Energetikov otkliuchili ot NkAZa', *Vedomosti*, 20 June.
――― [2000d] 'NkAZ podelili na troikh', *Vedomosti*, 21 June.
――― and Rozhkova, M. [2000a] 'Scheta NkAZa arestovyvaiut', *Vedomosti*, 18 January.
――― and ――― [2000b] 'Aliuminievaia razvilka', *Vedomosti*, 28 April.
Gati, T. [2008] 'Russia's New Law on Foreign Investment in Strategic Sectors and the Role of State Corporations in the Russian Economy', *Akin Gump Strauss Hauer & Feld LLP Note*, October.
Gavrish, O. [1999] 'Rossiiskii aliuminii podeliat na Ukraine', *Vedomosti*, 8 December.
Gel'man, V. [2012] 'Subversive Institutions and Informal Governance in Contemporary Russia', in T. Christiansen and C. Neuhold (eds.), *International Handbook of Informal Governance*, Cheltenham : Edward Elgar.
Gismatullin, E. [1999] 'Dart, Yukos Resolve Long Running Feud', *The Moscow Times*, 21 December.
Gokhberg, L. [1999] *Russia : A Science and Technology Profile*, London : British Council.
Goldberg, I. and Desai, R. [1999] 'Corporate Governance in Russia', in H. Broadman (ed.), *Russian Enterprise Reform : Policies to Further the Transition*, Washington, DC : World Bank.
Goldman, M. [2003] *Piratisation of Russia : Privatisation Goes Awry*, London : Routledge（鈴木博信訳『強奪されたロシア経済』日本放送出版協会，2003 年）.
Golikova, L. [2001] 'Oruzhie v zakone', *Kommersant-Den'gi*, 19 December.
Golikova, V. [2009] 'Business Associations : Incentives and Benefits from the Viewpoint of Corporate Governance', in T. Dolgopiatova, I. Iwasaki and A. Yakovlev (eds.), *Organization and Development of Russian Business*, Basingstoke : Palgrave.
Golovachev, V. [2001] 'Interview with T. Treifilova', *Trud-7*, 23-29 August.
Golubkov, D. [1999] *Osobennosti korporativnogo upravleniia v Rossii*, Moscow : Alpina.
Gordon, M. [1997] 'The Norilsk Challenge', *The Moscow Times*, 23 December.
Goriaev, A. and Sonin, K. [2005] 'Is Political Risk Company-Specific? The Market Side of the Yukos Affair', *CEPR Discussion Paper*, No. 5076.
Gorshkova, A. [2006] 'Prozrachnye nameki', *Vremia novostei*, 21 September.
Gotova, N. [1996] 'Anatolii Filatov vse-taki ushel', *Segodnia*, 12 April.
――― [1997a] 'Proizvoditeli aliuminiia obratili vzor na vnutrennii rynok', *Segodnia*, 6 July.

—— [1997b] 'Aktsionery ssoriatsia — tretii ne meshai', *Moskovskii komsomolets*, 11 October,
—— [2002] 'Beregis svoego blizhnego', *Kompaniia*, 21 January.
—— and Mirontseva, Ia. [1994] 'Novye khoziaeva zavoda prishli v uzhas ot uvidennogo', *Kommersant*, 10 November.
Granick, D. [1960] *The Red Executive : A Study of the Organization Man in Russian Industry*, New York : Doubleday.
Granik, I. [2003] 'Duma operativno vypolnila ukazanie prezidenta', *Kommersant*, 19 November.
—— and Kornysheva, A. [2005] 'V Sovete federatsii vystupili protiv zakona "O nedrakh"', *Kommersant*, 6 December.
—— and Butrin, D. [2007] 'Investrov spasli strategicheskie raznoglasiia', *Kommersant*, 9 November.
Granville, C. and Seleznev, M. [2000] 'Norilsk Nickel : Restructuring Update', *United Financial Group (UFG)*, September.
Gray, C. and Hendley, K. [1997] 'Developing Commercial Law in Transition Economies : Examples from Hungary and Russia', in J. Sachs and K. Pistor (eds.), *The Rule of Law and Economic Reform in Russia*, Boulder, CO : Westview Press.
Gregory, P. and Stuart, R. [2001] *Russian and Soviet Economic Performance and Structure*, Boston, MA : Addison Wesley Longman.
Grey, S., Kuzmin, A. and Piper, E. [2015] 'Putin's daughter, a young billionare and the president's friends', *Reuters*, 10 November.
Grigor'ev, A. [2000] 'Proshu slova' (interview with Dzhonson Khagazheev), *Profil'*, 24 January.
Grivach, A. [2007] '"Gazprom" : mechty sbybaiutsia', *Vremia novostei*, 4 December.
Grossman, G. [1977] 'The Second Economy of the USSR', *Problems of Communism*, Vol. 26, No. 5, pp. 25-40.
—— [1998] 'Subverted Sovereignty : Historic Role of the Soviet Underground', in S. Cohen, A. Schwartz and J. Zysman (eds.), *The Tunnel at the End of the Light : Privatization, Business Networks, and Economic Transformation in Russia*, University of California Research Series, Berkley, CA.
Grossman, S. and Hart, O. [1986] 'The Costs and Benefits of Ownership : A Theory of Vertical and Lateral Integration', *Journal of Political Economy*, Vol. 94, No. 4, pp. 691-719.
Group Menatep [2002] 'Group Menatep, core shareholder of Yukos Oil Company, Announces Details of Its Principal Owners', *Group Menatep Press Release*, 19 June.
Grozovskii, B., Ivanova, S. and Proskurina, O. [2003] 'Dobrovol'noe bremia', *Vedomosti*, 3 December.
Gudkov, A. [2008a] 'Gosduma podarila inostrannym investram dva dnia', *Kommersant*, 19 March.
—— [2008b] 'Strategicheskikh predpriiatii stanovitsia vse bol'she', *Kommersant*, 20 March.
—— [2008c] 'Vladimir Putin vneset proshchal'nyi vklad v investklimat', *Kommersant*, 24 March.
—— and Butrin, D. [2006] 'Minpromenergo postupilos' printsipami FSB', *Kommersant*, 16 October.
Guislain, P. [1997] *The Privatization Challenge*, Washington DC : World Bank.
Guriev, S. and Rachinsky, A. [2004] 'Ownership Concentration in Russian Industry', *Background*

Paper for Country Economic Memorandum for Russia, World Bank.
―――― and ―――― [2005] 'The Role of Oligarchs in Russian Capitalism', *Journal of Economic Perspectives*, Vol. 19, No. 1, pp. 131-50.
Gushchin, V. [1998] 'Zakat siiuminutnykh investitsii', *Interfax-AiF*, 4 May.
Gustafson, T. [1989] *Crisis amid Plenty : The Politics of Soviet Energy under Brezhnev and Gorbachev*, Princeton, NJ : Princeton University Press.
―――― [1999] *Capitalism Russian-Style*, Cambridge : Cambridge University Press.
―――― [2012] *Wheel of Fortune : The Battle for Oil and Power in Russia*, Cambridge, MA : Harvard University Press.
Hall, P. and Soskice, D. [2001] *Varieties of Capitalism : The Institutional Foundations of Comparative Advantage*, Oxford : Oxford University Press (遠山弘徳他訳『資本主義の多様性――比較優位の制度的基礎』ナカニシヤ出版, 2007年).
Hanson, P. [1997] 'What Sort of Capitalism is Developing in Russia?', *Communist Economies and Economic Transformation*, Vol. 9, No. 1, pp. 27-42.
―――― [1999] 'The Russian Economic Crisis and the Future of Russian Economic Reform', *Europe-Asia Studies*, Vol. 51, No. 7, pp. 1141-66.
―――― [2003] *The Rise and Fall of the Soviet Economy : An Economic History of the USSR from 1945*, London : Pearson.
―――― [2005], 'Observations on the Costs of the Yukos Affair to Russia', *Eurasian Geography and Economics*, Vol. 46, No. 7, pp. 481-94.
―――― [2007] 'The Turn to Statism in Russian Economic Policy', *The International Spectator*, Vol. 42, No. 1, pp. 29-42.
―――― [2011] 'Networks, Cronies and Business Plans : Business-State Relations in Russia', in V. Kononenko and A. Moshes (eds.), *Russia as a Network State*, Basingstoke : Palgrave Macmillan.
―――― and Teague, E. [2005] 'Big Business and the State in Russia', *Europe-Asia Studies*, Vol. 57, No. 5, pp. 657-80.
Harasymiw, B. [1988] 'The CPSU in Transition from Brezhnev to Gorbachev', *Canadian Journal of Political Science*, Vol. 21, No. 2, pp. 249-66.
―――― [1991] 'Changes in the Party's Composition : The "Destroyka" of the CPSU', *Journal of Communist Studies*, Vol. 7, No. 2, pp. 133-60.
Hart, O. [1995a] *Firms and Contracts and Financial Structure*, Oxford : Clarendon Press.
―――― [1995b] 'Corporate Governance : Some Theory and Implications', *The Economic Journal*, Vol. 105, No. 430, pp. 678-89.
―――― and Moore, J. [1990] 'Property Rights and the Nature of the Firm', *Journal of Political Economy*, Vol. 98, No. 6, pp. 1119-58.
Havrylyshyn, O. and McGettigan, D. [1999] 'Privatization in Transition Countries : A Sampling of the Literature, *IMF Working Paper*, No. 6.
Heath, J. [2009] 'Strategic Protectionism? National Security and Foreign Investment in the Russian Federation', *The George Washington International Law Review*, Vol. 41, pp. 465-501.
Hedlund, S. [1999] *Russia's 'Market' Economy : A Bad Case of Predatory Capitalism*, London : UCL Press.

—— [2001] 'Property without Rights : Dimensions of Russian Privatization', *Europe-Asia Studies*, Vol. 53, No. 2, pp. 213–37.

Heinrich, A., Kusznir, J. and Pleines, H. [2002] 'Foreign Investment and National Interests in the Russian Oil and Gas Industry', *Post-Communist Economies*, Vol. 14, No. 4, pp. 495–507.

Hellman, J., Jones, G. and Kaufmann, D. [2000] 'Seize the State, Seize the Day : State Capture, Corruption and Influence in Transition', *World Bank Policy Research Working Paper*, No. 2444.

Helmer, J. [2001] 'Where's State Policy on Crucial Conflicts?', *The Russia Journal*, 1 June.

—— [2002] 'Courtiers and Convictions : Kozak's proposal', *The Russia Journal*, 8 August.

—— [2003] 'New Mineral Tax Surprises Moscow', *The Russia Journal*, 12 November.

—— [2005] 'Opening Cassandra's Aluminium Can', *Russian Journal*, 16 May.

Helmke, G. and Levitsky, S. [2004] 'Informal Institutions and Comparative Politics : A Research Agenda', *Perspective on Politics*, Vol. 2, No. 4, pp. 725–40.

Henderson, J. [2012] 'Rosneft — On the Road to Global NOC Status?', *Oxford Institute for Energy Studies Working Paper*, No. 44, January.

—— and Radosevic, S. [2003] 'The Influence of Alliances on Corporate Growth in the Post-Soviet Period : Lukoil and Yukos', *SSEES Working Papers Series*, No. 34, June.

Hendley, K. [1997] 'Legal Development in Post-Soviet Russia', *Post-Soviet Affairs*, Vol. 13, No. 2, pp. 228–51.

—— [2009] '"Telephone Law" and the "Rule of Law" : The Russian Case', *Hague Journal on the Rule of Law*, Vol. 1, No. 2, pp. 241–64.

Herbert Smith [2008] 'Russian Investment Laws — a New Regime for Strategic Hydrocarbon Reserves', *Herbert Smith Projects/Energy Newsletter*, No. 19, June.

Herne, D. [2015] 'The Wild, Wild East : Opportunities and Risks in Investing in Russia', *specialised Research and Investment Group*, May.

Hewett, E. [1988] *Reforming the Soviet Economy : Equity versus Efficiency*, Washington, DC : Brookings.

Hill, F. and Fee, F. [2002] 'Fueling the Future : The Prospects for Russian Oil and Gas', *Demokratizatsiya*, Vol. 10, No. 4, pp. 462–87.

—— and Gaddy, C. [2003] *The Siberian Curse : How Communist Planners Left Russia Out in the Cold*, Washington, DC : Brookings.

—— and —— [2013] 'How the 1980s Explains Vladimir Putin', *The Atlantic*, 14 February.

Hoffman, D. [2002] *The Oligarchs, Wealth and Power in the New Russia*, Oxford : Public Affairs.

Hogan Lovells [2011] 'The Law on Foreign Investments in Russian Strategic Companies', *Client Note*, December.

Hoskisson, R., Eden, L., Lau, C. and Wright, M. [2000] 'Strategy in Emerging Economies', *Academy of Management Journal*, Vol. 43, No. 3, pp. 249–67.

Hoyos, C. [2007] 'The New Seven Sisters : Oil and Gas Giants Dwarf Western Rivals', *Financial Times*, 12 March.

Iakovlev, A. [2000] 'Pochemu v Rossii vozmozhen bezriskovyi ukhod ot nalogov?', *Voprosy ekonomiki*, No. 11, pp. 134–52.

Iakovlev, A. [2001] 'Vremia sobloznov', *Nezavisimaia gazeta*, 7 March.

Iambaeva, R. and Cherkasova, M. [2008] '"Rusal" postavili pered vykupom', *Kommersant*, 29 September.
Iasin, E. [2002] *Rossiiskaia ekonomika : istoki i panorama rynochnykh reform*, Moscow : HSE.
IEP (Institute of Energy Policy) [2005] 'The New Russian Subsoil Law and its Implications on Oil and Gas Upstream Business and Foreign Investment', *IEP Report*, Moscow.
IET (Institute of Economics of Transition) [1999] *Russian Economy in 1998 : Trends and Perspectives, Issue 20*, Moscow : IET.
—— [2001a] *Russian Economy in 2000, Trend and Outlooks, Issue 22*, Moscow : IET.
—— [2001b] 'Korporativnoe upravlenie — nekotorye novatsii', *IET Report*, Moscow, October.
Igumenov, V. and Malkova, I. [2013] 'Kak Roman Abramovich stal garantom mira v "Noril'skom nikele"', *Forbes*, 11 February.
Ikonnikov, A. [2001] 'The Long Road Towards Good Corporate Governance Practices', in M. Terterov (ed.), *Doing Business with Russia*, London : Kogan Page.
Ilina, N. [2000] 'Taina, pokrytaia nikelem', *Segodnia*, 3 October.
IMF (International Monetary Fund) [1999] *Russian Federation : Recent Economic Developments*, Washington, DC : IMF.
——, World Bank, OECD, and EBRD [1991a] *A Study of the Soviet Economy*, Vol. 1, Paris : IMF, World Bank, OECD, EBRD.
——, ——, —— and —— [1991b] *A Study of the Soviet Economy*, Vol. 3, Paris : IMF, World Bank, OECD, EBRD.
Interfax [2004] *Interfax News Agency Petroleum Report*, 2 June.
IPA (Investor Protection Association) [2002] 'Kakie narusheniia prav aktsionerov vy schitaete naibolee typichnymi?', Internet poll 2002, *Russian Corporate Governance website* (http://www.corp-gov.org/index.php3, accessed 21 June 2002).
Ivanitskaia, N. and Petrachkova, A. [2007] 'Bez sluchainykh pokupok', *Vedomosti*, 16 October.
—— and FIlippov, I. [2008] 'Suverennyi internet', *Vedomosti*, 5 March.
—— and Nikol'skii, A. [2008] 'Putin ili FSB', *Vedomosti*, 27 February.
Ivanov, A. and Zhuk, R. [2000] 'Vtoraia aliuminievaia', *Kommersant-Vlast*, 22 February.
Ivanov, N. [2000a] 'Oleg Deripaska : sobranie aktsionerov kontroliruetsia mnoiu' (interview with Oleg Deripaska), *Kommersant*, 8 February.
—— [2000b] 'Glinozem poshel v Rossiiu', *Kommersant*, 19 January.
—— [2000c] 'U Tuleeva eshche odin shans' (interview with Mikhail Zhivilo), *Kommersant*, 20 January.
—— [2000d] 'Zavod v obmen na glinozem postroit "Sibirskii aliuminii"', *Kommersant*, 17 February.
Ivanov, V. [1998] '"Sibirskii aliuminii" raspravliaet kryl'ia', *Rossiiskaia gazeta*, 2 October.
Ivanova, E. [2001] 'Gazovaia promyshlennost'', *Kommersant-Vlast*, 27 November.
Iwasaki, I. [2007] 'Enterprise Reform and Corporate Governance in Russia : A Quantitative Survey', *Journal of Economic Survey*, Vol. 21, No. 5, pp. 849–902.
Jack, A. and Ostrovsky, A. [2000] 'Gazprom Directors to Meet over Governance', *Financial Times*, 25 October.

Jensen, M. and Meckling, W. [1976] 'Theory of the Firm : Managerial Behavior, Agency Costs, and Ownership Structure', *Journal of Financial Economics*, Vol. 3, No. 4, pp. 305-60, reprinted in M. Jensen, *A Theory of the Firm : Governance, Residual Claims, and Organizational Forms*, Cambridge, MA : Harvard University Press, 2000.

———— and Murphy, K. [1990] 'Performance Pay and Top-Management Incentives', *Journal of Political Economy*, Vol. 98, No. 2, pp. 225-64.

Johnson, J. [2000] *A Fistful of Rubles*, Ithaca, NY : Cornell University Press.

Johnson, S. and Kroll, H. [1991] 'Managerial Strategies for Spontaneous Privatisation', *Soviet Economy*, Vol. 7, No. 4, pp. 281-316.

————, La Porta, R., Lopez-de-Silanes, F. and Shleifer, A. [2000] 'Tunneling', *American Economic Review Papers and Proceedings*, Vol. 92, No. 2, pp. 22-7.

Josephson, M. [1962] *Robber Barons*, New York : Hartcourt.

Joskow, P. [1985] 'Vertical Integration and Long-Term Contracts : The Case of Coal-Burning Electric Generating Plants', *Journal of Law, Economics and Organization*, Vol. 1, No. 2, pp. 33-80.

———— and Schmalensee, R. [1997] 'Privatization in Russia : What Should be a Firm?', in C. Menard (ed.), *Transaction Cost Economics : Recent Developments*, Cheltenham : Edward Elgar.

Kaliukov, E. and Litvinov, A. [2002] 'Pravitel'stvo ne speshit s nedrami', *Gazeta.ru*, 10 October.

Kapeliushnikov, R. [2001] 'Gde nachalo togo kontsa?', *Voprosy ekonomiki*, No. 1, pp. 138-56.

Kashulinskii, M. [2000a] 'Kak aliuminii stal "Russkim"', *Vedomosti*, 10 April.

———— [2000b] '"Russkii aliuminii" legalizovalsia', *Vedomosti*, 18 April.

———— [2000c] '"Nornikel'" ischeznet', *Vedomosti*, 19 September.

———— [2000d] 'Norilsk Shares Plunge on Share Swap News', *Moscow Times*, 20 September.

———— and M. Rozhkova [2000] 'Pozdnee priznanie "Norinikelia"', *Vedomosti*, 20 September.

Kassakovich, N. [2005] 'Bulygin in the Driving Seat as Rusal Eyes Pole Position', *Metal Bulletin Weekly*, 11 July.

Kenyon, J. [1999] 'Who is Kenneth Dart?', *The Moscow Times*, 1 June.

Khnychkin, I. [2001] 'Vagit Alekperov : "Lukoil" ne platit liubuiu tsenu, on platit razumnuiu', *Kompaniia*, October.

Khurbatov, S. [2009] 'Novye popravki v Lesnoi kodeks reshaiut aktual'nye problem v rabote nedropol'zovatelei', *Nakanune.ru*, 12 February.

Kim, L. and de Roy, N. [2007] 'Gazprom Seeking $1 Trillion Value, Double Exxon's', *Bloomberg News*, 9 April.

Kimel'ian, S., San'ko, V. and Aronovich, S. [2001] 'Gosudarstvo poterialo kontrol' nad prirodnym resursami', *Nezavisimaia gazeta*, 17 April.

Kiseleva, E. [2008a] 'Rostekhnologicheskii proryv', *Kommersant*, 6 June.

———— [2008b] '"Rostekhnologii" nashli partnera v salone krasoty', *Kommersant*, 6 November.

———— and Iambaeva, R. [2005] 'FAS poshla v otkaz', *Kommersant*, 13 April.

Kiselyova, M. [2012] 'Draft Law May Restrict Russian Internet Firms', *Reuters*, 31 May.

Klebnikov, P. [2000] *Godfather of the Kremlin : Boris Berezovsky and the Looting of Russia*, New

York : Harcourt.
―――― [2001] 'Gangster-Free Capitalism?', *Forbes*, 26 November.
Klein, B., Crawford, R. and Alchian, A. [1978] 'Vertical Integration, Appropriable Rents, and the Competitive Contracting Process', *Journal of Law and Economics*, Vol. 21, No. 2, pp. 297-326.
Klepach A. and Iakovlev, A. [2004a] 'O roli krupnogo biznesa v sovremennoi rossiiskoi ekonomike', *Voprosy ekonomiki*, No. 8, pp. 36-45.
―――― and ―――― [2004b] 'V zaschitu sil'nykh', *Ekspert*, 26 April.
Kogut, B. and Spicer, A. [2001] 'Capital Market Development and Mass Privatization are Logical Contradictions : Lessons from Russia and the Czech Republic', *Industrial and Corporate Change*, Vol. 11, No. 1, pp. 1-37.
Kokh, A. [1998] *The Selling of the Soviet Empire : Politics and Economics of Russia's Privatization - Revelations of the Principal Insider*, New York : S.P.I. Books.
Koksharov, A. [2002] 'Novyi peredel', *Ekspert*, 24 July.
―――― [2003] 'Not for sale', *Ekspert*, 13 October.
Komarov, A. and Gavrilina, Iu. [1996] 'RAO "Noril'skii nikel'" : rost kursa aktsii predopredelen', *Rynok tsennykh bumag*, pp. 31-9.
Konoplianik, A. [2002a] 'Kontsesii ot D'Arsi do Kozaka — evoliutsiia poniatii', *Neft i kapital*, 9.
―――― [2002b] 'Kontsesii : Gosudarstvo-predprinimatel'', *Vedomosti*, 4 September.
Konovalov, V. [2006] 'The Investment Regime in the Russian Oil and Gas Sectors', *AmCham News*, Vol. 13, No. 72.
Korchagina, V. [2004] 'Auction Leaves Yukos in Chaos,' *The Moscow Times*, 20 December.
――――, Koriukin, K. and Startseva, A. [2001] 'The New Face of Russia's Oligopoly', *The Moscow Times*, 1 November.
Kornai, J. [1992] *The Socialist System : The Political Economy of Communism*, Oxford : Oxford University Press.
―――― [1994] 'Transformational Recession : The Main Causes', *Journal of Comparative Economics*, Vol. 19, No. 1, pp. 39-63.
Kornysheva, A. [2002] 'Pravitel'stvo vyb'et nedra iz-pod regionov', *Kommersant*, 11 October.
―――― [2004a] 'Yuri Trutnev ne podelitsia s inostrantsami nedrami', *Kommersant*, 24 July.
―――― [2004b] 'Zakon. Ubili nedra' *Kommersant-Vlast'*, 49, 13 December.
―――― [2005a] 'Rossiiskim nedram prigotovili novyi zakon', *Kommersant*, 2 November.
―――― [2005b] 'Zakon "O nedrakh" dopolniat stat'ei o strategicheskikh mestorozhdeniiakh', *Kommersant*, 3 November.
―――― [2005c] 'Interv'iu : Aleksandr Beliakov', *Kommersant*, 16 December.
―――― and Grib, N. [2005] 'Stantsionnye praviteli', *Kommersant*, 11 July.
Krasinskaia, A. [2007] 'Chaiandiskoe i drugie', *RBK Daily*, 4 December.
Krasnitskaya, E. [2000] 'Corporate Governance in Russia', *Troika Dialog Research*.
―――― [2003] 'A Ferrari in the Forest? : Risk Profiles of Russia's Largest Companies', *Troika Dialog Research*, November.
Kraus, E. [2003] 'Truth and beauty... (and Russian Finance) : Yukos follies', *Sovlink Desknote*, 7 July.

Kriukov, V. [1998] *Institutsional'naia struktura neftegazovogo sektora : problemy i naprevleniia transformatsii*, Novosibirsk : IEiOPP SO RAN.

—— [2006] 'Analiz razvitiia sistemy nedropol'zovaniia v rossii', *Voprosy ekonomiki*, No. 1.

Krotov, O. [1996] 'Konflikt ONEKSIMbanka i RAO "Noril'skii nikel'" razvivaetsia po vsem pravilam aktsionernoi dramturgii', *Segodnia*, 16 January.

Kryshtanovskaia, O. [1996] 'Finansovaia oligarkhia Rossii', *Izvestiia*, 10 January.

—— [2005] *Anatomiia rossiiskoi elity*, Moscow : Zakharov.

—— [2008] 'Novaia russkaia elita', *Novoe vremia*, No. 16, 21 April.

—— and Khtorianskii, F. [2003] 'Biznes-elita Rossii : genesis, sotsial'nyi sostav, rolevye funktsii', in Z. Golenkova (ed.), *Sotsial'aia stratifikatsiia rossiiskogo obshchestva*, Moscow : Letnii sad.

Kryshtanovskaya, O. [2009] 'Sovietization of Russia 2000–2008', *Eurasian Review*, Vol. 2, November, pp. 95–133.

—— and White, S. [1996] 'From Soviet Nomenklatura to Russian Elite', *Europe-Asia Studies*, Vol. 48, No. 5, pp. 711–33.

—— and —— [2005] 'The Rise of the Russian Business elite', *Communist and Post-Communist Studies*, Vol. 38, No. 3, pp. 293–307.

Kryukov, V. and Moe, A. [1996] *The New Russian Corporatism? A Case Study of Gazprom*, London : Royal Institute for International Affairs.

—— and —— [1998] *The Changing Role of Banks in the Russian Oil Sector*, London : Royal Institute of International Affairs.

—— and —— [1999] 'Banks and the Financial Sector' in D. Lane (ed.), *The Political Economy of Russian Oil*, Maryland : Rowman & Littlefield.

—— and —— [2007] 'Russia's Oil Industry : Risk Aversion in a Risk-Prone Environment', *Eurasian Geography and Economics*, Vol. 48, No. 3, pp. 341–57.

—— and —— [2013] 'The Russian Natural Gas Sector', in *Handbook of Russian Economy*, Oxford : Oxford University Press.

Kuboniwa, M., Tabata, S. and Ustinova, N. [2005] 'How Large is the Oil and Gas sector of Russia? A Research Report', *Eurasian Geography and Economics*, Vol. 46, No. 1, pp. 68–76.

Kucherenko, V. [1998] 'Grokhot aliuminievykh voin', *Rossiiskaia gazeta*, 10 October.

Kukushkin, M. [1998] 'Britanskaia kompaniia verit v Moskvu', *Vremia MN*, 29 September.

Kuleshov, V. [1997] *Aliuminievaia promyshlennost' Rossii v rynochnykh usloviiakh*, Novosibirsk : IEiOPP SO RAN.

Kupchinsky, R. [2006] 'Russia : Putin's Former Colleagues Make Up Today's Energy "Team"', *RFE/RL (Radio Free Europe / Radio Liberty)* 15 February.

Kuznetov, A. and Kuznetsova, O. [2003] 'Institutions, Business and the State in Russia', *Europe-Asia Studies*, Vol. 55, No. 6, pp. 907–22.

Kuznetsova, V. [2008] 'Ministr sviazei', *Vremia novstei*, 14 March.

Kvasha, M. [2007] 'Partiiu dlia nas olitsetvoriaet silovoi blok, kotoryi vozglavliaet Igor' Ivanovich Sechin' (interview with Oleg Shvartsman), *Kommersant*, 30 November.

Ladygin, D. [2002] 'Kto v Rossii vsekh prozrachnei', *Kommersant*, 16 September.

Lane, D. and Ross, C. [1999] *The Transition from Communism to Capitalism : Ruling Elites from Gorbachev to Yeltsin*, New York : St. Martin's Press.
—— and Seifulmulukov, I. [1999] 'Structure and Ownership', in D. Lane (ed.), *The Political Economy of Russian Oil*, Lanham, MD : Rowman & Littlefield.
La Porta, R., Lopez-de-Silanes, F., Shleifer, A. and Vishny, R. [1997] 'Legal Determinants of External Finance', *Journal of Finance*, Vol. 52, No. 3, pp. 1131-50.
——, ——, —— and —— [1998] 'Law and Finance', *Journal of Political Economy*, Vol. 106, No. 6, pp. 1113-55.
——, ——, —— and —— [1999] 'Corporate Ownership Around the World', *Journal of Finance*, Vol. 54, No. 2, pp. 471-517.
——, ——, —— and —— [2000] 'Investor Protection and Corporate Governance', *Journal of Financial Economics*, Vol. 58, No. 1-2, pp. 3-27.
Larsen, P. [1996] 'Government Fires Norilsk Nickel Chief', *The Moscow Times*, 16 April.
—— [1997] 'Miners' Threats Loom Over Norilsk Reform', *The Moscow Times*, 10 February.
Latynina, Iu [1999a] 'Zapiski iz podpol'ia', *Ekspert*, 25 January.
—— [1999b] 'Mikhail Khodorkovskii : Khimiia i zhizn', *Sovershenno sekretno*, 8 August.
Lavelle, P. [2005] 'Abolishing Gazprom's "Ring Fence" and Russia's Big Bang', *Sputnik news* (http://sputniknews.com/analysis/20051017/41800342.html#ixzz3aMwJoaC0, accessed 1 October 2015).
Lawrence, P. and Vlachoutsicos, C. (eds.) [1990] *Behind the Factory Walls : Decision Making in Soviet and U.S. Enterprises*, Boston, MA : Harvard Business School Press.
LeBras, E., and Neimysheva, N. [2000] 'Report : Oil Evades $9Bln in Taxes', *The Moscow Times*, 29 November.
Ledeneva, A. [1998] *Russia's Economy of Favours : Blat, Networking and Informal Exchange*, Cambridge : Cambridge University Press.
—— [2001] *Unwritten Rules : How Russia Really Works*, London : Centre for European Reform.
—— [2006] *How Russia Really Works : The Informal Practices that Shaped Post-Soviet Politics and Business*, Ithaca, NY : Cornell University Press.
—— [2012] 'Informality and Informal Politics', in G. Gill and J. Young (eds.), *Routledge Handbook of Russian Politics and Society*, Abingdon : Routledge.
—— [2013] *Can Russia Modernise? Sistema, Power Networks and Informal Governance*, Cambridge : Cambridge University Press.
Leitzel, J. [1997] 'Rule Evasion in Transitional Russia', in J. Nelson, C. Tilly and L. Walker (eds.), *Transforming Post-Communist Political Economies*, Washington, DC : National Academy Press.
Leuz, C. and Oberholzer-Gee, F. [2003] 'Political Relationships, Global Financing and Corporate Transparency', *Wharton Financial Institutions Center Working Paper*, No. 03-16, The Wharton School, University of Pennsylvania.
Liukaitis, D. [1999] 'Kontekst : Dikost' kakaia-to', *Kommersant-Vlast'*, 20 July.
Lloyd, J. [1998] *Rebirth of a Nation : Anatomy of Russia*, London : Penguin Books.
Lopaeva, S. [1996] 'Dumskaia komissiia po "Noril'skomu nikeliu" gotovitsia podvesti itogi',

Segodnia, 19 April.
Luk'ianova, I. and Sur'ianinov, D. [1999] 'Veshchi Olega', *Profil'*, 15 November.
McCarthy, D. and Puffer, S. [2003] 'Corporate Governance in Russia : A Framework for Analysis', *Journal of World Business*, Vol. 38, No. 4, pp. 397-415.
McChesney, A. [2000a] 'Yukos Reshuffles in the Name of Transparency', *The Moscow Times*, 29 March.
―――― [2000b] 'Winners Take All', *The Moscow Times*, 22 February.
McFaul, M. [1997] 'When Capitalism and Democracy Collide in Transition : Russia's "Weak" State as an Impediment to Democratic Consolidation', *Program in New Approaches to Russian Security Working Paper*, No. 1, Harvard Russian Center.
McGuinness, T. [1987] 'Markets and Managerial Hierarchies', in R. Clarke and T. McGuinness (eds.), *The Economics of the Firm*, Oxford : Blackwell.
McKinsey [2002] *McKinsey Global Investor Opinion Survey on Corporate Governance* (http: //www.mckinsey.com, accessed 23 August 2003).
Makarenko, B., Urnov, M. and Shevtsova, L. [2003] 'My ne sdaem imena v arendu', *Moskovskie novosti*, No. 30.
Makarkin, A. [1999a] 'Berezovskii : rabota po-Chernomu', *Segodnia*, 28 September.
―――― [1999b] 'Otravlennye aliuminiem', *Segodnia*, 18 November.
―――― [1999c] 'Noril'skii nikel' spasaet aktivy', *Vremia MN*, 19 November.
―――― [2003] *Politiko-ekonomicheskie klany sovremennoi Rossii*, Moscow : Tsentr politicheskikh tekhnologii.
Makarov, A. [1999] 'Noril'skii nikel spasaet aktivy', *Vremia MN*, 19 November.
Manne, H. [1965] 'Mergers and the Market for Corporate Control', *Journal of Political Economy*, Vol. 73, No. 2, pp. 110-20.
Markedonov, S. [2014] 'The 2014 Sochi Olympics : A Patchwork of Challenges', *CSIS (Center for Strategic & International Studies) Report*, January.
Matveev, M. [2000] 'Norilsk Nickel : When Will Mining Investors Stop Getting the Shaft?', *Alfa Bank Research*, October.
Mau, V. [2011] 'The Role of State and Creation of a Market Economy in Russia', *BOFIT Discussion Papers*, No. 23, Bank of Finland, Institute for Economies in Transition.
――――, Golant, O. and Zhavoronkov, S. [2001] 'Regional'nye politiko-ekonomicheskie elity', *IET Report*, Moscow.
Mayer, C. [2014] *Firm Commitment : Why the Corporation is Failing Us and How to Restore Trust in It*, Oxford : Oxford University Press (宮島英昭監訳『ファーム・コミットメント――信頼できる株式会社をつくる』NTT 出版, 2014 年).
Mazalov, I. and Bolshakova, P. [2000] 'Oil Sector Report', *Troika Dialog Research*, March.
Medvedeva, T. and Timofeev, A. [2000a] 'Regulation of the Disclosure of Information on Affiliated Persons of Joint-Stock Companies', presented at OECD/ World Bank Corporate Governance Roundtable for Russia, Shareholder Rights and Equitable Treatment, Moscow, 24-25 February.
―――― and ―――― [2000b] 'Enforcement Problems Relating to Existing Information Disclosure Legislative Requirements', presented at Third Meeting of the Russian Corporate Governance

Roundtable, The Role of Disclosure in Strengthening Corporate Governance and Accountability, Moscow, 15-16 November.

Megginson, W. and Netter, J. [2001] 'From State to Market : A Survey of Empirical Studies on Privatization', *Journal of Economic Literature*, Vol. 39, No. 2, pp. 321-89.

Melikova, N. [2001] 'Ministerskii peredel', *Nezavisimaia gazeta*, 23 October.

Melnikov, K. [2012] 'Dorogogo ne stoit', *Kommersant*, 11 January.

Metzger, B., Dean, R. and Bloom, D. [2002] 'Russia's Code of Corporate Conduct : An Innovative Approach to Solving Shareholder Rights Abuses', *Corporate Governance Advisor*, March/ April, pp. 12-4.

Meyer, K. and Peng, M. [2005] 'Probing Theoretically into Central and Eastern Europe : Transactions, Resources and Institutions', *Journal of International Business Studies*, Vol. 36, No. 6, pp. 600-21.

Milgrom, P. and Roberts, J. [1992] *Economics, Organization and Management*, New Jersey : Prentice Hall（奥野正寛他訳『組織の経済学』NTT 出版，1997 年）.

Mironova, Iu. [2008] 'Ulovka-42', *Vremia novostei*, 24 March.

Mirontseva, I. [1994] 'Vpervye aktsionery zavoda vybrali sovsem svoego direktora', *Kommersant*, 19 November.

—— and Petrovich, G. [1995] 'Aliuminievye koroli i "kapusta"', *Kommersant*, 23 March.

Mitrova. T. [2014] 'The Political and Economic Importance of Gas in Russia', in J. Henderson and S. Pirani (eds.), *The Russian Gas Matrix : How Markets are Driving Change*, Oxford : Oxford Univerisity Press.

Mobius, M. and Filatov, R. [2001] 'Corporate Governance in Russia : The Battle for Shareholders', Rights', in P. Westin (ed.), *The Wild East : Negotiating the Russian Financial Frontier*, London : Pearson.

Moe, A. and Kryukov, V. [1994] 'Observations on the Reorganization of the Russian Oil Industry', *Post-Soviet Geography*, Vol. 35, No. 2, pp. 89-101.

Mokrousova, I. [2011] *Druz'ia Putina—Novaia biznes-elita Rossii*, Moscow : Eksmo.

—— and Dziadko, T. [2012] 'Chego khotiat "Rosneft'", "Al'fa" i BP', *Vedomosti*, 22 October.

Moors, K. [1999] 'Landmark Shareholder Battle Heats Up at Yukos Oil Holding', *Russia/Central Europe Executive Guide*, 30 June.

Morvant, P. [1997] 'Kulikov : Metals Industry under Threat', *RFE/RL Newsline*, 24 February.

Moscow Financial Weekly [2000] Treasury Attache's Office, US Embassy, Moscow, 6 October.

Moser, N. [1996] 'The Privatization of the Russian Oil Industry 1992-1995 — Façade or Reality?', MPhil Dissertation, University of Oxford.

—— [2004] 'Transfer Pricing and Calculating Russian GDP', *The Moscow Times*, 10 June.

—— and Oppenheimer, P. [2001] 'The Oil industry : Structural Transformation and Corporate Governance', in B. Granville and P. Oppenheimer (eds.), *Russia's Post-Communist Economy*, Oxford : Oxford University Press.

Nakamura, Y. [2006] 'Economy-wide Influences of the Russian Oil Boom : A National Account Matrix Approach', in S. Tabada (ed.), *Dependent on Oil and Gas : Russia's Integration into the World Economy*, Sapporo : Slavic Reseach Center.

Nash, R. [2001] 'Corporate Consolidation : Russia's Latest Lurch towards Capitalism', in P. Westin (ed.), *The Wild East : Negotiating the Russian Financial Frontier*, London : Pearson.
NCCG (National Council on Corporate Governance) [2011] *Korporativnye konflikty v sovermennoi Rossii i za rubezhom*, Moscow : NCCG.
Nechaev, T. [1999] 'Korporativnye voiny : nepokorennaia vertikal'', *Neftegazovaia vertikal'*, No. 4.
Negodonov, S. [2001] 'Fenomen Iukosa. Byvshii izgoi neftianogo sektora vykhodit v lidery otrasli', *RusEnergy*, 27-28 June.
Neighbour, J. [2002] 'Transfer Pricing : Keeping it at Arm's Length', *OECD Observer*, April.
Neimysheva, N. [2000] 'Eshche 700 rub. s tonny', *Vedomosti*, 28 November.
Nellis, J. [1999] 'Time to Rethink Privatization in Transition Economies?', *International Financial Corporation (IFC) Discussion Paper*, No. 38.
Nelson, R. and Winter, S. [1982] *An Evolutionary Theory of Economic Change*, Cambridge, MA : Harvard University Press (角南篤他訳『経済変動の進化理論』慶應義塾大学出版会, 2007年).
Nestor, S. and Jesover, F. [2000] 'OECD Principles of Corporate Governance on Shareholder Rights and Equitable Treatment : Their Relevance to the Russian Federation', Paper presented at the 2nd Meeting of the Corporate Governance Round Table on Shareholder Rights and Equitable Treatment, Moscow.
Netreba, P. [2003] 'Prezident otmenil "popravku Iukosa"', *Kommersant*, 18 November.
Nikol'skii, A. and Shcherbakova, A. [2002] 'Nedra — v Moskvu', *Vedomosti*, 25 April.
Nolan, P. [1995] *China's Rise, Russia's Fall*, London : Macmillan.
Norilsk Nickel [2001] *Norilsk Nickel Annual Report 2000*, Moscow : Norilsk Nickel.
―――― [2004] *Norilsk Nickel Annual Report 2003*, Moscow : Norilsk Nickel.
North, D. [1990] *Institutions, Institutional Change and Economic Performance*, Cambridge : Cambridge University Press (竹下公視訳『制度・制度変化・経済成果』晃洋書房, 1994年).
Norton, E., and du Bois, M. [1994] 'Foiled Competition : Don't Call It a Cartel, But World Aluminium Has Forged New Order', *Wall Street Journal*, 9 June.
Nove, A. [1986] *The Soviet Economic System*, Boston, MA : Unwin Hyman.
Oda, H. [2001] *Russian Commercial Law*, Hague : Kluwer.
―――― [2007] *Russian Commercial Law*, 2nd ed., Leiden : Martinus Nijhoff.
OECD [1999] *OECD Principles of Corporate Governance*, Paris : OECD.
―――― [2002] *White Paper on Corporate Governance in Russia*, Moscow : OECD.
―――― [2004a] *OECD Principles of Corporate Governance*, Paris : OECD.
―――― [2004b] *OECD Economic Surveys : Russian Federation*, Paris : OECD.
―――― [2004c] *Russia : Building Rules for the Market - OECD Reviews for Regulatory Reform*, Paris : OECD.
―――― [2009] *OECD Economic Surveys : Russian Federation*, Paris : OECD.
―――― [2010] *OECD Economic Surveys : China*, Paris : OECD.
―――― [2015] *G20/OECD Principles of Corporate Governance*, (*OECD Reports to G20 Finance Ministers and Central Bank Governors*), September.

Ogushi, A. [2007] *The Demise of the Soviet Communist Party*, Abingdon : Routledge.
O hUallachain, B. and Matthews, R. [1994] 'Economic Restructuring in Primary Industries : Transaction Costs and Corporate Vertical Integration in the Arizona Copper Industry, 1980-1991', *Annals of the Association of American Geographers*, Vol. 84, No. 3, pp. 399-417.
Olcott, M. B. [2004] 'Vladimir Putin and the Geopolitics of Oil', *The Baker Institute Energy Forum Paper*, October.
Oleinik, A. [2000] 'Biznes po-poniatiiam : ob institutsional'noi modeli rossiskogo kapitalisma', *Voprosy ekonomiki*, No. 5, pp. 4-26.
Onegina, A., Nikol'skii, A. and Rozhkova, M. [2003] 'Tollingu konets', *Vedomosti*, 13 March.
Orttung, R. [2013] 'Sochi 2014 : The Political Economy of Russia's Mega Project', *PONARS Eurasia Policy Memo*, September.
Osetinskaia, E. [1997] 'Metallurgi gotoviat izbienie britantsev', *Segodnia*, 19 December.
Ostalski, A. [2002] 'Putin and the Beast', *Worldlink : The Magazine of the World Economic Forum*, July-August.
Ostrovsky, A. [2004a] 'Yukos's Fall from Grace', *Financial Times*, 29 November.
―――― [2004b] 'Putin Aide Calls Yukos Asset Sale "Scam of the Year"', *Financial Times*, 2 December.
O'Sullivan, S., Kushnir, P. and Danilenko, O. [2003] 'Yukos : Leading the Pack', *United Financial Group-Russia : Oil & Gas Report*, February.
Overchenko, M., Kornia, A. and Titov, S. [2014] 'Kak k krupneishuiu kompaniiu razgromit' za chetyre goda', *Vedomosti*, 4 August.
Pak, I. [1996] 'Sud priblizil sobranie aktsionerov "Noril'skogo nikelia"', *Kommersant*, 28 February.
Paniushkin, V. [2006] *Mikhail Khodorkovskii―Uznik tishiny*, Moscow : Sekret firmy.
―――― and Zygar', M. [2007] *Gazprom : Novoe russkoe oruzhie*, Moscow : Zakharov.
Papilova, Iu. and Rozhkova, M. [1998] 'Saianskii aliuminii ne khochet chernet'', *Kommersant*, 19 September.
Pappe, Ia. [2000] *Oligarkhi : Ekonomicheskaia khronika 1992-2000*, Moscow : HSE.
―――― [2002a] 'Rossiskii krupnyi biznes kak ekonomicheskii fenomen 1992-2001gg : institutsional'nyi aspect', Moscow : Institut narodnokhoziaistvennogo prognozirovaniia.
―――― [2002b] 'Rossiskii krupnyi biznes kak ekonomicheskii fenomen : spetsificheskie cherty, modeli ego organizatsii', *Problemy prognozirovaniia*, No. 2, pp. 83-97.
―――― and Galukhina, Ia. [2005] 'Vneshneekonomicheskie factory transformatsii krupnogo biznesa v Rossii', *Voprosy ekonomiki*, No. 10, pp. 72-89.
―――― and ―――― [2009] *Rossiiskii krupnyi biznes : pervye 15 let, Ekonomicheskie khroniki 1993-2008*, Moscow : HSE.
――――, Makienko, K. and Drankina, E. [2007] 'Kak natsionaliziruiut Rossiiu―aviastroenie', *Kommerasant Den'gi*, 1 October.
―――― and Antonenko, Ia. [2014] 'Izmenenie sootnosheniia mezhdu chastnym i gosudarstvennym sektorami v rossiiskom krupnom biznese v 2000-2013 gg.―sub'ektivnyi podkhod', *Problemy prognozirovaniia*, No. 3, 32-45.
Papuc, A. [2010] 'Rusal Raises $2.24 Billion in Hong Kong IPO', *Bloomberg News*, 25 January.

Peach, G. [1997] 'Tough Task for Potanin on Other Side of Fence', *The Moscow Times*, 25 March.
Peng, M. [2000] *Business Strategies in Transition Economies*, London : Sage Publications.
Penrose, E. [1995] *The Theory of the Growth of the Firm*, Oxford : Oxford University Press (First published in 1959) (日髙千景訳『企業成長の理論』第3版, ダイヤモンド社, 2010年).
Peregudov, S. [2001] 'Large Corporations as National and Global Players : The Case of Lukoil', in K. Segbers (ed.), *Explaining Post-Soviet Patchworks, Vol. 1 : Actors and Sectors in Russia between Accommodation and Resistance to Globalization*, Aldershot : Ashgate.
Perroti, E. and Gelfer, S. [1999] 'Red Barons or Robber Barons? Governance and Financing in Russian Financial Industrial Groups', *CEPR Discussion Papers*, No. 2204.
Petrachkova, A., Neimysheva, N. and Panov, A. [2005] 'Gref gotov stavit' na GES', *Vedomosti*, 5 December.
—— and Bekker, A. [2006] 'Ne dogovorilis', *Vedomosti*, 13 April.
Petrov, N. [2011] 'The Nomenklatura and the Elite', in M. Lipman and N. Petrov (ed.) *Russia 2020 : Scenarios for the Future*, Washington, DC : Carnegie Endowment
Petrova, S. [2002] 'V spiskakh ne znachiatsia', *Vedomosti*, 12 February.
P'ianykh, G. [1999] 'Vesna oligarkha', *Kommersant-Vlast'*, 19 October.
Pinto, B., Drebentsov, V. and Morozov, A. [2000] 'Give Growth and Macroeconomic Stability in Russia a Chance : Harden Budgets by Eliminating Nonpayments', *World Bank Policy Research Working Paper*, No. 2324, April.
Pirani, S. [2001] 'Siberia's Great Smelting Pot', *The Observer*, 18 February.
Pistor, K. [1997] 'Company Law and Corporate Governance in Russia', in J. Sachs and K. Pistor (eds.), *The Rule of Law and Economic Reform in Russia*, Boulder, CO : Westview Press.
—— [2000] 'Patterns of Legal Change : Shareholder and Creditor Rights in Transition Economies', *EBRD Working Paper*, No. 49.
——, Raiser, M. and Gelfer, S. [2000] 'Law and Finance in Transition Economies', *Economics of Transition*, Vol. 8, No. 2, pp. 325-68.
—— and Xu, C. [2002] 'Fiduciary Duty in Transitional Civil Law Jurisdictions : Lessons from the Incomplete Law Theory', *ECGI Working Paper Series in Law*, October.
Pleines, H. [1999] 'Corruption and Crime in the Russian Oil Industry', in D. Lane (ed.), *The Political Economy of Russian Oil*, Lanham, MD : Rowman & Littlefield Publishers.
Pleshanova, O. [2003] 'Vo glubine rossiiskikh nedr', *Kommersant*, 20 January.
Pomeranz, W. [2010] 'Russian Protectionism and Strategic Sectors Law', *American University International Law Review*, Vol. 25, No. 2.
Popelov, A. [1999] 'Russian Aluminum Industry', *ISMM (The Russian Institute for the Stock Market and Management) Report*, Moscow, April.
Potemkina, S. [1998] 'Davaite razveremsia', *Rossiiskaia gazeta*, 12 September.
Prokopenko, D. [2000] '"Sibaliuminii" poluchil kontrol' nad Nikolaevskim glinozemnym zavodom', *Nezavisimaia gazeta*, 31 March.
Pronina, L. [2003] 'U.S. Rejects $3Bln Suit Against RusAl', *The Moscow Times*, 1 April.
Proskurnina, O. and Pis'mennaia, E. [2009] 'Odin iz simvolov putinskoi epokhi vot-vot uidet v proshloe', *Vedomosti*, 31 August.

Ptichii, A. [1998] 'Neudachi presleduiut TWG v Rossii i Britanii', *Finansovaia izvestiia*, 24 November.

Pusenkova, N. [2006] '"Rosneft"' kak zerkalo russkoi evoliutsii', *Pro et Contra*, March-June, pp. 91-105.

—— [2010] 'Rossiiskii "Gazprom" v gazpromovskoi Rossii', *Istoriia novoi Rossii* (http://www.ru-90.ru, accessed 12 December 2014).

Putin, V. [2001] 'Address of President Vladimir Putin of the Russian Federation at World Economic Forum Meeting in 2001', *World Economic Forum* (http://www.weforum.org/pdf/Russia_Meeting_2001/ Putin_from%20Russia_Report_2001.pdf, accessed 1 July 2004).

—— [2004] President's Annual Address to Federal Assembly, 26 May (http://kremlin.ru/appears/2004/05/26/0003_type63372type63374type82634_71501.shtml, accessed 26 October 2006).

—— [2005] President's Annual Address, 25 April (http://kremlin.ru/appears/2005/04/25/1223_type63372type63374type82634_87049.shtml, accessed 26 October 2006).

—— [2012] 'O nashikh ekonomicheskikh zadachakh', *Vedomosti*, 30 January.

Rachkov, B. and Stepanov, Iu. [1996] 'Daleko li Saiany ot Parizha?', *Ekonomika i zhizn*', 3 August.

Radaev, V. [2001] 'Deformalizatsiia pravil v rossiiskoi khoziaistvennoi deiatel'nosti', *Voprosy ekonomiki*, No. 6, pp. 60-79.

Radosevic, S. [1999] 'Transformation of Science and Technology Systems into Systems of Innovation in Central and Eastern Europe : The Emerging patterns and determinants', *Structural Change and Economic Dynamics*, Vol. 10, No. 3-4, pp. 277-320.

Radygin, A. [1995] *Privatisation in Russia : Hard choice, First Results and New Targets*, London : CRCE.

—— [1999] 'Vneshnye mekhanizmy korporativnogo upravleniia i ikh osobennosti v Rossii', *Voprosy ekonomiki*, No. 8, pp. 80-98.

—— [2002a] 'Sobstvennost' i integratsionnye protsessy v korporativnom sektore', *Voprosy ekonomiki*, No. 5, pp. 26-45.

—— [2002b] 'O nekotorykh problemakh korporativnogo upravleniia v Rossii', mimeo.

—— [2003] 'Delo Iukos : popytka interpretatsii', *Ekonomiko-politicheskaia situatsiia v Rossii*, IET (Institute of Economic Transition), July, pp. 36-8.

—— [2004] 'Rossiia v 2000-2004 godakh : na puti k gosudarsvennomu kapitalizmu', *Voprosy ekonomiki*, No. 4, pp. 42-65.

—— [2008] 'Gosudarstvennyi kapitalizm kak model' ekonomicheskogo razvitiia dlia Rossii', in IET (Institute Ekonomiki perekhodnogo perioda) (ed.), *Ekonomika perekhodnogo perioda*, Moscow : ANKh.

—— and Sidorov, I. [2000] 'Rossiiskaia korporativnaia ekonomika : sto let odinochestva?', *Voprosy ekonomiki*, No. 5, pp. 45-61.

—— and Entov, R. [2008] 'V poiskakh institutsional'nykh kharakteristik ekonomicheskogo rosta', *Voprosy ekonomiki*, No. 8, pp. 4-27.

Raff, R. [2002] 'Anatomy of an Oil Company Sell-Off', *The Moscow Times*, 30 May.

Rebrov, D. [2005] 'Pogruzhenie v nedra', *Vremia novostei*, 2 November.

―――― [2007] 'Vy vser'ez schitaete, chto byvaiut nezavisimye ot gosudarstva kompanii?', *Kommersant*, 30 August.

―――― and Gribach, A. [2005] 'Rano uglubliatsia', *Vremia novostei*, 1 December.

―――― and Sitnina, V. [2005] 'Poshli na vnedrenie', *Vremia novostei*, 6 December.

―――― and Skorlygina, N. [2006] 'Neftyanikam uprostili peredachu litsenzii', *Kommersant*, October.

Reznik, I. [2005] 'Ves' gaz— "Gazpromu"', *Vedomosti*, 6 December.

―――― [2007] 'Prokurorskii diskont', *Vedomosti*, 25 September.

―――― and Tutushkin, A. [2003] 'Yukos—ne partner', *Vedomosti*, 6 November.

Richardson, G. [1972] 'The Organisation of Industry,' *The Economic Journal*, Vol. 82, No. 327, pp. 883-96.

Ripley, W. [1911] 'Stock Watering', *Political Science Quarterly*, Vol. 26, No. 1, pp. 98-121

Rochlitz, M. [2014] 'Corporate Raiding and the Role of State in Russia', *Post-Soviet Affairs*, Vol. 30, Nos. 2-3, pp. 89-114.

Rodionov, D. and Skaletsky, V. [2000] 'Corporate Governance Analyzer', *Brunswick UBS Warburg Research*, November.

Roe, M. [1993] 'Some Differences in Corporate Structure in Germany, Japan, and the United States', *The Yale Law Journal*, Vol. 102, pp. 1927-2003.

Roland, G. [2000] *Transition and Economics : Politics, Markets, and Firms*, Cambridge, MA : MIT Press.

―――― and Verdier, T. [1999] 'Transition and the Output Fall', *Economics of Transition*, Vol. 7, No. 1, pp. 1-28.

Romanova, O. [2000] 'My uvodim "Nornikel"' ot politicheskikh riskov' (interview with Aleksandr Khloponin), *Vedomosti*, 4 October.

RosBiznesKonsalting [2001] 'Yukos NK, OAO', *Otraslevoi obzor*, February.

Rossiiskii ekonomicheskii zhurnal [1995] 'Privatiziruemuiu promyshlennost' spasut banki i FPG', *Rossiiskii ekonomicheskii zhurnal*, No. 7, pp. 13-9.

Rozhkova, M. [1997a] 'Noril'skomu nikeliu sil'no ne povezlo', *Kommersant*, 12 November.

―――― [1997b] 'Novyi khod v aliuminievom srazhenii', *Kommersant*, 19 December.

―――― [1998a] 'Anglichane khotiat v Khakasiiu', *Kommersant*, 9 June.

―――― [1998b] 'Aliuminievye zavody voiuiut za glinozemnyi', *Kommersant*, 26 June.

―――― [2000a] 'Energetitki nachali bankrotstvo NkAZa', *Vedomosti*, 21 January.

―――― [2000b] 'Aliuminievye tainy', *Vedomosti*, 16 February.

―――― [2000c] 'Aliuminii deliat vnutri soiuza', *Vedomosti*, 4 April.

―――― [2000d] 'Aliuminii razdelil oligarkhov', *Vedomosti*, 14 April.

―――― [2000e] 'MIKOM pod ognem', *Vedomosti*, 9 August.

―――― [2000f] 'Interv'iu : Mikhail Chernoi', *Vedomosti*, 1 November.

―――― [2000g] 'Brat-1', *Vedomosti*, 1 November.

―――― [2000h] 'Tainyi proekt "Nornikelia"', *Vedomosti*, 19 June.

―――― [2001a] '"Rusal" poluchil blagoslovie ot MAPa', *Vedomosti*, 4 April.

―――― [2001b] '"Rusal" sobral aktivy', *Vedomosti*, 26 December.

―――― [2001c] 'Pritvorshchiki iz "Nornikelia"', *Vedomosti*, 25 January.
―――― [2002] '"Nornikel'" sderzhal slovo', *Vedomosti*, 28 January.
―――― [2006] '"Polius" otsenili $6mld', *Vedomosti*, 19 January.
―――― and Sapozhnikov, P. [1997] 'Razval rossiiskoi imperii TWG', *Kommersant*, 3 December.
―――― and Papilova, Iu. [1998] 'Saianskii aliuminievyi zavod prodan', *Kommersant*, 25 September.
―――― and Bekker, A. [1999] 'Nam nuzhno eshche 3-4 goda' (interview with Oleg Deripaska), *Vedomosti*, 28 September.
―――― and Rybak, S. [1999] 'Voina plakatov', *Vedomosti*, 6 October.
―――― and Savel'eva, I. [2000] 'Monopolizm v deistvii', *Vedomosti*, 3 April.
Rozinskii, I. [2002] 'Mekhanizmy polucheniia dokhodov i korporativnoe upravlenie v rossiskoi ekonomike', in *Predpriiatii Rossii : korporativnoe upravlenie i rynochnye sdelki*, Moscow : HSE.
Rutland, P. [1996] 'Question Raised Over the Privatization of Metal Plants', *RFE/RL Newsline*, 6 June.
―――― [1997] 'Kulikov on the Offensive : Background to Kulikov-Reuben Exchange', *RFE/RL Newsline*, 11 March.
―――― [2001] 'Introduction : Business and the State in Russia', in P. Rutland (ed.), *Business and the State in Contemporary Russia*, Boulder, CO : Westview Press.
―――― [2005] 'Putin's Economic Record', in S. White, Z. Gitelman and R. Sakwa (eds.), *Developments in Russian Politics 6*, Basingstoke : Palgrave.
Rybal'chenko, I. [2002] 'Neftianikam ne nravitsia reforma nedropol'zovaniia', *Kommersant*, 2 August.
―――― [2004] 'Molotkom po nedram', *Kommersant*, 21 October.
Sagers, M. [1992] 'The Aluminum Industry in the Former USSR in 1992', *Post-Soviet Geography*, Vol. 33, No. 9, pp. 591-601.
Sakwa, R. [2009] *Quality of Freedom : Khodorkovsky, Putin and the Yukos Affair*, Oxford : Oxford University Press.
―――― [2010a] *The Crisis of Russian Democracy : The Dual State, Factionalism and the Medvedev Succession*, Cambridge : Cambridge University Press.
―――― [2010b] 'The Dual State in Russia', *Post-Soviet Affairs*, Vol. 26, No. 2, pp. 185-206.
―――― [2011] 'Raiding in Russia', *Russian Analytical Digest*, No. 105, pp. 9-13.
Salter, M. [2002] 'OAO Yukos Oil Company', *Harvard Business School Case Study*, 29 January.
Sampson, S. [1987] 'The Second Economy of the Soviet Union and Eastern Europe', *Annals of the American Academy of Political and Social Science*, Vol. 493, pp. 120-36.
Satter, D. [2003] *Darkness at Dawn : The Rise of the Russian Criminal State*, New Haven, CT : Yale University Press.
Savchuk, S. [2001] 'Aktsionerov v klassicheskom ponimanii etogo slova u nas net', *Russian Corporate Governance website*, 25 December (http: //www. corp-gov. ru/bd/db. php3? db_id= 432&base_id=3, accessed 21 June 2002).
Savitskii, K., Markin, K. and Mogrucheva, V. [2011] 'Gosudarstvennye korporatsii kak element modernizatsii rossiiskoi eknomiki', *Proekt—Vklad institutov razvitiia v realizatsiiu strategiche-*

skikh prioritetov Rossiiskoi Federtatsii.

Schetnaia palata (Audit Chamber) [1998] 'Otchet po rezul'tatam proverki tselesoobraznosti, effektivnosti i sootvetstviia deistvuiushchemu zakonodatel'stvu Rossiiskoi Federatsii prodazhi nakhodivshikhsia v federal'noi sobsvennosti aktsii Rossiiskogo aktsionernogo obshchestva "Noril'skii nikel"".

—— [2000] 'O rezul'tatakh proverki privatizatsii federalnogo paketa aktsii RAO "Noril'skii nikel'" i vklada RAO "Noril'skii nikel'" v rezul'tate sotsial'no-ekonomicheskogo razvitiia Noril' skogo promyshlennogo raiona v 1996-1999 godakh'.

Schneider, F. and Enste, D. [2000] 'Shadow Economies : Size, Causes and Consequences', *Journal of Economic Literature*, Vol. 38, No. 1, pp. 73-100.

—— and —— [2013] *The Shadow Economy : An International Survey*, Cambridge : Cambridge University Press.

Schofield, J. [2002] 'Norilsk Looks to Clean Up Its Image', *The Moscow Times*, 28 June.

Seleznev, M. [2000] 'Norilsk Nickel : Restructuring Timeline Announced', *United Financial Group*, October.

Semenenko, I. [1999a] 'Tensions Flare Up between Yukos, Shareholders', *The Moscow Times*, 16 January.

—— [1999b] 'Yukos Locks Investors Out of Meeting', *The Moscow Times*, 24 March.

—— [2000a] 'Suit Filed to Undo Norilsk Auction', *The Moscow Times*, 21 June.

—— [2000b] 'Court Rejects Suit Over Norilsk Sale', *The Moscow Times*, 22 June.

—— [2003] 'Luzhkov's Wife Goes Public with Finances', *The Moscow Times*, 28 August.

Sergeev, M. [2005] 'Gazprom popravit zakon "o nedrakh"', *Gazeta*, 8 December.

Shapshnikov, A. [1997] 'Glava Trans-World Group zakhlebnulsia v emotsiiakh', *Kommersant*, 7 March.

Shevtsova, L. [2003] *Putin's Russia*, Washington, DC : Carnegie Endowment for International Peace.

Shleifer, A. [1995] 'Establishing Property Rights', *Proceedings of the World Bank Annual Conference on Development Economics 1994*, Washington, DC : World Bank.

—— and Vasiliev, D. [1996] 'Management Ownership and Russian Privatization', in R. Frydman, C. W. Gray and A. Rapaczynski (eds.), *Corporate Governance in Central Europe and Russia : Vol. 2. Insiders and the State*, Budapest : Central European University Press.

—— and Vishny, R. [1986] 'Large Shareholders and Corporate Control', *Journal of Political Economy*, Vol. 94, No. 3, pp. 461-88.

—— and —— [1997] 'A Survey of Corporate Governance', *Journal of Finance*, Vol. 52, No. 2, pp. 737-83.

—— and —— [2002] *The Grabbing Hand : Government Pathologies and Their Cures*, Cambridge, MA : Harvard University Press.

—— and Treisman, D. [2000] *Without a Map : Political Tactics and Economic Reform in Russia*, Cambridge, MA : MIT Press.

Shmarov, A. [2002] 'Net v prirode nikakoi reputatsii!', *Ekspert*, 18 February.

——, Ageev, S., Trishankov, D. and Luksha, P. [1996] 'Gosoneksim', *Ekspert*, 2 December.

Shokhina, E. [2002] 'Kontsessionnye illiuzii', *Ekspert*, 26 August.
—— [2007] 'Vlast' ne doveriaet gosudarstvu?' *Ekspert*, 3 December.
Shriaeva, N. [2000] 'Nikelirovannye detali', *Profil'*, 10 July.
Sidorov, M. [2001] 'Potaninu rano spat' spokoino', *Profil'*, 19 March.
—— [2002] 'Estestvennyi otbor', *Profil'*, 2 September.
—— and Sal'nikova, Iu. [2000] 'V kurse dela', *Profil'*, 11 September.
Sim, L. [2008] *The Rise and Fall of Privatization in the Russian Oil Industry*, Basingstoke : Palgrave Macmillan.
Simachev, Iu. [2003] 'Institut nesostoiatel'nosti : osnovnye tendenntsii v primenenii i slozhivshaia-sia 'struktura sprosa'—vzgliad ekonomista', in *Razvitie sprosa na pravovoe regulirovanie korporativnogo upravleniia v chastnom sektore*, Moscow : Moskovskii obschestvennyi nauchnyi fond.
Simakov, D. [2003] 'Za nedra otvetit Khristenko', *Vedomosti*, 26 March.
Simon'ian, M. [2003] 'Putin lichno uspokoil oligarkhov', *vesti nedeli* (http://vesti7.ru/news?id= 3352, accessed 14 December 2013).
Sinitskii, A. [1998a] 'Tolling prodolzhaetsia', *Izvestiia*, 4 November.
—— [1998b] '"Sibirskii aliuminii" dogovorilsia s mestnoi vlast'iu', *Finansovye izvestiia*, 13 October.
Sitnikova, E. [2004] 'Normal'nyi chelovek posledovatel'no dobivaetsia svoikh tselei' (interview with Aleksei Kudrin), *Kompaniia*, 16 Februay.
Sivakov, D. [1999] 'Vysokii peredel', *Ekspert*, 8 February.
—— [2001] 'Mutatsiia "Noril'skogo nikelia"', *Ekspert*, 20 August.
—— [2010] "Spor o mirovom liderstve", *Ekspert*, 9 September.
—— and Shmarov, A. [2005] 'Posle tollinga. Posle birzhi', *Ekspert*, 12 December.
Sixsmith, M. [2010] *Putin's Oil : The Yukos Affair and the Struggle for Russia*, London : Continuum.
Skabichevskii, L. [1996] 'Kholodnaia zima grozit "Noril'skomu nikeliu" uzhe v mae', *Kommersant*, 25 May.
Skyner, L. [2006] 'The Regulation of Subsoil Resource Usage : the Erosion of the "Two-Key" Principle and Its Inclusion into the Framework of Civil Law', *Review of Central and East European Law*, Vol. 31, No. 1, pp. 81-110.
Sloman, J. and Sutcliffe, M. [2001] *Economics for Business*, Essex : Prentice Hall.
Smirnov, V. [1997] 'Aliuminievye zavody groziatsia prekratit' rabotu i vzyvaiut o pomoshchi k Borisu El'tsinu', *Kommersant*, 4 June.
Sokolov, V. [1996] 'Mirovoi rynok nikelia', *EKO*, No. 7, pp. 185-95.
—— and Iagol'nitser, M. [1997] 'Tollingovoi platsdarm rossiiskogo aliuminiia', *EKO*, No. 8, pp. 73-92.
Solomon, P. [2002] 'Putin's Judicial Reform', *East European Constitutional Review*, Winter/ Spring, Vol. 11, pp. 117-24.
Sprenger, C. [2000] 'Corporate Governance in Russia', *Russian Economic Trends*, No. 2, pp. 6-20.
—— [2008] 'The Role of State-Owned Enterprises in the Russian Economy', Paper for OECD

Corporate Governance Roundtable, October.
Spulber, N. [1991] *Restructuring the Soviet Economy : In Search of the Market*, Ann Arbor, MI : University of Michigan Press.
SRU and Expert [2003] *Corporate Governance in Russia : Investor Perceptions in the West and Business Reality on the Ground*, Moscow and London : SRU Limited and Expert Information Group.
Standard & Poor's [2002] 'S&P Issues Russian Transparency and Disclosure Survey', *S&P Information Release*, 13 September.
Starobin, P. and Belton, C. [2000] 'Gazprom on the Grill', *Business Week*, 20 November.
Starovoitov, M. [2001] 'Aktsionernaia sobsovennost' i korportivnye otnosheniia' *Voprosy ekonomiki*, No. 5, pp. 61-73.
Starozhilov, A. [1999] 'Energiia peredela', *Ekspert*, 24 May.
Startseva, A. [2000] 'Norilsk Restructuring Welcomed by Market', *The Moscow Times*, 26 September.
Statyn, V. [2001] 'Interview with Vladimir Statyn', October 2001, at *Russian Corporate Governance website* (http://www.corp-gov.ru/bd/db.php3?base_id=3&db_id=396, accessed 21 May 2002).
Stepanov, Iu. [1996] 'Ot mechty k budniam reform', *Ekonomika i zhizn'*, 25 May.
Stepenin, M. [1996] 'Nikelevyi monopolist pogriaz v dolgakh', *Kommersant*, 16 April.
Stepovoi, S. [2001] 'Sibirskii tsiriul'nik', *Stringer*, 6 April.
Sterkin, F. [2006] 'Litsenzii osvobodili', *Vedomosti*, 27 October.
Stern, J. [2005] *The Future of Russian and Gas and Gazprom*, Oxford : Oxord University Press.
Stiglitz, J. [1999] 'Quis Custodiet Ipsos Custodes? : Corporate Governance Failures in Transition', Paper presented at Annual Bank Conference on Development Economics.
―――― [2000] 'Whither Reform? Ten Years of Transition', in B. Pleskovic and J. Stiglitz (eds.), *Annual World Bank Conference on Development Economics 1999*, Washington, DC : World Bank.
Stoliarov, B. [2000] 'Deprivatizatsiia uzhe nevozmozhna' (interview with Aleksandr Khloponin), *Novaia gazeta*, 4 December.
―――― [2002a] 'Kreml' khochet zabrat' nedra', *Vedomosti*, 26 July.
―――― [2002b] 'Odumalis'', *Vedomosti*, 2 August.
―――― and Bekker, A. [2001] 'Oligarkhi otsudilis'', *Vedomosti*, 4 October.
Stout, L. [2003] 'On the Export of U.S.-Style Corporate Fiduciary Duties to Other Cultures', in C. Milhaupt (ed.), *Global Markets Domestic Institutions*, New York : Columbia University Press.
Stuckey, J. [1983] *Vertical Integration and Joint Ventures in the Aluminum Industry*, Cambridge, MA : Harvard University Press.
Stuermer, M. [2008] *Putin and the Rise of Russia*, London : Orion Publishing （池田嘉郎訳『プーチンと甦るロシア』白水社, 2009年).
Stultz, R. [2005] 'The Limits of Financial Globalization', *Journal of Finance*, Vol. 60, No. 4, pp. 1595-638.
Subbotin, M. [2004] 'Dolgoigraiuschaia plastinka zakona "O nedrakh"', *Politicheskii zhurnal*, August.

Sur'ianinov, D. [1998] 'Ostatki SAMEKO poidut s molotka', *Vremia MN*, 21 December.
Sutela, P. [1998] 'But... Does Mr. Coase Go To Russia?', in *The Road to the Russian Market Economy. Selected Essays, 1993-1998*, Helsinki : Kikimora Publications.
——— [2012] *The Political Economy of Putin's Russia*, Abingdon : Routledge.
Svarovskii, F. [2002] 'Opasnost' dlia investora', *Vedomosti*, June 25 June.
Syrbe, T., Pavlovich, I. and Nogovitsyna, S. [2014] 'A Legal Overviews of Foreign Investment in Russia's Strategic Sectors', *Clifford Chance Briefing Note*, May.
Sysoev, V. [2001] 'K Vladimiru Potaninu snova podbiraiutsia', *Vremia MN*, 24 January.
Tabata, S. [2006] 'Observations on the Influence of High Oil Prices on Russia's GDP Growth', *Eurasian Geography and Economics*, Vol. 47, No. 1, pp. 95-111.
——— [2012] 'Observations on Russian Exposure to the Dutch Disease', *Eurasian Geography and Economics*, Vol. 53, No. 2, pp. 231-43.
Tarasov, A. [1996] 'Ukhodit Filatov, Nikelevyi korol'', *Izvestiia*, 23 February.
——— [1997] 'Aliuminievyi shantazh', *Izvestiia*, 18 March.
Tavernise, S. [2000] 'Using Bankruptcy as a Takeover Tool', *New York Times*, 7 October.
Teece, D. [1976] 'Vertical Integration in the U.S. Oil Industry', in E. Mitchell (ed.), *Vertical Integration in the Oil Industry*, Washington, DC : American Enterprise Institute for Public Policy Research.
———, Rumelt, R., Dosi, G. and Winter, S. [1994] 'Understanding Corporate Coherence : Theory and Evidence', *Journal of Economic Behaviour and Organization*, Vol. 23, No. 1, pp. 1-30.
Terent'eva, A. [2012] 'V mnogoletnem konflikte aktsionerov GMK "Nornikel" postavlena tochka', *Vedomosti*, 28 December.
Theede, S. [2004] 'Yukos : Building Growth and Value for the Next Generation', address at 2004 CERA Week International Conference, 10 February 2004 (http://www.yukos.com/exclusive/exclusive.asp?id=7339, accessed 28 January 2006).
Titova, E., and Sidorov, M. [2000] 'Rynki', *Profil'*, 27 March.
Tompson, W. [1997] 'Old Habits Die Hard : Fiscal Imperatives, State Regulation and the Role of Russia's Banks', *Europe-Asia Studies*, Vol. 49, No. 7, pp. 1159-85.
——— [2001a] 'Economic Policy under Yeltsin and Putin', in S. White, A. Pravda and Z. Gitelman (eds.), *Developments in Russian Politics 5*, Basingstoke : Palgrave Macmillan.
——— [2001b] 'Judicial Reform Moves Forward in Russia', *ICCLR* (*International Company and Commercial Law Review*), Vol. 12, No. 7-8, pp. 195-8.
——— [2002a] 'Russia Amends Law on Joint-Stock Companies', *ICCLR*, Vol. 13, No. 1, pp. 1-5.
——— [2002b] 'Privatisation in Russia : Scope, Methods and Impact', mimeo, University of London.
——— [2002c] 'Putin's Challenge', *Europe-Asia Studies*, Vol. 54, No. 6, pp. 933-57.
——— [2003] 'Reforming Russian Bankruptcy Law', *ICCLR*, Vol. 14, No. 4, pp. 154-62.
——— [2005a] 'Putting Yukos in Perspective', *Post-Soviet Affairs*, Vol. 21, No. 2, pp. 159-81.
——— [2005b] 'Putin and the "Oligarchs" : A Two-sided Commitment Problem', in A. Pravda (ed.), *Leading Russia : Putin in Perspective : Essays in Hounour of Archie Brown*, Oxford : Oxford University Press.

────── [2005c] 'Re-writing Russia's Subsoil Law : from Sovereignty to Civil Law?', *Russie.Cei. Visions*, No. 3, May.
────── [2006] 'A Frozen Venezuela? The "Resource Curse" and Russian Politics', in M. Ellman (ed.), *Russias Oil and Natural Gas : Bonanza or Curse?* London : Anthem.
────── [2012] 'The Political Economy of Contemporary Russia', in G. Gill and J. Young (eds.), *Routledge Handbook of Russian Politics and Society*, Abingdon : Routledge.
Treisman, D. [2007] "Putin's *Silovarchs*," *Orbis*, Vol. 51, No. 1, pp. 141-53.
────── [2010] 'Loans-for-Shares Revisited', *Post-Soviet Affairs*, Vol. 26, No. 3, pp. 207-27.
Trofimova, O. [2001] 'Taimyr vyzval Aleksandra Khloponina', *Rossiiskaia gazeta*, 7 February.
Troika Dialog [1999] 'Bulletin on Corporate Governance Actions', *Troika Dialog Research*, 30 September.s
────── [2001] 'Russian Corporate Governance', *Troika Dialog Research*, May.
Trudoliubov, M. [2014] 'Logika obstrennoi boryby', *Vedomosti*, 19 September.
Tseplyaeva, J. and Eltsov, Y. [2012] 'Russia : The Land of the Bountiful Giants', *BNP Paribas*, 22 October.
Tutushkin, A. [2001] 'Golovnaia bol' neftianika', *Vedomosti*, 8 October.
────── and Lange, K. [2001] 'Yukos stal mishen'iu', *Vedomosti*, 19 September.
────── and Mazneva, E. [2008] 'Trutnev protiv Medvedeva', *Vedomosti*, 28 March.
Uhlenbruck, K., Meyer, K. and Hitt, M. [2003] 'Organizational Transformation in Transition Economies : Resource-Based and Organizational Learning Perspectives', *Journal of Management Studies*, Vol. 40, No. 2, pp. 257-82.
UN (United Nations)[2014] *Energy Statistics Yearbook 2011*, New York : United Nations.
USGS (U.S. Geological Survey)[2015] *Mineral Commodities Summaries 2015*, Virginia : U.S. Geological Survey.
Ustenko, O. [2002] 'Russia's Accession into WTO : A Case study of the Aluminium Industry', *CEFIR (Centre for Economic and Financial Research) Paper*, March.
Uvarov, D. and Fenn, I. [1999] 'Aspects of Corporate Governance in Russia', *Law in Transition*, Autumn, pp. 61-8.
Vasil'chenko, E. [2002] 'Gossovet vNEDRilsia v syry'evye problemy', *Rossiiskaia gazeta*, 27 February.
Vasiliev, D. [2001a] 'Korporativnoe upravlenie v Rossii : Est' li shans dlia uluchshenii?', in *Investitsionny klimat i perspektivy ekonomicheskogo rosta v Rossii*, Moscow : HSE.
────── [2001b] *Corporate Governance in Russia : Is There Any Chance for Improvement?*, Moscow : Institute of Corporate Law and Corporate Governance and Ernst & Young.
Vasutin, R. and Kosheleva, Y. [2007] 'Russian Transfer Pricing Rules : On the Verge of Change', *St Petersburg Times*, 20 March.
Vin'kov, A. [2011] 'Predlozhenie na vylet', *Ekspert*, 14 February.
Vishnepol'skii, K. [1996a] '"Noril'skii nikel'" poluchil dragotsennogo spetsialista', *Kommersant*, 11 February.
────── [1996b] 'Noril'skii kontsern toskuet po gosudarsvennoi ruke', *Kommersant*, 23 February.
────── [1997] 'Aliuminievye skandaly plodiatstia i mnozhatsia', *Kommersant*, 1 April.

―――― and Ivanov, P. [1996] 'Zalozhennoe RAO poshlo pravovym putem', *Kommersant*, 16 January.
Visloguzov, V. [2003] 'Takoi ofshor im ne nuzhen', *Kommersant*, 18 November.
V'iunova, I. [2004] 'Dokopalsia do nedr', *Profil*', 29 March.
Vives, X. [2000] 'Corporate Governance : Does it Matter?', in X. Vives (ed.), *Corporate Governance*, Cambridge : Cambridge University Press.
Volkov, A. and Sivakov, D. [1999] 'Tekhnologiia absoliutnoi vlasti', *Ekspert*, 21 June.
――――, Gurova, T. and Titov, V. [1999] 'Sanitary i marodery', *Ekspert*, 1 March.
Volkov, V. [2000] 'Between the Economy and the State : Private Security and Rule Enforcement in Russia', *Politics and Society*, Vol. 28, No. 4, pp. 483-501.
―――― [2003] 'The Yukos Affair : Terminating the Implicit Contract', *PONARS Policy Memo*, No. 307, November.
―――― [2004] 'The Selective Use of State Capacity in Russia's Economy : Property Disputes and Enterprise Takeovers', in J. Kornai, B. Rothstein and S. Rose-Ackerman (eds.), *Creating Social Trust in Post-Socialist Transition*, New York : Palgrave.
―――― [2008] 'Russia's New "State Corporations"', *PONARS Policy Memo*, No. 25, August.
Watson, J. [1996] 'Foreign Investment in Russia : The Case of the Oil Industry', *Europe-Asia Studies*, Vol. 48 No. 3 pp. 429-56.
Wernerfelt, B. [1984] 'A Resource-Based View of the Firm', *Strategic Management Journal*, Vol. 5, No. 2, pp. 171-80.
Whalen, J. [1998a] 'Shareholders Rights : Round 2', *The Moscow Times*, 17 February.
―――― [1998b] 'Yukos Pays $216M in Subsidiary Tax Debts', *The Moscow Times*, 26 February.
―――― [1998c] 'Investor Offers Funds for Audit at Yugansk Oil', *The Moscow Times*, 6 March.
White & Case [2005a] 'Russia and CIS Oil & Gas Newsletter', May.
Whitehouse, M. [1997a] 'Kulikov Challenges Trans-World Allegations', *The Moscow Times*, 12 March.
―――― [1997b] 'A Tale of Trans-World's Troubles', *The Moscow Times*, 6 March.
―――― [2005b] 'Russia and CIS Oil & Gas Newsletter', December.
Whitley, R. [2000] *Divergent Capitalisms : The Social Structuring and Change of Business Systems*, Oxford : Oxford University Press.
Williamson, O. [1985] *The Economic Institutions of Capitalism*, New York : Free Press.
―――― [1994] 'Transaction Cost Economics and Organization Theory', in N. Smelser and R. Swedberg (eds.), *The Handbook of Economic Sociology*, Princeton, NJ : Princeton University Press.
Woodruff, D. [1999] *Money Unmade : Barter and the Fate of Russian Capitalism*, Ithaca, NY : Cornell University Press.
World Bank [1996] *From Plan to Market, World Development Report 1996*, Oxford : Oxford University Press.
―――― [2000] *Corporate Governance : A Framework for Implementation*, Washington, DC : World Bank.
―――― [2001] *Transition―The First Ten Years : Analysis and Lessons for Eastern Europe and the*

Former Soviet Union, Washington, DC : World Bank.

────── [2002] *Building Institutions for Markets, World Development Report 2002*, Washington : World Bank.

────── [2004] *A Better Investment Climate for Everyone, World Development Report 2005*, Washington, DC : World Bank.

────── [2005] *From Transition to Development : A Country Economic Memorandum for the Russian Federation*, Moscow : World Bank.

Yakovlev, A. [2003] 'Interaction of Interest Groups and Their Impact on Economic Reform in Contemporary Russia', *Forschungsstelle Osteuropa Working Paper*, No. 51, Forschungsstelle Osteuropa Bremen.

────── [2006] 'The Evolution of Business-State Interactions in Russia', *Europe-Asia Studies*, Vol. 58, No. 7, pp. 1033-56.

────── and Govorun, A. [2011] 'Industrial Association as a Channel of Business-Government Interactions in an Imperfect Institutional Environment : The Russian Case', *IWH Discussion paper*.

Yakubov, A. [2005] 'OAO SUAL', *Centreinvest Group*, April.

Yeatman, G. [1995] 'The Russian Aluminium Industry', *Macquarie Equities Report*, December.

Yousef-Martinek, D., Minder, R. and Rabimov, R. [2003] 'Yukos Oil : A Corporate Governance Success Story?', *Chazen Web Journal of International Business*, Columbia Business School, Fall.

Yudanov, A. [1997] 'USSR : Large Enterprises in the USSR - the functional disorder', in A. Chandler, Jr., F. Amatori and T. Hikino (eds.), *Big Business and the Wealth of Nations*, Cambridge : Cambridge University Press.

Yuganskneftegaz [1994] 'Memorandum ob AO Yuganskneftegaz', April.

Yukos [2002] *Yukos Annual Report 2001*, Moscow : Yukos.

────── [2003] *Yukos Annual Report 2002*, Moscow : Yukos.

────── [2004] *Yukos Annual Report 2003*, Moscow : Yukos.

Zander, E., Sokolov, V. and Iagol'nitser, M. [1995] 'Novye formy rynochnykh otnoshenii v aliuminievoi promyshlennosti', *Region : ekonomika i sotsiologiia*, No. 3, pp. 101-19.

Zapodinskaia, E. [1997] 'Direktor SaAZa polozhil konets voine za ukrainskii glinozem', *Kommersant*, 21 November.

Zhuk, R. [2000] '"Ukrainskii aliuminii" ne zabyl rodstva s sibirskim sobratom', *Kommersant*, 23 March.

──────, and Butrin, D. [2000] 'Sud'bu Potanina reshit arbitrazh', *Kommersant*, 20 July.

──────, and Razumovskii, K. [2000] '"Ukrainskii aliuminii" otlit v Sibiri', *Kommersant*, 21 March.

あとがき

　ロシアはどこへ向かうのだろうか——という問いは昔からロシア人にとって最重要の課題である。ニコライ・ゴーゴリの『死せる魂』の第一部は次の有名な言葉で締め括られている。

　ロシアよ，お前も，あの勇ましく誰にも追い越せぬトロイカのように，飛ぶがごとく疾駆しているのではないか？（中略）ロシアよ，お前はどこへ向かって疾走しているのか？　答えてくれ。だが返事はない。

　1991年のソ連崩壊以降，市場経済化を進めてきた新生ロシアが歩んだ道のりは険しかった。ただ，問題を抱えながらも，目覚ましい変革と発展を遂げてきたことは事実である。そして，これからどのようにロシア型の資本主義を推し進めて行くのかについても，目が離せない。ロシアの今後を展望するには現在起こっていることの理解が必要であり，そのためには過去から現在にいたるまでの道筋を俯瞰し，整理することが不可欠である。そうした試みが，部分的にでも本書でなし得ていれば幸いである。

　「悪の帝国」ってどんなところなのだろう？　かつて米国の大統領がそう呼んだソ連に興味を持ったのはニューヨークの高校に通っている時だった。人類を宇宙に送った最初の国にして偉大な芸術家を多く輩出し，核大国として米国と張り合うも国産日用品の質は悪く，不足も蔓延していたという何とも不思議な国である。日本に帰国し，大学ではロシア語をはじめ，崩壊するソ連や解体後のロシアについて学ぶ機会に恵まれた。モスクワに留学したときは，極めて親日的かつ知日であるロシア人の親切さに驚いた。序章で引用したように，ロシアはやはり謎の多い国であり，関心は深まるばかりだった。

　あるとき書店でふと手にした本があった。*Russia's Economy of Favours*（アリョーナ・レデニョーヴァ著）という，ロシアの非公式経済を扱ったものである。純粋に面白く，迷っていた博士課程進学を決心するきっかけともなり，ほどな

くしてその本の著者が指導するロンドン大学で学び始めた。本書は，そこで学位を取得した博士論文が基本になっている。英語では博士論文を元にした著書や論文を発表したが，今回日本語で単著を刊行する機会をいただき，いまいちど原点の博士論文に立ち戻り，そこを出発点に，そして2005年の論文提出から10年間の新たな動きを捉え，改めて執筆作業を行うことにした。その作業の拠点となったのは，2007年に今度は教員として私を迎えてくれた母校の上智大学である。

　ちょうど24年前の12月25日に「悪」と呼ばれたソ連は崩壊したものの，ウクライナ危機や混迷するシリアをめぐる直近の国際情勢全般を日米英の報道で追っていると，ロシアが何かと「悪者」扱いされる傾向は崩れていないようである。例えば，2006年にロシアがウクライナへのガス供給を停止したとき，ロシア側の一方的圧力という側面ばかりが強調され，1990年代以来のウクライナのガス料金未払いや，いわゆる「盗ガス」の歴史などウクライナ側の問題についてはあまり触れられなかった。このような「ロシア＝悪」とされる傾向は，プーチン政権になってより顕著になったかもしれない。しかし，プーチン大統領がエリツィン大統領から引き継いだのは政治的・経済的に非常に混乱したロシアであった。2000年に就任した新大統領によってもたらされた秩序と安定がロシア国民に安堵感を与えると同時に彼らの意識を覚醒し，「強いロシア」を作り出そうとする大統領の熱意に国民が応える形で政治的安定が訪れ，さらに経済面では資源価格上昇が幸運だっただけでなくプーチン政権の健全な財政運営に支えられてロシア経済の再生がはかられたことは改めて認識してもよいだろう。

　「ひとは物ごとを見たいように見る」とは，学生の時から気に留めておいた言葉であるが，これは，その行動が時に誤解されやすいロシアに対する理解を深め，「ロシアを見る眼」を養う上で，適切なものであると思う。

　そのようなロシアを見る一つの手がかりとして，本書で注目したのは，資源大国ロシアの発展の原動力となる大企業の発展メカニズムである。ロシアにおける「公式なもの」と「非公式なもの」が交差する二重性が現代ロシアの企業システムを理解する鍵となり，現代ロシアの経済の底流をつかむための要点だ

と考えた．とはいえ，執筆作業を終え，現在の力量の限界を痛感している．分析がいたらないところや考察が足りないところなど，本書を読んでくださった皆様にご叱正やご意見をいただき，今後の研究につなげていきたい．

　本書の刊行にいたるまで，とても多くの方々にお世話になった．アリョーナ・レデニョーヴァ，毛里和子，タチアーナ・ドルゴピャートヴァの3人の先生に心から感謝申し上げる．本書は，これまで行ってきた国内外の研究会での報告やその後の成果が土台となっている．本書に関わる研究会やプロジェクトでお世話になった方々として，岩﨑一郎，上垣彰，大串敦，雲和広，齋藤大輔，酒井明司，坂口泉，杉浦史和，仙石学，田畑伸一郎，唐亮，沼野充義，蓮見雄，堀江典生，平井俊顕，松里公孝，溝端佐登史，本村眞澄，湯浅剛，フィル・ハンソン，トーメック・ミツケーヴィッチ，ヤコフ・パッペ，ブルース・パロット，スラーヴァ・ラドーセヴィッチ，ビル・トンプソン，アンドレイ・ヤコブレフの諸先生・諸氏のお名前を挙げて感謝の気持ちを表したい．そして，上智大学の同僚の先生方と学生の皆さんにもお礼を述べておきたい．

　本書を担当くださり，多大なご尽力を賜った名古屋大学出版会の三木信吾さんに心からお礼を申し上げる．丁寧に校正くださった同出版会の長畑節子さんにも感謝申し上げる．なお，本書の刊行にあたっては，2015年度日本学術振興会科学研究費補助金「研究成果公開促進費・学術図書」が交付されている．

　本書の進捗状況を見守ってくれていたモスクワの友人にもお礼を伝えたい．ある友人はロシアとは状況いかんで最良のマーケットでもあり最悪のマーケットでもあるというし，別の友人はロシアとは自由で強権的な国だという．フォーマルとインフォーマルもしかり，近くて遠い隣国ロシアの興味深さは，一見二つの相反するファクターが堂々と同居していることなのだろう．いずれにしても，この謎めいたロシアとは，これからも研究対象としてしっかり向き合っていこうと思う．

2015年12月

安 達 祐 子

図表一覧

図序-1	ロシアの実質 GDP 成長率と寄与度（2001〜14 年）	5
図序-2	BRICs 諸国の一人当たり GDP（1996〜2014 年）	6
図序-3	油価とロシアの株価指数（RTS）の推移（1995 年 9 月〜2015 年 9 月）	7
図序-4	安定化基金から準備基金と国民福祉基金へ（2006 年 8 月〜2015 年 8 月）	8
図序-5	外貨準備高の推移（2000 年 1 月〜2015 年 8 月）	8
図 1-1	資本主義企業（管理的枠組みとリソースの集合体）	23
図 1-2	ソ連株式会社（USSR Inc.）	29
図 1-3	ソ連型企業から資本主義企業へ（3 つの課題）	33
図 2-1	不透明なネットワーク	67
図 2-2	「オフショアの雲」	69
図 4-1	垂直統合石油会社 3 社の概要（1992 年）	130
図 4-2	ユガンスクネフチェガスの株式構造（1993 年）	133
図 4-3	ユーコスの組織形態（2002 年）	151
図 4-4	プリオブスコエ油田からの産油量の推移（1990〜2002 年）	157
図 4-5	旧ソ連における主要アルミニウム企業（工場）	161
図 4-6	アルミニウム地金の生産（1991〜2000 年）	164
図 4-7	トーリングの仕組み	165
図 4-8	シバールの垂直統合	186
図 4-9	ルサールのアルミニウムおよびアルミナ生産量（2000〜05 年）	197
図 4-10	ルサールの収益の推移（2001〜05 年）	197
図 4-11	国家コンツェルン・ノリリスク・ニッケルの構成図	201
図 4-12	RAO ノリリスク・ニッケルの設立時構成図	209
図 4-13	改編前	228
図 4-14	改編後	228
図 4-15	世界のニッケル生産（2004 年）	237
図 4-16	ノリリスク・ニッケルの躍進（EBITDA マージン）（2002〜04 年）	238
図 5-1	プーチン政権下の地下資源管理体制の改革の流れ（2000〜08 年）	271
図 6-1	「準自己株式保有者」がキャスティングボートを握る（2011 年）	301
図 7-1	ロシアの国有部門の推移（2006 / 08 / 12 年）	323
表序-1	基礎的経済指標（1988〜2014 年）	4
表序-2	BRICs 比較	6
表序-3	ロシアの資源と世界シェア（2013 / 14 年）	10
表 1-1	資本主義経済・社会主義のシステム間比較（企業行動から）	25
表 2-1	英米・独・日のコーポレート・ガバナンスモデルの基本形	53
表 2-2	ロシアにおけるコーポレート・ガバナンス問題（1990 年代を中心に）	76

表 2-3	コーポレート・ガバナンスの評価基準	78
表 2-4	コーポレート・ガバナンスのリスク評価（格付け）（1999 年）	79
表 3-1	株式担保型民営化の対象企業（1995 年）	97
表 3-2	ロシア石油会社と株式担保型民営化（1995〜97 年）	98
表 3-3	ロシア主要大企業グループ（1997 / 2001〜03 / 08 年）	108-109
表 3-4	「エクスペルト 400」企業ランキング（2003 / 13 年）	110
表 3-5	石油部門の投資・生産・輸出の変化（1998〜2003 年）	111
表 3-6	ロシア企業家ランキング（2003〜04 / 2011〜13 年）	114
表 3-7	ノメンクラトゥーラ的バックグラウンドを持つビジネスエリート（1993 / 2001 年）	115
表 3-8	経済団体と政府との関係	124
表 3-9	エリートグループにおける実業界代表者の割合	126
表 4-1	ユーコスとルクオイルの利益率と生産コスト比較（1998〜2001 年）	156
表 4-2	コーポレート・ガバナンスのリスク評価（格付け）（2000 年）	222
表 5-1	戦略的鉱床（定義基準の変更）（2005〜06 年）	251
表 6-1	プーチン時代の「シロヴァルヒ」	307
表 6-2	プーチンを中心としたビジネス・ネットワーク「彼らの家ロシア」（2011 年）	310-311
表 6-3	国営・民間企業売上トップ 30 社（2000 / 07 / 13 年）	313-315
表 7-1	企業数と組織形態（1995〜2013 年）	322
表 7-2	民間セクターの GDP に占める割合（1991〜2008 年）	322
表 7-3	部門ごとの国家所有（2011 年）	324
表 7-4	経済活動への国家関与（PMR 指標）（2008 年）	325
表 7-5	世界石油会社ランキング（『ペトロリウム・インテリジェンス・ウィークリー』）（PIW 指標）	327
表 7-6	国家コーポレーション	348
表 7-7	優先国策会社 4 社	356

人名索引

ア 行

アヴェン, ピョートル (Aven, P.)　120, 309
アブラモーヴィッチ, ロマン (Abramovich, R.)　191, 193, 194, 302, 303, 307, 309
アルチューホフ, ヴィターリー (Artiukhov, V.)　253, 254, 261
アレクペロフ, ヴァギト (Alekperov, V.)　131, 152, 153, 254, 265
イヴァノフ, イーゴリ (Ivanov, I.)　312
イヴァノフ, ヴィクトル (Ivanov, V.)　307, 312
イッケス, バリー (Ickes, B.)　317
イラリオーノフ, アンドレイ (Illarionov, A.)　285
ヴァシリエフ, ドミトリー (Vasiliev, D.)　58, 77, 146-148
ヴィノグラードフ, ウラジーミル (Vinogradov, V.)　126
ウィリアムソン, オリヴァー (Williamson, O.)　39
ヴェクセルベルグ, ヴィクトル (Vekserberg, V.)　343
ヴォリスキー, アルカーディー (Vol'skii, A.)　57, 122
ウスマノフ, アリシェール (Usmanov, A.)　297
ヴャヒレフ, レム (Viakhirev, R.)　331-336
エフトゥシェンコフ, ウラジーミル (Evtushenkov, V.)　309, 362
エリツィン, ボリス (Yeltsin, B.)　2, 4, 6, 11-14, 16, 19, 64, 84, 95, 105, 120, 123, 125, 127, 129, 239, 242, 280, 281, 291, 295, 302, 304, 305, 308, 333-335, 344, 350, 359, 360

カ 行

ガイダール, エゴール (Gaidar, E.)　19, 44, 91, 93, 331
カシヤノフ, ミハイル (Kasyanov, M.)　261
ギャディー, クリフォード (Gaddy, C.)　317, 318
キリエンコ, セルゲイ (Kirienko, S.)　350
グシンスキー, ウラジーミル (Gusinskii, V.)　126, 306
グスタフソン, セーン (Gustafson, T.)　129, 318, 340
クドリン, アレクセイ (Kudrin, A.)　7, 287, 288, 309, 351
クラーク, サイモン (Clarke, S.)　24
クリコフ, アナトーリー (Kulikov, A.)　181, 182
クリシュタノフスカヤ, オリガ (Kryshtanovskaya, O.)　113
グリズロフ, ボリス (Gryzlov, B.)　262, 309
クレパッチ, アンドレイ (Klepach, A.)　107
グレフ, ゲルマン (Gref, G.)　254, 268, 302, 309, 312
クレブニコフ, ポール (Klebnikov, P.)　158
グロスマン, グレゴリー (Grossman, P.)　46
ゲネラーロフ, フセヴォロド (Generalov, F.)　181, 193
ゲラシチェンコ, ヴィクトル (Geraschenko, V.)　166
コヴァリチュク, ユーリー (Koval'chuk, Iu.)　309, 312
コース, ロナルド (Coase, R.)　39, 52
コザック, ドミトリー (Kozak, D.)　252, 256, 312
コスイギン, アレクセイ (Kosygin, A.)　30
コトリャール, ユーリー (Kotliar, Iu.)　214, 231
コフ, アルフレッド (Kokh, A.)　218, 219
コルナイ, ヤーノシュ (Kornai, J.)　24
ゴルバチョフ, ミハイル (Gorbachev, M.)　29, 116, 160, 202

サ 行

サクワ, リチャード (Sakwa, R.)　47
サプチャク, アナトーリー (Sabchak, A.)　335
ジヴィロ, ミハイル (Zhivilo, M.)　188
シェフツォーワ, リリア (Shevtsova, L.)　354
シュヴァーロフ, イーゴリ (Shuvalov, I.)　268
シュヴァルツマン, オレグ (Shvartsman, O.)

345, 346
シュライファー, アンドレイ（Shleifer, A.）
89, 101, 102
ショーヒン, アレキサンドル（Shokhin, A.）
122, 123
スターリン, ヨシフ（Stalin, J.）　149, 201
ストルジャルコフスキー, ウラジーミル
　（Strzhalkovskii, V.）　298, 299, 302-304,
　309, 312
ズブコフ, ヴィクトル（Zubkov, V.）　309,
337
スモレンスキー, アレクサンドル（Smolenskii, A.）　126
スルコーフ, ウラジスラフ（Surkov, V.）
275, 309, 362
セーチン, イーゴリ（Sechin, I.）　286, 306,
309, 312, 319, 341, 343, 344, 346, 355, 363
セレズニョフ, ゲンナジー（Seleznev, G.）
287, 288
ソスコヴェッツ, オレグ（Soskovets, O.）
95, 166, 182

タ 行

ダート, ケネス（Dart, K.）　141, 142, 145,
146, 148
チェーメゾフ, セルゲイ（Chemezov, S.）
307, 309, 312, 319, 347, 349, 354
チェルヌィシェフ, セルゲイ（Chernyshev, S.）
189, 190
チェルノイ, ミハイル（Chernoi, M.）　167,
168, 191
チェルノイ, レフ（Chernoi, L.）　167, 168,
191
チェルノムィルジン, ヴィクトル（Chernomyrdin, V.）　166, 329-331, 333-335
チトフ, コンスタンチン（Titov, K.）　122,
123, 185
チャーチル, ウィンストン（Churchill, W.）
1, 363
チャンドラー, アルフレッド（Chandler, A.）
34, 37
チュバイス, アナトーリー（Chubais, A.）
19, 91, 309, 331
ティムチェンコ, ゲンナジー（Timchenko, G.）
309, 316
ディンキン, アレクサンドル（Dynkin, A.）
106, 107
デリパスカ, オレグ（Deripaska, O.）　168-
170, 173, 175-177, 183, 194, 196, 239, 295-
297, 299, 301-304, 309, 363
ドゥボフ, ウラジーミル（Dubov, V.）　283,
287
ドゥボフ, ユーリー（Dubov, Iu.）　69
トカレフ, ニコライ（Tokarev, N.）　309,
312, 319
トルートネフ, ユーリー（Trutnev, Iu.）　254,
258, 262, 268
トンプソン, ウィリアム（Tompson, W.）　12

ナ 行

ネヴズリン, レオニード（Nevzlin, L.）　135,
155, 283
ノーヴ, アレック（Nove, A.）　28
ノース, ダグラス（North, D.）　45, 46

ハ 行

パートルシェフ, ニコライ（Patrushev, N.）
309
バーリナー, ジョセフ（Berliner, J.）　43
バグダノフ, ウラジーミル（Bogdanov, V.）
342
パッペ, ヤコフ（Pappe, Ia.）　68, 95, 106, 182
ピチューギン, アレクセイ（Pichugin, A.）
283
ブィコフ, アナトーリー（Bykov, A.）　177
フィラートフ, アナトーリー（Filatov, A.）
206, 207, 210-212, 218-220, 224
プーチン, ウラジーミル（Putin, V.）　2, 5-7,
12-14, 16, 58, 63, 81, 106, 122, 123, 125, 239,
242, 244, 252, 257, 258, 260, 271-273, 277,
278, 280, 281, 285-287, 289, 295, 298, 299,
302, 304, 306, 308, 309, 312, 319, 323, 328,
334, 335, 341, 344, 347, 355-357, 359-361
プガチョフ, セルゲイ（Pugachev, S.）　362
フダイナートフ, エドワルド（Khdainatov, E.）
343
ブラウン, ジョン（Browne, J.）　48
フラトコフ, ミハイル（Fradkov, M.）　266,
351
ブランシャール, オリヴィエ（Blanchard, O.）
37, 38
フリードマン, ミハイル（Fridman, M.）　11,
14, 126, 305, 343
フリステンコ, ヴィクトル（Khristenko, V.）
251, 255, 261, 268, 275
プリマコフ, エフゲニー（Primakov, E.）
122, 339
フロポーニン, アレクサンドル（Khloponin,

人名索引　409

A.)　213, 229
プロホロフ，ミハイル（Prokhorov, M.）
　235, 296-298
ベレゾフスキー，ボリス（Berezovskii, B.）
　67-69, 106, 126, 305-307
ペンローズ，エディス（Penrose, E.）　20, 21,
　29, 32, 34, 38, 40
ボグダンチコフ，セルゲイ（Bogdanchikov, S.）
　338, 340-343
ポターニン，ウラジーミル（Potanin, V.）
　95, 96, 98, 99, 120, 126, 210, 214, 217, 218,
　220, 226, 234-236, 239, 295-299, 302-305
ホドルコフスキー，ミハイル（Khodorkovskii,
　M.）　96, 119, 120, 126, 128, 133-135, 139,
　142, 155, 158, 220, 239, 258, 282, 283, 286,
　288-291, 295, 296, 305, 306, 362

マ 行

マカルキン，アレクセイ（Makarkin, A.）
　181
マフムドフ，イスカンダル（Makhmudov, I.）
　177
ミーレル，アレクセイ（Miller, A.）　306,
　309, 312, 319, 335
ミヘルソン，レオニード（Mikhelson, L.）
　316
ミローノフ，セルゲイ（Mironov, S.）　269
ムラヴレンコ，セルゲイ（Muravlenko, S.）
　135, 154, 220

メドヴェージェフ，ドミトリー（Medvedev,
　D.）　242, 268, 271, 275, 278, 337, 355

ヤ 行

ヤクーニン，ウラジーミル（Yakunin, V.）
　308, 309, 312, 319
ユマーシェフ，ヴァレンチン（Yumashev, V.）
　302

ラ 行

ラティーニナ，ユーリア（Latynina, Iu.）
　137
ラドーセヴィッチ，スラーヴァ（Radosevic, S.）
　27
リーシン，ウラジーミル（Lisin, V.）　170,
　176, 177
リッチ，マーク（Rich, M.）　165
リトヴィネンコ，ウラジーミル（Litvinenko,
　V.）　253, 269, 309
ルーベン，サイモン（Reuben, S.）　167, 182
ルーベン，デーヴィッド（Reuben, D.）　167,
　182
ルトランド，ピーター（Rutland, P.）　42
レデニョーヴァ，アリョーナ（Ledeneva, A.）
　43, 44, 46, 47, 354
レベデフ，プラトン（Lebedev, P.）　128,
　155, 283, 288
ロッテンベルク，アルカーディー（Rotenberg,
　A.）　309, 312, 316

事項索引

A - Z

BRICs　5, 9
CEO（最高経営責任者）　48, 128, 135, 176, 194, 235, 297, 298
CIS（独立国家共同体）　167, 332
EBRD（欧州復興開発銀行）　80, 81, 128, 195, 323
FSB（連邦保安庁）　126
GDP（国内総生産）　3, 5, 94, 110, 112, 213, 306, 323
IMF（国際通貨基金）　76, 205
KGB（ソ連国家保安委員会）　126, 206, 283, 299, 306, 307
MFK（国際金融社）　99, 213, 217, 220, 223, 225
OECD（経済協力開発機構）　54, 75, 76, 80, 111, 112, 128, 324
　──コーポレート・ガバナンス原則　54, 60, 66
RSPP　→ロシア産業家企業家同盟
TNK（チュメニ石油会社）　70, 111, 130, 218, 256
TNK-BP　289, 342-344
TWG（トランス・ワールド・グループ）　164, 167-169, 172, 174-182, 187, 191
UCルサール　159, 194, 198　→ルサールも参照
VAMI（全ソ連アルミニウム・マグネシウム研究所，全ロシア・アルミニウム・マグネシウム研究所）　160, 196

ア行

アウトソース（外注）　26, 30, 33, 169
アエロフロート　68, 307
アチンスク・アルミナコンビナート（AGK）　160, 191, 192
アパティート　134, 283
アフトヴァズ　35, 67, 307
アリュミンプロダクト　168, 178, 179
アルキャン　168, 183, 197, 198
アルコア　159, 168, 183, 195, 197, 198
アルファ銀行　120
アルファ・グループ　35, 106, 192, 305, 343
アルミニウム　11, 40, 80, 158, 160, 162, 166, 168, 170, 174, 195, 197, 210
　──企業　159, 181, 188, 194, 197, 199, 215
　──業界（産業，部門）　160, 161, 169, 170, 183, 191, 192, 194, 198, 214-216
　──生産　158-162, 164, 166, 173, 184, 194, 195, 197, 198
　──製錬工場（製錬会社）　15, 127, 160, 162-172, 174, 175, 215, 216, 304
　──戦争　158, 159, 191, 215
　──地金　160, 164-166, 173, 174, 183, 184
　──輸出　163, 198
アルミナ　160, 162, 163, 165-167, 169, 172, 182, 192, 193
　──精製工場（精製会社）　65, 195
安定化基金（準備基金，国民福祉基金）　7
暗黙の了解　13, 69, 84, 180, 189, 333, 335
移転価格　60-64, 139, 140, 142, 143, 167
　──操作（トランスファー・プライシング）　54, 60, 63, 70, 76, 77, 80, 140, 150, 340
イノベーション　101, 358
イルクーツク　160, 179, 250
イルクーツクエネルゴ　196
インコム銀行　184
インコム・グループ　106
インサイダー（内部関係者）　19, 65, 68, 70, 90, 92-94, 99-101, 104, 140, 182, 224, 270
　──・コントロール　19, 101, 104
インセンティブ　23, 24, 33, 85, 100, 101, 247, 259
インテルロス　35, 98, 99, 199, 200, 210-214, 216-218, 220, 221, 223, 224, 226-228, 232-235, 273, 297-305
　──／オネクシム・グループ　106, 219
インナー・サークル　66, 84, 316
インフォーマリティ（非公式性）　15, 16, 42, 43, 45-48, 55, 85, 127, 281, 292, 297, 318, 321, 335, 345, 358-361, 364
インフォーマル（非公式）　13, 31, 42, 43, 45-48, 55, 67, 69, 73, 75, 85, 121, 194, 199, 216, 239, 270, 280, 293, 296, 318, 354, 360
　──経済　46

事項索引　411

――制度　43, 45, 121
――なガバナンス　16, 69, 104, 129, 183, 317, 361
――な関係，ネットワーク　31, 43, 47, 68, 73, 308, 309, 319, 354
――な慣行（慣習や行動）　13, 15, 43, 44, 47, 48, 69, 84, 127, 129, 335, 341
――なルール，規範　13, 44-46, 360
――レント　318
「イン」・フォーマル（in-formal）　47, 84
ヴァリャーグ（余所者）　176, 214
ヴァンコール油田　342
ウクライナ　1, 160, 162, 172, 187, 211, 316, 363
宇宙産業　162, 358
ヴネシュエコノムバンク（VEB）　347, 349
右派勢力同盟（SPS）　290
エージェンシー問題　49-51, 53, 54, 102, 142
エージェンシー理論　52-54, 102
エクソンモービル　289, 328, 339, 344
エネルギー省　255
エリート　113, 306, 361
　ビジネス――　13, 113, 115, 117, 119, 120, 126, 312, 360-363
　ロシア志向の――　361
エンロン　75
オーストラリア　162, 195
オーゼラ（ダーチャ利用協同組合）　308
オーナー経営者　35-37, 58, 61, 138, 142, 145, 146, 154, 155, 178, 179, 194, 214, 227, 230, 233, 293, 304
オープンロシア　290
オナコ　130, 339
オネクシム銀行　99, 120, 212, 217-220, 223-226
オネクシム・グループ　106, 219, 298
オフショア　3, 63, 64, 68, 167
　――会社（企業）　58, 144-147, 179, 184, 300
　――貴族　362, 363
　「――の雲」　68, 147
オプション2　92, 94, 168
オリガルヒ（新興財閥）　11-13, 15, 16, 95, 100, 104, 106, 111, 113, 120, 125, 126, 224, 239, 252, 257, 258, 281, 282, 286, 290, 291, 305, 306, 308, 312, 318, 359-363
オリガルヒ・キャピタリズム　19, 290, 291, 359
オリンプストロイ　347, 349, 353

カ 行

会計検査院　223-225, 351
外国人取締役　128, 155
外国投資　70, 128, 250, 252, 255, 258, 263, 266, 268, 272, 273, 276-279, 334
下院（ロシア連邦議会国家会議（ドゥーマ））　181, 193, 224, 243, 244, 262-265, 274, 287, 290
価格自由化　2, 3
架空破産，偽装破産　33, 54, 70, 185　→破産法，破産手続きも参照
カザフスタン　160, 162
ガス　→石油・天然ガス
ガス供給法　267
ガスプロム　64, 106, 116, 131, 202, 203, 210, 211, 251, 257, 259, 260, 264-269, 277, 284, 295, 306, 316, 319, 321, 324, 326, 328-331, 333, 335-338, 341
ガスプロムネフチ　284
株式会社化　49, 61, 92, 132, 161, 169, 209, 331
株式会社法　35, 59, 65, 68, 80, 83, 144, 148, 149, 219, 233
株式希薄化　49, 54, 58-60, 70, 75-77, 80, 144-148, 150, 178-181, 183, 340
株式市場　9, 51, 142, 324
株式担保型民営化　38, 161, 169
株式の単一化（一本化）　138, 141, 143, 148-150, 152, 154
株式の発行（新規，追加）　58-60, 65, 66, 138, 144, 146, 147, 178-180, 199, 231, 232
株主総会　36, 49, 50, 55, 56, 58-60, 65, 66, 80, 142, 145, 146, 169, 178, 219, 233, 297, 298, 301, 351
　臨時――　142, 144, 178, 219, 234
株主の権利　49-51, 54, 55, 57, 65, 70, 76, 77, 80, 83, 128, 142, 143, 145, 150, 164, 200, 216, 220, 231, 232, 239, 301, 340　→少数株主も参照
関係特殊的資産　39, 40, 183
完備契約　39, 50
機会主義的行動　39, 50, 52, 53
企業価値　24, 102, 143, 154, 157, 198, 230, 246
企業家の発展　14, 15, 32, 86, 89, 100, 104-107, 112, 113, 115, 125, 198, 359, 364
企業グループ（ビジネスグループ）　11, 13, 15, 16, 35, 60, 62, 68, 86, 89, 105-107, 111, 112, 125, 258, 260, 273
企業コントロール　36, 73, 74, 100, 102, 104,

182, 183, 191, 215, 233, 300
　──の市場　50-52, 71, 102-104
企業収奪（ビジネス・キャプチャー）　124, 321
企業城下町　137, 175, 212
企業整合性（コーポレート・コヒーレンス）　40, 121, 158
企業統治　→コーポレート・ガバナンス
企業統治指針　→コーポレート・ガバナンス・コード
企業の境界　16, 19, 21-23, 37, 39, 104, 105, 127, 137, 170, 329
企業の社会的責任　24, 31, 175-177
企業の組織改編・再編　16, 23, 51, 74, 86, 93, 100-102, 104, 105, 125, 127, 159, 171, 198, 229, 234, 239, 292, 304, 359
企業の発展と成長　12, 14-16, 18, 20-22, 40, 42, 48, 84, 85, 88, 121, 127, 171, 188, 238, 239, 281, 296, 304, 344, 359, 360
企業変革の担い手　105　→企業家の発展も参照
技術のチェーン　169, 207, 216　→生産チェーンも参照
ギニア　162, 173, 195
キプロス　68, 184, 279
逆乗っ取り　227, 230, 234
キャッシュフロー　3, 37, 62, 67, 68, 76, 138, 143, 340
　──権　36, 102, 103
急進的改革　4, 19, 321
共産主義　3, 42, 101, 216
行政的資源（administrativnye resursy）　73, 191
虚偽報告　42, 44
金融機関（銀行）　3, 39, 52, 68, 106, 107, 120, 133, 134, 347
金融分野　3, 5, 9, 106, 107, 166, 308, 324
クイビシェフ製油所（クイビシェフネフチェオルグシンテズ）　131, 152, 294
クズバスエネルゴ　188-190, 194
クラスノヤルスク　173, 179, 196, 206, 214
クラスノヤルスク・アルミニウム工場（クラスノヤルスク工場, KrAZ）　160, 165, 168, 175, 177, 187, 191-193, 196
クラスノヤルスク冶金工場（KraMZ）　134, 160, 173
グラフク（glavk, 総管理局）　28, 203
クリーシャ（krysha, 屋根）　13, 182
クレムリン　253, 257, 258, 263, 268, 279, 282,

283　→大統領府, 政府も参照
グレンコア　164
軍需産業　251, 273, 350, 358
経営管理的枠組み　20, 22, 25, 32, 34, 135-138, 143, 150, 329
経営資源　15, 16, 19, 20, 34, 104, 105, 127, 129, 339, 359　→リソースも参照
計画経済　2, 15, 18, 23, 26-28, 44, 170, 205　→中央指令型経済も参照
経済団体　57, 122-124, 282
経済発展貿易省　252, 254, 261, 267, 269, 274, 323
ケイパビリティ　21
契約制　243, 248-250, 252, 254, 257, 258, 262, 263, 268
検察庁, 検察当局　147, 188, 224-226, 228, 234
原子力産業（部門）　251, 272, 273, 350, 358
権力の垂直性　248
公式　→フォーマル
公正ロシア党　269
鉱物資源採掘税（NDPI）　6, 7, 63, 265
コースの定理　103
コーポレート・ガバナンス（企業統治）　15, 16, 44, 48-55, 59, 66, 70, 75-77, 80-83, 85, 101, 102, 104, 127-129, 142, 145, 152, 154, 155, 158, 159, 183, 194, 199, 200, 216, 221, 236, 239, 287, 292, 296, 297, 303, 334, 359
　──・コード（ロシア）　55, 80-82, 236
　──の評価　61, 77, 78, 199, 216, 221
国営企業（国有企業）　15, 16, 24, 111, 170, 244, 252, 257, 258, 264, 265, 270, 276, 295, 312, 316, 320, 324-326, 328, 339, 344, 361
国策会社（企業）　16, 295, 321, 346, 349
国内オフショアスキーム　63, 64, 288
国有部門　323-325
コザック委員会　252-256
ゴスコムツェン（ソ連国家価格委員会）　27, 160
ゴススナブ（ソ連国家資材・機械補給国家委員会）　30, 132
ゴスダールストヴェンニク（gosudarstvennik）　363
ゴスバンク（ソ連国立中央銀行）　26
ゴスプラン（ソ連国家計画委員会）　26-28, 30, 160, 170
国家機構・国家機関　12, 73, 116, 117, 160, 252, 270, 353
国家コーポレーション　16, 107, 307, 321,

事項索引　413

345-347, 349-356, 358
国家コンツェルン　38, 116, 153, 201-204, 206-209, 211, 216, 329, 331, 332
国家資本主義　257, 259, 320, 345, 355, 358, 359　→国家主導型資本主義も参照
　ロシア型の——　2, 320, 354, 355, 358, 359, 361
国家主導型資本主義　16, 294, 319, 321, 337, 353, 357, 359, 362
国家的旗艦企業　260, 277, 297, 299, 320
国家の「強さ」と「弱さ」　12, 85, 125, 360
国家捕獲（ステート・キャプチャー）　12, 124, 125, 321, 359
「好ましからざる」株主　55-58, 144, 145, 178, 215
コヒーレントな企業　40, 158　→企業整合性も参照
コミネフチ　59, 111
コムソモール（共産党青年組織）　115, 118
　——経済　118, 119
コメコン，経済相互援助会議　3, 163
ゴルバチョフ改革　30, 116, 202, 207
コンピテンシー　21, 39

サ 行

財産権アプローチ　102
財産権・所有権（property rights）　33, 85, 101-103, 112, 155, 191, 230, 243, 246, 256, 291, 350, 362, 363
財産権保護　12, 14, 36, 103, 155, 188, 364
裁判官　57, 58, 72, 73, 82, 84, 85, 145, 146
裁判所　56-58, 73, 84, 85, 145, 146, 180, 188, 189, 226, 229, 277
財務省　26, 170, 223, 225
サハリン石油ガス開発（ソデコ）　339
サハリン 2　259, 280, 288, 295
サハリンモルネフチェガス　339, 340
サマーラネフチェガス　80, 131, 132, 140, 141, 144, 145, 148-150, 152, 284, 294, 295
サマーラ冶金会社（サメコ，SAMEKO）　160, 183-186
サマーラ冶金工場（SMZ）　184-186
サヤンスク・アルミニウム工場（サヤン工場，SaAZ）　159, 160, 162, 168-173, 175-183, 186, 187, 193, 194, 199, 215　→シバールも参照
産業エネルギー省　251, 252, 263, 267-269, 274
産業別部門省　26-30, 37, 116, 160

サンクトペテルブルク　179, 307
サンクトペテルブルク鉱山大学　253, 269
残余コントロール権　102, 103
時価総額　9, 75, 121, 128, 143, 154, 155, 198, 236, 293, 303, 324, 328
事業体（ビジネス・ユニット）　21, 22, 24, 26, 30, 32, 33, 136, 137, 154, 159, 161, 163, 169, 171, 215
資源価格　5-7, 9, 259, 280, 328
資源産業（分野）　2, 11, 16, 40, 63, 110, 242-244, 246, 250, 258, 270, 279, 292, 305, 359
資源ナショナリズム　259, 270, 274, 321
資産剥奪（アセット・ストリッピング）　15, 19, 49, 54, 60, 64, 65, 67, 70, 76, 77, 80, 110, 122, 145, 184, 215, 231, 242, 244, 272, 334, 340, 364
市場経済化　2, 4, 9, 11, 15, 16, 18, 19, 23, 24, 26, 33, 49, 82, 88-91, 95, 100, 105, 106, 119, 359, 363
シダンコ　61, 70, 96, 98, 99, 130, 133, 218
実業ロシア　122, 123
シバール（SibAl，シベリア・アルミニウム）　159, 170, 176-180, 183-187, 189-194, 199, 215, 216, 340　→ルサールも参照
シブネフチ　35, 61, 64, 96, 111, 130, 133, 191-193, 218, 259, 289, 295
司法制度　83, 84, 146, 249, 258
資本主義企業　15, 20, 24, 25, 30-33, 41, 105, 239
　——化　105, 112, 121, 127, 135, 154, 171, 192, 215, 339
資本主義市場経済　2, 15, 16, 18, 19, 24, 32, 48, 105, 359
社会主義経済　2, 15, 18, 24-26, 42, 321
私有化・民営化　2, 4, 15, 18, 19, 24, 32, 33, 38, 40, 49, 58, 86, 88, 90, 100, 102-105, 115-117, 120, 125, 129, 131-133, 135, 138, 152, 154, 161, 167-169, 181, 188, 198, 200, 208, 210, 211, 214, 216-218, 225, 226, 229, 234, 239, 242, 256, 305, 320-323, 331, 355, 363, 364
　——自然発生的私有化　34, 92, 93, 117
　——政策　15, 20, 23, 33, 89-91, 94, 104
　細分——　90, 94-96, 98, 104, 106, 119, 120, 133, 134, 150, 153, 154, 200, 210, 214, 216-218, 220, 221, 224-226, 229, 289, 296, 331
　大規模——　34, 91, 93, 101, 120, 167, 210
　担保オークション方式の——　89, 90, 94, 95, 98-100, 120, 133, 200, 217, 218, 220,

221, 223-225　→株式担保型民営化も参照
二層の——　135, 138, 141, 152, 210, 214
バウチャー方式の——　19, 89, 91-94, 101, 104, 132, 141, 168, 331
授権階級（upolnomochennyi klass）　119, 120, 125
授権銀行　120, 134
授権（認可）分野　166, 291
主権民主主義　275, 362
シュルンベルジェ　156, 157, 342
準自己株式（準金庫株）　300-303
準博士（カンディダート）学位取得論文　253, 260
上院（ロシア連邦議会連邦会議）　262
証券市場法　68, 80
少数株主　49, 56, 58, 65, 76, 77, 85, 128, 135, 141-150, 232, 233, 297, 299, 300, 340
情報の非対称性　50, 102
処罰の保留状態　14, 361
所有権の移転、再配分　33, 71, 74, 154
所有構造　19, 44, 50, 52, 66, 68, 71, 89, 94, 155
所有と支配　49, 50, 54, 102
所有の集中　35, 37, 101, 143, 150, 154, 155, 188, 230
「シロヴァルヒ」　308, 317, 318
シロヴィキ　126, 306, 308, 317, 345, 346
新規株式公開（IPO）　198, 342
新興財閥　→オリガルヒ
新セブンシスターズ　326, 327
真（本物）のオーナー　67, 68, 147
森林法典　262, 268
スアル（SUAL）　195, 196, 198
垂直統合　39, 40, 131, 132, 137, 138, 142, 153, 159, 183, 187, 188, 191, 198, 201, 260
——会社（企業）　130, 131, 137, 170, 183, 194, 331, 355, 356
——石油会社　129-131, 136, 137, 141, 152, 153, 329
水平統合　40, 187, 188
スタンダード＆プアーズ　77, 236
ステークホルダー　51, 52, 54, 70
ステート・キャピタリズム　→国家資本主義
ストロイトランスガス　64, 65, 334
ズベルバンク　188, 212, 302, 325, 355
スラヴネフチ　130, 339
スルグートネフチェガス　35, 96, 99, 111, 130, 133, 218, 338, 342
税制改革　6, 63

制度　39, 45, 103, 107
——環境　15, 35, 48, 106, 259, 359
——基盤　19, 39, 84, 90, 104, 337
生産合同　29, 30, 37, 38, 136, 202
生産単位（プロダクション・ユニット）　19, 27-29, 31-33, 40, 104, 105, 121, 129, 136, 137, 159, 161, 169, 170, 203, 215
生産チェーン　3, 27, 37, 38, 130, 137, 138, 143, 169-171, 183, 184, 200, 207, 210, 214, 216, 329
——のつなぎ役　27, 39, 186, 192, 200
生産物分与協定（PSA）　247, 254, 288
政府（ロシア連邦）　4, 12, 84, 131, 244, 247, 252, 255, 259, 260, 277, 305, 336, 346
税法典　6, 63, 288
セーヴェロニッケルコンビナート　201, 206, 207, 209, 229, 235
世界銀行　23, 54, 76, 80, 81, 90, 128, 154
世界金融危機（2008年）　9, 312, 324, 328, 337
石油・天然ガス　2, 5, 11, 16, 40, 63, 80, 110, 120, 130, 136, 139, 154-156, 166, 203, 251, 277, 285, 289, 318, 326, 328-330, 332, 333, 336
——企業（会社）　61, 111, 112, 127, 130, 131, 148, 158, 243, 245, 253, 257, 264, 265, 276, 319, 328, 338, 339, 358
——産業（部門）　61, 62, 64, 94, 110, 111, 129, 131, 132, 152, 242, 258, 289, 290, 308, 317, 318, 324, 328, 338, 339, 344, 355
戦略企業　271, 272, 350
戦略産業法　242, 251, 255, 263, 271, 272, 274-276, 278-280
戦略的鉱床　250, 251, 257, 259, 263-270, 272, 274, 279
戦略的分野　122, 242, 251, 255, 263, 271-276, 278-280, 290, 294, 316, 321, 328, 344, 358, 361, 363
全ロシア中小企業家組織（オポーラ（OPORA））　122, 123
租税回避地（オフショア・タックスヘイブン）　14, 68, 69, 167, 279, 363
ソフトな予算制約　24
ソ連外国貿易省　26, 27, 132, 160
ソ連閣僚会議　26, 27, 170, 201, 203, 204, 329
ソ連ガス工業省（ミンガスプロム）　132, 203, 329, 330, 336
ソ連型企業　2, 15, 18-20, 23-26, 28, 29, 31-33, 38, 40, 49, 93, 104, 105, 112, 121, 127,

事項索引　415

203, 239
ソ連型経済システム　2, 3, 14, 15, 18, 20, 26, 27, 30-34, 37, 38, 43, 101, 105, 116, 129, 159, 161, 169, 170, 211, 215, 216, 321
ソ連型経済ヒエラルキー　27, 29, 32, 37, 38, 40, 136, 159
「ソ連株式会社（USSR Inc.）」　28, 29, 34, 161
ソ連共産党　27, 115, 117, 206
　——中央委員　206
　——中央委員会　27
ソ連国有企業法（1987年）　30, 115
ソ連製鉄工業省　160, 202
ソ連石油ガス工業省　116, 153, 203, 329, 338
ソ連石油工業省（ミンネフチェプロム）　132, 203, 329
ソ連非鉄冶金工業省　160, 202
ソ連冶金工業省　160, 202, 204

タ 行

第一読会　244, 262, 274, 288
大規模取引　36, 65
体制転換　2, 3, 14, 15, 44, 95, 104, 107, 113, 121, 125
大統領選　95, 224, 290, 343, 355
大統領府（ロシア連邦）　12, 16, 123, 252, 253, 257, 305
大統領令　129, 130, 138, 141, 208, 218, 223, 331, 338, 350
タイミール半島　200, 201, 205, 208
タックスヘイブン　→租税回避地
脱民営化　221, 223, 224, 228, 229, 234
ダミー会社（企業）　67, 68, 96, 97, 134
短期主義　4, 53, 93, 104, 157, 171, 247
地下資源管理体制　16, 242, 247, 257, 260, 270
地下資源法　242-245, 247, 248, 250-254, 258-264, 266, 267, 269, 271, 274, 279, 280
地下資源利用・開発　243-247, 249, 251, 264, 272
地下資源利用庁（ロスネドラ）　261, 262
地方（連邦構成主体）　247, 252
地方政府　4, 73, 74, 84, 91, 129, 182, 185, 191, 206, 247, 252, 256, 257, 346
チャヤンダ　250, 267
超過利潤　→レント
中央計画当局　27-30, 170, 171
中央指令型経済　2, 27-29, 37, 46, 161, 169, 318
中核的オーナー，支配株主　49, 58, 69, 75, 77, 128, 150, 154, 232-234, 237, 284, 287, 292

中国　5, 289, 320, 326, 336, 342
仲裁（商事）裁判所　57, 58, 179, 180, 184, 189, 220, 223, 225, 286
仲裁手続法　56-58
「強いロシア」　291, 294, 328, 360
ティマンペチョラ　248, 250, 266
敵対的買収　200, 220, 223
出口戦略（エグジット・ストラテジー）　230, 278, 292, 293
転換不況　3
天然資源省　244, 251-255, 261-264, 267, 269, 274, 275
天然資源利用監督局（ロスプリロドナゾール）　261, 262
銅　204, 208, 237
統一エネルギーシステム（RAO UES）　194, 196, 210, 211
統一ガス供給システム（UGSS）　267
統一航空機製造コーポレーション（OAK）　356
統一造船コーポレーション（OSK）　356
統一ロシア党　123, 255, 290
「等距離」政策　360, 361
投資家保護協会（IPA）　70
投資家保護法　59, 60
投資環境　76, 77, 81, 82, 85, 143, 159, 221, 248, 256-258, 271, 272, 305
東方プログラム　336
トーリング（委託加工）　164-168, 170, 171, 173, 174, 181, 192, 193, 215
独占禁止政策・企業活動支援省　145, 289
独立取締役　82, 155, 298
トムスクネフチ　56, 80, 141, 142, 144, 150, 152, 284, 294, 295
トラフィグラ　300, 301
トランスネフチ　289, 319, 355
取締役会　50, 54, 59, 60, 65, 66, 76, 82, 92, 135, 142, 178, 219, 231, 297, 298, 300, 334, 337
取引コスト　22, 39, 103, 107, 183
　——論　22, 39, 40
トルカチ（tolkach）　31, 44
トレーダー　158, 165, 167, 169-172, 174, 175, 178-180, 182, 183, 215
トロイカ・ディアローグ　77, 79, 128, 199
トンネリング　75

ナ 行

内部関係者　→インサイダー

ナショナル・チャンピオン　→国家的旗艦企業
ニコラエフスク・アルミナ工場（NGZ）
　　160, 162, 172, 173, 187, 192, 195
二重鍵原則　247, 248, 252, 255-257, 269
二重国家（dual state）　47, 360
二重帳簿　44
ニッケル　11, 15, 40, 127, 200, 204, 208, 217, 237, 304
ネフチェユガンスク　137
燃料・エネルギー省　147
ノヴァテック　316
ノヴォクイビシェフ製油所　136, 152, 294
ノヴォクズネツク・アルミニウム工場（ノヴォクズネツク工場，NkAZ）　160, 187-191, 194, 196
ノヴォリペック冶金コンビナート（ノヴォリペツク製鉄，NLMK）　96, 170, 175-177
乗っ取り（企業）　36, 64, 70-74, 189, 352
ノメンクラトゥーラ　113, 115, 117-119
ノリメット　231-235
ノリリスク　200, 201, 206, 212, 213
ノリリスク鉱山会社（NGK）　227, 229-234
ノリリスクコンビナート（NGMK）　201-203, 206-210, 212, 213, 227, 229
ノリリスク・ニッケル　13, 15, 35, 96, 98, 127, 199-205, 207, 208, 210-221, 223-226, 229, 231-233, 238, 239, 281, 295-305, 329
　GMK——　227, 229, 230, 235, 236
　RAO——　208-210, 212, 213, 216, 219, 220, 223, 225, 227-235

ハ 行

バーゲニング　19, 28, 103, 140
バーザヴォイ・エレメント　194
バーター　3, 162, 163
ハードな予算制約　24, 62, 94, 100
バイカル・ファイナンス・グループ　284, 285, 341, 342
パイプライン　286, 289, 317, 329
バウチャー　91, 92, 331　→バウチャー方式の私有化も参照
ハカス共和国　168, 175, 179
破産管財人（一時・外部）　72, 73, 185, 188-190
破産手続き　65, 70-74, 184, 185, 189, 190, 194, 351
破産法　70, 74, 80
　1992 年——　71, 83
　1998 年——　70, 72, 74, 83, 185

2002 年——　74
バシネフチ　111, 362
バゼール（バーザヴォイ・エレメント，BazEl）　194
白金族金属（PGM）　201, 202, 204, 217, 237, 304
発注破産（zakaznoe bankrotstvo）　33, 70, 194　→破産法，破産手続きも参照
パニャーチヤ（poniatiia）　69, 185, 296
非営利（非商業）組織　346, 347, 351, 353
非貨幣経済　3, 162, 211
非公式　→インフォーマル
非公式性　→インフォーマリティ
非政治化（経済の）　89, 94, 100
筆頭債権者　73, 185
フィクサー（まとめ役）　354
『フォーブス』ロシア版　304, 305, 312
フォーマル（公式）　13, 45, 47, 55, 67, 75, 85, 121, 182, 360
　——制度　43, 47, 360, 361
　——な秩序　13, 47
　——なルール（規則）　13, 45-47, 65, 69, 84, 280
不完備契約　39, 50, 102
不足の経済　42
不文律　13-15, 43-45, 84, 85, 359
ブラーツク・アルミニウム工場（ブラーツク工場，BrAZ）　160, 165, 168, 181, 187, 191-193, 196
ブラート（blat）　31, 43
ブランズウィック UBS（ブランズウィック・ウォーバーグ）　78, 199, 221
プリオブスコエ油田　157, 342
プルネフチェガス　286, 339, 340
分散所有　35, 51, 53, 101
分裂・無秩序化（ディスオーガニゼーション）　3, 37, 169
ペチェンガニッケルコンビナート　201, 206-209, 229, 235
ベルベット再国有化　345
ペレストロイカ　116, 118
防衛産業（部門）　163, 272, 307, 319, 344
法制度　12, 39, 47, 48, 73, 80, 84, 85, 103-105, 223, 258, 340, 341, 360
法的移植（トランスプラント）　83, 84
法的措置　149, 179, 273, 340
法の支配　48, 82, 85, 103, 360, 364
法の精神　14, 48, 82-85, 180, 341
法の選択的適用　48, 82, 85, 103, 277, 360, 361

事項索引　417

法の抜け穴　36, 60, 85
法務省　284
ボーキサイト　160, 163, 165, 172, 195
ポーリュス・ゴールド　237
保護措置　56-58, 180

マ　行

見えない掟　→不文律
ミコム（MIKOM）　188-190
ミルハウス・キャピタル　194, 302, 303
民間企業　16, 35, 73, 106, 252, 265, 312, 316, 361
民間部門　24, 94, 115, 305, 321, 323, 325
民法典　80, 243, 351
メタロインヴェスト　297, 300
メナテップ　35, 96-98, 106, 107, 119, 134, 138, 139, 154, 220, 283
──銀行　96, 97, 119, 120
　グループ・──　150, 155, 283
モサリスク　145, 146
モスクワ　56, 179, 206
モスクワ銀行間通貨取引所（MICEX）　336
モスクワ取引所（MOEX）　303
持ち株会社（ホールディング・カンパニー）　61, 62, 130-132, 135, 138, 140, 141, 143, 148, 153, 209, 210, 214, 227, 230, 340

ヤ　行

ヤーブロコ　290
冶金分野　181, 272, 276, 305
約束手形（ヴェクセル）　73, 144, 162
ユーコス　13, 15, 35, 56, 61, 64, 69, 79, 80, 96, 97, 99, 107, 111, 119, 127, 130, 133-136, 138-141, 144-147, 149, 150, 154-158, 183, 199, 210, 214-216, 218, 220, 221, 227, 239, 256, 258, 281, 286, 293, 294, 296, 304, 338, 340, 341, 346
「──改正」　287, 288
──事件　16, 74, 122, 158, 258, 280-284, 286, 290-292, 294, 295, 305, 307, 319, 321, 362
──・モスクヴァ　152, 283
──・ユニバーサル　150, 155
──E&P（石油開発）　151, 152
──R&M（精製販売）　152
ユガンスクネフチェガス　80, 128, 131-133, 136, 138-142, 144, 145, 148, 150, 151, 157, 259, 266, 284-286, 294, 295, 341, 342
ユニタリー企業　346, 350

ラ　行

ライセンス　227, 230, 231, 244-247, 259-261, 270
──（許認可）制　243, 244, 246-249, 252, 254, 256, 258
利害関係者　66, 180
──取引　65, 66, 146-148
リソース　19, 21, 25, 26, 30-32, 104, 105, 121, 193, 195, 215, 216, 329
──（経営資源）の集合体　15, 16, 20-22, 31, 32, 105, 127, 129, 136, 339
──のまとめ役　27, 33, 193, 200
リソースベース論（資源ベース論）　18, 20, 33, 38, 40, 171, 216
ルクオイル　35, 96, 99, 100, 106, 111, 130, 131, 133, 141, 152-154, 156, 159, 202, 218, 265, 289, 329, 338, 342
ルサール（RusAl, ロシア・アルミニウム）　13, 15, 35, 127, 159, 191, 192, 194-198, 239, 281, 295-304, 340, 363　→シバールも参照
レイデルストヴォ（reiderstvo）　74
レント　253, 280, 317-319
──管理システム　317-319
──シーキング　364
連邦国家資産管理委員会（GKI）　91, 92, 217-219, 223
連邦国家資産省（前国家資産管理委員会）　146, 147, 225
連邦最高検察庁　283
連邦最高裁判所　58
連邦財政健全化・倒産局（FSFO）　71, 73
連邦資産基金（RFFI）　179, 180, 223, 225
連邦証券市場委員会（FCSM）　58, 68, 77, 80, 146-148
連邦反独占局（FAS）　273, 277
連邦保安庁（FSB）　251, 252, 274-277, 306
「ロシア株式会社（RUSSIA Inc.）」　281, 318, 319, 321, 328, 354
──の「社長」（CEO）　319
ロシア極東・東シベリア　255, 260, 336
ロシア金融危機（1998年）　5, 107, 110-112, 143, 154, 291
ロシア産業家企業家同盟（RSPP）　57, 122, 123, 282, 285
ロシア証券市場参加者協会（NAUFOR）　146
ロシア鉄道　308, 319, 355
ロシア投資家保護協会（IPA）　158, 301

ロシア取引システム（RTS）　235, 336
ロシア連邦共産党　95, 224, 290
ロシア連邦商工会議所（TPP）　122
ロシースキー・クレジット　106, 218
ロスアトム　347, 349, 350, 356
ロスアバロンエクスポルト　345, 347
ロスコスモス　358
ロステフノローギー（ロステク）　107, 134, 307, 345, 347, 349, 350, 356
ロスナノ　347, 349
ロスネフチ　111, 130, 257, 259, 260, 264, 266, 269, 277, 282, 285, 286, 293, 294, 307, 309, 316, 319, 321, 324, 328, 338-344, 355, 362, 363
ロスネフチェガス　131, 338
ロスプロム　134
ロビー活動　149, 266, 267, 286-288
ロンドン金属取引所（LME）　174

ワ 行

ワシントン・コンセンサス　19

《著者略歴》

安達祐子（あだち ゆうこ）

1996 年ジョンズホプキンズ大学国際問題高等研究大学院（SAIS）修士課程修了，国際通貨基金（IMF）勤務ののち，ロンドン大学大学院で博士課程修了（Ph. D）。現在，上智大学外国語学部・大学院グローバル・スタディーズ研究科准教授

現代ロシア経済

2016 年 2 月 15 日　初版第 1 刷発行

定価はカバーに表示しています

著　者　安　達　祐　子
発行者　石　井　三　記

発行所　一般財団法人　名古屋大学出版会
〒 464-0814　名古屋市千種区不老町 1 名古屋大学構内
電話(052)781-5027／ＦＡＸ(052)781-0697

Ⓒ Yuko ADACHI, 2016　　　　　　　　　　　Printed in Japan
印刷・製本　亜細亜印刷㈱　　　ISBN978-4-8158-0828-0
乱丁・落丁はお取替えいたします。

Ⓡ〈日本複製権センター委託出版物〉
本書の全部または一部を無断で複写複製（コピー）することは，著作権法上の例外を除き，禁じられています。本書からの複写を希望される場合は，必ず事前に日本複製権センター（03-3401-2382）の許諾を受けてください。

マルク・ラエフ著　石井規衛訳
ロシア史を読む
A5・268 頁
本体 4,200 円

高橋一彦著
帝政ロシア司法制度史研究
―司法改革とその時代―
A5・424 頁
本体 9,000 円

黛　秋津著
三つの世界の狭間で
―西欧・ロシア・オスマンとワラキア・モルドヴァ問題―
A5・272 頁
本体 5,600 円

橋本伸也著
帝国・身分・学校
―帝制期ロシアにおける教育の社会文化史―
A5・528 頁
本体 9,000 円

中兼和津次著
体制移行の政治経済学
―なぜ社会主義国は資本主義に向かって脱走するのか―
A5・354 頁
本体 3,200 円

中兼和津次著
開発経済学と現代中国
A5・306 頁
本体 3,800 円

毛里和子著
現代中国政治［第3版］
―グローバル・パワーの肖像―
A5・404 頁
本体 2,800 円

伊藤亜聖著
現代中国の産業集積
―「世界の工場」とボトムアップ型経済発展―
A5・232 頁
本体 5,400 円

柳澤　悠著
現代インド経済
―発展の淵源・軌跡・展望―
A5・426 頁
本体 5,500 円

近藤則夫著
現代インド政治
―多様性の中の民主主義―
A5・608 頁
本体 7,200 円